Handboek schematherapie

# Handboek schematherapie

## Theorie, praktijk en onderzoek

*Onder redactie van*
Michiel van Vreeswijk
Jenny Broersen
Marjon Nadort

Bohn Stafleu van Loghum
Houten 2008

ISBN 978 90 313 5304 0
NUR 777

Ontwerp omslag: Nanja Toebak, 's-Hertogenbosch
Ontwerp binnenwerk: TEFF (www.teff.nl)
Automatische opmaak: Prepress, Zeist

Bohn Stafleu van Loghum
Het Spoor 2
Postbus 246
3990 GA Houten

www.bsl.nl

# Inhoud

# Voorwoord

'Hoe kan ik zwijgen van mijn oud verleden,
terwijl ik, op het oog zo blij
en simpel, in mijn ziel ondraaglijk weet heb
van zoveel sterren boven mij?

Ik, kind met gretige, verbaasde ogen,
ik – bundel aderen, verkleefd
met rode vliezen en met parelbogen –
weet dat ik eeuwig heb geleefd.

Op mijn eonenlange reis langs elke
planeet waar pijn en God bestaan
heb ik daar in de hete ruimte telkens
weer meer begrip van opgedaan.

Het valt niet mee mijn wonder-zinloos branden
in toom te houden, vleugels laag,
omdat de adem van de sterren anders,
het aards geluk misschien verjaagt.

Nabokov, 13-1-1923 (*Gedichten*, 2002)

Schematherapie is voor patiënten met ernstige problemen. Vaak zijn dit langdurige klachten die zich afspelen op vele levensgebieden. Verandering van deze problematiek vergt meestal een veelheid van en gevarieerdheid aan verschillende technieken. Daarnaast kunnen deze technieken alleen maar plaatsvinden binnen een goede therapeutische relatie. De kracht van schematherapie ligt naar ons idee in een goede combinatie van beide.

De auteurs van de hoofdstukken in dit handboek willen wij danken voor hun inzet, deskundigheid en de bereidheid om hun kennis met vakgenoten te delen.

Wij hopen dat door dit boek uw belangstelling en enthousiasme voor schematherapie zal toenemen.

De redactie:
Michiel van Vreeswijk
Jenny Broersen
Marjon Nadort

# Deel 1
# Inleiding

# 1 Algemene inleiding

M.F. van Vreeswijk, J. Broersen en M. Nadort

Het begrip *schema* kent een lange voorgeschiedenis: al van eerder dan Jeffrey Young zijn schemamodel ontwikkelde. In de jaren negentig van de vorige eeuw is zijn schemamodel in Nederland geïntroduceerd. Schematherapie is de laatste jaren steeds verder ontwikkeld door de inzet van een groeiend aantal wetenschappers en behandelaren. In Nederland en in het buitenland heeft deze therapie een duidelijke plek gekregen binnen de behandeling van persoonlijkheidsstoornissen. Dit boek biedt, dankzij de deskundigheid en medewerking van verschillende auteurs, een overzicht van de ontwikkelingen van schematherapie in theorie, praktijk en onderzoek.

In de loop van de jaren zijn in Nederland steeds meer behandelaren opgeleid in schematherapie. Dit resulteerde in 2007 tot de oprichting van het Nederlands register schematherapie, waarin onder andere de kwaliteitseisen van een schematherapeut werden vastgelegd. Op het eerste internationale schematherapiecongres in Stockholm (2006) is de 'International Society Schema Therapy (ISST)' opgericht. De ISST heeft als doel kennisuitwisseling en verhoging van de kwaliteit van schematherapie door het verzorgen van een internationale opleiding in schematherapie, het stimuleren van supervisie/intervisie en het opstellen van internationale richtlijnen voor de kwalificatie schematherapeut.

In 2006 zijn de resultaten van de in Nederland opgezette eerste gerandomiseerde studie naar individuele schematherapie bij borderline patiënten gepubliceerd. Uit dit onderzoek komt naar voren dat schematherapie voor deze doelgroep een (kosten)effectieve behandeling is. De onderzoeksresultaten hebben ertoe geleid dat er binnen acht Nederlandse ggz-instellingen een onderzoek wordt gedaan naar de implementatie van schematherapie. Er zijn nog meer ontwikkelingen gaande op Nederlands onderzoeksgebied. Zo vindt er een effectiviteitsstudie plaats voor patiënten met mildere persoonlijkheidsstoornissen die 'at random' toegewezen worden aan een 50-sessies-durend schematherapieprotocol. Tevens is er een onderzoek gaande naar schematherapie bij forensische patiënten. Experimentele studies hebben plaatsgevonden evenals validiteitsonderzoeken naar de schemavragenlijst en de modusvragenlijst. In dit boek worden zowel de Nederlandse als de buitenlandse onderzoeken nader toegelicht.

Naast de bewegingen op onderzoeksgebied zijn er ook veel ontwikkelingen waarneembaar in de dagelijkse behandelpraktijk. Enkele van deze ontwikkelingen zijn al heel duidelijk beschreven, andere bevinden zich nog in een pril stadium. Veelal moet onderzoek nog plaatsvinden. In de praktijk wordt schematherapie niet alleen bij borderline patiënten toegepast, maar ook bij andere doelgroepen waarbij persoonlijkheidsproblematiek een rol speelt. Zoals al gezegd wordt deze therapievorm ook bij een aantal forensische instellingen uitgevoerd en onderzocht. Binnen de verslavingszorg zijn er eveneens ideeën om schematherapietechnieken in de behandeling toe te gebruiken. Ook zijn er collega's die schematherapie bij adolescenten toepassen. In de praktijk zijn nog andere ontwikkelingen zichtbaar. Schematherapie wordt steeds vaker in groepen toegepast en er is een duidelijk model beschreven van de wijze waarop schematherapie toegepast kan worden bij partnerrelatieproblematiek.

Behandelaren en managers van instellingen krijgen vaker te maken met de financiering van de zorg. Er is meer concurrentie met andere instellingen en de zorgverzekeraar wil een behandeling inkopen van goede kwaliteit, die niet te duur mag zijn. Dit creëert een spanningsveld. Behouden langdurende en intensieve behandelingen voor patiënten met ernstige persoonlijkheidsproblematiek wel hun bestaansrecht? En hoe kan een behandelaar hierop inspelen? In een aantal hoofdstukken van dit handboek zullen deze problemen belicht worden.

Omwille van de leesbaarheid van het boek is ervoor gekozen om patiënt steeds met de mannelijke vorm aan te duiden en een uniforme naamgeving aan te houden voor schema's en modi. Hierbij zijn die schema- en moditermen gebruikt zoals omschreven in de onderzochte schemavragenlijst en de recent onderzochte modusvragenlijst.

Het handboek bestaat uit zes delen, die weer onderverdeeld zijn in hoofdstukken. In de meeste delen hebben de hoofdstukken een vergelijkbare paragraafindeling, zodat voor de lezer een logische samenhang ontstaat. Ieder hoofdstuk begint met een inleiding en een beschrijving van de huidige stand van zaken. Daarop volgt een beschrijving van aanpak en praktijk, waarna aandacht wordt besteed aan valkuilen/tips en te verwachten ontwikkelingen.

*Deel 1* omvat een inleiding in de schematherapie waarin de ontstaansgeschiedenis wordt beschreven, en het theoretische model van schema's en modi.

In *deel 2* en *deel 3* komen de verschillende aspecten van diagnostiek/indicatiestelling en de behandeling aan de orde. Schematherapie voor verschillende doelgroepen wordt uiteengezet. Tevens is er aandacht voor schematherapie in een groep en schematherapie bij partnerrelatieproblematiek.

In *deel 4* staat de opleiding van schematherapie centraal. De kwaliteitseisen waaraan een schematherapeut moet voldoen worden beschreven. Tevens worden inhoudelijke programma's van cursussen besproken en supervisie op het gebied van schematherapie.

In *deel 5* wordt een overzicht gegeven van studies die zijn afgerond en studies die nog lopen. Effectiviteitsstudies, experimentele studies en validiteitsonderzoeken naar vragenlijsten worden toegelicht.

Het laatste deel (*deel 6*) gaat over organisatie en management. Een lopende implementatiestudie bij acht ggz-instellingen wordt beschreven, waarna ook de implementatie van schematherapie bij een forensisch psychiatrisch centrum aandacht krijgt. Daarnaast is kosteneffectiviteit een onderwerp dat belicht wordt.

# 2 Een beknopte geschiedenis van schematherapie

A. Arntz

In dit hoofdstuk wordt beknopt de geschiedenis geschetst van schematherapie (ST). Een geschiedenis kan niet geconstrueerd worden zonder te definiëren wat het object ervan is. Er wordt betoogd dat er grofweg twee definities van ST zijn: een brede definitie en een engere, waarbij de laatste samenvalt met de ST die door Jeffrey Young is ontwikkeld. De ontwikkeling van ST kan niet los worden gezien van een zekere spanning tussen deze twee vormen van ST, de bredere en de engere, de door Jeffrey Young gedefinieerde ST. De vroege en meer recente voorlopers van beide vormen van ST worden besproken, met speciale aandacht voor experiëntiële therapieën, psychodynamische therapie, emotietheorie, en hechtingstheorie. Omdat ST weliswaar beïnvloed is door deze stromingen, maar haar basis vindt in de cognitieve therapie, met name die van Beck en collega's, wordt de ontwikkeling vanuit dat gezichtspunt beschreven. Ten slotte wordt teruggekomen op de bredere en de engere vorm van ST. Meer dan vaak gesuggereerd wordt, is de engere vorm van ST heel goed te plaatsen in een breder perspectief. Om de aansluiting met de wetenschappelijke ontwikkelingen te behouden wordt de hoop uitgesproken dat de engere vorm van ST zich niet isoleert van de ontwikkelingen in bredere zin.

## Definities van schematherapie

Schematherapie is te definiëren als een integratieve vorm van psychotherapie, waarbij elementen van en theoretische inzichten uit een veelvoud van therapeutische scholen en (bio)psychologische theorieën zijn geïntegreerd in een theoretisch model gebaseerd op de cognitieve theorie. Dit overkoepelende theoretische model komt terug in de naam, schematherapie. Dit betekent echter niet dat ST wanneer naar de technieken en methoden gekeken wordt een cognitieve therapie te noemen is zoals we die kennen bij angst en depressie.

ST beoogt inzichten uit de leertheorie, de cognitieve theorie, de 'client centered' theorie, de psychodynamische theorie en de hechtingstheorie te integreren. Wanneer naar de toegepaste methoden en technieken wordt gekeken, dan is er een prominente plaats voor experiëntiële technieken, veeluit van de gestalttherapie overgenomen. Tevens is er aandacht voor de therapeutische relatie op een manier die vooral geïnspireerd is door inzichten uit de hechtingstheorie. De focus van de therapie ligt daarbij eerder op de veronderstelde onderliggende disfunctionele schema's van de patiënt, dan op gedrag, cognitie of emotie. Dat wil zeggen dat gedrag, cognitie en emotie zo veel mogelijk gezien en behandeld worden in het licht van het schema waar ze uit voortkomen. Een van de belangrijkste vernieuwingen ten opzichte van de cognitieve gedragstherapie is dat ST een ruime plaats geeft aan experiëntiële technieken. Met andere woorden: veranderen door emotioneel voelen is een belangrijke toevoeging aan de technieken gericht op gedragsverandering (gedragstherapie) en cognitieve verandering (cognitieve therapie). Men zou daarmee ST kunnen definiëren als een vorm van psychotherapie waarin de focus van de behandeling ligt op schema's en waarin gedragsmatige, cognitieve en experiëntiële technieken zijn geïntegreerd. Wellicht moet daar nog aan toegevoegd worden dat schema's en hun verandering in het licht van de ontwikkelingspsychologie, met name de hechtingstheorie, gezien worden.

In strikte zin kunnen we ST definiëren als de therapie die door Young is ontwikkeld. In deze enge definitie valt het beschrijven van de geschiedenis van ST samen met het beschrijven van de geschiedenis van Youngs therapie. De door Young beschreven therapie valt echter niet los te zien van andere ontwikkelingen. Deze andere ontwikkelingen maken dat ST ook in een bredere zin te definiëren is, namelijk als groep van therapieën waarin de nadruk ligt op de onderliggende schematische representaties die verondersteld worden aan de psychopathologie ten grondslag te liggen; en waarin experiëntiële, gedragsmatige en cognitieve technieken zijn geïntegreerd.

## Experiëntiële voorlopers van schematherapie

Edwards (2007) geeft een interessant overzicht van de geschiedenis van imaginaire-rescriptingtechnieken, die zo veelvuldig gebruikt worden in schematherapie maar zeker niet uniek voor ST zijn. Al in de negentiende eeuw probeerde Pierre Janet met 'beeldsubstitutie' patiënten te behandelen (Edwards, 2007). Zijn werk werd in de vergetelheid gedrukt door de overheersing van het werk van Freud en zijn volgelingen, hoewel ook van Jung beschrijvingen van actieve imaginaties overgeleverd zijn. Deze waren echter meer van symbolische dan van concrete, autobiografische aard, zoals in ST gebruikelijk is. De grootste invloed in dit kader heeft echter de gestalttherapie gehad. Perls, de ontwikkelaar van de gestalttherapie, werd sterk beïnvloed door Reich, bij wie Perls in therapie was geweest (Edwards, 2007). Reich meende dat emoties waar geen uitdrukking aan gegeven wordt leiden tot een sterke rigiditeit, zich uitstrekkend tot in de spieren. De term 'Karakter Pantzer' gebruikte hij voor wat nu onder de rigide (coping- en afweer)patronen van persoonlijkheidsstoornissen wordt verstaan. Lichaamswerk werd gebruikt om via spierontspanning emotionele ontlading te bereiken, maar met de inhoud van de vaak opgeroepen traumatische herinneringen werd nog weinig gedaan. Ferenczi's vroege werk met het getraumatiseerde maar afgesplitste 'innerlijke kind' van volwassen patiënten, dat hij beoogde te helen en waarbij de therapeut een rol aannam die wij nu als 'reparenting' herkennen, was een andere belangrijke invloed op Perls' ontwikkeling (Edwards, 2007). Perls ontwikkelde een therapie met een sterke nadruk op bewustwording van gevoelens, behoeften en impulsen, waarbij een therapeutische rol werd toegedicht aan ontlading door expressie daarvan, en waarin dialogen en imaginair werken centrale technieken waren. De enorme kracht van zijn interventies maakte indruk, maar het gebrek aan adequate timing, veiligheid en therapeutisch doorwerken zorgde ervoor dat zijn therapie professioneel gezien een slechte naam kreeg.

Een andere experiëntiële voorloper van ST is te vinden in de transactionele analyse, waarin een soort cognitief raamwerk van 'scripts' (nu 'schema's' genoemd) gebruikt werd om de problematiek van de patiënt te begrijpen en verbetering teweeg te brengen (Edwards, 2007). De transactionele analyse legde, net als ST nu, een nadruk op het belang van 'unmet needs' en onderdrukte emotionele expressie. Erskine en Moursund (1988) beschrijven de toepassing van 'imaginaire rescripting', waarbij de patiënt in fantasie terugkeert naar de tijd waarin het script werd gevormd, om met de huidige inzichten het bange, verwarde of boze kind van toen te helpen. Maar ook de transactionele analyse kwam door een wellicht naïeve toepassing in een kwalijk licht te staan, en werd, net als de gestalttherapie, meer een manier om groei van relatief gezonde mensen te bevorderen dan een erkende therapie voor zware problematiek. In de jaren zeventig en tachtig van de vorige eeuw ontstond een bijna definitieve breuk tussen de humanistische en experiëntiële therapievormen en de academische therapieën, als de cognitieve gedragstherapie.

## Cognitieve therapie en experiëntiële technieken

Ondanks de neiging om in academische kring experiëntiële therapie af te doen als onwetenschappelijk, waren er eind jaren zeventig, begin jaren tachtig van de vorige eeuw al enkele interessante ontwikkelingen gaande. In Becks Center for Cognitive Therapy in Philadelphia verbleven in de eerste helft van de jaren tachtig David Edwards, Mervin Smucker, Jeffrey Young en David M. Clark. Zij zouden allen experiëntiële elementen in hun cognitieve behandelingen integreren. Beck zelf beschreef al vroeg het werken met (rescripting van) visuele beelden (Beck, 1970; Beck, Emery & Greenberg, 1985). Lazarus publiceerde over multimodale therapie als een vorm van technisch eclecticisme en beschreef hoe gestalttechnieken als de legestoeltechniek in zijn multimodale behandeling geïntegreerd konden worden (Lazarus, 1985). Beck was minder rechtlijnig in de leer dan velen van zijn volgelingen. Zo sprak hij met een borderline patiënt in een workshop in Oxford in de jaren tachtig van de vorige eeuw en hielp hij de patiënt de verschillende en verwarrende emotionele toestanden te begrijpen aan de hand van een 'schemamodus'model dat later door Young uitgewerkt zou worden (zie Arntz, 2004). Rond 1990 publiceerde Edwards over hoe 'guided imagery' en andere experiëntiële technieken gebruikt konden worden als cognitieve herstructureringstechnieken (Edwards, 1989, 1990ab), geschriften die een grote invloed hadden op de auteur van dit hoofdstuk. In dezelfde tijd lanceerde Young zijn 'schema-focused therapy' (Young, 1990). De Maastrichtse onderzoeksgroep van het instituut Experimentele Psychopathologie begon te experimenteren met de behandeling van ernstige persoonlijkheidsstoornissen, en integreerde experiëntiële technieken in de cognitieve therapie (Arntz, 1994). Workshops door Padesky, Mooney en Beck leerden dat psychodramatechnieken krachtige middelen kunnen zijn om hardnekkige problemen te doorbreken. In 1993 werd een boek uitgebracht over cognitieve therapie bij borderline persoonlijkheidsstoornis, met ruime aandacht voor imaginaire rescripting (Layden, Newman, Freeman & Morse, 1993). In 1995 publiceerden Smucker, Dancu, Foa en Niederee over het gebruik van 'imagery rescripting' als 'a new treatment for survivors of sexual abuse suffering from posttraumatic stress'. Aan het eind van dit decennium publiceerden de auteur van dit hoofdstuk en Anouk Weertman een protocol over hoe imaginaire rescripting en psychodrama te gebruiken bij ernstige persoonlijkheidsproblemen (Arntz & Weertman, 1999).

Maar ondanks al deze ontwikkelingen (waarbij velen lijken te claimen nieuwe technieken ontwikkeld te hebben, technieken die wel erg op elkaar lijken), duurde het tot na 2000 voordat experiëntiële technieken en een focus op de kinderjaren als methoden om hardnekkige problemen aan te pakken erkenning kregen in de wetenschappelijke wereld. Wetenschappelijke studies (Giesen-Bloo et al., 2006; Holmes, Arntz & Smucker, 2007; Weertman & Arntz, 2007) die de effectiviteit van deze methoden ondersteunen zullen daartoe ongetwijfeld hebben bijgedragen. Een andere verklaring kan gevonden worden in de wetenschappelijke ontwikkelingen die het mogelijk hebben gemaakt om dergelijke methoden beter te begrijpen en onderwerp van onderzoek te maken. (Holmes et al., 2007). Ten slotte is er de gegroeide interesse van goed getrainde therapeuten met diverse achtergronden om experiëntiële technieken, de therapeut-patiëntrelatie, en de levensgeschiedenis van de patiënt beter in de behandeling te integreren, ook (of misschien wel juist) wanneer het om de behandeling van heel moeilijke problematiek gaat.

## Cognitieve therapie, psychodynamische therapie, emotietheorie en hechtingstheorie

De jaren tachtig van de vorige eeuw vormden ook de periode waarin pogingen werden ondernomen om cognitieve therapie te integreren met inzichten uit psychodynamische hoek. Mahoney en Freeman (1985) gaven een boek uit waarin hier aandacht voor werd gevraagd. Beck wijdde een hoofdstuk aan wat hij als een cognitief continuüm zag tussen verschillende invalshoeken.

Hij wees daarin onder meer op het belang van vroegkinderlijke ervaringen die hun weerslag in schema's kunnen vinden die niet gemakkelijk voor verbale introspectie toegankelijk zijn. Het naïeve idee dat alleen bewuste verbale gedachten emoties produceerden bleek niet langer houdbaar. Zajonc (1980, 1984) viel deze positie aan en Greenberg en Safran (1984) publiceerden een invloedrijk artikel over de integratie van cognitie en affect in relatie tot het therapeutische proces. Het simpele cognitieve therapieparadigma wankelde en er kwam meer belangstelling voor affectieve processen en het schema-construct in de cognitieve therapiebeweging.

In die verschuiving past ook de interesse voor de vroege ontwikkeling en de rol van hechting in het ontstaan van psychopathologie. De hechtingstheorie werd aanvankelijk geheel geannexeerd door psychodynamische scholen, maar won aan belangstelling door wetenschappelijk onderzoek dat ernaar gedaan werd en door de evidente relatie met schematheorieën. Net als bijvoorbeeld schematheorieën van persoonlijkheidsstoornissen kent de hechtingstheorie immers een essentiële rol toe aan schematische representaties die gevormd worden door vroege ervaringen en die emoties en gedrag sturen. Guidano en Liotti (1983) schreven een boek waarin zij hechtingstheorie en andere ontwikkelingsgezichtspunten integreerden met cognitieve therapie. Dit boek presenteerde zowel een uitgebreide theoretische analyse als een klinische visie. Perris (1999) was een andere belangrijke exponent van de integratie van hechtingstheorie en cognitieve therapie. Hij wees vooral op het belang van gestoorde hechting in het begrijpen van persoonlijkheidsstoornissen.

Young (1990) baseerde zijn therapie van persoonlijkheidsstoornissen geheel op een schemaconcept, waarin emoties een zeer prominente plaats innamen, en integreerde concepten als compensatie in zijn theorie, een idee afkomstig uit ego-psychologische hoek. Hij gaf verder een prominente plaats aan inzichten uit de hechtingstheorie, en dichtte de therapeutische relatie een grote plaats toe in het 'repareren' van onveilige hechting.

## 'Schema-Focused Therapy': een brede ontwikkeling

Onder de benaming 'Schema-Focused Therapy' werden vanaf de jaren negentig van de vorige eeuw diverse therapievormen gepresenteerd die afgeleiden waren van cognitieve therapie. In meer of mindere mate ruimden zij plaats in voor zaken als de ontwikkelingsgeschiedenis van de patiënt, experiëntieel werken, het primaat van het affect, en het gebruik van de therapeutische relatie. Er is een hernieuwde belangstelling voor deze zaken ook in het begrijpen en behandelen van as-I-stoornissen als PTSS, depressie, sociale fobie en eetstoornissen. Zo verschenen er de laatste jaren talloze artikelen over het belang van beelden en imaginaire rescripting bij psychopathologie en de behandeling ervan, bijvoorbeeld in *Special issues* van *Memory* (Holmes & Hackman, 2004) en in *Journal of Behavior Therapy & Experimental Psychiatry* (Holmes & Arntz, 2007). Met 'Schema-Focused Therapy' werden vooral die vormen van cognitieve therapie aangeduid die niet zozeer op symptomen maar op onderliggende schema's gericht waren, vooral evident bij de behandeling van persoonlijkheidsstoornissen. Zo beschrijven de beide edities van *Cognitive Therapy of Personality Disorders* van Beck en collega's allerlei methoden en technieken die in dit kader passen, waarbij de tweede editie een verdere ontwikkeling laat zien (Beck et al., 1990; 2004). In brede zin is schematherapie dus meer een ontwikkeling in het veld dan een specifiek gedefinieerde vorm van therapie.

## Schematherapie in engere zin

Om zijn ideeën over de behandeling van persoonlijkheidsstoornissen beter te onderscheiden van de bovengenoemde brede beweging, hernoemde Jeffrey Young recent zijn vorm van 'Schema-Focused Therapy' tot '*Schema Therapy*' (Young et al., 2003). Hoewel Young net als vele anderen voortkomt uit Becks groep (hij werkte vele jaren samen met Beck en diens collega's in Philadelphia) heeft hij zich deels afgezet tegen de 'mainstream' cognitieve therapie. Dat hij daarbij naar inzicht van schrijver dezes zijn inzichten soms als wat té uniek schetst, moge uit het bovenstaande duidelijk zijn. Young heeft echter wel een grote invloed op de ontwikkeling van schematherapie gehad. Deels komt dit voort uit zijn geslaagde poging om een vergaande integratie van inzichten uit diverse stromingen in een coherent model te brengen. Daarnaast is een onderscheidend (en niet onomstreden) kenmerk van zijn opvatting de nadruk op de rol van de therapeut die door middel van 'limited reparenting' de vroege tekorten in de basisbehoeften van de patiënt moet zien te repareren. Charisma, een aansprekend conceptueel model, onvermoeibaar missiewerk, en ondersteuning door recent wetenschappelijk onderzoek (Giesen-Bloo et al., 2006) hebben aan de belangstelling voor zijn werk bijgedragen. Een opdracht voor de toekomst is het evenwicht te bewaren tussen het stimuleren van een goede verspreiding en opleiding in deze therapievorm, en de aansluiting met de wetenschappelijke wereld te behouden. Deze laatste verdraagt zich immers slecht met gesloten en gecontroleerde bewegingen die meer door geloof dan door een kritische wetenschappelijke houding worden gekenmerkt.

## Literatuur

Arntz, A. (1994). Treatment of borderline personality disorder: A challenge for cognitive behavioral therapy. *Behaviour Research and Therapy, 32*, 419-430.

Arntz, A. (2004). Borderline Personality Disorder. In: Beck, A.T., Freeman, A., Davis, D.D., Pretzer, J., Fleming, B., Arntz, A., Butler, A., Fusco, G., Simon, K.M., Beck, J.S., Morrison, A., Padesky, C.A., & Renton, J. *Cognitive therapy of personality disorders* (second edition) (p. 187-215). New York: The Guilford Press.

Arntz, A., & Weertman, A. (1999). Treatment of childhood memories: Theory and practice. *Behaviour Research and Therapy, 37*, 715-740.

Beck, A.T. (1970). Role of fantasies in psychotherapy and psychopathology. *Journal of Nervous and Mental Disease, 150*, 3-17.

Beck, A.T. (1985). Cognitive therapy, behavior therapy, psychoanalysis, and pharmacology: A cognitive continuum. In: M.J. Mahoney & A. Freeman (Eds.), *Cognition and psychotherapy* (p. 325-349). New York: Plenum Press.

Beck, A.T., Emery, G., & Greenberg, R.L. (1985). *Anxiety Disorders and Phobias: A Cognitive Approach.* New York: Basic Books.

Beck, A.T., Freeman, A., & Associates. (1990). *Cognitive therapy of personality disorders.* New York: The Guilford Press.

Beck, A.T., Freeman, A., Davis, D.D., Pretzer, J., Fleming, B., Arntz, A., Butler, A., Fusco, G., Simon, K.M., Beck, J.S., Morrison, A., Padesky, C.A., & Renton, J. (2004). *Cognitive therapy of personality disorders* (second edition). New York: The Guilford Press.

Edwards, D.J.A. (1989). Cognitive restructuring through guided imagery. In: A. Freeman, L.E. Beutler, K.M. Simon & H. Arkowitz (Eds.), *Comprehensive handbook of cognitive therapy* (p. 283-297). New York: Plenum.

Edwards, D.J.A. (1990a). Cognitive therapy and the restructuring of early memories through guided imagery. *Journal of Cognitive Psychotherapy, 4*, 33-51.

Edwards, D.J.A. (1990b). Cognitive-behavioral and existential-phenomenological approaches to therapy: Complementary or conflicting paradigms? *Journal of Cognitive Psychotherapy, 4*, 107-123.

Edwards, D.J.A. (2007). Restructuring implicational meaning through memory-based imagery: Some historical notes. *Journal of Behavior Therapy and Experimental Psychiatry, 38*, 306-316.

Erskine, R.G., & Moursund, J. (1988). *Integrative psychotherapy in action.* Newbury Park, CA: Sage.

Giesen-Bloo, J., Dyck, R., van, Spinhoven, Ph., Tilburg, W. van, Dirksen, C., Asselt, Th. van, Kremers, I., Nadort, M., & Arntz, A. (2006). Outpatient Psychotherapy for Borderline Personality Disorder: A Randomized Trial of Schema-Focused Therapy vs. Transference-Focused Psychotherapy. Archives of General Psychiatry, 63, 649-658.

Greenberg, L.S., & Safran, J.D. (1984). Integrating affect and cognition: A perspective on the process of therapeutic change. *Cognitive Therapy and Research, 8*, 559-578.

Guidano, V.F., & Liotti, G. (1983). *Cognitive processes and emotional disorders.* New York: The Guilford Press.

Holmes, E.A., & Arntz, A. (Eds.) (2007). Special issue: imagery rescripting in cognitive behaviour therapy: Images, treatment techniques and outcomes. *Journal of Behavior Therapy and Experimental Psychiatry, 38*, 297-506.

Holmes, E.A., Arntz, A., & Smucker, M.R. (2007). Imagery rescripting in cognitive behaviour therapy: images, treatment techniques and outcomes. *Journal of Behavior Therapy and Experimental Psychiatry, 38*, 297-305.

Holmes, E.A., & Hackman, A. (2004). Special issue: Mental imagery and memory in psychopathology. *Memory, 12*, 4.

Layden, M.A., Newman, C.F., Freeman, A., & Morse, S.B. (1993). *Cognitive therapy for borderline personality disorder.* Boston: Allyn & Bacon.

Lazarus, A. (1985). *Casebook of multimodal therapy.* New York: The Guilford Press.

Mahoney, M.J., & Freeman, A. (Eds.). (1985). *Cognition and psychotherapy.* New York: Plenum Press.

Perris, C. (1999). A conceptualization of personality-related disorders of interpersonal behaviour with implications for treatment. *Clinical Psychology and Psychotherapy, 6,* 239-260.

Smucker, M., Dancu, V.C., Foa, E.B., & Niederee, L.J. (1995). Imagery rescripting: A new treatment for survivors of childhood sexual abuse suffering from posttraumatic stress. *Journal of Cognitive Psychotherapy, 9,* 3-17.

Weertman, A., & Arntz, A. (2007). Effectiveness of treatment of childhood memories in cognitive therapy of personality disorders: A controlled study contrasting methods focusing on the present and methods focusing on childhood memories. *Behaviour Research and Therapy, 45,* 2133-2143.

Young, J.E. (1990). *Cognitive therapy for personality disorders: A schema-focused approach.* Sarasota, Fl: Professional Resource Press.

Young, J.E., Klosko, J., & Weishaar, M.E. (2003). *Schema Therapy: A practitioner's guide.* New York: The Guilford Press.

Zajonc, R.B. (1980). Feeling and thinking: Preferences need no inferences. *American psychologist, 35,* 151-175.

Zajonc, R.B. (1984). On the primacy of affect. *American psychologist, 39,* 117-123.

# 3 Theoretisch model: schema's, copingstrategieën en modi

H. van Genderen, M. Rijkeboer en A. Arntz

Schema's nemen in de moderne psychotherapieën een belangrijke plaats in, met name in therapieën waarin aandacht is voor chronische persoonlijkheidsgerelateerde problematiek. Het begrip *schema* kent inmiddels een lange geschiedenis. De definities die gebruikt worden binnen de huidige cognitieve therapieën zijn ontstaan in de jaren tachtig van de vorige eeuw, onder invloed van het constructivisme (zie ook Rijkeboer, Van Genderen & Arntz, 2007). Bekende klinisch georiënteerde wetenschappers als Beck, Segal en Young ontwikkelden verklaringsmodellen voor psychopathologie met daarin als centrale parameters schema's en daaraan gerelateerde concepten als schemaprocessen ofwel copingstrategieën en schemamodi. De term *schema* is inmiddels in psychotherapieland wijdverbreid en aan inflatie onderhevig. Binnen de diverse schematheorieën worden vele verschillende definities gehanteerd, met evenzoveel onduidelijkheid tot gevolg (zie James, Southam & Blackburn, 2004). Ook de termen *copingstrategie* en *modus* kennen verscheidene omschrijvingen. In dit hoofdstuk zal uitleg gegeven worden over deze begrippen, zoals die gedefinieerd zijn door Young, Klosko en Weishaar (2003, 2005). De schemabenadering van Young is echter nog volop in ontwikkeling. In een forum van therapeuten en onderzoekers wordt thans discussie gevoerd over de aard en inhoud van de verschillende concepten en hun onderlinge relatie. Dit hoofdstuk wordt daarom besloten met een kort overzicht van de belangrijkste punten in dit debat.

## Praktijk

### Vroeg ontstane disfunctionele schema's

De term schema is ontleend aan de informatieverwerkingstheorie, waarin wordt gesteld dat informatie in ons geheugen thematisch is geordend (Vonk, 1999; Williams, Watts, MacLeod & Mathews, 1997). De idee is dat al vanaf de allereerste levensjaren ervaringen worden opgeslagen in ons autobiografische geheugen in de vorm van schema's (Conway & Pleydell-Pearce, 2000).

Zij omvatten de zintuiglijke waarnemingen, de ervaren emoties en handelingen en de betekenis die eraan is verleend, waarbij vroegkinderlijke ervaringen op niet-verbale wijze worden opgeslagen (Arntz, Van Genderen & Wijts, 2006; Rijkeboer et al., 2007; Young et al., 2005). Schema's functioneren vervolgens als filters waarmee mensen de wereld om zich heen ordenen, interpreteren en voorspellen. De meeste mensen hebben schema's ontwikkeld die hen helpen zichzelf en het gedrag van anderen en gebeurtenissen in de wereld beter te begrijpen. Dit stelt hen in staat een positief zelfbeeld en een genuanceerd beeld van andere mensen te ontwikkelen en om adequaat problemen op te lossen. Mensen met persoonlijkheidsproblematiek hebben disfunctionele schema's ontwikkeld en kunnen daardoor het leven minder goed aan. Volgens Young en collega's (2005) ontstaan deze disfunctionele schema's op jonge leeftijd als resultaat van de wisselwerking tussen het temperament van het kind, de opvoedingsstijl van de ouders en significante (soms traumatische) ervaringen (figuur 3.1). Young en collega's (2005) volgen met deze aanname een ontwikkelingsmodel van persoonlijkheid en psychopathologie, waarbinnen de hechtingstheorie van Bowlby (1988) een belangrijke plaats inneemt. Zij stellen dat disfunctionele schema's onvervulde belangrijke emotionele behoeften van het kind weerspiegelen en dat zij in feite aanpassingen zijn aan negatieve ervaringen, zoals familieruzies, afwijzing, vijandigheid of zelfs agressiviteit van opvoeders en leeftijdgenootjes, gebrek aan liefde en warmte, inadequate ouderlijke zorg en steun. Uit onderzoek is gebleken dat relationele invloeden belangrijk zijn voor de emotionele ontwikkeling van het kind en dat verstoringen kunnen leiden tot disregulatie van emoties (Cohen, Crawford, Johnson & Kasen, 2005; Maughan & Cicchetti, 2002). Vaak liggen traumatische gebeurtenissen zoals geweld of misbruik ten grondslag aan de ontwikkeling van persoonlijkheidspathologie (Grover, Carpenter, Price, Gagne, Mello & Tyrka, 2007), maar een aanhoudend patroon van negatieve of inperkende reacties op een kind kan ook leiden tot een dergelijke ontwikkeling (Johnson, Cohen, Kasen, Smailes & Brook, 2001). Alhoewel disfunctionele schema's in de vroege kinderjaren, gezien de omstandigheden, doorgaans adaptief zijn geweest, wordt verondersteld dat ze tevens in belangrijke mate interfereren met het goed doorlopen van ontwikkelingstaken. Dit kan leiden tot voortdurende negatieve ervaringen, die ervoor zorgen dat het schema steeds meer ingesleten en rigide raakt. Het is niet goed vast te stellen hoe groot de invloed van het temperament van het kind in dit geheel is, maar het ene kind kan wel meer 'last' hebben van een bepaalde opvoeding dan het andere (Gallagher, 2002). Bovendien blijkt ook het temperament zelf onder invloed te staan van omgevingsfactoren en de regulatiestijlen die het kind leert te ontwikkelen.

Hoe meer iemand op een bepaald gebied tekort is gekomen en hoe ernstiger de ervaren traumatische gebeurtenissen zijn, des te rigider en sterker hebben bepaalde overtuigingen zich geworteld en des te meer last heeft de persoon er in zijn huidige leven ervan. Schema's zijn niet op elk moment even actief of bepalend in iemands leven. Als omstandigheden meer gelijkenis vertonen met situaties die hebben geleid tot het ontstaan van het schema, dan zal het schema ook meer op de voorgrond komen te staan. Zo

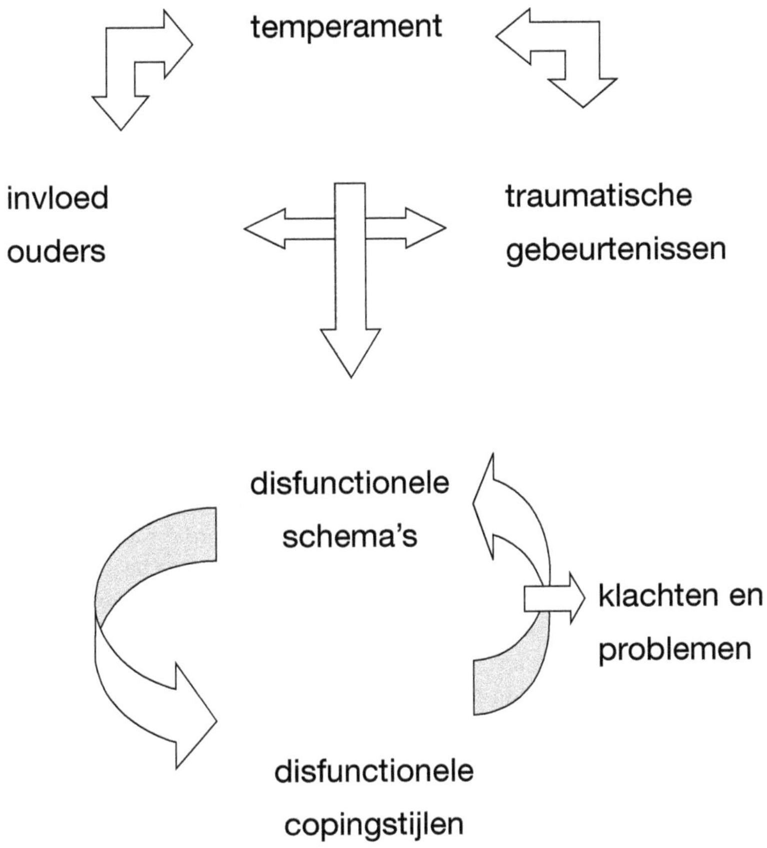


*Figuur 3.1*
Ontstaan van disfunctionele schema's.

kan iemand met het schema Minderwaardigheid/schaamte in een situatie met goede vrienden en in een periode waarin het relatief rustig is op zijn werk, weinig last hebben van dat schema. Maar zodra er problemen komen met vrienden of er veel onzekerheid ontstaat op het werk (bijvoorbeeld door een reorganisatie), wordt het sluimerende schema actief en gaan bijvoorbeeld depressieve klachten optreden. Dit kan het opsporen van schema's soms bemoeilijken, zeker als de patiënt ook nog manieren heeft ontwikkeld om zo min mogelijk last te hebben van de schema's. De patiënt met het schema Minderwaardigheid/schaamte kan bijvoorbeeld dit schema vermijden door te kiezen voor werk waarin weinig risico's bestaan op beoordeling en een vriendenkring op te bouwen die weinig kritisch is. Met andere woorden: iemand heeft niet alleen schema's, maar ook strategieën om er zo min mogelijk last van te hebben (zie Copingstrategieën).

## Beschrijving van de schema's

In de oorspronkelijke versie van de Young Schema Questionnaire (YSQ) (Young & Brown, 1994; Nederlandse vertaling en bewerking: Sterk & Rijkeboer, 1997) worden zestien schema's onderscheiden. In het boek van Young en collega's (2005) worden achttien schema's beschreven en is het schema Sociale ongewenstheid verdwenen (zie hoofdstuk 23). Om pragmatische redenen is er hier voor gekozen om alle negentien schema's te beschrijven (tabel 3.1), ook al moeten sommige schema's (in de tabel met een asterisk aangeduid) nog op hun psychometrische kwaliteiten worden onderzocht.

## Copingstrategieën

Disfunctionele schema's worden veelal in stand gehouden doordat de patiënt situaties ontloopt die zijn schema's zouden kunnen corrigeren of doordat hij personen opzoekt die zijn schema's bevestigen en/of doordat hij geen oog heeft voor informatie die zijn schema's nuanceert. De patiënt heeft dit gedrag geleerd in zijn jeugd om moeilijke of bedreigende situaties te overleven. Dat was in die omstandigheden de beste manier om met die situaties om te gaan, maar in het huidige leven van de patiënt kan dit gedrag verre van optimaal blijken te zijn en de schema's in stand houden. Er zijn drie manieren waarop men met schema's kan omgaan, ook wel copingstrategieën genoemd: overgave, vermijden en overcompenseren. Deze copingstrategieën geven op korte termijn vaak een gevoel van opluchting, maar leiden op langere termijn tot moeilijkheden op belangrijke levensgebieden. Het hanteren van een copingstrategie is in het algemeen geen bewuste keuze van de patiënt, maar een automatische reactie op een bedreigende of kwetsende situatie. Copingstrategieën zijn vooral zichtbaar aan het gedrag van de patiënt, maar omvatten ook cognitieve vervormingen.

| Tabel 3.1 | Schema's (de schema's met een * staan niet in de YSQ). |
|---|---|
| Emotionele verwaarlozing | De patiënt verwacht dat de eigen basale emotionele behoeften (zoals steun, verzorging, empathie en bescherming) niet of onvoldoende door anderen zullen worden beantwoord. Hij voelt zich alleen en eenzaam. |
| Verlating/instabiliteit | De patiënt verwacht dat iedereen hem uiteindelijk in de steek zal laten. Anderen zijn onbetrouwbaar en onvoorspelbaar in hun steun en toewijding. Angst, verdriet en woede wisselen elkaar af als de patiënt zich in de steek gelaten voelt. |
| Wantrouwen en/of misbruik | De patiënt heeft de overtuiging dat anderen uiteindelijk op een of andere manier misbruik van hem zullen maken of hem zullen bedriegen of vernederen. De gevoelens zijn heel wisselend en betrokkene is voortdurend waakzaam. |

| | |
|---|---|
| Sociaal isolement/vervreemding | De patiënt voelt zich geïsoleerd van de rest van de wereld en anders dan andere mensen. |
| Minderwaardigheid/schaamte | De patiënt vindt zichzelf innerlijk onvolkomen en slecht. Zodra anderen hem beter leren kennen zullen zij dat ontdekken en hem afwijzen. Het gevoel van waardeloosheid leidt veelal tot schaamte. |
| Sociale ongewenstheid | De patiënt is ervan overtuigd dat hij sociaal onhandig en onaantrekkelijk is. Hij vindt zichzelf saai, suf en lelijk. |
| Mislukking | De patiënt is ervan overtuigd dat hij niet in staat is om te presteren op het niveau van leeftijdgenoten. Hij voelt zich dom en zonder talent. |
| Afhankelijkheid/onbekwaamheid | De patiënt is extreem hulpeloos en functioneel afhankelijk van anderen. Hij kan geen besluiten nemen over dagelijkse problemen en is vaak gespannen en angstig. |
| Kwetsbaarheid voor ziekte en gevaar | De patiënt veronderstelt dat hem en dierbaren elk moment iets vreselijks kan overkomen en dat hij niets kan doen om zich te beschermen. |
| Verstrengeling/kluwen | De patiënt is overdreven betrokken bij en verbonden met een of meer opvoeders, waardoor hij geen eigen identiteit kan ontwikkelen. |
| Onderwerping | De patiënt geeft zichzelf over aan de wil van anderen om negatieve consequenties te voorkomen. Hij onderdrukt eigen behoeften uit angst voor conflicten en straf. |
| Zelfopoffering | De patiënt offert zich vrijwillig op voor anderen, die hij ziet als zwakker dan zichzelf. Als hij aandacht schenkt aan zijn eigen behoeften voelt hij zich schuldig en laat andermans behoeften voorgaan. Uiteindelijk gaat hij zich ergeren aan de mensen voor wie hij zorgt. |
| Goedkeuring en erkenning zoeken* | De patiënt is op een overdreven manier op zoek naar erkenning, waardering en aandacht, ten koste van zijn eigen ontwikkeling en behoeften. |
| Emotionele geremdheid | De patiënt houdt emoties en impulsen altijd in, omdat hij denkt dat het uiten daarvan anderen zal schaden of leidt tot schaamte, vergelding of verlating. Hij reageert nooit spontaan en legt sterk de nadruk op rationaliteit. |

| | |
|---|---|
| Meedogenloze normen/overmatig kritisch | De patiënt gelooft dat hij het nooit goed genoeg kan doen en dat hij harder zijn best moet doen. Hij is kritisch tegenover zichzelf en anderen en is perfectionistisch, rigide en overdreven efficiënt. Dit gaat ten koste van plezier, ontspanning en sociale contacten. |
| Negativiteit en pessimisme* | De patiënt ziet altijd de negatieve kant van alles en negeert of minimaliseert de positieve kant. Hij is meestal aan het piekeren en hyperalert. |
| Bestraffende houding* | De patiënt vindt dat mensen hard gestraft moeten worden voor hun fouten. Hij is agressief, intolerant, ongeduldig en niet vergevingsgezind. |
| Zich rechten toe-eigenen | De patiënt vindt dat hij superieur is aan anderen en speciale rechten heeft. Hij kan doen en laten wat hij wil, zonder rekening te houden met anderen. Het centrale thema is macht en controle hebben over situaties en mensen. |
| Gebrek aan zelfbeheersing/zelfdiscipline | De patiënt heeft geen frustratietolerantie en kan gevoelens en impulsen niet beheersen. Hij verdraagt geen ongenoegen of ongemak (pijn, ruzie en inspanning). |

### Overgave

'Overgave': overgave aan het schema.

De patiënt gedraagt zich volgens zijn schema en past zijn gevoelens en gedachten daaraan aan:

| | |
|---|---|
| Gedrag | Herhaling van gedragspatronen uit de jeugd, door mensen en situaties op te zoeken die lijken op de omstandigheden die vroeger hebben geleid tot de vorming van het schema. |
| Gedachten | Selectieve informatieverwerking, dat wil zeggen alleen die informatie zien, die klopt met het schema en niet informatie die het schema ontkracht. |
| Gevoel | De emotionele pijn van het schema wordt rechtstreeks gevoeld. |

### Vermijding

'Vermijding': schemavermijdend gedrag.

De patiënt vermijdt activiteiten die het schema met de bijbehorende gevoelens activeren. Het gevolg is dat het schema niet ter discussie gesteld kan worden en er dus geen correctieve ervaringen kunnen worden opgedaan.

| | |
|---|---|
| Gedrag | Actieve en passieve vermijding van allerlei situaties die het schema zouden kunnen oproepen. |
| Gedachten | Ontkenning van gebeurtenissen en herinneringen, depersonalisatie of dissociatie. |
| Gevoel | Afvlakking van gevoelens of niets meer voelen. |

## Overcompensatie

**'Overcompensatie': het tegenovergestelde gedrag vertonen om het schema te bestrijden.**

**De patiënt gedraagt zich zo veel mogelijk tegengesteld aan de kern van zijn schema, om er geen last van te hebben. Dit leidt tot een onderschatting van de invloed die het schema kan hebben en vaak tot overdreven assertief, agressief of onafhankelijk gedrag.**

| | |
|---|---|
| Gedrag | Aan het schema tegengesteld (vaak overdreven) gedrag vertonen. |
| Gedachten | Gedachten zijn eveneens tegengesteld aan de inhoud van het schema. De patiënt ontkent dat hij het schema heeft. |
| Gevoel | De patiënt overdekt onaangename gevoelens van het schema met tegenovergestelde gevoelens (bijvoorbeeld macht als overdekking van machteloosheid of trots als overdekking van minderwaardigheid). De onaangename gevoelens komen echter weer terug als de overcompensatie een keer mislukt. |

### Drie soorten copingstrategieën

Als iemand vanuit zijn schema Verlating/instabiliteit besluit nooit meer relaties aan te gaan (vermijden), dan voelt hij zich tijdelijk opgelucht, omdat er niemand meer is die hem kan kwetsen door hem in de steek te laten. Op den duur wordt hij echter heel eenzaam, omdat hij elk intiem contact uit de weg gaat.

Besluit hij zijn schema te compenseren (overcompensatie), dan gaat hij op zoek naar de 'ideale relatie' met iemand, die hem nooit in de steek zal laten. Tijdens de eerste verliefdheid lukt dat mogelijk een tijdje, maar na enige tijd, als de partner meer autonomie wil, gaat hij hem of haar claimen en volledige beschikbaarheid eisen. De kans is groot dat die partner dat niet volhoudt en hem verlaat. Dus wordt het schema Verlating/instabiliteit weer bevestigd.

Legt hij zich neer bij zijn schema (overgave) dan neemt hij genoegen met een relatie die hem onvoldoende steun en zekerheid biedt (bijvoorbeeld een partner die vaak vreemd gaat of een knipperlichtrelatie). In zekere zin voelt dit vertrouwd, maar op de lange termijn blijft de patiënt ook op deze manier eenzaam en ongelukkig.

Patiënten hebben doorgaans niet één vaste copingstrategie. Alhoewel een copingstrategie als overgave dominant kan zijn, ziet men een patiënt in de loop van de tijd ook andere copingstrategieën hanteren. Zich langdurig en zeer intens overgeven aan bijvoorbeeld het schema Zelfopoffering, waarbij voornamelijk aan de wensen en belangen van anderen wordt gedacht, leidt op den duur tot uitputting en een steeds grotere behoefte eigen wensen eens vervuld te zien. Dit kan vervolgens leiden tot – wellicht een korte episode van – overcompensatie. De patiënt kan dan soms op agressieve wijze eigen doelen nastreven, zonder ook maar enigszins rekening met anderen te houden. Dit wisselen van overgave naar overcompensatie is abrupter en sterker zichtbaar bij ernstiger en in emotioneel opzicht heftiger vormen van psychopathologie (zie ook Elliott & Kirby Lassen, 1999). Als het de patiënt allemaal te veel wordt, kan hij door vermijdingsgedrag proberen te ontsnappen aan de heftige gevoelens die de overgave of overcompensatie oproepen. Bovenstaande patiënt gaat dan bijvoorbeeld situaties uit de weg waarin iets van hem gevraagd zou kunnen worden. Dat houdt hij ook niet eindeloos vol, dus op enig moment leidt dat weer tot overgave of overcompensatie. Zo leidt ieder van deze copingstrategieën steeds weer tot het in stand houden van het schema.

## Schemamodi

Vooral bij meer complexe persoonlijkheidsproblematiek blijkt dat patiënten zich in veel verschillende schema's herkennen en bovendien diverse copingstrategieën in voortdurende afwisseling hanteren, zodat er vaak binnen korte tijd een wisseling van stemming en gedrag kan optreden. Dit heeft ertoe geleid dat Young en collega's (2005) voor de borderline persoonlijkheidsstoornis (en later ook de narcistische persoonlijkheidsstoornis) een zogenoemd 'schemamodusmodel' hebben ontwikkeld. Volgens Young en collega's (2005) zijn schemamodi de momentane, steeds wisselende, maar alles overheersende gemoedstoestanden waarin een patiënt kan verkeren. Waar schema's stabiel van aard zijn ('trait'), zijn de modi juist kortdurende toestandsbeelden ('state'). En waar een schema staat voor een ééndimensionaal thema (bijvoorbeeld minderwaardigheid), reflecteert een schemamodus een *constellatie* van diverse op dat moment actieve schema's en copingstijlen (het Kwetsbare kind omvat bijvoorbeeld het schema Minderwaardigheid/schaamte en Emotionele verwaarlozing) (Lobbestael, Van Vreeswijk & Arntz, 2007).

Schemamodi zijn net als schema's niet alleen aanwezig bij mensen met een persoonlijkheidsstoornis, maar spelen bij iedereen een rol. Het verschil is de mate waarin de modi onafhankelijk van elkaar opereren en de sterkte van hun activiteit. Hoe gezonder iemand is hoe minder de modi los van elkaar staan en hoe minder sterk de disfunctionele modi overheersen. Een gezond persoon kan bij een vervelende situatie verdriet, woede en de neiging om er niet aan te denken allemaal min of meer tegelijk ervaren en heeft de mogelijkheid om deze gevoelens en gedragingen te beheersen en te integreren. Iemand met een persoonlijkheidsstoornis heeft hier veel meer moeite mee. Schemamodi staan echter nooit compleet los van elkaar, dus er is geen sprake van losse delen van de patiënt, die niet met elkaar in contact staan. Een schemamodus is een toestandsbeeld dat op een bepaald moment op de voorgrond staat. Bij een patiënt met een paar disfunctionele modi staat meestal één modus op de voorgrond, maar de andere modi zijn tegelijkertijd op de achtergrond ook aanwezig (zie 'simultaan schaken in een flipperkast', in Van Genderen & Arntz, 2005).

Na de ontwikkeling van een modusmodel voor de borderline en narcistische persoonlijkheidsstoornis (Young et al., 2005) is recent ook voor de andere persoonlijkheidsstoornissen een dergelijk modusmodel ontwikkeld. Deze modellen bevinden zich echter nog in een experimenteel stadium (Bernstein, Arntz & De Vos, 2007; Lobbestael et al., 2007; zie ook hoofdstuk 11 en 22).

In tabel 3.2 worden de modi die tot op heden ontwikkeld zijn beschreven. Een aantal modi is al door Lobbestael en collega's (2007) op hun psychometrische kwaliteiten onderzocht en een aantal verkeert nog in een experimenteel stadium. Deze laatste modi zijn onder meer gebaseerd op ervaringen met patiënten met zowel forensische problematiek als cluster-C-persoonlijkheidsstoornissen.

Omdat er meer onderzoek is gedaan naar het bestaan van de modi bij de borderline persoonlijkheidsstoornis en omdat de werkzaamheid van schematherapie bij deze problematiek goed is onderzocht (Arntz, 2007; Giesen-Bloo et al., 2006; Van Genderen & Arntz, 2005; Young et al., 2005), wordt het modusmodel voor deze stoornis uitvoerig beschreven.

### Modusmodel bij de borderline persoonlijkheidsstoornis

Om aan de diagnose borderline persoonlijkheidsstoornis te voldoen moet een patiënt op vijf van de negen criteria uit de DSM-IV (APA, 1994) scoren. Deze descriptieve diagnose geeft uiteraard nog geen verklaringsmodel voor de problematiek. Deze patiënten hebben een aantal kenmerken gemeenschappelijk, namelijk wisselende stemmingen, problemen met relaties en onduidelijkheid over hun identiteit. Hierdoor zijn de meeste patiënten niet in staat een opleiding af te maken, passend werk te vinden en stabiele relaties aan te gaan. De uitingsvormen kunnen heel verschillend zijn. De ene patiënt met een borderline persoonlijkheidsstoornis heeft veel aanvaringen met de mensen om zich heen en de andere trekt zich juist vaak terug en leeft erg geïsoleerd. Door naar de combinatie van schema's en copingstrategieën

| Tabel 3.2 | Schemamodi. |
|---|---|
| *Kindmodi* | |
| Kwetsbare kind | De patiënt denkt dat niemand zijn emotionele behoeften zal vervullen en dat iedereen hem uiteindelijk in de steek zal laten. Hij wantrouwt anderen en denkt dat er misbruik van hem gemaakt zal worden. Hij voelt zich minderwaardig en verwacht afgewezen te worden. Hij schaamt zich voor zichzelf en heeft vaak het gevoel er niet bij te horen. Hij gedraagt zich als een klein kwetsbaar kind dat zich voor hulp aan de therapeut vastklampt omdat hij zich alleen voelt en denkt dat er overal gevaar dreigt. |
| Woedende kind | De patiënt is intens kwaad, woedend en ongeduldig, omdat aan zijn basale behoeften niet wordt voldaan. Hij kan zich tevens in de steek gelaten, gekleineerd of verraden voelen. Hij uit zijn woede heftig, zowel verbaal als non-verbaal, net als een klein kind dat een woedeaanval heeft. |
| Razende kind | De patiënt is om dezelfde reden razend als het woedende kind, maar verliest hierbij de controle. Het uit zich in kwetsende en beschadigende acties tegen mensen en voorwerpen, net zoals een klein kind dat tegen de schenen van zijn ouder schopt. |
| Impulsieve kind | De patiënt wil op een egoïstische en ongecontroleerde wijze de bevrediging van zijn (niet basale) behoeften afdwingen. Hij kan gevoelens en impulsen niet inhouden en wordt woedend en razend als hij niet meteen zijn zin krijgt. Hij lijkt vaak op een verwend kind. |
| Ongedisciplineerde kind | De patiënt heeft geen frustratietolerantie en kan zichzelf niet dwingen routinematige of vervelende taken af te maken. Hij verdraagt geen ongenoegen of ongemak (pijn, ruzie en inspanning) en gedraagt zich als een verwend kind. |
| Blije kind | De patiënt voelt zich geliefd, tevreden, beschermd, begrepen en gewaardeerd. Hij heeft zelfvertrouwen en voelt zich competent, voldoende autonoom en in controle. Hij kan spontaan reageren, is ondernemend en optimistisch en speels als een gelukkig klein kind. |
| *Disfunctionele copingmodi* | |
| Willoze inschikkelijke | De patiënt geeft zichzelf over aan de wil van anderen om negatieve consequenties te voorkomen. Hij onderdrukt alle behoeften of emoties en kropt agressie op. Hij gedraagt zich onderdanig, passief, en hoopt goedkeuring te krijgen door gehoorzaam te zijn. Hij laat zich gebruiken. |
| Onthechte beschermer | De patiënt schermt zichzelf af voor heftige gevoelens, omdat hij denkt dat gevoelens gevaarlijk zijn en uit de hand kunnen lopen. Hij trekt zich terug uit contacten en probeert zijn gevoel uit te schakelen (soms leidend tot dissociatie). De patiënt voelt zich leeg, verveeld en gedepersonaliseerd. Hij kan een cynische of pessimistische houding aannemen om anderen op een afstand te houden. |

| | |
|---|---|
| Onthechte zelfsusser | De patiënt zoekt afleiding om negatieve emoties niet te hoeven voelen. Hij bereikt dit door zelfsussend gedrag (zoals slapen of middelenmisbruik) of het ondernemen van zelfstimulerende activiteiten (te fanatiek of te veel bezig zijn met bijvoorbeeld werken, internetten, sporten of seks). |
| *Overcompensatiemodi* | |
| Zelfverheerlijker | De patiënt voelt zich superieur aan anderen en denkt dat hij speciale rechten heeft. Hij wil zijn zin krijgen zonder rekening te hoeven houden met anderen. Hij schept op en kleineert anderen om zijn gevoel van eigenwaarde te vergroten. |
| Pest en aanval | De patiënt wil voorkomen dat hij gecontroleerd of gekwetst wordt door anderen en probeert daarom controle over hen houden. Hij gebruikt hiervoor bedreiging, intimidatie, agressie en dwang. Hij wil altijd in de dominante positie zitten en voelt een sadistisch genoegen bij het aanvallen van anderen. |
| *Onaangepaste oudermodi* | |
| Straffende ouder | De patiënt is agressief, intolerant, ongeduldig en niet vergevingsgezind ten opzichte van zichzelf. Hij is altijd kritisch tegenover zichzelf en zeer schuldbewust. Hij schaamt zich voor zijn fouten en vindt dat hij daar hard voor gestraft moet worden. Deze modus is een weergave van wat (een van) de ouders of andere opvoeders altijd tegen de patiënt zeiden om hem te kleineren of te straffen. |
| Veeleisende ouder | De patiënt vindt dat hij moet voldoen aan rigide regels, normen en waarden. Hij moet daarbij overdreven efficiënt zijn. Hij gelooft dat hij het nooit goed genoeg kan doen en harder zijn best moet doen. Hij gaat daarom net zo lang door met het bereiken van zijn hoge standaard tot het perfect is, ten koste van eigen rust en plezier. Hij is nooit tevreden met het resultaat. Dit zijn ook geïnternaliseerde regels en normen van (een van de) ouders. |
| *Gezonde modus* | |
| Gezonde volwassene | De patiënt heeft positieve en genuanceerde gedachten en gevoelens over zichzelf. Hij doet dingen die goed voor hem zijn en leiden tot gezonde relaties en activiteiten. De Gezonde volwassene is geen disfunctionele modus. |
| *Nog niet onderzochte modi* | |
| Boze beschermer | Gebruikt een muur van woede om zichzelf te beschermen tegen anderen, die als dreigend worden ervaren. Hij houdt anderen op een veilige afstand door groot vertoon van woede. Boosheid is meer gecontroleerd dan bij het woedende of razende kind. |
| Overcontroleerder | Probeert zichzelf te beschermen tegen vermeende of daadwerkelijke dreiging door alles extreem te controleren. Gebruikt daarbij herhaling of rituelen. |

| | |
|---|---|
| Paranoïde modus | Probeert zichzelf te beschermen tegen vermeende of daadwerkelijke dreiging door anderen te lokaliseren en te onthullen. |
| Bedrog en manipulatie | Bedriegt, liegt of manipuleert om een specifiek doel te bereiken, óf om anderen tot slachtoffer te maken óf om straf te ontlopen. |
| Roofdier | Op een kille, meedogenloze en berekenende wijze bedreiging, rivalen, obstakels of vijanden elimineren. |
| Aandacht- en erkenningzoeker | De patiënt probeert op opzichtige wijze goedkeuring en aandacht van anderen te krijgen, bijvoorbeeld door overdreven gedrag te vertonen, te erotiseren of zich aan te stellen. |

te kijken kan de therapeut hier meer zicht op krijgen. Het vertalen van deze informatie naar een modusmodel maakt de problematiek, voor zowel de therapeut als de patiënt, overzichtelijker.

De modi bij een borderline persoonlijkheidsstoornis zijn:
- Kwetsbare kind
- Woedende kind
- Straffende ouder
- Onthechte beschermer
- Gezonde volwassene

Aan de hand van de verzamelde informatie maken de therapeut en de patiënt samen een modusmodel waarin de verschillende modi zo veel mogelijk in woorden van de patiënt beschreven worden. De patiënt kan de mate waarin de modus van invloed is op zijn leven weergeven door de modus als een grotere of kleinere bol te tekenen. Hij kan ook pijlen trekken of lijnen, die voor hem het model duidelijker maken.

In figuur 3.2 wordt een modusmodel getoond dat samen met patiënte Linda gemaakt is.

De informatie over de schema's wordt niet in het model gezet, maar voor de therapeut is het wel belangrijk om te weten welke schema's een rol spelen bij elke modus, zodat hij weet welke gevoelens en gedachten meespelen als de patiënt in een bepaalde modus zit. Hetzelfde geldt voor informatie over de levensgeschiedenis en dus het ontstaan van de modi (zie ook hoofdstuk 7).

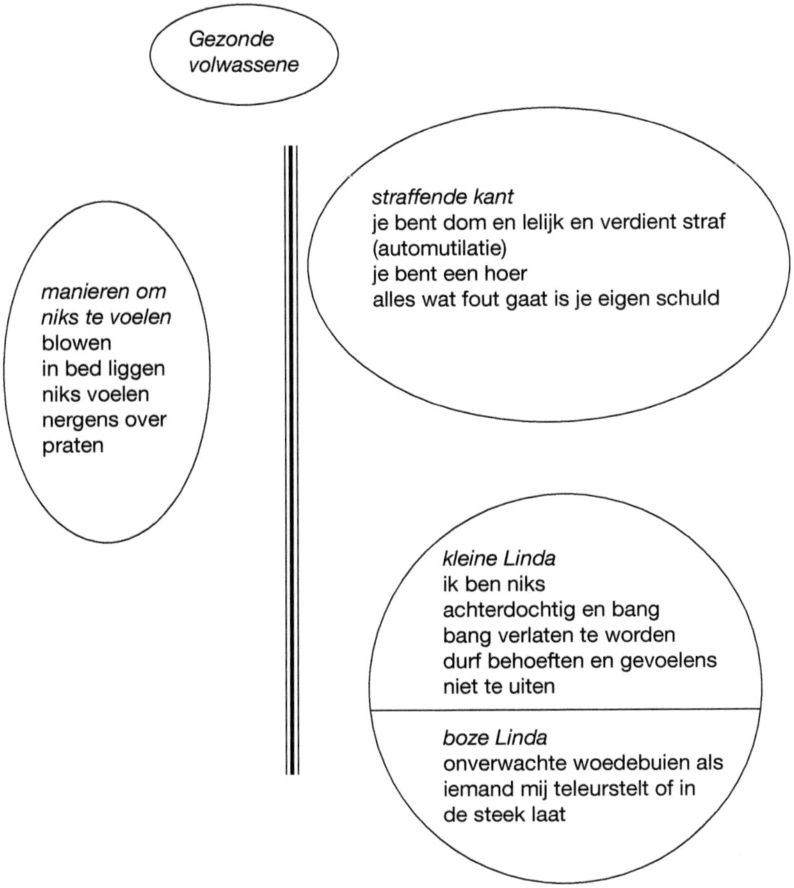


*Figuur 3.2*
Schemamodusmodel van Linda.

**Casus Linda: het schemamodusmodel maken**

Linda is 21 jaar als zij in behandeling komt voor haar borderline persoonlijkheidsstoornis. Zij komt uit een gezin met vijf kinderen, waarin vooral de jongste twee ernstig werden verwaarloosd, omdat de ouders alcoholist waren en het grote gezin niet aankonden. Haar ouders waren vaak verbaal en soms ook fysiek gewelddadig. Linda is min of meer opgevoed door haar oudste zus, maar toen Linda 10 jaar was verliet deze het gezin. Vanaf die tijd begon Linda's oudste broer haar seksueel te misbruiken. Om het geheim te houden bedreigde hij haar en zei dat haar ouders haar toch niet zouden geloven en haar een hoer zouden noemen. Linda woont sinds een jaar op kamers en is na een half jaar met haar studie gestopt. Ze leeft nu van een uitkering. Om wat geld bij te verdienen werkt ze af en toe zwart in een coffeeshop. Zij blowt veel. Als zij wanhopig is snijdt zij in haar armen en benen en zij heeft recent ook een suïcidepoging gedaan.

De therapeut probeert te achterhalen wie degene was die de negatieve dingen over haar zei en wie dus model stond voor de straffende ouder. Bij Linda waren dat vooral haar moeder en haar broer. Linda noemt het 'mijn straffende kant' en tekent die bol heel groot, omdat die het meest haar leven overheerst. De Onthechte beschermer noemt zij 'manieren om niks te voelen' en die blijkt vooral te bestaan uit blowen en slapen. Linda heeft al vroeg geleerd dat zij zichzelf het best kan beschermen door zich terug te trekken in haar bed met de deur op slot. De dikke lijn tussen de beschermer en de andere drie modi geeft aan dat zij een muur om zich heen voelt als zij blowt of in bed wegkruipt, waardoor zij weinig voelt, maar ook geen last heeft van de straffende ouder. Kleine Linda is groter dan boze Linda, omdat zij niet zo vaak boos is.

### Huidige situatie en toekomst

Binnen de schemagerichte benadering is inmiddels een splitsing waarneembaar tussen aanhangers van het schemamodel en die van het schemamodusmodel. Zowel in de klinische praktijk als in de wetenschap wordt gewerkt met schema's en schemamodi en wordt er veel gediscussieerd over deze begrippen.

In de klinische praktijk werken de meeste therapeuten voornamelijk met schema's en copingstrategieën, maar bij de borderline- en de narcistische persoonlijkheidsstoornis hanteren zij een modusmodel. De nieuwste ontwikkeling is om ook voor andere persoonlijkheidsstoornissen een modusmodel te gebruiken, maar deze ontwikkeling bevindt zich nog in een experimentele fase. De deelnemers aan de lopende behandelonderzoeken van Arntz rapporteren dat zij met deze nieuwe modusmodellen goed kunnen werken en dat de patiënten zich er in het algemeen goed in herkennen.

In de wetenschappelijke praktijk is binnen elk model onderzoek gaande naar nieuw ontwikkelde concepten, schema's of schemamodi. Het onderzoek en de ontwikkelingen binnen beide modellen lijken relatief gescheiden te verlopen. Maar is deze onafhankelijkheid wel terecht?

Het modusmodel is destijds in het leven geroepen omdat patiënten met ernstiger en in emotioneel opzicht heftiger vormen van psychopathologie doorgaans behept zijn met een veelheid aan tegelijkertijd actieve schema's en wisselende copingstrategieën, wat een doorzichtige analyse van de problematiek moeilijk maakt. Het modusmodel zou dit sterk vereenvoudigen, aangezien de eenheid van analyse – de modus – een constellatie ofwel bundeling van actieve schema's en copingstrategieën is. Uit recent onderzoek (Lobbestael et al., 2007) blijkt echter dat bij borderline patiënten – wederom – vele modi een rol spelen. Het lijkt er dus op dat het modusmodel niet aan spaarzaamheid heeft gewonnen. Bovendien worden steeds meer modi onderscheiden (op dit moment maar liefst veertien onderzochte en zeven voorgestelde modi), een fenomeen dat ook binnen het schemamodel wordt waargenomen. De vraag rijst of er inhoudelijk wel zoveel verschil is tussen schema's en copingstrategieën enerzijds en modi anderzijds. Zijn de meeste kindmodi niet veel anders dan de overgave aan of overcompensatie van basale schema's als Emotionele verwaarlozing, Verlating/instabiliteit, Wantrouwen en/of misbruik of Gebrek aan zelfcontrole/zelfbeheersing? Zijn de disfunctionele copingmodi niet juist de overgave aan schema's, die ontstaan zijn als reactie op de basale schema's (is bijvoorbeeld de Willoze inschikkelijke de overgave aan het schema Onderwerping)? En kan in dezelfde lijn bijvoorbeeld de Pest en aanval-modus niet als overcompensatie van het schema Wantrouwen en/of misbruik gezien worden?

Voorts kan opgemerkt worden dat een deel van de modi externaliserende problematiek in zich herbergt. Dit heeft mede te maken met het feit dat een aantal modi is ontwikkeld ter verklaring van persoonlijkheidsproblematiek die te vinden is in het forensische veld. Analoog hieraan geeft Rijkeboer (2005) in haar analyse van de schemavragenlijst aan dat de bestaande set van schema's met name internaliserende problematiek vertegenwoordigt. Zij concludeert dan ook dat er mogelijk een uitbreiding van de set nodig is, namelijk met schema's die meer externaliserend van aard zijn.

Deze vrijwel parallel lopende ontwikkelingen geven aan dat schema's en schemamodi een breed palet aan persoonlijkheidsproblematiek dienen te bestrijken en dat beide concepten wellicht meer aan elkaar gerelateerd zijn dan voorheen werd aangenomen. Er bestaan daarom verschillende initiatieven van diverse onderzoekers om hier meer licht op te werpen.

## Literatuur


APA (American Psychiatric Association) (1994). *Diagnostic and statistical manual of mental disorders, fourth edition* (DSM-IV). Washington DC: American Psychiatric Association.

Arntz, A. (2007). *New insights from therapy borderline trial.* Paper presented at the 2nd congress of the International Society of Schema Therapy. Delft, 15-16 september 2007.

Arntz, A., Genderen, H. van, & Wijts, P. (2006). Persoonlijkheidsstoornissen. In: W. Vandereycken, C.A.L. Hoogduin & P.M.G. Emmelkamp (red.), *Handboek Psychopathologie deel 2, Klinische praktijk* (p. 443-479). Houten: Bohn Stafleu van Loghum.

Bernstein, D.P., Arntz, A., & Vos, M.E. de (2007). Schemagerichte therapie in de forensische setting, theoretisch model en voorstellen voor best clinical practice. *Tijdschrift voor Psychotherapie, 33,* 120-133.

Bowlby, J. (1988). *A secure base: Parent-child attachment and healthy human development.* New York: Basic Books.

Cohen, P., Crawford, Th.N., Johnson, J.G., & Kasen, S. (2005). The children in the community study of developmental course of personality disorder. *Journal of Personality Disorders, 19,* 466-486.

Conway, M.A., & Pleydell-Pearce, Ch.W. (2000). The construction of the autobiographical memories in the self-memory system. *Psychological Review, 107,* 261-288.

Elliott, Ch., & Kirby Lassen, M. (1999). *Waarom krijg ik niet wat ik wil? Schemagerichte therapie voor meer eigenwaarde, daadkracht en betere relaties.* Utrecht/Antwerpen: Kosmos-Z&K.

Gallagher, K.C. (2002). Does child temperament moderate the influence of parenting on adjustment? *Developmental Review, 22*, 623-643.

Genderen, H. van, & Arntz, A. (2005). *Schemagerichte cognitieve therapie bij borderline-persoonlijkheidsstoornis.* Amsterdam: Uitgeverij Nieuwezijds.

Giesen-Bloo, J., Dyck, R. van, Spinhoven, Ph., Tilburg, W. van, Dirksen, C., Asselt, T. van, Kremers, I., Nadort, M., & Arntz, A. (2006). Outpatient Psychotherapy for Borderline Personality Disorder. Randomized trial of Schema-Focused Therapy vs Transference-Focused Psychotherapy. *Archives of General Psychiatry, 63*, 649-658.

Grover, K.E., Carpenter, L.L., Price, L.H., Gagne, G.G., Mello, A.F., & Tyrka, A.R. (2007). The relationship between childhood abuse and adult personality disorder symptoms. *Journal of Personality Disorders, 21*, 442-447.

James, I.A., Southam, L., & Blackburn, I.M. (2004). Schemas revisited. *Clinical Psychology and Psychotherapy, 11*, 369-377.

Johnson, J.C., Cohen, P., Kasen, S., Smailes, E., & Brook, J.S. (2001). Association of maladaptive parental behavior with psychiatric disorder among parents and their offspring. *Archives of General Psychiatry, 58*, 453-460.

Lobbestael, J., Vreeswijk, M.F. van, & Arntz, A. (2007). Shedding light on schema modes: a clarification of the mode concept and its current research status. *Netherlands Journal of Psychology, 63*, 76-85.

Maughan, A., & Cicchetti, D. (2002). Impact of child maltreatment and interadult violence on children's emotion regulation abilities and their socio-emotional adjustment. *Child Development, 73*, 1525-1542.

Rijkeboer, M.M. (2005). *Assessment of early maladaptive schemas. On the validity of the Dutch schema-questionnaire.* Academisch proefschrift. Universiteit Utrecht.

Rijkeboer, M.M., Genderen, H. van, & Arntz. A. (2007). Schemagerichte therapie. In: E.H.M. Eurelings-Bontekoe, R. Verheul & W.M. Snellen (red.), *Handboek persoonlijkheidspathologie* (p. 285-302). Houten: Bohn Stafleu van Loghum.

Sterk, F., & Rijkeboer, M.M. (1997). *Schema-Vragenlijst.* Utrecht: Ambulatorium Universiteit Utrecht.

Vonk, R. (1999). Schema's. In: R. Vonk (red.), *Cognitieve sociale psychologie: psychologie van het dagelijks denken en doen* (p. 143-194). Utrecht: Lemma.

Williams, J.M.G., Watts, F.N., MacLeod, C., & Mathews, A. (1997). *Cognitive psychology and emotional disorders* (second edition). Chichester: Wiley.

Young, J.E., & Brown, G. (1994). Young Schema-Questionnaire (second edition). In: J.E. Young, *Cognitive therapy for personality disorders: A schema-focused approach* (rev. edition) (p. 63-76). Sarasota, FL: Professional Resource Press.

Young, J.E., Klosko, J.S., & Weishaar, M.E. (2003). *Schema therapy. A practitioner's guide.* New York: The Guilford Press.

Young, J.E., Klosko, J.S., & Weishaar, M.E. (2005). *Schemagerichte therapie. Handboek voor therapeuten.* Houten: Bohn Stafleu van Loghum.

# Deel 2
# Diagnostiek en indicatiestelling

# 4 Indicatiestelling voor schematherapie

A. Weertman en H. de Saeger

Indicatiestelling voor psychotherapie en dan in het bijzonder schematherapie (ST) is een proces dat veelal verloopt volgens impliciete regels en kennis. Empirische gegevens ter ondersteuning van een differentiële selectie en planning van behandeling op basis van persoonlijkheidsfactoren zijn schaars (Verheul, 2007). In de praktijk wordt meestal eerst onderzocht of iemand in aanmerking komt voor psychotherapie, waarop als tweede stap gekeken wordt welke vorm van psychotherapie het meest passend lijkt bij deze individuele patiënt. Dit hoofdstuk gaat vooral over de vraag welke indicatoren bruikbaar zijn om te komen tot een keuze voor schematherapie. Daarnaast zullen indicatoren besproken worden die bruikbaar zijn om tot een keuze te komen wat betreft setting (ambulant, dagbehandeling of klinisch) en 'format' (individueel of in een groep). De indicatoren die in dit hoofdstuk besproken worden zijn gebaseerd op literatuurstudie en klinische ervaring. Alhoewel er geen direct wetenschappelijk bewijs is voor de bruikbaarheid van deze indicatoren (zie ook Critchfield & Benjamin, 2006), is er wel indirect een wetenschappelijke onderbouwing, in de zin dat het merendeel van deze indicatoren gehanteerd wordt in studies waarin de effectiviteit van schematherapie is onderzocht en aangetoond (Giesen-Bloo et al., 2006; Svartberg, Stiles & Sletzer, 2004; Weertman & Arntz, 2007). Deze onderzoeksresultaten geven aanwijzingen dat patiënten met een DSM-IV (APA, 1994) -diagnose borderline en cluster-C-persoonlijkheidsstoornis geïndiceerd kunnen worden voor schematherapie. Naar de overige persoonlijkheidsstoornissen is nog geen systematisch onderzoek verricht. Er zijn wel gevalsbeschrijvingen bekend van overige cluster-B- en cluster-A-persoonlijkheidsstoornissen en tot op heden zijn er geen redenen bekend waarom schematherapie niet geïndiceerd zou kunnen worden voor overige cluster-B-stoornissen en cluster-A-persoonlijkheidsstoornissen wanneer voldaan wordt aan de overige indicatoren die later in dit hoofdstuk beschreven zullen worden. Alleen op basis van DSM-IV-classificaties is het niet mogelijk om tot een goede indicatiestelling te komen. Verschillende auteurs zijn het erover eens dat naast DSM-IV-classificaties andere factoren zoals motivatie, mentaliseringsvermogen en ik-sterkte een belangrijke rol spelen bij indicatiestelling (Vermote, 2006).

Daarvoor is aanvullende diagnostiek, onder andere in de vorm van structurele diagnostiek, vaak noodzakelijk.

## Indicatoren voor schematherapie

1 Eventueel aanwezige as-I-stoornissen interfereren niet met een behandeling gericht op persoonlijkheidsproblematiek of zijn reeds behandeld.
2 Patiënt en therapeut zijn het er samen over eens dat de kern van de problemen van de patiënt te maken heeft met lang bestaande, steeds terugkerende patronen van denken, voelen en gedrag die te herleiden zijn tot de jeugd en dat de therapie zich vooral zal moeten richten op verandering van deze lang bestaande patronen.
3 Patiënt is gemotiveerd om een langdurige behandeling aan te gaan.
4 Vanwege de actieve rol van de schematherapeut is schematherapie in termen van de Big Five zowel geschikt voor patiënten die erg open zijn als voor patiënten die erg introvert zijn. De structuur die de therapeut aanbrengt, biedt namelijk voldoende mogelijkheid tot begrenzing voor patiënten die erg open zijn. Bij patiënten die erg introvert zijn biedt de structuur en de actieve houding van de therapeut veiligheid om zich toch langzaam te openen.

### Een indicatie voor schematherapie

Marja is een 45-jarige vrouw die zich op eigen initiatief aanmeldt met terugkerende depressieve klachten, sterke minderwaardigheidsgevoelens, moeite met beslissingen nemen en zich afhankelijk maken van anderen. Ze kan niet goed voor zichzelf opkomen, cijfert zichzelf weg en is erg bang anderen te verliezen. In het verleden heeft ze verschillende vormen van therapie gehad voor haar depressieve klachten. Cognitieve gedragstherapie heeft haar daarbij het meeste geholpen maar haar minderwaardigheids- en afhankelijkheidsgevoelens zijn onveranderd gebleven. Deze gevoelens heeft ze eigenlijk al zolang ze zich kan herinneren. Marja is de jongste uit een gezin met drie kinderen. Als kind was ze enerzijds ongewenst (ze is geboren uit een buitenechtelijke relatie) maar is ze ook overbeschermd. Ze heeft altijd de boodschap gekregen dat ze niks kon en heeft altijd onder haar niveau gewerkt. Ze heeft altijd erg geleund op haar moeder die haar uit de wind probeerde te houden. In vriendschappen maar ook in relaties met mannen is ze erg beïnvloedbaar. Ze heeft jaren in een sekte geleefd en kon daar pas uitstappen toen er een nieuwe leidersfiguur in haar leven kwam. In perioden dat ze alleen was en zich niet aan iemand kon optrekken, werd ze depressief. Op basis van de DSM-IV worden een depressieve stoornis, recidiverend, en een afhankelijke persoonlijkheidsstoornis vastgesteld. Via therapie wil ze leren voorkomen in een nieuwe depressieve episode terecht te komen, zelfverzekerder en onafhankelijker te worden, minder te twijfelen aan zichzelf en het gevoel hebben dat ze het leven weer alleen aankan.

## Contra-indicaties

In het algemeen wordt aangeraden om, wanneer er sprake is van as-I-klachten en deze nog niet eerder zijn behandeld, eerst de as-I-klachten te behandelen met 'evidence-based' technieken en pas daarna verder te gaan met schematherapie.

1 Ernstige as-I-klachten die een behandeling gericht op persoonlijkheidsproblematiek onmogelijk maken. Bijvoorbeeld zeer ernstige stemmingstoornissen, een ernstige verslaving die detoxificatie behoeft, psychotische stoornissen en ernstige eetstoornissen. In deze gevallen verdient het de voorkeur eerst de as-I-stoornis te behandelen al vorens een ST te overwegen.
2 Daarnaast zijn er stoornissen die het vaststellen van een persoonlijkheidsstoornis bemoeilijken zoals ontwikkelingsstoornissen waaronder ADHD, autisme of Asperger. Van Genderen en Arntz (2005) stellen dat ontwikkelingsstoornissen de behandeling met ST bemoeilijken omdat ST ervan uitgaat dat de ontwikkeling van de patiënt weliswaar gestoord en gestagneerd is, maar dat in aanleg wel een normale ontwikkeling mogelijk was,
3 Wanneer patiënten geen enkele ontregeling kunnen verdragen en er sprake is van ernstig destructief gedrag in de vorm van ernstige automutilatie en suïcidaliteit.

### Een contra-indicatie voor schematherapie

Dina is een 20-jarige vrouw die zich meldt na meerdere suïcidepogingen. Er is sprake van hevige stemmingswisselingen, somberheid en leegte. Ze is erg impulsief, heeft vaak ruzie met anderen en heeft steeds wisselende baantjes. Ze gebruikt alcohol om haar stemming wat te dempen. Ze rapporteert verder in- en doorslaapproblemen en nachtmerries. Ze automutileert sinds haar elfde jaar. Ze vertelt verder heel weinig leuk te vinden, zeer veel behoefte te hebben aan prikkels en zich eigenlijk altijd te vervelen. Ze geeft aan dat het drank- en drugsgebruik, naast het omgaan met hevige stemmingen, haar zich even leven doet voelen en dat dat de leegte verdrijft. Verder geeft ze aan zichzelf totaal niet in de hand te hebben. Haar lijdenslast wisselt sterk en dat is ook de reden waarom ze nooit structureel hulp heeft gehad. Ze brak het steeds voortijdig af. Patiënte is opgegroeid in een heel onveilig, crimineel milieu waarin ze emotioneel verwaarloosd werd door haar moeder en emotioneel werd mishandeld door haar vader. Ze was vaak getuige van emotionele en fysieke mishandeling van moeder door vader. Zowel vader als moeder was vaak onder invloed van alcohol of drugs. Dina heeft al vroeg besloten dat ze anderen niet kan vertrouwen en vermijdt intimiteit. Anderzijds heeft ze de neiging zich sterk afhankelijk te voelen en zich afhankelijk te maken. In termen van de DSM-IV is er sprake van afhankelijkheid van verschillende middelen, een depressieve stoornis, recidiverend, en een borderline persoonlijkheidsstoornis met afhankelijke trekken. Bij Dina lijkt een behandeling die primair gericht is op emotieregulatie en voorkomen van impulsdoorbraken, bijvoorbeeld een Linehan-behandeling, op korte termijn het meest geïndiceerd. Ook haar motivatie om een langdurige behandeling aan te gaan is heel wisselend. Ze heeft geen idee dat haar problemen te maken hebben met haar persoonlijkheidsontwikkeling.

## Indicatoren voor setting

Voor indicatoren voor setting en dosis gelden voor schematherapie dezelfde overwegingen als voor psychotherapie in het algemeen. Tot op heden is voor ST alleen de individuele variant wetenschappelijk onderzocht en effectief gebleken. Deeltijdbehandeling en klinische varianten waar in Nederland al wel veel ervaring mee is opgedaan, zijn echter nog niet op hun effectiviteit onderzocht. De indicatiestelling voor deeltijdbehandeling en klinische varianten is dan ook gebaseerd op klinische kennis en ervaring maar niet wetenschappelijk gefundeerd.

Wat betreft setting is er tot op heden de meeste evidentie voor de werkzaamheid van individuele ambulante ST. Voor zware persoonlijkheidsproblematiek zoals de borderline persoonlijkheidsstoornis is een hogere frequentie dan éénmaal per week aangewezen (Werkgroep richtlijn persoonlijkheidsstoornissen, 2008). De ernst van de problematiek (ernst van de symptomen, hoe lang de symptomen bestaan, afwezigheid van effect van vorige behandelingen, hoeveelheid gebieden van functioneren die zijn aangetast), sociale rollen (werkt iemand nog, zorg voor kinderen, partner, ouders), en de kwaliteit van het sociale netwerk bepalen in belangrijke mate de keuze voor een ambulante, dag-klinische of klinische setting. Ernstige problematiek en afwezigheid van sociale rollen en een sociaal netwerk wijzen in de richting van behandeling binnen een (dag-)klinische setting, mindere ernst van de symptomen en aanwezigheid van sociale rollen en enig sociaal netwerk wijzen in de richting van ambulante ST. Wat betreft de keuze voor 'format' (individueel of groep) geldt dat er een verschil is tussen een schematherapie in een ambulante groep en schematherapie in een (dag-)klinische groepssetting al dan niet gecombineerd met individuele ST. De keuze van setting gaat vaak gelijk op met de keuze van het format, in de zin dat de meeste (dag-)klinische ST-behandelingen in groepen plaatsvinden. Voor ambulante ST geldt dat het belangrijk is in te schatten in hoeverre de patiënt in staat is te leren van anderen en zich veilig genoeg kan voelen om te kunnen profiteren van een groepsbehandeling. Bij ernstige traumatisering die individueel doorgewerkt moet worden en waarbij tevens sprake is van extreem wantrouwen is een schematherapie in een groep niet geïndiceerd. Bij de samenstelling van groepen dient ook rekening gehouden te worden met schema's van de individuele patiënten. Zo kunnen patiënten bij wie schema's uit het domein Verzwakte grenzen overheersen veel onveiligheid teweeg brengen in een groep. Aangezien ST toch vooral een individueel gerichte behandeling is, ook als de therapie in een groep wordt gegeven, worden er aan deze patiënten minder hoge eisen gesteld voor het verdragen van verdeling van aandacht, het kunnen leren van anderen en voor contactgroei dan binnen de meeste overige groepspsychotherapeutische kaders zoals psychodynamische groepspsychotherapie.

## Alternatieven voor schematherapie

Indien de therapeut van mening is dat een therapie gericht op de persoonlijkheidsproblematiek geïndiceerd is maar de patiënt zelf nog geen zicht heeft op zijn problematiek en het nut van een behandeling gericht op de persoonlijkheid, is het raadzaam een voortraject te overwegen. Zo'n voortraject kan bestaan uit motivatiegesprekken of een pretherapie waarin de patiënt met de therapeut eerst de problematiek verder in kaart brengt, bijvoorbeeld door een holistische theorie te ontwerpen om zo voor de patiënt meer inzichtelijk te maken wat hij nodig heeft in een behandeling. Wanneer de patiënt zijn gedrag nog neigt te externaliseren kan een pretherapiegroep heel behulpzaam zijn omdat in een groep een patiënt veel meer wordt geconfronteerd met zijn problematiek en zijn aandeel daarin dan in een individueel contact. In een pretherapiegroep kan ook schaamte overwonnen worden en herkenning en erkenning leiden tot motivatie voor verdere schematherapie.

Wanneer de nadruk ligt op problemen met impulscontrole en destructiviteit en patiënten geen ontregeling kunnen verdragen (zeer crisisgevoelig zijn) is zowel dialectische gedragstherapie (DGT) als Mentalization Based Treatment (MBT) een goede behandeloptie. Verder is er nog de 'Vaardigheden Emotie Regulatie Stoornis training' (VERS). Deze behandeling is vooral geïndiceerd wanneer er sprake is van ernstige emotieregulatieproblematiek, de patiënt geen enkele mogelijkheid heeft om een therapeutische behandelrelatie aan te gaan of geen mogelijkheden heeft om over zichzelf te reflecteren. Dit kan het geval zijn wanneer er sprake is van ernstige as-I-stoornissen zoals middelenmisbruik of psychotische stoornissen en beperkte cognitieve mogelijkheden.

In het algemeen moet nog worden opgemerkt dat het niet de bedoeling is om iedereen met persoonlijkheidsproblematiek te indiceren of te motiveren voor schematherapie. Het gaat om een intensieve behandeling die enkel geïndiceerd dient te worden als minder ingrijpende en minder kostbare behandelmethoden niet tegemoet kunnen komen aan de hulpvraag van de patiënt.

## Aanpak

Om de verschillende indicatoren goed in te schatten zijn een uitgebreide intake en diagnostiek noodzakelijk. Bij het proces van indicatiestelling kan voor verschillende vormen gekozen worden, waarbij de meest gangbare en belangrijkste begrippen en meetinstrumenten worden besproken. Alvorens de huidige aanpak verder te bespreken, verdient de keuze voor het gebruik van categoriale diagnostiek volgens de DSM-IV (APA, 1994) gecombineerd met structurele diagnostiek verdere toelichting. De DSM-IV is het meest gangbare classificatiesysteem in de huidige klinische praktijk om persoonlijkheidsstoornissen te classificeren. Het voordeel van het hanteren van de DSM-IV is dan ook dat het de communicatie vergemakkelijkt en dat er inmiddels voldoende betrouwbare en valide instrumenten beschikbaar zijn om persoonlijkheidsstoornissen aan de hand van de DSM-IV vast te stellen. Er zijn echter ook nadelen aan de DSM-IV waarvan we er hier twee bespreken:

- de DSM-IV voorziet slechts in een beperkte 'dekking' van patiënten met persoonlijkheidsproblemen; veel mensen die problemen ervaren met hun persoonlijkheid komen niet in aanmerking voor een formele classificatie op as II;
- tussen patiënten met dezelfde classificaties bestaan dikwijls grote en betekenisvolle verschillen (Verheul, 2007).

De classificatie alleen biedt zelden voldoende houvast bij de indicatiestelling. Naast de classificatie kan informatie over (onder andere) de ernst van de aandoening, psychiatrische comorbiditeit, de aanwezigheid van psychologische vaardigheden en contextuele factoren (onder andere het sociale-steunsysteem) behulpzaam zijn bij de selectie van het meest effectieve en efficiënte behandelprogramma (Werkgroep richtlijn persoonlijkheidsstoornissen, 2008). Informatie over deze factoren is nodig om de indicatoren voor schematherapie, format en setting te kunnen beoordelen.

Het meest gangbare model dat in de praktijk gehanteerd wordt voor intake en indicatiestelling is een combinatie van een ongestructureerd klinisch interview, een semigestructureerd interview en vragenlijsten.

### Ongestructureerd klinisch interview

Het ongestructureerde klinische interview dient verschillende doeleinden:

- klacht(en) verduidelijken, de ernst van de klacht beoordelen;
- hulpvraag verduidelijken;
- informatie verzamelen over relevante biografische gegevens zoals gezin van herkomst, huidige leefsituatie, werksituatie, trauma's;
- zicht krijgen op de kwaliteit van de persoonlijke relaties;
- frustratietolerantie, impulscontrole en angstniveau beoordelen;
- zicht krijgen op iemands reflectievermogen en motivatie;
- mogelijkheden tot contactgroei onderzoeken.

Naast het verzamelen van informatie door het stellen van vragen, heeft de interviewer als belangrijke taak tijdens een intakegesprek: aansluiten bij de patiënt en daarnaast proefinterventies uitvoeren. Het aansluiten geschiedt vanuit non-directiviteit, zoals acceptatie, empathie en echtheid. Dit dient om een veilig contact op te bouwen en de mogelijkheid van contactgroei te onderzoeken. Proefinterventies kunnen bestaan uit confrontatie (aanduiden van inconsistenties), een interpretatie (leggen van verbanden), of een clarificatie (verheldering). Het gehele complex van hoofdzakelijk directieve interventies heeft tot doel na te gaan of de patiënt een verstoring in het pathologisch evenwicht productief kan maken in relatie tot de problematiek, en wel binnen de gegeven samenwerkingsrelatie (Cornelissen, 1993). Kortom: te onderzoeken in hoeverre een patiënt kan profiteren van psychotherapie en of meer steunende en structurerende interventies zijn aangewezen of een meer openleggende aanpak. Heeft iemand een stabiel zelfbeeld, kan hij zijn middelengebruik staken? Daarnaast is de manier waarop iemand contact legt een belangrijk aspect. Welke positie neemt iemand in? Verdraagt de patiënt nabijheid, is er sprake van wederkerigheid en contactgroei? Dit zijn allemaal belangrijke factoren die niet door middel van een vragenlijst of semigestructureerd interview beantwoord kunnen worden maar in een minder gestructureerd intakegesprek zichtbaar kunnen worden.

### Semigestructureerd interview

Voor het betrouwbaar en efficiënt vaststellen van DSM-IV-stoornissen zijn semigestructureerde interviews zeer aangewezen. Het gebruik van semigestructureerde interviews biedt de mogelijkheid om gestructureerd en efficiënt de DSM-IV-stoornissen uit te vragen waarbij door middel van doorvragen tevens informatie over de ernst, de duur en de frequentie van de klachten kan worden verzameld. Dit voorkomt overdiagnostiek. In Nederland maar ook in de internationale literatuur wordt veel gewerkt met het gestructureerde interview voor de vaststelling van DSM-IV-as-I-stoornissen (SCID-I: First, Spitzer, Gibbon & Williams, 1996) en het gestructureerde klinisch interview voor de vaststelling van DSM-IV-as-II-stoornissen (SCID-II: First, Spitzer, Gibbon, Williams & Benjamin, 1997). De SCID-I vraagt systematisch de volgende as-I-stoornissen na: stemmingsepisodes, psychotische en aanverwante symptomen, psychotische differentiatie, stemmingsdifferentiatie, middelengebruik, angststoornissen, somatoforme stoornissen, eetstoornissen, aanpassingsstoornis en een aantal facultatieve stoornissen. De SCID-II bestaat uit modules voor alle elf persoonlijkheidsstoornissen; de vragen zijn gegroepeerd naar stoornis. Er is een appendix toegevoegd voor de depressieve persoonlijkheidsstoornis en passief-agressieve persoonlijkheidsstoornis.

### Vragenlijsten

Als aanvulling op de ongestructureerde interviews en semigestructureerde interviews kan aanvullend vragenlijstonderzoek gedaan worden. Zo wordt de NEO-PI-R (Hoekstra, Ornel & De Fruyt, 1996) vaak gebruikt om de vijf persoonlijkheidsdimensies volgens de de 'Big Five' te meten. Binnen deze vijf dimensies worden zes belangrijke facetten gemeten die de dimensie in kwestie definiëren. Het geeft een totaal van dertig schalen. De meerwaarde van het gebruik van de NEO-PI-R is dat dit instrument niet specifiek is ontwikkeld voor pathologische aspecten van persoonlijkheid. Het gebruik van dit instrument biedt de mogelijkheid om ook de gezonde kanten van de persoonlijkheid in kaart te brengen die relevant zijn voor indicatiestelling. Zo is de factor consciëntieusheid opgenomen in de NEO-PI-R. Deze factor geeft goede aanwijzingen over iemands volhardingsvermogen, een aspect dat in psychotherapie zeker noodzakelijk is.

Een nog relatief onbekende lijst is de Severity Index for Personality Pathologie (SIPP; Andrea et al., 2007). Dit is een zelfrapportage-instrument voor het meten van de generieke en veranderbare componenten van de persoonlijkheidsstoornissen. Het bestaat uit 118 vragen die gegroepeerd zijn in zestien facetten (frustratietolerantie, emotieregulatie, zelfbeheersing, agressieregulatie, stabiel zelfbeeld, zelfreflexief vermogen, zelfrespect, zich gewaardeerd voelen, respect, zingeving, plezier, samenwerking, intimiteit, duurzame relaties, verantwoord presteren en betrouwbaarheid). Hiermee brengt iemand zelf zijn adaptieve en minder adaptieve persoonlijkheidstrekken in kaart. Verder wordt The Minnesota Multiphasic Personality Inventory (MMPI; Nederlandse bewerking: Derksen, Sloor, Mey & Hellenbosch, 1993) nog altijd veel gebruikt voor het meten van persoonlijkheidskenmerken. Gangbare klachtenlijsten zijn de Symptom Checklist (SCL-90; Arrindell & Ettema, 2003) en de verkorte versie van de SCL-90, de Brief Symptom Inventory (BSI; Nederlandse bewerking: De Beurs, 2004).

Het aanbod aan vragenlijsten is onuitputtelijk en afhankelijk van beschikbaarheid en kennis van de onderzoeker.

### Aanvullende diagnostiek

Wanneer er een indicatie voor schematherapie is gesteld en de patiënt akkoord is gegaan met deze indicatie kan er specifieke diagnostiek verricht worden. In het geval van schematherapie worden er na de indicatiestelling op zijn minst de schema- en modi-vragenlijsten afgenomen zoals beschreven in hoofdstuk 6. Wanneer er sprake is van een indicatie voor een klinische schemabehandeling geniet het de voorkeur de persoonlijkheidsstructuur verder in kaart te brengen; hiervoor kan gebruik gemaakt worden van onder andere projectief materiaal. Bij een klinische behandeling wordt altijd extra gekeken naar de persoonlijkheidsstructuur, omdat het klinische milieu een dermate regressief karakter heeft dat het voor te ik-zwakke patiënten niet aangewezen is. Een obsessieve-compulsieve persoonlijkheidsstoornis volgens de DSM-IV kan bij een zwak gestructureerde patiënt de functie hebben om de ego-functies bij elkaar te houden. Als deze patiënt te snel wordt aangesproken op het loslaten van storende schema's zou hij psychotisch kunnen decompenseren. De structurele diagnostiek heeft hier de functie om de behandelaar in een vroeg stadium de sterktes en zwaktes van iemands persoonlijkheidsstructuur aan te reiken.

Indien nodig kan er tevens intelligentieonderzoek plaatsvinden. Om baat te hebben bij intensieve psychotherapie moet iemand over voldoende intellectuele capaciteiten beschikken. Een IQ van minder dan tachtig wordt als problematisch gezien. Psychotherapie gaat over het loslaten van oude patronen en aanleren van nieuwe. Daarnaast is het belangrijk dat een patiënt zelf verbanden kan leggen en over voldoende integratievermogen beschikt. Bij een IQ van minder dan tachtig komen deze vaardigheden vaak in het gedrang.

## Valkuilen en tips

Zoals eerder betoogd in dit hoofdstuk zegt classificatie alleen weinig over indicatie omdat andere factoren zoals vermogen tot psychologiseren, impulscontrole, angstniveau, motivatie en behandelpreferenties van de patiënt een belangrijke rol spelen. Indicatiestelling door overleg is essentieel. Het is belangrijk veel aandacht te besteden aan het bevorderen van congruentie tussen wat de patiënt vraagt en wat er aan behandeling geboden wordt. Daarnaast is goed uitleg geven over de behandeling en hoe tot deze keuze gekomen is, essentieel. In de wetenschap dat motivatie voor behandeling een predictor is voor succes, dient het belang van deze factor dan ook niet te worden onderschat (Werkgroep richtlijn persoonlijkheidsstoornissen, 2008). Verder dient zowel een gebrek aan goede diagnostiek als onnodige belasting van de patiënt met diagnostiek vermeden te worden. Een meerstappenmodel verdient daarbij de voorkeur.

## Toekomst

Voor zover bij de auteurs bekend, zijn er tot op heden geen 'evidence-based' modellen voor indicatiestelling bij persoonlijkheidsstoornissen beschikbaar. Er is wel literatuur waarin algemene richtlijnen voor indicatiestelling worden besproken maar deze literatuur is niet gericht op specifieke stoornissen. Een voorbeeld is het Systematic Treatment Selection model (STS-model) van Beutler, Moleiro en Talebi (2002). Hierin worden algemene principes van verandering beschreven en dit model dient als richtlijn voor clinici om uitgebreidere behandelplannen te ontwikkelen. Cape en Parry (2000) hebben een richtlijn ontwikkeld om volwassen patiënten toe te wijzen aan de meest passende psychologische behandeling. Van deze modellen is echter niet bekend of ze ook van toepassing zijn op persoonlijkheidsstoornissen. Door Van Manen en collega's is onderzoek verricht naar een klinisch beslismodel dat kan helpen bij de toewijzing van de meest (kosten)effectieve psychotherapeutische behandeling voor patiënten met persoonlijkheidsstoornissen (Van Manen et al., aangeboden). Soortgelijk onderzoek naar keuze voor therapeutisch kader, setting, dosis en duur staat nog in de kinderschoenen en verdient zeker prioriteit.

## Literatuur

APA (American Psychiatric Association) (1994). *Diagnostic and Statistical Manual of Mental Disorders, fourth edition* (DSM-IV). Washington DC: American Psychiatric Association.

Andrea, H., Verheul, R., Berghout, C., Dolan, C., Verderkoft, P., Busschbach, J., Bateman, A., & Fonagy, P. (2007). *Measuring the core components of maladaptive personality: Severity Indices of Personality Problems (SIPP-118).* Report of the Viersprong Institute for studies on Personality Disorders (VISPD) in cooperation with the Department of Medical Psychology & Psychotherapy, Erasmus University Rotterdam, The Netherlands.

Arrindell, W.A., & Ettema, J.H.M. (2003). *Symptom Checklist, SCL-90.* Lisse: Swets & Zeitlinger.

Beurs, E. de (2004). *Brief Symptom Inventory, handleiding.* Leiden (geen uitgever).

Beutler, L.E., Moleiro, C., & Talebi, H. (2002). How practitioners can systematically use empirical evidence-in treatment selection. *Journal of Clinical Psychology, 58*, 1199-1212.

Cape, J., & Parry, G. (2000). Clinical practice guidelines development in evidence-based psychotherapy. In: N. Rowland & S. Goss (Eds.), *Evidence-Based Counselling and Psychological Therapies* (p. 171-190). London: Routledge.

Cornelissen, C. L. M. (1993). Het eerste gesprek: indicatiestelling en selectie. In: T.J.C. Berk, M.P. Bolten, E. Gans & H.G.Y. Koksma (red.), *Handboek groepspsychotherapie.* Houten: Bohn Stafleu van Loghum.

Critchfield, K.L., & Benjamin, L.S. (2006). Integration of Therapeutic Factors in Treating Personality Disorders. In: L.G. Castonguay & L.E. Beutler (Eds.), *Principles of Therapeutic Change That Work.* Oxford University Press.

Derksen, J.J.L. (2006). Structurele psychodiagnostiek. In: P. Claes, P. Bijttebier, T. Vercruysse, L. Hamelinck & E. De Bruyn (red.), *Tot de puzzel past, psychodiagnostiek in methodiek en praktijk.* Leuven: Acco.

Derksen, J.J.L., Sloor, H., Mey, H.R.A. de, & Hellenbosch, G. (1993). *MMPI-2 handleiding bij afname, scoring en interpretatie.* Nijmegen: PEN.

First, M.B., Spitzer, R.L., Gibbon, M., & Williams, J.B.W. (1996). *Structured Clinical Interview for DSM-IV Axis I disorders (SCID-I), Patient edition (SCID-I/P, Version 2.0).* New York: Biometric Research Department. (Nederlandse vertaling: zie Groenestijn et al.)

First, M.B., Spitzer, R.L., Gibbon, M., Williams, J.B.W., & Benjamin, L. (1997). *Structured Clinical Interview for DSM-IV Personality Disorders (SCID-II).* Washington DC: American Psychiatric Press. (Nederlandse vertaling: zie Weertman, Arntz & Kerkhofs)

Genderen, H. van, & Arntz, A. (2005). *Schemagerichte cognitieve therapie bij borderline persoonlijkheidsstoornis.* Amsterdam: Uitgeverij Nieuwezijds.

Giesen-Bloo, J., Dyck, R. van, Spinhoven, Ph., Tilburg, W. van, Dirksen, C., Asselt, T. van, Kremers, I., Nadort, M., & Arntz, A. (2006). Outpatient psychotherapy for borderline personality disorder: Randomized trial of schema-focused therapy vs transference focused psychotherapy. *Archives of General Psychiatry, 63*, 649-658.

Groenestijn, M.A.C., Akkerhuis, G.W., Kupka, R.W., Schneider, N., & Nolen, W.A. (1999). *Gestructureerd klinisch interview voor de vaststelling van DSM-IV as-I-stoornissen.* Lisse: Swets Test Publishers. (Oorspronkelijke titel: zie First et al.)

Hoekstra, H.A., Ornel, J., & Fruyt, F. de (1996). *NEO Persoonlijkheidsvragenlijst.* Lisse: Swets & Zeitlinger.

Manen, J.G. van, Kamphuis, J.H., Visbach, G.T., Ziegler, U.M., Gerritsen, A., Rossum, G. van, Rijnierse, P.M., Timman, R., & Verheul, R. (aangeboden voor publicatie). How do intake clinicians use patient characteristics to select treatment for patients with personality disorders?

Svartberg, M., Stiles, T.C., & Sletzer, M.H. (2004). Randomized, controlled trial of the effectiveness of Short-Term Dynamic Psychotherapy and Cognitive Therapy for cluster C Personality Disorders. *American Journal of Psychiatry, 161*, 810-817.

Verheul, R. (2007). Klinische bruikbaarheid van dimensies versus categorieën in de diagnostiek van persoonlijkheidsstoornissen. In: R. Verheul & J. H. Kamphuis (red.), *De toekomst van persoonlijkheidsstoornissen: diagnostiek, behandeling en beleid*. Houten: Bohn Stafleu van Loghum.

Vermote, R. (2006). Indicatiestelling bij borderline persoonlijkheidsstoornis: bevindingen vanuit de psychodynamisch psychotherapeutische kliniek en onderzoek. In: P. Claes, P. Bijttebier, T. Vercruysse, L. Hamelinck & E. De Bruyn (red.), *Tot de puzzel past, psychodiagnostiek in methodiek en praktijk*. Leuven: Acco.

Weertman, A., & Artnz, A. (2007). Effectiveness of treatment of childhood memories in cognitive therapy for personality disorders: A controlled study contrasting methods focusing on the present and methods focusing on childhood memories. *Behaviour Research and Therapy, 45*, 2133-2143.

Weertman, A., Arntz, A., & Kerkhofs, M. (2000). *Gestructureerd klinisch interview voor DSM-IV-persoonlijkheidsstoornissen*. Lisse: Swets Test Publishers. (Oorspronkelijke titel: zie First et al., 1997.)

Werkgroep richtlijn persoonlijkheidsstoornissen (2008). Multidisciplinaire richtlijn Persoonlijkheidsstoornissen. Richtlijn voor de diagnostiek en behandeling van volwassen patiënten met een persoonlijkheidsstoornis (conceptversie). Utrecht: Trimbos-instituut.

# 5 Gebruik van experiëntiële technieken voor diagnostiek

A. Weertman

Het gebruik van experiëntiële technieken is een belangrijk aspect van schematherapie en daarmee onderscheidt deze therapie zich duidelijk van traditionele cognitieve gedragstherapie. De rationale achter het gebruik van experiëntiële technieken is het idee dat schema's zich vormen in de vroege jeugd, veelal in een periode waarin het kind nog niet goed in staat is om ervaringen volledig te verbaliseren (zie Beck, Freeman & Davis, 2004, p. 89, en Arntz & Weertman, 1999). Dit wordt zichtbaar in de diagnostische fase van schematherapie. Patiënten zijn vaak niet goed in staat hun schema's onder woorden te brengen. Wanneer het verbaliseren van schema's moeilijk is, schiet diagnostiek die enkel gebaseerd is op zelfrapportage tekort. Daarnaast hebben patiënten gewoonlijk vanwege het egosyntone karakter van schema's weinig zicht op hun eigen functioneren en daardoor is het moeilijk voor hen hun problematiek goed onder woorden te brengen. Experiëntiële technieken zijn een hulpmiddel om de schema's en schemamodi meer zichtbaar te maken, direct in de therapiekamer. Verder zijn experiëntiële technieken juist ook behulpzaam wanneer er wel sprake is van verstandelijke herkenning van schema's maar er geen sprake is van het doorvoelen van de schema's. Ook dan kunnen experiëntiële technieken bruikbaar zijn, bijvoorbeeld in het bepalen in welke mate een patiënt in staat is om emoties te ervaren.

## Praktijk

In dit hoofdstuk worden experiëntiële technieken besproken die beschreven staan in de literatuur en voor zover bekend het meest worden toegepast in de praktijk. Aangezien juist het gebruik van experiëntiële technieken nog sterk in ontwikkeling is, is het overzicht niet volledig. Bij het gebruik van experiëntiële technieken is het essentieel het proces van de patiënt te volgen en de patiënt te helpen dichter bij de vaak moeilijke emoties te komen, meer dan het strikt volgen van concrete richtlijnen voor de toepassing van deze technieken. Werken met experiëntiële technieken vereist dan ook een hoge mate van flexibiliteit en inzicht van de therapeut. Daarnaast is het belangrijk dat de therapeut in staat is hevige emoties te verdragen en ervoor waakt deze niet met de patiënt mee te vermijden. Hieronder worden de verschillende technieken verder besproken aan de hand van concrete stappen en casuïstiek.

## Aanpak

### De therapeutische relatie

De therapeutische relatie is misschien wel het meest experiëntiële element van therapie omdat de patiënt direct aan de therapeut van alles beleeft. En andersom ervaart de therapeut direct in het contact de schema's van de patiënt. Tijdens de diagnostische fase verdient de therapeutische relatie veel aandacht, om meerdere redenen:

1 tijdens de eerste gesprekken wordt een belangrijk begin gemaakt met de opbouw van de therapeutische relatie;
2 wanneer de therapeut tijdens de diagnostische fase direct werkt met de therapeutische relatie, raakt de patiënt hiermee vertrouwd en wordt het een logisch onderdeel van de verdere behandeling;
3 wat zich afspeelt in de therapeutische relatie en hoe patiënten reageren op interventies gericht op de therapeutische relatie, geeft veel informatie die voor de diagnostiek van belang is.

Wat betreft de betekenis van de therapeutische relatie en de opbouw daarvan in schematherapie wordt verwezen naar Young, Klosko en Weishaar (2005, p. 187-217) en Van Genderen en Arntz (2005, p. 45-62). In schematherapie zijn empathische confrontatie en beperkte 'reparenting' de twee belangrijkste kenmerken van de therapeutische relatie. In schematherapie wordt ervan uitgegaan dat in de therapeutische relatie de oude onaangepaste schema's worden geactiveerd. Daarin verschilt schematherapie niet van psychodynamisch georiënteerde therapievormen. Een belangrijk verschil met psychodynamische psychotherapie is dat de therapeut openlijk en rechtstreeks bespreekt wat er zich in de therapeutische relatie afspeelt en dat benoemt in termen van schema's, modi en copingstijlen (zie Young et al., 2005). Hoewel er veel meer te zeggen is over het hanteren van de therapeutische relatie in schematherapie gaat het in dit hoofdstuk primair om het hanteren van de therapeutische relatie als diagnostisch instrument. Centraal daarin staat *het in schematherapietermen betekenis geven aan datgene wat zich afspeelt in de therapeutische relatie.*

De therapeut kan de therapeutische relatie inzetten als diagnostisch instrument door:

1 *observatie van hoe de patiënt zich gedraagt in de therapeutische relatie.* Door observatie verkrijgt de therapeut veel informatie over de schema's van de patiënt;
2 *na te gaan wat hij bij zichzelf ervaart in contact met de patiënt.* Van belang is dat de therapeut bij zichzelf nagaat welke emoties, gedachten en gedragingen

deze patiënt oproept en nagaat welke schema's mogelijk bij zichzelf getriggerd worden.

3 *te bespreken met de patiënt wat er gebeurt in het therapeutisch contact.* Als er een schema van de patiënt geactiveerd wordt in de therapeutische relatie, kan de therapeut de patiënt helpen om vast te stellen wat dat schema is. Met doorvragen kan zo onderzocht worden wat er is gebeurd. Dit kan door na te vragen:
   *a* wat er precies gebeurde (bijvoorbeeld: wat deed de therapeut?);
   *b* wat de patiënt daarover dacht en voelde en wat zijn reactie daarop was in termen van gedrag;
   *c* na te gaan hoe de copingstijl was van de patiënt: ging hij zich overgeven aan het schema, vermijden of overcompenseren?

4 *door te starten met beperkte reparenting en te observeren hoe de patiënt daarop reageert, kan de therapeut inschatten waar de behoeften van de patiënt liggen.* Vanaf het eerste contact zal de therapeut door beperkte reparenting in de vorm van empathisch reageren, valideren, structureren en begrenzen vorm geven aan het contact, waarmee de therapeut kan nagaan hoe de patiënt reageert op de verschillende interventies.

Hieronder volgt een voorbeeld van het bespreken met de patiënt van wat er gebeurt in het therapeutisch contact. Patiënte is een vrouw van 39 jaar en heeft sinds kort een nieuwe vriend (Wouter). Ze is erg gespannen over deze relatie en is er veel in haar hoofd mee bezig maar is heel kort van stof wanneer de therapeut vraagt hoe het gaat met haar en haar relatie.

| | |
|---|---|
| T | Het valt me op dat je heel weinig vertelt over het contact met Wouter, terwijl deze relatie toch heel belangrijk voor je is. |
| P | Ja, dat klopt. Ik wil het er eigenlijk liever helemaal niet met je over hebben. |
| T | Kun je daar wat meer over vertellen, waarom je er liever niet met mij over praat? |
| P | Nou, gewoon niet. Ik vind dat niet nodig. Ik wil het liever over de problemen op mijn werk hebben. |
| T | En wat merk je aan mij? |
| P | Jij gaat juist steeds meer doorvragen. Hoe minder ik vertel hoe meer je gaat vragen. |
| T | Wat denk je dan, als ik zo zit door te vragen over je relatie? |
| P | Dat ik het voor mezelf wil houden. Dat het jou niets aangaat. |
| T | Mmm. Is er nog meer wat je denkt? |
| P | Het is net alsof je dan mijn moeder bent. Die wilde ook altijd alles weten. Ik mocht niks voor mezelf houden en zeker niet als het om vriendjes ging. En als ik wel wat vertelde en ze mee naar huis nam dan deed ze zo naar dat ze het altijd voor me verpestte en die vriendjes vervolgens nooit meer bij mij thuis kwamen. Het leek wel alsof ze mij het niet gunde. |

T En als we dan het samen over Wouter hebben, voelt het dan weer even zoals het was met je moeder?
P Ja, dan krijg ik ook het idee dat jij hem van me af wil gaan pakken, ook al weet ik ergens dat het niet zo is.
T Het voelt alleen wel zo blijkbaar. Hoe voel je je dan precies?
P Ik sluit me dan af, maar ben ook boos, boos dat je zo zit te drammen.
T Je voelt je boos en je merkt dat je je gaat afsluiten. Voel je ook nog wat anders of is dit het belangrijkste?
P Ik ben ook bang. Bang dat deze relatie ook weer mislukt.

Indien duidelijk is geworden wat zich afspeelt in de therapeutische relatie kan de therapeut ervoor kiezen de situatie van vroeger die getriggerd wordt verder te exploreren met de patiënt. In bovenstaand voorbeeld kan de therapeut navragen hoe moeder precies reageerde, wat ze deed en hoe dat was voor patiënt. Vervolgens kan de therapeut samen met de patiënt kijken in welke situaties in het heden dit doorspeelt en nagaan of dit te benoemen is in schematermen. In bovengenoemd voorbeeld bleek het bij doorvraag te gaan om een moeder die patiënte opzettelijk voor schut zette wanneer zij vriendjes maar ook vriendinnetjes mee naar huis nam. Dit leidde tot sociaal isolement maar voedde ook haar schema Wantrouwen en/of misbruik.

### Diagnostische imaginaties

Het doel van diagnostische imaginatie is gelijk aan het doel van andere experiëntiële technieken in de diagnostische fase, namelijk het gemakkelijker vaststellen en ook gevoelsmatig beleven van kernschema's en modi. Daarnaast is diagnostische imaginatie specifiek behulpzaam bij het zicht krijgen op en begrijpen van de oorsprong van schema's en modi. Door vanuit het heden terug te gaan naar situaties uit de kindertijd die hebben bijgedragen aan het ontstaan van de schema's, kan een verbinding gelegd worden tussen de huidige problematiek en de oorsprong in de kindertijd (zie ook Young et al., 2005, p. 129). Er zijn verschillende varianten beschreven van diagnostische imaginatie. Hieronder worden echter de basisstappen van diagnostische imaginatie besproken waarop variatie mogelijk is al naar gelang de ervaring van de therapeut en werkzaamheid bij de individuele patiënt.

1 Uitleg geven over wat je gaat doen.
2 Vragen ontspannen te gaan zitten, goed rechtop, voeten op de grond, schouders ontspannen.
3 Veilige plek imagineren (van nu, vroeger, echt of fantasie).
4 Weer oproepen van een hevige emotie in het hier en nu.
5 Vanuit het gevoel in het hier en nu vragen naar een situatie in de kindertijd waarin patiënt zich net zo heeft gevoeld (zo jong mogelijk).
6 Terug naar veilige plek.
7 Nabespreking.

Voor een uitgebreidere uitwerking van stap 1 tot en met stap zes 6 zie Arntz en Weertman (1999), Young en collega's (2005) en Van Genderen en Arntz (2005). Hieronder volgt een fragment van een nabespreking van een diagnostische imaginatie (stap 7).

**Diagnostische imaginatie, nabespreking**

Patiënt is een 45-jarige man die vertelt dat hij al zijn hele leven slecht slaapt. Hij doet van alles om tijd te rekken voor te gaan slapen, en als hij slaapt, wordt hij vaak erg vroeg wakker en heeft hij regelmatig last van nachtmerries. Tijdens een imaginatieoefening komt een herinnering naar boven dat zijn vader regelmatig als hij te veel had gedronken in het bed van patiënt stapte en hem er dan uit duwde. Verder was zijn vader overdag ook vaak agressief.

T Zo, wat vond je ervan?

P Poeh, ik voelde ineens zo weer die angst en die waakzaamheid.

T Is dat ook wat je in het hier en nu ook nog zo kunt voelen? Dat je op je hoede moet zijn omdat je anders onverwacht gepakt kan worden?

P Ja, ik ben eigenlijk altijd op mijn hoede. Nu ook. Ik weet precies hoe ik hier weg zou moeten komen. Ik kijk altijd als ik ergens binnenkom als eerste waar de vluchtroute is. Thuis is dat minder, maar ik denk dat ik toch slecht slaap omdat in mijn nachtmerries mijn vader ook vaak terugkomt, dat hij me in elkaar slaat.

T Ik denk dat het gevoel van waakzaamheid dat je nu beschrijft en waar je zo'n last van hebt als je niet kunt slapen, heel erg past bij je schema Wantrouwen en/of misbruik. En de situatie met je vader die net in de oefening naar boven kwam is denk ik een heel duidelijk voorbeeld van een situatie die ten grondslag ligt aan dat schema. Je bed is voor een kind een plek die een van de veiligste moet zijn en die basisveiligheid was er bij jou niet.

### Rollenspelen

Rollenspelen lenen zich goed voor zowel de patiënt als de therapeut om meer zicht te krijgen op het (coping)gedrag van de patiënt en wat dit gedrag oproept bij de ander. Wellicht ten overvloede: rollenspelen lenen zich uiteraard níet voor situaties waarin fysiek contact of dreiging plaats heeft gevonden. In principe worden dezelfde stappen gevolgd als bij rollenspelen tijdens de behandeling, alleen wordt de fase van rolomkering en het oefenen met nieuw gedrag achterwege gelaten. Het doel is nog geen verandering maar eerst inzicht te krijgen in gedrag, gedachten en gevoelens van de patiënt.

Voor de duidelijkheid worden de stappen van het rollenspel tijdens diagnostiek hier kort samengevat.

1 Voorbespreking van de situatie: de therapeut legt kort de bedoeling uit van het rollenspel en de patiënt geeft instructies aan de therapeut voor zijn rol.
2 De oorspronkelijke situatie wordt nagespeeld, waarbij de patiënt zichzelf speelt en de therapeut de ander.
3 Nabespreking; wat heeft de patiënt ervaren tijdens het rollenspel? Wat voelde, dacht en deed de patiënt? Komen dit soort situaties vaker voor? Wat deed de ander?
4 De therapeut vertelt wat hem is opgevallen aan het gedrag van de patiënt en gaat na of de patiënt dit herkent. Als deze dit herkent, wordt gekeken of dit gedrag te benoemen is in schematherapietermen.

De stap van rolomkering wordt tijdens de diagnostische fase meestal niet gebruikt, omdat patiënten het heel confronterend kunnen vinden om zichzelf nagespeeld te zien. Daarvoor is het belangrijk dat de therapeutische relatie voldoende veilig is. Indien de patiënt echter geen zicht heeft op zijn eigen gedrag kan het soms toch nodig zijn de fase van rolomkering toe te passen, waarbij de patiënt de ander speelt en de therapeut de patiënt. Daarna is het weer van belang goed na te bespreken wat de patiënt heeft ervaren in de rol van de ander.

**Wat een diagnostisch rollenspel kan opleveren**

Karel is een man van 29 jaar en is in de eerste sessies vooral heel aangepast in het contact. Hij scoort zeer hoog op het schema Onderwerping, kiest vaak relaties uit waarin hij zich onderwerpt en daarin sterk over zijn grenzen laat gaan. Toch raakt hij ook regelmatig in conflicten verzeild. Om daar meer duidelijkheid over te krijgen, stelt de therapeut een rollenspel voor naar aanleiding van een recent incident op zijn werk. De patiënt vertelt iets over de situatie en instrueert de therapeut voor de rol van collega. Tijdens het naspelen valt op dat de patiënt voorover zit in zijn stoel, daarmee heel dwingend overkomt en de therapeut niet laat uitpraten, wat bij de therapeut in rol van collega ergernis opwekt. Bij de nabespreking herkent de patiënt dat hij de ander niet laat uitpraten en erg de controle houdt over het gesprek. Wanneer de therapeut met hem stilstaat bij wat hij dan voelt en denkt, merkt hij dat hij eigenlijk vooral bang was, bang zich te moeten schikken naar de ander (schema Onderwerping) en om dat te voorkomen gaat hij de ander domineren en controleren (schemacompensatie). Zo geeft dit rollenspel een goed beeld van dat hij naast schema-overgave soms ook schemacompensatie gebruikt als copingstijl voor zijn schema Onderwerping. Dit was in de therapeutische relatie nog niet goed zichtbaar geworden.

## Meerstoelentechniek

De meerstoelentechniek wordt vooral gebruikt in de behandeling van een borderline persoonlijkheidsstoornis om los te komen van de straffende of de beschermende modus (Van Genderen & Arntz, 2005, p. 95). Minder vaak wordt de techniek gebruikt voor diagnostische doeleinden, alhoewel zij ook dan zeker goed inzetbaar is. De techniek is bij uitstek geschikt wanneer de patiënt tegenstrijdigheden in zichzelf ervaart. Dit kan zowel het gedrag betreffen (bijvoorbeeld geen vertrouwen hebben in therapie en toch naar de zitting komen) als het voelen en denken. Vaak rapporteren patiënten dat ze verstandelijk gezien iets wel weten, bijvoorbeeld dat ze de moeite waard zijn, maar dat dit niet zo voelt. De meerstoelentechniek leent zich goed om deze verschillende aspecten aan het woord te laten komen en zo zicht te krijgen op verschillende modi. Dit gebeurt door de patiënt steeds te vragen in een andere stoel plaats te nemen wanneer hij een ander aspect, meestal een andere modus, van zichzelf verwoordt. Door letterlijk ergens anders plaats te nemen, kan de patiënt beter loskomen van bepaalde aspecten van zichzelf en zo beter onderscheid maken in verschillende modi of schema's.

**De meerstoelentechniek als diagnostisch instrument**

De patiënt is een 38-jarige vrouw die in de derde sessie al aangeeft te willen stoppen met therapie.

Vervolgens exploreert de therapeut de gevoelens en gedachten van deze modus en gaat daarna met de patiënte na of er nog meer kanten te benoemen zijn.

P Voor mij is therapie niet nuttig. Ik ben beperkt, mijn vader kan emoties niet aan. Het heeft allemaal helemaal geen zin.

T Het lijkt of je er van tevoren al van uitgaat dat ook de therapie niet zal gaan lukken.

P Ja inderdaad. Waarom zou het wel goed gaan, tot iets leiden, ik ben toch al mislukt. (ze zegt dit bozig)

T Je ziet er boos uit als je dit zo zegt.

P Ja, zo voel ik me ook. Het heeft toch allemaal geen zin.

T Ik stel voor dat we je gevoelens over de therapie eens wat meer in kaart proberen te brengen. Dat kunnen we doen door de verschillende gevoelens in een andere stoel te zetten. Vind je dat goed?

P Als ik maar niet tegen een stoel aan hoef te praten. Zoiets stoms ga ik echt niet doen.

T Dat hoeft ook nog niet. Ik wil je alleen vragen om afwisselend in een andere stoel te gaan zitten om zo duidelijker te kunnen krijgen

voor jezelf wat je allemaal voelt en denkt en dit te scheiden van andere gevoelens en gedachten die nu spelen.
P Nou oké, het zal wel moeten. Ik ga wel eerst hier zitten. (kijkt de therapeut niet aan en gaat in de stoel naast haar zitten)
T Hoe heet die stoel?
P Moet ik de stoel ook nog een naam geven? (op nog steeds wat bozige toon)
T Ja, probeer maar te verwoorden waar die stoel voor staat, voor welk gevoel.
P Ik heb geen zin.
T Oké, dan noemen we deze stoel de 'ik-heb-geen-zin-stoel'. Wat voel je als je nu in deze stoel zit?

## Vaktherapeutische technieken

Voor zover bekend bij de auteur is er nog geen literatuur waarin beschreven wordt hoe vaktherapeutische technieken gebruikt kunnen worden in het kader van diagnostiek binnen ST. Wel is er in 2006 een artikel verschenen van Haeyen waarin zij beschrijft hoe imaginatie in beeldende therapie gebruikt kan worden. Omdat vaktherapie letterlijk een vak apart is, zal in deze paragraaf alleen kort worden aangegeven wat voor materiaal vaktherapie kan opleveren voor diagnostiek. Vaktherapie is van karakter experiëntieel, in de zin dat de nadruk veel meer ligt op beleving en veel minder op verbalisatie. Evenals voor andere experiëntiële technieken geldt voor vaktherapie dat vaktherapeutische technieken met name geïndiceerd zijn voor patiënten die moeite hebben hun schema's en modi te verbaliseren en voor patiënten die weinig contact kunnen krijgen met hun gevoel. Wanneer problemen in het contact maken met het lichaam centraal staan, kunnen technieken vanuit de psychomotorische therapie (PMT) goed werkzaam zijn. Zo kan de modus van het 'Woedende kind' heel goed zichtbaar worden in spel waarbij patiënten vanuit die modus bijvoorbeeld te hard gaan gooien met een bal, materiaal stuk maken en over andermans grenzen gaan. De Onthechte beschermer wordt onder andere zichtbaar in het letterlijk niet meedoen in het spel, te hard zijn voor zichzelf, blessures niet voelen, niet voelen dat iemand over zijn eigen grenzen gaat. Ook kan PMT zichtbaar maken in hoeverre er ook sprake is van de modus 'het Blije kind' en geeft PMT informatie over hoe de patiënt contact kan krijgen met die modus.

In beeldende therapie kan door middel van het maken van zelfpresentaties in beeldjes heel goed zichtbaar worden hoe iemand zichzelf ervaart. Met name de kindmodi (onder andere het Kwetsbare kind) worden in tekeningen en beeldjes vaak letterlijk zichtbaar. Daartegenover kan ook juist in beeld komen hoe de krachtige, Gezonde volwassene-modus eruit ziet in tekeningen en ander beeldwerk. In beeldende therapie wordt de Onthechte beschermer ook goed zichtbaar doordat patiënten gefragmenteerd werk maken waar ze niet over kunnen reflecteren (omdat ze geen contact hebben met zichzelf) of niet tot iets creatiefs komen, zich alleen standaard aan de opdracht houden en er niet over kunnen praten.

## Valkuilen en tips

In het algemeen geldt dat het gebruik van experiëntiële technieken nooit een doel op zich moet zijn maar een middel om via een ander kanaal toegang te krijgen tot informatie over schema's, schemamodi, schemaprocessen en copingstijlen. Wanneer deze technieken toepasbaar zijn hangt sterk samen met het vermogen van de patiënt om gevoelens te integreren. Wanneer iemand gevoelig is voor psychotische decompensatie of voor dissociatie is het raadzaam om het gebruik van experiëntiële technieken uit te stellen tot in de behandelfase, waarin meer veiligheid in de therapeutische relatie bestaat en er voldoende holding beschikbaar is. Het is dus belangrijk al vroeg de kans op desintegratie te taxeren.

Bij het hanteren van de therapeutische relatie is het essentieel dat de therapeut tentatief is en goed zicht heeft op eigen schema's, zodat voorkomen kan worden dat de therapeut vanuit eigen tegenoverdrachtsgevoelens reageert.

Zoals eerder beschreven leent de meerstoelentechniek zich vooral voor het zicht krijgen op de verschillende modi van de patiënt. Diagnostische imaginatie is bij uitstek geschikt om meer zicht te krijgen op de oorsprong van schema's en welke schema's en modi gekoppeld zijn aan bestaande problematiek. Imaginaties lenen zich ook goed voor situaties waarin misbruik of mishandeling vermoed wordt. In imaginaties is het veiliger hier contact mee te maken dan door middel van meer directieve vormen zoals een rollenspel of de meerstoelentechniek. Bij het gebruik van diagnostische imaginatie is het van belang niet te hard van stapel te lopen. Het is vaak voor de therapeut moeilijk om patiënten wel oude pijnlijke gevoelens opnieuw te laten beleven zonder tot een interventie over te gaan zoals later in de behandeling door middel van rescripting tijdens imaginatie. Rollenspelen lenen zich goed tot het meer zicht krijgen op copingstijlen. Vaktherapeutische technieken zijn heel bruikbaar voor patiënten voor wie contact maken met hun eigen lichaam of direct contact maken met de therapeut moeilijk is. Meer indirect via materiaal of spel kunnen patiënten dan toch hun problematiek verwoorden. Zowel te vroeg en te veel gebruik maken van experiëntiële technieken zijn valkuilen, evenals het te lang wachten en te weinig gebruik maken van deze interventies. Diagnostiek met betrekking tot ik-sterkte en gevaar voor decompensatie voorafgaand aan de behandeling (zie ook hoofdstuk 4) kunnen behulpzaam zijn bij het bepalen wanneer en in welke mate het gebruik van experiëntiële technieken geïndiceerd is.

## Toekomst

De in dit hoofdstuk beschreven technieken worden vooral ingezet tijdens de eerste fase van de behandeling. Alhoewel de verschillende experiëntiële technieken in de literatuur al duidelijk beschreven worden is er behoefte aan aanscherping van handvatten voor het gebruik van deze technieken bij verschillende patiëntgroepen en in verschillende settings (ambulant, deeltijd, klinisch, individueel en in een groep). Daarnaast is de waarde van het gebruik van deze technieken voor diagnostiek nog nauwelijks wetenschappelijk onderbouwd. Onderzoek naar de effectiviteit van het gebruik van deze technieken voor diagnostiek is dan ook welkom. Verder staat de beschrijving van diagnostische vaktherapeutische technieken binnen ST en de integratie van deze technieken met meer verbale technieken nog in de kinderschoenen. Er is dan ook behoefte aan concrete richtlijnen voor het gebruik van experiëntiële vaktherapeutische technieken voor diagnostiek binnen ST.

## Literatuur

Arntz, A., & Weertman, A. (1999). Treatment of childhood memories: theory and practice. *Behaviour Research and Therapy, 37,* 715-740.

Beck, A.T., Freeman, A., & Davis, D.D. (2004). *Cognitive therapy of personality disorders* (second edition). New York: The Guilford Press.

Genderen, H. van & Arntz, A. (2005). *Schemagerichte cognitieve therapie bij borderline persoonlijkheidsstoornis.* Amsterdam: Uitgeverij Nieuwezijds.

Haeyen, S. (2006). Imaginatie in beeldende therapie: een schema-gerichte benadering. *Tijdschrift voor vaktherapie, 1,* 3-9.

Young, J.E., Klosko, J.S., & Weishaar, M.E. (2005). *Schemagerichte therapie: Handboek voor therapeuten.* Houten: Bohn Stafleu van Loghum.

# 6 Het gebruik van vragenlijsten

A. Sheffield en G. Waller

De afgelopen tien jaar hebben onderzoekers en behandelaren steeds meer aandacht gekregen voor modellen van psychopathologie die op schema's zijn gebaseerd (bijvoorbeeld Riso, Du Toit, Stein & Young, 2007). Naar aanleiding van deze belangstelling zijn enkele instrumenten ontwikkeld om schema's inhoudelijk en procesmatig te meten. Sommige worden expliciet gepresenteerd als maten van schema's (onder andere de verschillende uitvoeringen van de YSQ), andere worden gepresenteerd als maten voor de opvattingen die gewoonlijk met schema's samengaan zoals de EDBQ-NSB van Cooper (1997) en weer andere worden gepresenteerd als maten van de kernopvattingen die op schemaniveau samenhangen met de persoonlijkheidsstoornissen (bijvoorbeeld de PBQ van Beck & Beck, 1991). Het is echter van belang om eerst te benadrukken dat geen enkele vragenlijst echt schema's meet, mét hun cognitieve, emotionele, motivationele, fysiologische en gedragselementen. De meeste meten eigenlijk cognitieve inhoud (kernopvattingen) en sommige gaan over cognitieve processen (de onaangepaste copingstrategieën die schema's bekrachtigen). Het is dan ook belangrijk om in gedachten te houden dat hier vooral meetinstrumenten voor de verschillende cognitieve elementen van schema's worden besproken. Deze beperking doet echter niets af aan het klinisch nut van deze maten. De instrumenten die in dit hoofdstuk worden besproken zijn allemaal van het type vragenlijst en berusten op subjectieve zelfrapportage. In dit hoofdstuk gaat de aandacht uit naar het klinisch nut van deze maten (en niet zozeer naar hun psychometrische bruikbaarheid; zie hoofdstuk 24 en 25) en wordt onderzocht welke instrumenten wel en niet nuttig zijn gebleken in de klinische praktijk.

## Praktijk

Schemavragenlijsten vormen een nuttig klinisch instrument als we daarmee een nauwkeurige formulering van een concreet geval en hypothesen over klinische doelen kunnen opstellen. Als de schemavragenlijsten ook worden besproken met de patiënt en niet slechts door de clinicus worden toegepast, kunnen ze de betrokkenheid bij en de vertrouwdheid met schematherapiemodellen bevorderen. Daarnaast is er de bredere toepassingsmogelijkheid dat ze kunnen verklaren hoe verschillende psychische stoornissen ontstaan en in stand worden gehouden. Tot slot kunnen ze gebruikt worden om de effectiviteit van een behandeling te meten, zowel voor het individu als voor grotere klinische groepen (hoofdstuk 17). Meestal worden schemavragenlijsten gebruikt aan het begin en aan het einde van een behandeling, hoewel ze op elk willekeurig moment tijdens een therapie gebruikt kunnen worden om bijvoorbeeld na te gaan in hoeverre sprake is van vooruitgang wanneer aan een bepaalde kernopvatting wordt gewerkt. Maar hoewel schemavragenlijsten belangrijke informatie kunnen leveren om meer inzicht te krijgen in individuele psychopathologie, moeten ze met oog voor hun beperkingen van onder andere de psychometrische eigenschappen zorgvuldig geïnterpreteerd worden.

De meeste schemavragenlijsten zijn tot dusver ontwikkeld op basis van het werk van Young (1994), maar ook andere kunnen in aanmerking komen. In dit overzicht wordt nader ingegaan op maten voor de inhoud van schema's, schemaprocessen, de oorsprong van schema's en schemamodi. Ook worden alternatieve manieren onderzocht om hetzelfde klinische doel te bereiken en om in te zien hoe deze maten in de klinische praktijk uitgelegd kunnen worden. Er moet hier benadrukt worden dat het van cruciaal belang is om nooit uitsluitend op dit soort vragenlijsten af te gaan voor een evaluatie of diagnose. De schemavragenlijsten kunnen beter gebruikt worden voor het vaststellen en aanpakken van doelen in een individueel afgestemde behandeling van psychische stoornissen. In dat kader van intake, probleemformulering en planning van de behandeling kan het bijzonder waardevol zijn om met behulp van verschillende instrumenten naar zowel de inhoud als de processen van schema's te kijken.

## Klinische bruikbaarheid en functies

Schemavragenlijsten kennen een aantal klinische toepassingsmogelijkheden: als hulpmiddel bij diagnostiek, probleemformulering, het plannen van de behandeling en het evalueren van het resultaat. Maar er zitten ook beperkingen aan deze maten. Daarvan moeten wij ons bewust zijn wanneer we ze gebruiken. In deze paragraaf wordt nader ingegaan op deze voor- en nadelen.

### Hypothesen formuleren over de aanwezigheid, de rol en de functie van schema's

Schemavragenlijsten kunnen een rijkdom aan klinische informatie opleveren over de omstandigheden waarin schema's een rol zouden spelen bij de instandhouding van het probleem (Riso et al., 2007). Verschillende schemavragenlijsten kunnen helpen bij het formuleren van hypothesen over:
- cognities die mogelijk pathologische reacties op het niveau van de persoonlijkheid sturen. Voorbeelden van dergelijke instrumenten zijn:

  - Young Schema Questionnaire (YSQ)[1], de Young-Atkinson Mode Inventory (YAMI; Young, Atkinson, Arntz & Weishaar, 2005) en de herziene versie daarvan, Schema Mode Inventory (SMI-1; Young et al., 2007; zie hoofdstuk 25);
  - Personality Beliefs Questionnaire (PBQ; Beck & Beck, 1991) en de onlangs ontwikkelde korte versie daarvan (PBQ-SF; Butler, Beck & Cohen, 2007);
  - Personality Disorders Beliefs Questionnaire (PDBQ; Arntz, Dreessen, Schouten & Weertman, 2004);
  - schaal Negative Self Beliefs van de Eating Disorder Beliefs Questionnaire (EDBQ-NSB; Cooper, Cohen-Tovée, Todd, Wells & Tovée, 1997);
- onaangepaste processen die er mogelijk toe bijdragen dat het probleem voortduurt, bijvoorbeeld de Young-Rygh Avoidance Inventory (YRAI; Young & Rygh, 1994) en de Young Compensation Inventory (YCI; Young, 1995);
- vroege ervaringen die misschien van belang zijn geweest voor het ontstaan van een schema (Young Parenting Inventory, YPI; Young, 1999).

Zoals hierboven opgemerkt, meet geen enkele schemavragenlijst het volledige scala van de elementen die, naar men aanneemt, de schema's vormen zoals ze in verschillende modellen gedefinieerd worden (zie onder andere Beck, 1996; Young, 1994). De meeste lijsten betreffen cognitieve processen en/of inhoud in plaats van factoren als emoties, fysiologie, gedrag en motivatie. Daarom kunnen ze nooit echt schema's meten, ook al blijven ze klinisch bruikbaar. Het is ook belangrijk om te bedenken dat sommige van de oorspronkelijke maten (YPI, YCI, YRAI) in hun eerste opzet ontoereikend zijn gebleken en zinniger informatie opleveren wanneer ze gescoord worden volgens andere schalen dan waarin ze oorspronkelijk zijn gepresenteerd. Zo hebben Luck, Waller, Meyer en Lacey (2005) herziene versies van de YRAI (YRAI-R) en de YCI (YCI-R) ontwikkeld en hebben Sheffield en collega's (Sheffield, Waller, Emanuelli, Murray & Meyer, 2005) een herziene versie van de YPI gemaakt (YPI-R). Sommige instrumenten zijn ook langer gebleken dan nodig is, waarna ze zijn ingekort tot een beknopte vorm die even goed bruikbaar is in de klinische praktijk, zoals de YSQ-S, de PBQ-SF (Butler et al., 2007) en de SMI (Young et al., 2007). Wij vinden dat het klinisch nut van deze herziene, ingekorte versies even groot of zelfs groter is dan van de oorspronkelijke instrumenten.

De informatie die via schemavragenlijsten wordt verzameld kan een aanvulling zijn op uitgebreide klinische diagnostiek, maar kan die niet vervangen. De hypothesen die op grond van de antwoorden op verschillende vragenlijsten worden ontwikkeld kunnen ertoe bijdragen dat de betrokkenheid van de patiënt toeneemt en er een gezamenlijke formulering van de problemen van de patiënt tot stand komt. Een dergelijke formulering kan dan doelen voor interventiestrategieën aangeven door duidelijk te maken dat het

1 *De YSQ is er in verschillende edities, waarvan sommige met elkaar vergelijkbaar zijn gebleken (onder andere Stopa, Thorne, Waters & Preston, 2001; Waller, Meyer & Ohanian, 2001). Wanneer de auteurs van dit hoofdstuk het over dit instrument hebben, wordt daarom de generieke term 'YSQ' gebruikt en wordt alleen de versie genoemd als dat relevant is.*

noodzakelijk is om specifieke kernopvattingen, schemamodi of vormen van overcompensatie aan te pakken die de problemen van de patiënt in stand houden.

### De uitkomst meten

Wij menen dat sommige schemavragenlijsten goed bruikbaar zijn voor het meten van de effectiviteit van psychotherapie (bijvoorbeeld YSQ, PBQ, PDBQ, YAMI/SMI). Dat betekent niet dat ervan uitgegaan mag worden dat lagere scores op deze maten in de loop van de therapie automatisch duiden op een goede uitkomst. De volgende overwegingen zijn van belang.

- Het is belangrijk een goede praktische kennis te hebben van scoringsprocedures, normatieve gegevens en de betekenis van subschaalscores op elke vragenlijst. Sommige indices staan voor relatief positieve, functionele eigenschappen in bepaalde omstandigheden; zo blijkt de YCI-R-schaal Cognitieve-emotionele vermijding een gezonde, niet-pathologische wijze van omgaan met emoties weer te geven (Luck et al., 2005). Evenzo kunnen sommige items een correcte perceptie van ervaringen uit het verleden weergeven, zoals het item uit de YSQ-schaal Emotionele deprivatie: 'De meeste tijd heb ik niemand gehad die mij verzorgde, dingen met mij deelde of zich echt bekommerde om alles wat mij overkwam.' Therapie kan afhankelijk zijn van het vermogen van het individu om te leren dat dit misschien wel voor het verleden geldt, maar niet voor de toekomst hoeft te gelden. Voor klinische verandering is het dus niet nodig dat deze perceptie van het verleden verandert.
- Iemand die vermijding of idealisering gebruikt om met onderliggende schema's om te gaan scoort misschien laag op een schemavragenlijst als de YSQ. Als deze persoon vervolgens door de therapie met succes leert om dat vermijden en idealiseren los te laten, zal hij zich meer bewust worden van de betreffende schema's en in latere fasen van de therapie hoger op deze maten scoren.
- Schemavragenlijsten zijn bedoeld om brede constructen op het niveau van de persoonlijkheid te meten, geen as-I-symptomatologie. Aangezien het mogelijk is dat patiënten wel op het niveau van symptomen, maar niet op het niveau van schema's vooruitgaan (of omgekeerd), moeten schemavragenlijsten altijd naast maten voor as-I-symptomen worden gebruikt om het resultaat uitvoerig te kunnen analyseren.

### Algemene beperkingen voor klinisch gebruik

Elk instrument heeft zijn beperkingen. Maar allemaal hebben ze de algemene beperking met elkaar gemeen dat antwoorden worden beïnvloed door vertekening van de herinnering en dat de vragenlijsten meer iemands perceptie van de werkelijkheid dan de werkelijkheid zelf weerspiegelen. Er kan echter worden aangevoerd dat vertekening van de herinnering cruciaal is voor een nauwkeurige meting van schema's, omdat ze deels in stand worden gehouden door selectieve aandacht voor (of vervorming van) informatie, wat die schema's vervolgens bekrachtigt. Op dezelfde manier kan gesteld worden dat percepties centraal moeten staan in het onderzoek omdat juist de perceptie invloed heeft op psychopathologie en deze weerspiegelt (zie Parker, 1983). Zolang de clinici duidelijk beseffen dat schemavragenlijsten vertekenende herinneringen en percepties meten (en niet de werkelijkheid als zodanig), houdt hun constructvaliditeit stand. Ten slotte is het waarschijnlijk, zoals eerder al opgemerkt, dat schema's van invloed zijn op wat iemand op deze vragenlijsten aangeeft, wat ertoe kan leiden dat belangrijke informatie ontbreekt (bijvoorbeeld geen verlatingscognities willen rapporteren uit angst om als 'een lastig geval' uit de therapie gezet te worden).

### Kiezen welke schemavragenlijst je wilt gebruiken

Welke vragenlijst wordt gekozen hangt heel sterk af van wat de clinicus wil nagaan. Natuurlijk zal die keuze primair worden geleid door hypothesen over de gevalspresentatie en klinische noodzaak. Zoals eerder opgemerkt, zijn schemavragenlijsten vaak instrumenten die kernopvattingen en de achterliggende processen meten in plaats van het volledige scala van cognities, gedrag, fysiologie, motivatie en emotie dat de term 'schema' omvat (Beck, 1996). Zo meet de schaal Verlating van de YSQ de cognitieve inhoud van een verlatingsschema (de kernopvatting Uiteindelijk zal ik alleen blijven). Deze schaal meet niet de andere aspecten van het schema, zoals de angst die met deze opvatting samengaat, de fysiologische reactie als dit schema geactiveerd wordt, de herinneringen die het oproept en het gedrag waarmee zou kunnen worden vermeden of juist het hoofd worden geboden. Daarnaast komt in deze maten niet altijd het idee tot uiting dat schema's onveranderlijk zijn, want ze zijn stemmingsafhankelijk (zie ook Stopa & Waters, 2005). Dit gegeven leidt tot drie verschillende conclusies: activering van het schema is veranderlijk (de toegang tot schema's verschilt bijvoorbeeld naar gelang de stemming anders is), schema's zijn niet onveranderlijk (ze worden beïnvloed door de stemming van het moment) óf de schemavragenlijsten meten geen schema's (zoals ze meestal gedefinieerd worden). Er zijn ook problemen met de psychometrische validiteit van de verschillende instrumenten (zie hoofdstuk 24 en 25).

Onze ervaring is dat verschillende instrumenten voor het meten van schema-elementen bruikbaar zijn, maar verscheidene zijn dat niet.

## Aanpak

### Optimale instrumenten voor het meten van kernopvattingen

In het algemeen vinden wij de YSQ een nuttig instrument om aan kernopvattingen te werken in de klinische setting. Dit instrument is in een aantal talen vertaald, soms meerdere keren. Het is niet mogelijk om een bepaalde vertaling aan te bevelen: er is geen vergelijking tussen de verschillende versies gepubliceerd. Bij de probleemformulering conceptualiseren wij de kernopvattingen in twee onderscheiden types: centrale opvattingen en compenserende opvattingen. Deze verdeling is onlangs uitvoerig uitgewerkt (Waller, Kennerley & Ohanian, 2007). Centrale kernopvattingen zijn de opvattingen die weergeven in hoeverre schade is toegebracht aan het zelfconcept van het individu gedurende zijn ontwikkeling, terwijl compenserende kernopvattingen de opvattingen zijn die zijn ontstaan om deze centrale negatieve zelfopvattingen het hoofd te bieden of uit de weg te gaan. Het voorbeeld hieronder illustreert hoe belangrijk het is om tussen deze twee typen opvattingen onderscheid te maken.

**Anna: centrale versus compenserende opvattingen**

Anna is een 44-jarige vrouw met boulimia nervosa, depressie en een obsessieve-compulsieve stoornis. Al vroeg in de behandeling vult zij de YSQ-S in om tot een betere formulering van haar sociale problemen en haar drinkbuien te komen. Ze scoort duidelijk boven de norm op de kernopvattingen Verlating/instabiliteit, Onderwerping, Emotionele geremdheid, Wantrouwen en/of misbruik en Sociaal isolement/vervreemding. Bij klinisch doorvragen wordt het bestaan van deze schema's bevestigd, maar in een gesprek met Anna over de oorsprong en functie van deze opvattingen wordt duidelijk dat niet alle schema's centrale opvattingen zijn: in werkelijkheid zijn ze in veel gevallen compenserend. Anna heeft de schema's Verlating/instabiliteit en Wantrouwen en/of misbruik ontwikkeld als reactie op subjectieve ervaringen van verlating en straf door haar familie. In een poging nog meer verlating en straf te voorkomen ontwikkelde zij de compenserende opvattingen (Onderwerping, Sociaal isolement/vervreemding, Emotionele geremdheid). Deze komen tot uiting in het volgende gedrag:

- in het algemeen gaat zij relaties uit de weg en in sociale situaties is zij voortdurend bang voor en overdreven alert op signalen dat iemand haar niet mag. Als zij maar enigszins zo'n signaal bespeurt (vaak ten onrechte), trekt zij zich meestal snel terug (Sociaal isolement/vervreemding);
- meestal laat zij anderen de beslissingen nemen en gaat ze daar óók in mee als zij niet leuk vindt wat er is besloten of daar kwaad over is (Onderwerping);
- ze verbergt haar echte gevoelens voor anderen en probeert meestal precies te zijn zoals degene bij wie ze is (Emotionele geremdheid).

Het voortdurend toepassen van dit gedrag in al haar interacties met anderen leidt ertoe dat er geen echte wederkerige vertrouwensrelaties ontstaan. Dit patroon resulteert algemeen in afwijzing, isolement en anderen wantrouwen en versterkt zo de centrale schema's Verlating/instabiliteit en Wantrouwen en/of misbruik.

De *YSQ* heeft verschillende gedaanteverwisselingen ondergaan, zodat duidelijk aangeven welke versie gebruikt wordt belangrijk is. De huidige lange versie van de YSQ heeft 205 items en bestrijkt zestien kernopvattingen (in plaats van schema's). Daartegenover bestrijkt de meest gebruikte korte versie vijftien kernopvattingen, terwijl de meest recente versie daar nog drie kernopvattingen aan toevoegt. Er zijn ook varianten van de korte vorm met een andere volgorde van de items (at random vs. gegroepeerd) of een andere leeftijdscategorie als doelgroep (de oorspronkelijke lijst is opgezet voor volwassenen, maar er is ook een versie met iets andere formuleringen voor adolescenten). Onze ervaring is dat de korte versie bevordert dat de hele schaal wordt beantwoord en dat de versies met gegroepeerde items (bijvoorbeeld YSQ-S1) veel gemakkelijker op het oog te interpreteren zijn. Wij vinden niet dat de klinische rijkdom eronder lijdt en uit de antwoorden van patiënten blijkt geen enkele invloed van het groeperen van items (vaak scoren zij opeenvolgende items in dezelfde schaal 1 en 6). De extra drie schalen in de YSQ-S3 lijken niet veel toe te voegen aan de klinische formulering, maar die conclusie zou te maken kunnen hebben met de vraag over welke specifieke klinische populatie het gaat. Daarom adviseren wij op dit moment om de YSQ-S met 75 items te gebruiken, waarbij de items in groepen van vijf bij elkaar worden gezet voor elk van de vijftien schalen. Het is echter ook mogelijk om de korte vragenlijsten te gebruiken die Young en Klosko (1993) in hun zelfhulpboek aanreiken zodat patiënten zelf voor de meeste schema's in de YSQ (maar niet allemaal) kunnen nagaan of zij die hebben.

Ook andere instrumenten verdienen overweging.

De *EDBQ-NSB* bestaat uit tien items, binnen een maat waarvan de andere items specifiek gelden voor eetstoornissen. Maar deze schaal blijkt het construct te weerspiegelen dat ook al door de YSQ-schaal Minderwaardigheid/schaamte wordt weergegeven en wij vinden dat de klinische rijkdom onvoldoende is voor een hele reeks stoornissen. Met name ontbreekt het interpersoonlijke element dat zo essentieel is voor veel YSQ-schalen.

Het andere instrument dat wij zouden willen aanbevelen is de *PBQ*, een schaal van 126 items. Dit instrument heeft veel overeenkomsten met de YSQ op het niveau van afzonderlijke items. Maar het scoren van de PBQ is gebaseerd op het clusteren van de kernopvattingen die kenmerkend zijn voor de pathologie van afzonderlijke persoonlijkheidsstoornissen. Vandaar dat de YSQ gebruikt kan worden om vast te stellen welke gemeenschappelijke kernopvattingen aan een reeks van stoornissen ten grondslag liggen, de PBQ om de cognitieve elementen van afzonderlijke persoonlijkheidsstoornissen vast te stellen. De *PDBQ* (Arntz et al., 2004) is aan dezelfde conceptuele basis ontleend als de PBQ en heeft dezelfde eigenschappen en bruikbaarheid. Maar de PBQ is wel uitgebreider gevalideerd (Beck et al., 2001; Butler, Brown, Beck & Grisham, 2002; Jones, Burrell-Hodgson & Tate, 2007) en het klinische potentieel van de korte versie (PBQ-SF; Butler et al., 2007) is uitstekend. Beide maten (PBQ en PDBQ) kunnen dus voor klinische doeleinden gebruikt worden, maar de PBQ heeft vooralsnog een sterkere onderbouwing.

Samengevat: de keuze voor een maat van kernopvattingen hangt af van de klinische hypothesen die dat instrument ondersteunen. De PBQ en de PDBQ worden bruikbaar geacht voor het vaststellen van persoonlijkheidspathologie in een vroege fase van diagnostiek en probleemformulering, wanneer er nog geen gedragsuitingen van specifieke persoonlijkheidsstoornissen zijn verschenen. Daarentegen wordt de YSQ nuttiger gevonden voor probleemformulering en het plannen van de behandeling, vooral omdat dan gekeken kan worden naar zowel de rol van centrale opvattingen als de wijze waarop compenserende opvattingen kunnen uitmonden in gedrag dat anders niet te verklaren is (bijvoorbeeld impulsief gedrag om emotionele arousal te blokkeren, het vermijden van sociale interactie om minder bang te hoeven zijn voor verlating, perfectionistisch gedrag uit angst voor mislukken).

### Maten voor schemaprocessen

Young (1994) beschrijft een aantal centrale, schemagebonden cognitieve-gedragsprocessen/copingstijlen die maken dat een schema blijft voortbestaan, ook al zijn de omstandigheden waaronder het is ontstaan niet langer van toepassing (bijvoorbeeld het vasthouden aan een kernopvatting over verlating die is ontstaan na meerdere ervaringen van verlies in de kindertijd, ook al zijn dergelijke ervaringen sindsdien niet meer voorgekomen). De YCI is ontwikkeld om *schemacompensatie* te meten, terwijl de YRAI *schemavermijding* meet. Wij vinden de YCI en de YRAI minder goed bruikbaar dan de YSQ. De YCI kan geïnterpreteerd worden (Luck et al., 2005) als een maat voor het primair vermijden van emotionele arousal (bijvoorbeeld met behulp van gedrag en cognities voorkomen dat een emotionele toestand wordt geactiveerd). Dit uit zich in relatief duurzame patronen van gedrag (denk aan restrictief eten, sociaal isolement), cognities (bijvoorbeeld perfectionisme, neiging tot obsessie) en emoties (emotionele instabiliteit). Dit blijkt echter niet duidelijk uit het bestaande instrument of de interpretatie ervan. Deze verbanden zijn bij de gevalsformulering gemakkelijker met de YSQ aan te tonen (bijvoorbeeld de opvatting dat normen onverbiddelijk zijn, gepaard aan de opvatting dat men is mislukt). De YRAI gaat over de secundaire vermijding van affect (Luck et al., 2005), waarbij emoties geblokkeerd worden zodra ze worden opgeroepen (onder andere door middel van agressie, alcoholgebruik, zelfbeschadiging). Ook deze maat vinden wij klinisch minder relevant dan het eenvoudig vaststellen van impulsief gedrag.

### Maten voor het ontstaan van schema's

Er zijn verschillende maten voor ontwikkelingsfactoren die mogelijk van invloed zijn op psychopathologie, waaronder maten voor subjectief ervaren misbruik en voor de opvoedingsstijl van de ouders. De YPI is het enige van deze instrumenten dat is ontwikkeld om het ontstaan van specifieke schema's te verklaren. Het is een lange vragenlijst, waarmee het gedrag van iedere ouder afzonderlijk moet worden beoordeeld. Evenals veel andere indices van oudergedrag (Leung, Thomas & Waller, 2000) vertoont dit instrument enige samenhang met kernopvattingen. Maar de YPI-schalen hebben een geringe specificiteit (Sheffield et al., 2005). Wij vinden daarom dat dit instrument niets extra's bijdraagt in vergelijking met andere maten van ouderlijk gedrag (bijvoorbeeld Mountford, Corstorphine, Tomlinson & Waller, 2007; Parker, Tupling & Brown, 1979), die het voordeel hebben dat ze aanzienlijk korter zijn. In de klinische praktijk gebruiken de auteurs in plaats van de YPI liever het klinische interview en de probleemformulering om een beeld te krijgen van de ontwikkelingsfactoren die hebben geleid tot het ontstaan van centrale en compenserende kernopvattingen.

## Maten voor schemamodi

Het eerste instrument voor het meten van deze modi was de YAMI, die is overgegaan in de SMI (Young et al., 2007; zie deel 5, hoofdstuk 25). Deze instrumenten meten manieren van omgaan met de wereld die afhankelijk zijn van de vraag of een aantal gekoppelde schema's geactiveerd wordt. De schalen hebben vaak overeenkomsten met instrumenten die andere constructmaten uitdrukken (bijvoorbeeld maten van kernopvattingen, copingstijlen, stemming en dissociatie). Vaak betekenen die overeenkomsten dat de metingen van schemamodi mogelijk overbodig zijn wanneer ze worden uitgevoerd binnen een uitgebreide klinische intake. Het alternatieve standpunt is natuurlijk dat de andere maten overbodig zijn. Dit zijn echter hypothesen die nog getoetst moeten worden.

Een belangrijk probleem met de instrumenten voor schemamodi (YAMI, SMI) is dat het model dat aan deze maten ten grondslag ligt toestandafhankelijk is, terwijl 'schemazappen' betekent dat er waarschijnlijk slechts één modus tegelijk geactiveerd is, wat inhoudt dat de score op de YAMI waarschijnlijk een maat van de onmiddellijke toestand is die in de tijd en met de omstandigheden verandert. Als dat zo is, kan worden aangenomen dat manipulatie van buitenaf de scores beïnvloedt (zie ook Stopa & Waters, 2005). Het is dus gevaarlijk om ervan uit te gaan dat een score op de YAMI weergeeft hoe de betrokkene onder andere omstandigheden zal zijn. Zo zal de dissociatieve toestand die in de YAMI-schaal Onthechte beschermer tot uitdrukking komt waarschijnlijk veel geringer blijken wanneer het individu gericht is op de onmiddellijke emotionele toestand (bijvoorbeeld wanneer de modus Straffende ouder actief is). Dus als de modustheorie klopt, kan deze maat alleen gezien worden als een maat van de momentane toestand, niet van duurzamer kenmerken. In een klinische setting wordt de modus Onthechte beschermer waarschijnlijk meer gezien dan andere modi, maar de meest leerzame klinische ervaring doet zich waarschijnlijk voor wanneer modi veranderen naar aanleiding van wat er in de klinische setting gebeurt. Formele maten van modi weerspiegelen waarschijnlijk niet de dynamiek die aan deze constructen ten grondslag ligt.

## Scoringssystemen

Hoewel sommige schemavragenlijsten officiële scoringscriteria hebben (bijvoorbeeld PBQ, PDBQ, EDBQ-NSB), hebben de instrumenten die door Young zijn ontwikkeld (YSQ, YCI, YRAI, YPI, YAMI) 'informele' scoringscriteria meegekregen waarbij de nadruk ligt op het aantal items waarop de betrokkene 5 of 6 scoort. Hoewel dat een goede methode is om 'meteen' pathologische kernopvattingen te kunnen vaststellen, achten wij het zinvoller om aan de hand van de gemiddelde itemscores voor elke schaal de bredere veranderingen in de loop van de tijd te laten zien die met de behandeling wordt bereikt. Door deze benadering kan ook beter overweg worden gegaan met het gegeven dat sommige schalen ook bij niet-pathologische gevallen relatief hoge scores lijken op te leveren. Met name de YSQ-schaal Meedogenloze normen/overdreven kritisch kan een heleboel hoge scores opleveren bij niet-klinische respondenten en weerspiegelt daarmee het gegeven dat perfectionisme een eigenschap is die zowel functioneel als disfunctioneel kan zijn, al naar gelang de omstandigheden. De meer formele scoringssystemen voor deze instrumenten (Beck & Beck, 1991; Cooper et al., 1997; Waller, Meyer & Ohanian, 2001) hebben ertoe geleid dat er normscores zijn ontwikkeld.

### Schemavragenlijsten interpreteren

Het interpreteren van schemavragenlijsten vergt het vermogen goed en deskundig klinisch te oordelen. Zoals hierboven aangegeven, moet men van de verschillende subschalen begrijpen wat hun scoringsprocedures, normgegevens en betekenissen zijn. Instrumenten als de PBQ, de PDBQ en de EDBQ-NSB zijn relatief gemakkelijk te interpreteren omdat het maten van negatieve centrale kernopvattingen zijn. De PBQ en de PDBQ zijn heel gemakkelijk te koppelen aan specifieke persoonlijkheidsstoornissen, want dat is de functie van deze instrumenten, en de items hebben een duidelijke 'face validity'.

Bij de YSQ wordt ook benadrukt dat het noodzakelijk is om twee soorten kernopvattingen te onderscheiden: centrale en compenserende (Waller et al., 2007). Het is belangrijk om in te zien dat de compenserende opvattingen zijn ontstaan als een functionele reactie op de centrale opvattingen, maar dat zij zich niet aan de veranderende omstandigheden hebben weten aan te passen. In de loop van de tijd raken compenserende opvattingen dus minder goed aangepast en gaan ze de centrale opvattingen versterken. Zo kan er misschien een schema Onderwerping ontstaan om de persoon te beschermen tegen de negatieve uitwerking van een schema Wantrouwen en/of misbruik dat naar aanleiding van een vroege omgeving met misbruik is ontstaan. Maar bij een stijl waarbij men de controle aan anderen overlaat, blijft het individu kwetsbaar voor nog meer misbruik in het latere leven en wordt het schema Wantrouwen en/of misbruik versterkt.

De interpretatie van andere maten is afhankelijk van hun klinische psychometrische eigenschappen (meten ze echt wat ze pretenderen te meten?). Zo is al aangegeven dat de YSQ een betere maat voor compensatiemechanismen kan bieden dan de YCI. Op dezelfde manier geldt dat indices van impulsief en compulsief gedrag (zie onder andere Multi-Impulsivity Scale, Evans, Searle & Dolan, 1998; Vancouver Obsessional Compulsive Inventory, Thordarson et al., 2004) in dit opzicht effectiever kunnen zijn dan de YRAI en de YCI. Men kan dus stellen dat de YCI en de YRAI overbodig zijn. De YPI is bijzonder moeilijk te interpreteren, zoals Young (1999) aanvoert, omdat empirische gegevens doen vermoeden dat de elementen over de ouders niet goed aansluiten bij de kernopvattingen die zij zouden moeten meten (Sheffield et al., 2005). Andere maten van ouderlijk gedrag (zie bijvoorbeeld Invalidating Childhood Experiences Scale, Mountford et al., 2007; Parental Bonding Inventory, Parker et al., 1979) kunnen net zo effectief worden ingezet als de YPI om een potentieel pathologische omgeving in de vroege kinderjaren bloot te leggen.

Bij het interpreteren van schemavragenlijsten is het ook belangrijk om instrumenten voor toestanden van algemene psychopathologie af te nemen (denk aan Brief Symptom Inventory, BSI, Derogatis, 1993) en te kijken naar de gevolgen van gedrag zoals middelenmisbruik. Comorbide as-I-stoornissen (angst, depressie) kunnen de resultaten van schemavragenlijsten tijdelijk vertekenen (Stopa & Waters, 2005) en middelenmisbruik kan tot stemmingen leiden die anders als een uitdrukking van problemen op schemaniveau geïnterpreteerd zouden kunnen worden (bijvoorbeeld dissociatie in verband met drugs kan een manifestatie van de modus Onthechte beschermer op de SMI blijken te zijn in plaats van een gevolg van die modus). Een dergelijke vertekening kan leiden tot onjuiste hypothesen over de aanwezigheid en rol van schema's en kan resulteren in onnodige behandelinterventies. Een concreet voorbeeld uit de praktijk in verband met eetstoornissen illustreert hoe belangrijk het is om het geval vanuit een klinisch perspectief te begrijpen en tegelijkertijd over de resultaten van dit soort vragenlijsten te beschikken.

**Lizzie: verkeerd geduide kernopvattingen**

Lizzie was een 23-jarige vrouw die kenmerken van zowel borderline als boulimie vertoonde. Zij kwam in behandeling na de geboorte van haar eerste kind omdat ze met haar impulsieve gedrag wilde ophouden aangezien dat een slecht voorbeeld voor haar dochter zou zijn. Haar YSQ-L-score wees op betrekkelijk weinig pathologische kernopvattingen. De voornaamste twee kernopvattingen bleken uit heel hoge scores op de schalen Minderwaardigheid/schaamte en Emotionele geremdheid. Maar het was lastig om een zinvolle formulering te vinden waarin een koppeling tussen deze opvattingen werd gelegd, toen haar geschiedenis werd besproken. Uiteindelijk kwamen zij en haar therapeut tot de conclusie dat haar opvattingen in verband met Emotionele geremdheid zo sterk waren dat zij niet in staat was om aan haar jeugd te denken als een periode waarin zij geen emotionele steun kreeg. Dus wanneer zij moest reageren op items als 'De meeste tijd heb ik niemand gehad die mij verzorgde, dingen met mij deelde of zich echt bekommerde om alles wat mij overkwam', vond zij dat ze zo weinig recht had op een dergelijke ondersteuning dat ze onmogelijk van anderen kon zeggen dat zij haar emotioneel in de steek hadden gelaten. Vandaar dat haar scores op deze schaal allemaal zo laag waren dat de vragenlijst niet deze kernopvatting wist te vangen. Het was dus noodzakelijk om haar formulering zo te wijzigen dat ook dit opvattingensysteem erin voorkwam. Maar toen ze regelmatiger ging eten, vertoonde haar stemming een drastische verbetering, zoals vaak het geval is als het koolhydraatgehalte toeneemt in het dieet van patiënten met eetstoornissen. Veel cognities waarvan eerder was gezegd dat ze als kernopvatting Minderwaardigheid/schaamte weerspiegelden (bijvoorbeeld 'Ik ben de liefde, de aandacht en het respect van anderen niet waard') werden aanzienlijk minder sterk, wat het vermoeden voedde dat de vragenlijstscores nadelig waren beïnvloed door Lizzie's fysiologisch bepaalde stemmingstoestand.

De praktijkvoorbeelden in dit hoofdstuk weerspiegelen de kracht van de schemavragenlijsten en laten zien hoe die kunnen bijdragen aan het ontwikkelen van klinische doelen en behandelmethoden. Maar ze maken ook duidelijk dat het klinische interview, gevalsformulering en bekendheid met de werkzaamheid van de behandeling nodig zijn om die conclusies in het individuele geval te begrijpen en te verifiëren (of te weerleggen).

## Valkuilen en tips

Het volgende overzicht geeft een aantal regels die men in gedachten moet houden bij het gebruik van schemavragenlijsten. Wij geven hierin een samenvatting van de meest voorkomende fouten die clinici volgens ons kunnen maken wanneer ze dit soort instrumenten gebruiken en daarnaast tips die handig zijn om clinici eraan te herinneren hoe ze deze instrumenten moeten gebruiken.

Regels voor het gebruik van schemavragenlijsten

- Geen enkele vragenlijst meet het volledige scala aan cognities, emoties, gedrag en fysiologische factoren waarin schema's tot uitdrukking komen en het is belangrijk om te erkennen dat deze vragenlijsten maar een deel van het verhaal vertellen. De YSQ wordt in brede kring gebruikt, maar veel clinici gebruiken hem als een maat voor schema's en niet als een maat voor kernopvattingen – wat hij eigenlijk is.
- Het is van belang om bij het gebruik van deze vragenlijsten onderscheid te maken tussen centrale kernopvattingen en compenserende opvattingen om het individuele geval te kunnen begrijpen (zie het eerste voorbeeld in dit hoofdstuk).
- Er zijn op dit moment geen duidelijke empirische aanwijzingen dat deze vragenlijsten ons in staat stellen vroege ervaringen netjes over de ontwikkeling van schema's heen te leggen. Het is belangrijk dat we ook denken aan de mediërende en modererende invloeden van andere factoren (bijvoorbeeld temperament, latere ervaringen in het leven) die de ontwikke-

ling van een schema kunnen beïnvloeden. Sommige van die ervaringen zijn vrij subtiel (bijvoorbeeld een krachteloos makende omgeving) in vergelijking met de openlijke ervaringen die in de traumaliteratuur worden beschreven.
- Het is belangrijk om te formuleren wat de oorsprong is van zowel de compenserende opvattingen als de centrale opvattingen. Zo kan begrepen worden waarom verschillende mensen op dezelfde centrale opvattingen verschillend reageren.
- De vragenlijsten geven per definitie een subjectieve indruk weer. Daarom mag niet worden vergeten dat ze constructen meten die gebaseerd zijn op waarneming van de eigen ervaring. Die perceptie wordt beïnvloed door vertekening van de herinnering en door de ervaringen/stemmingstoestand van dat moment. De vragenlijsten meten geen werkelijke ervaringen, feiten of herinneringen (hoewel dat geen afbreuk doet aan hun bruikbaarheid omdat het individu op die subjectieve ervaringen reageert).
- Patiënten en behandelaren hebben allebei de neiging om schema's als een externe entiteit te omschrijven ('Door uw schema bent u ...'). Houd in gedachten dat dit niet zo is en dat iedereen iets aan die schema's kan doen.

## Toekomst

Hoewel de schemavragenlijsten veel klinische toepassingen kennen, moeten we ons bewust zijn van hun beperkingen, zoals hier uiteengezet. Weliswaar kunnen die beperkingen in veel gevallen worden opgevangen binnen een goede klinische praktijk, maar het allesomvattende feit blijft dat de schemavragenlijsten die tot dusver zijn ontwikkeld niet het brede begrip schema en de relatie van die schema's met de persoonlijkheid weerspiegelen (Beck, 1996). Om te voorkomen dat er onjuiste hypothesen over pathologie worden gesteld, is het daarom essentieel dat gebruikers duidelijk weten wat de schemavragenlijsten in werkelijkheid meten. Een zinvolle interpretatie kan alleen worden bereikt wanneer hun analyse wordt aangevuld met informatie die in klinische interviews is verzameld. Zo'n analyse moet altijd rekening houden met de beperkingen van de vragenlijst en met de beschikbare normatieve gegevens.

## Literatuur

Arntz, A., Dreessen, L., Schouten, E., & Weertman, A. (2004). Beliefs in personality disorders: A test with the Personality Disorders Belief Questionnaire. *Behaviour Research and Therapy, 42,* 1215-1225.

Beck, A.T. (1996). Beyond belief: a theory of modes, personality and psychopathology. In: P.M. Salkovskis (Ed.), *Frontiers of cognitive therapy.* New York: The Guilford Press.

Beck, A.T., & Beck, J.S. (1991). *The Personality Belief Questionnaire.* Bala Cynwyd, PA: Beck Institute for Cognitive Therapy and Research.

Beck, A.T., Butler, A.C., Brown, G.K., Dahslgaard, K.K., Newman, C.F., & Beck, J.S. (2001).

Dysfunctional beliefs discriminate personality disorders. *Behaviour Research and Therapy, 39,* 1213-1225.

Butler, A.C., Beck, A.T., & Cohen, L.C. (2007). The Personality Belief Questionnaire-Short form: Development and preliminary findings. *Cognitive Therapy and Research, 31,* 357-370.

Butler, A.C., Brown, G.K., Beck, A.T., & Grisham, J.R. (2002). Assessment of dysfunctional beliefs in borderline personality disorder. *Behaviour Research and Therapy, 40,* 1231-1240.

Cooper, M., Cohen-Tovée, E., Todd, G., Wells, A., & Tovée, M. (1997). The Eating Disorder Belief Questionnaire: Preliminary development. *Behaviour Research and Therapy, 35,* 381-388.

Derogatis, L. (1993). *The Brief Symptom Inventory: Administration, scoring, and procedures manual* (third edition). Minneapolis, MN: National Computer Systems.

Evans, C., Searle, Y., & Dolan, B. (1998). Two new tools for the assessment of multi-impulsivity: The 'MIS' and the 'CAM'. *European Eating Disorders Review, 6,* 48-57.

Jones, S.H., Burrell-Hodgson, G., & Tate, G. (2007). Relationships between the personality beliefs questionnaire and self-rated personality disorders. *British Journal of Clinical Psychology, 46,* 247-251.

Leung, N., Thomas, G.V., & Waller, G. (2000). The relationship between parental bonding and core beliefs in anorexic and bulimic women. *British Journal of Clinical Psychology, 39,* 203-213.

Luck, A., Waller, G., Meyer, C., & Lacey, H. (2005). The role of schema processes in the eating disorders. *Cognitive Therapy and Research. 29,* 717-732.

Mountford, V., Corstorphine, E., Tomlinson, S., & Waller, G. (2007). Development of a measure to assess invalidating childhood environments in the eating disorders. *Eating Behaviors, 8,* 48-58.

Parker, G. (1983). *Parental overprotection: A risk factor in psychosocial development.* New York: Grune & Stratton.

Parker, G., Tupling, H., & Brown, L.B. (1979). A parental bonding instrument. *British Journal of Medical Psychology, 52,* 1-10.

Riso, L.P., Du Toit, P.L., Stein, D.J., & Young, J.E. (Eds.) (2007). *Cognitive schemas and core beliefs in psychiatric disorders: A scientist-practitioner guide.* New York: American Psychological Association.

Sheffield, A., Waller, G., Emanuelli, F., Murray, J., & Meyer, C. (2005). Links between parenting and core beliefs: Preliminary psychometric validation of the Young Parenting Inventory. *Cognitive Therapy and Research, 29,* 787-802.

Stopa, L., Thorne, P., Waters, A., & Preston, J. (2001). Are the short and long forms of the Young Schema Questionnaire comparable and how well does each version predict psychopathology scores? *Journal of Cognitive Psychotherapy, 15,* 253-272.

Stopa, L., & Waters, A. (2005). The effect of mood on responses to the Young Schema Questionnaire: Short form. *Psychology and Psychotherapy: Theory, Research and Practice, 78,* 45-57.

Thordarson, D.S., Radomsky, A.S., Rachman, S., Shafran, R., Sawchuk, C.N., & Hakstian, A.R. (2004). The Vancouver Obsessional Compulsive Inventory (VOCI). *Behaviour Research and Therapy, 42,* 1289-1314.

Waller, G., Kennerley, H., & Ohanian, V. (2007). Schema-focused cognitive behavioral therapy with eating disorders. In: L.P. Riso, P.L. du Toit, D.J. Stein & J.E. Young (Eds.).

*Cognitive schemas and core beliefs in psychiatric disorders: A scientist-practitioner guide* (p. 139-175). New York: American Psychological Association.

Waller, G., Meyer, C., & Ohanian, V. (2001). Psychometric properties of the long and short versions of the Young Schema Questionnaire: Core beliefs among bulimic and comparison women. *Cognitive Therapy and Research, 25*, 137-147.

Young, J.E. (1994). *Cognitive therapy for personality disorders: A schema focused approach* (second edition). Sarasota, FL: Professional Resource Exchange.

Young, J.E. (1995). *Young Compensatory Inventory.* New York: Cognitive Therapy Centre. (Verkrijgbaar via http://www.schematherapy.com).

Young, J.E. (1999). *Young Parenting Inventory.* New York: Cognitive Therapy Centre. (Verkrijgbaar via http://www.schematherapy.com)

Young, J., Arntz, A., Atkinson, T., Lobbestael, J., Weishaar, M., Vreeswijk, M.F. van, & Klokman, J. (2007). *Schema Mode Inventory (SMI version 1).* New York: Schema Therapy Institute.

Young, J., Atkinson, T., Arntz, A., & Weishaar, M.E. (2005). *The Young-Atkinson Mode Inventory (YAMI-PM, 1B).* New York: Schema Therapy Institute.

Young, J.E., & Klosko, J.S. (1993). *Reinventing your life.* New York: Plume Publishers. (Ned. vertaling: *Leven in je leven.* Lisse: Swets & Zeitlinger, 1999.)

Young, J.E., & Rygh, J. (1994). *Young-Rygh Avoidance Inventory.* New York: Cognitive Therapy Centre. (Verkrijgbaar via http://www.schematherapy.com)

# 7 Casusconceptualisatie in schematherapie

H. van Genderen

Het is essentieel dat de problematiek zo volledig mogelijk in kaart wordt gebracht, alvorens daadwerkelijk met schematherapie (ST) te starten (onder andere Beck, Freeman, Davis & Associates, 2004; Van Genderen & Arntz, 2005; Young, Klosko & Weishaar, 2005). Het maakt voor de therapeut en de patiënt inzichtelijk welke schema's een rol spelen, hoe zij zijn ontstaan en wat de invloed van de schema's is op de huidige problematiek. Het doel is niet alleen dat de problematiek zo volledig mogelijk in kaart wordt gebracht maar ook dat de therapeut de problemen van de patiënt zo goed mogelijk gaat begrijpen en de patiënt en therapeut een gezamenlijke verklaring voor de problematiek formuleren in de woorden van de patiënt. Een goede casusconceptualisatie maakt het opstellen van een behandelplan een stuk eenvoudiger en geeft waardevolle aanwijzingen voor het hanteren van de therapeutische relatie.

De verbale informatie wordt verzameld en opgeschreven in een casusconceptualisatieformulier en daarna in een tweedimensionaal model gezet, om de verbanden tussen de verschillende elementen zichtbaar te maken. Er worden twee soorten modellen gebruikt: het casusconceptualisatiemodel voor schema's en het modusmodel voor schemamodi.

## Praktijk

Aangezien in elke cursus op het gebied van ST het maken van een gedegen casusconceptualisatie met behulp van het formulier en een model onderwezen wordt, is het aannemelijk dat de meeste therapeuten er in de praktijk wel een zullen willen maken. Het maken van een goede casusconceptualisatie kost meer dan twee sessies. Dit is in bepaalde settings niet meer mogelijk sinds de inperking van het aantal psychotherapiesessies. Het is dus de vraag of iedereen het altijd doet. Los daarvan is het de vraag of er een verband is tussen een goede casusconceptualisatie en een adequate behandeling (zie voor discussie over wetenschappelijke onderbouwing onder andere Bieling & Kuyken, 2003; Henry & Williams, 1997; Kuyken, Fothergill, Musa &

Chadwick, 2005; Perris, 1999). Patiënten zeggen vaak dat zij hun problemen beter begrijpen na het maken van de casusconceptualisatie en dat zij daardoor beter gemotiveerd zijn om aan therapie te beginnen.

## Aanpak

### Casusconceptualisatieformulier

Het casusconceptualisatieformulier[1] bevat informatie over de actuele problemen van de patiënt, de schema's, de schemamodi en copingstrategieën. Voorts bevat het formulier een beschrijving van het temperament, de opvoeding en andere relevante gebeurtenissen uit het leven. De therapeut probeert de problemen zo veel mogelijk te beschrijven in bewoordingen van de patiënt. Dus depressie kan beschreven worden als 'vaak somber' en sociale fobie als 'in gezelschap angstig en meestal zwijgend'. Als laatste beschrijft de therapeut hoe hij denkt dat zijn schema's zullen interacteren met de schema's van de patiënt. Dit onderdeel deelt hij niet met de patiënt, maar met de intervisiegroep. Ten slotte wordt beschreven wat de hoofdlijnen van de behandeling zijn.

De therapeut probeert de informatie zo volledig mogelijk in kaart te brengen, maar vat de informatie wel samen. Als hij té volledig probeert te zijn wordt de fase van de casusconceptualisatie veel te lang en dat is, zeker voor de patiënt, nogal ontmoedigend. Bovendien geeft nog meer informatie niet altijd meer inzicht in de problematiek. De therapeut kan het ingevulde formulier met de patiënt bespreken, maar dat is niet noodzakelijk. Het formulier biedt in feite een kapstok om de verzamelde informatie te structureren en na te gaan of de informatie redelijk volledig is. Aan de hand van de verzamelde informatie in het casusconceptualisatieformulier maakt de therapeut een casusconceptualisatiemodel om de samenhang in de problematiek weer te geven. Dit model wordt wel altijd samen met de patiënt gemaakt.

Het komt voor dat de therapeut te weinig informatie heeft om een goede casusconceptualisatie te maken. Het kan daarnaast ook zijn dat hij meent dat er sprake is van bepaalde schema's en copingstrategieën, terwijl de patiënt dat niet zo ziet. De therapeut kan proberen met behulp van de neerwaartsepijltechniek of imaginatie meer te weten te komen, om de patiënt meer inzicht te verschaffen in de aard en ernst van zijn problematiek, maar het moet geen strijdpunt worden. Soms moet de therapeut eerst een vertrouwensrelatie opbouwen met de patiënt voordat hij voldoende relevante informatie krijgt.

De casusconceptualisatie is een werkmodel dat gedurende de therapie verder bijgesteld kan worden als zich nieuwe inzichten voordoen. Het is geen statisch geheel. Wat bijvoorbeeld veel voorkomt, is dat de patiënt bij

1 *Een niet ingevuld exemplaar van het casusconceptualisatieformulier is te vinden op www.schematherapie.nl*

aanvang van de therapie tamelijk positief is over zijn ouders en dat beeld later bijstelt. Bij langdurende therapieën is het aan te bevelen om tussentijdse evaluaties te houden en dan de casusconceptualisatie en het behandelplan opnieuw te bekijken en zo nodig bij te stellen.

Sandra is een verlegen jonge vrouw van 28 jaar, die veel huilt en moeilijk over haar problemen kan praten. Zij heeft eerst een sociaalvaardigheidstraining gedaan, maar die had weinig effect. Zij blijft bang voor het uiten van haar mening of het opkomen voor haar belangen in relaties met andere mensen. Haar therapeut verwijst haar voor een behandeling van haar persoonlijkheidsstoornis, omdat Sandra's problemen meer het gevolg waren van haar persoonlijkheidsproblematiek en de klachten niet waren verbeterd.

Sandra woont samen met een vriend, bij wie zij eigenlijk weg wil, maar het lukt haar niet om hem dat duidelijk te maken en stappen te ondernemen die daarvoor nodig zijn. Zij heeft een hbo-opleiding en werkt als technisch tekenaar bij een architectenbureau. Haar leidinggevende vindt dat zij technisch gesproken heel goed werk levert, maar dat zij niet goed communiceert met haar collega's.

Sandra is opgegroeid in een sociaal geïsoleerd gezin. Zij waren het enige Friese gezin in een Limburgs dorp en haar ouders hielden zich altijd wat afzijdig. Vader werkte hard, maar was vaak overspannen. In die perioden moest het gezin rekening met hem houden en richtte alle aandacht van moeder zich op hem. Sandra heeft een zus die een jaar ouder is en een broer die zeven jaar jonger is. Haar broer had astma en vroeg ook de nodige aandacht van moeder. Sandra beschrijft aanvankelijk een normale jeugd, maar bij verder doorvragen blijkt dat haar moeder eigenlijk nooit naar haar omkeek en haar vader alleen aandacht had voor de prestaties van zijn kinderen en verder vooral met zichzelf bezig was. Haar zus ontvluchtte het gezin door veel bij vriendinnetjes te gaan spelen. Sandra had niet veel vriendinnetjes en zat meestal alleen op haar kamer.

## Invullen van het casusconceptualisatieformulier

Het casusconceptualisatieformulier wordt samen met de patiënt ingevuld. Het formulier heeft een bepaalde volgorde, die bij veel patiënten aangehouden kan worden, maar het is niet de bedoeling dat de therapeut zo strikt aan de volgorde vasthoudt dat een vlot lopende inventarisatie van de problematiek niet meer mogelijk is. Hieronder wordt bij elk onderdeel toegelicht wat daar ingevuld moet worden en wordt een voorbeeld van het formulier van Sandra gegeven.

### *Korte omschrijving van de patiënt*

Hierin wordt kort een aantal feitelijkheden over de patiënt vermeld zoals leeftijd, huidige relaties met een partner, kinderen en/of belangrijke anderen. Voorts een korte beschrijving van de dagelijkse bezigheden, zoals werk, een opleiding of juist het gebrek daaraan en de problemen die de patiënt daarmee heeft.

**Casusconceptualisatieformulier Sandra**

*Korte omschrijving van de patiënt*
*Sandra is een vrouw van 28 jaar, die ongeveer vijf jaar samenwoont met Peter. Sandra wil eigenlijk de relatie verbreken, maar Peter niet. Zij heeft een hbo-opleiding en werkt sinds een jaar als technisch tekenaar bij een architectenbureau. Daarnaast volgt zij cursussen in de avonduren. Zij vindt het werk wel leuk, maar heeft weinig contact met collega's. Zij heeft weinig sociale contacten. Peter is werkloos en onderneemt weinig om aan het werk te komen.*

*Sandra is de middelste uit een gezin met drie kinderen (zus > 1 jaar en broer < 7 jaar). Zij komt regelmatig thuis uit plichtsgevoel, maar niet omdat zij het leuk vindt; zij ziet dan ook haar broer, die nog thuis woont. Met haar zus heeft zij minder vaak contact, maar de relatie is wel goed.*

*Huidige klachten en problemen*

Onder huidige klachten en problemen wordt verstaan problemen die momenteel veel invloed hebben op het leven van de patiënt of zijn omgeving. De klachten en problemen kunnen afgeleid worden uit de inventarisatie van de psychopathologie. Bij Sandra is dat depressie en sociale fobie. Verder worden de problemen in de relationele sfeer beschreven. Sandra noemt haar angst voor conflicten en het uiten van meningen en gevoelens, zowel op het werk als tegen haar vriend en vriendinnen. In veel gevallen zal de therapeut ook een paar problemen signaleren die de patiënt in eerste instantie niet als probleem ziet. Hij moet er echter voor waken om te veel zijn visie aan de patiënt op te dringen. De schema's en copingstrategieën zijn voor de patiënt de normale manier van denken en beleven en als de therapeut dingen benoemt als probleem, die de patiënt niet zo beleeft, is het risico op misverstanden en eventueel verwijdering tussen therapeut en patiënt groot.

De therapeut van Sandra merkt bijvoorbeeld op dat zij altijd bezig is met haar werk en de opleiding. Zij werkt veel meer uren dan waarvoor zij betaald wordt en zij stelt hoge eisen aan de kwaliteit van haar werk. Sandra vindt dat normaal en wil het aanvankelijk niet opnemen bij de probleemomschrijving. Pas als zij nog meer extra taken op zich heeft genomen en niet meer goed kan slapen, wil ze het probleem aarzelend wel toevoegen.

De therapeut kan ook gegevens ontlenen aan informatie van derden. Dit speelt bijvoorbeeld bij delictgedrag of relatieproblemen bij iemand met een schema Zich rechten toe-eigenen of Gebrek aan zelfbeheersing/zelfdiscipline. Relevante informatie over de therapeutische relatie kunnen onder actuele problematiek beschreven worden als de patiënt het ook zo ervaart. Bijvoorbeeld 'wantrouwen ten opzichte van de therapeut en de therapie'. Maar als er geen gedeelde visie op dit soort gedrag is, kan de therapeut ook besluiten het voorlopig onder te brengen onder het kopje therapeutische relatie.

| Casusconceptualisatieformulier Sandra: huidige klachten en problemen. | |
|---|---|
| 1 | *Somber, heeft weinig plezier in het leven en komt naast het werk tot niets.* |
| 2 | *Houdt zich afzijdig in sociale contacten.* |
| 3 | *Durft geen ruzie te maken.* |
| 4 | *Relatieproblemen.* |
| 5 | *Werkt te hard. Op het werk klaagt men erover dat zij te weinig contact heeft met collega's.* |

*Relevante schema's (valkuilen)*

Informatie over de schema's ontleent de therapeut aan de Young Schema Questionnaire (YSQ) (Young & Brown, 1994) en andere vragenlijsten, informatie die hij verzamelt in de eerste gesprekken en uit rapportage van anderen.

| Casusconceptualisatieformulier Sandra: relevante schema's (valkuilen). | | |
|---|---|---|
| *relevante schema's (valkuilen)* | | *gem. score* |
| 1 | *Emotionele verwaarlozing (Ik ben niet belangrijk)* | 3,5 |
| 2 | *Sociaal isolement/vervreemding (Ik ben wezenlijk anders dan anderen)* | 4,2 |
| 3 | *Zelfopoffering (Je moet altijd eerst aan anderen denken)* | 4,7 |
| 4 | *Meedogenloze normen/overdreven kritisch (Ik wil alles goed doen)* | 5,2 |

*Welke situaties of gebeurtenissen kunnen welke schema's (valkuilen) oproepen?*

De therapeut en de patiënt proberen vervolgens enkele verbanden tussen de huidige problemen en de schema's te beschrijven. Het komt voor dat het veel moeite kost om informatie over een schema te verkrijgen, met name wanneer een sterke vermijdende of overcompenserende copingstrategie aanwezig is. In dat geval moet er veel doorgevraagd worden met behulp van de neerwaartsepijltechniek of met imaginaties om voldoende informatie te krijgen. Er zijn echter ook patiënten, die na het bespreken van de schema's en het lezen daarover in informatiemateriaal al zelf de invloed van hun schema's op hun problemen beginnen te ontdekken.

Sandra was geneigd om haar schema's Emotionele verwaarlozing en Sociaal isolement/vervreemding te ontwijken, dus daar weet zij niet zo gauw een voorbeeld van en moet de therapeut actiever zijn in het zoeken naar voorbeelden. De andere twee schema's herkende zij wel.

**Casusconceptualisatieformulier Sandra: welke situaties of gebeurtenissen kunnen welke schema's (valkuilen) oproepen? (noem de belangrijkste).**

| | *situatie* | *schema's/valkuilen* |
|---|---|---|
| 1 | *Functioneringsgesprek op het werk. Mijn baas zegt dat ik meer moet samenwerken en wel eens iets mag vragen* | *Sociaal isolement/vervreemding*<br>*Meedogenloze normen/overdreven kritisch* |
| 2 | *Mijn vriend doet bijna niks aan het huishouden en dan ga ik het maar doen* | *Zelfopoffering*<br>*Emotionele verwaarlozing* |
| 3 | *Mijn vriendin bepaalt altijd wat wij gaan doen en dat is vaak met haar vrienden. Ik zeg daar nooit wat van* | *Zelfopoffering*<br>*Sociaal isolement/vervreemding* |
| 4 | *Mijn vriend had de auto meegenomen waardoor ik ergens heen moest fietsen in de regen* | *Zelfopoffering* |
| 5 | *Ik werk altijd door tot ik alles af heb* | *Meedogenloze normen/overdreven kritisch* |

*Copingstrategieën: hoe ga ik met mijn schema's (valkuilen) om?*

Niet alleen in de eerste gesprekken, maar ook bij het invullen van voorbeeldsituaties die hiervoor beschreven zijn, ontstaat er meer zicht op de copingstrategieën van de patiënt. Het is niet altijd gemakkelijk om te ontdekken of bepaald gedrag overgave is aan een schema of het vermijden dan wel overcompenseren van een schema (zie hoofdstuk 3). De YSQ, aangevuld met de Young-Rygh Avoidance Inventory (Young & Rygh,1994), de Young Compensation Inventory (Young, 1995), en de Young Parenting Inventory (Young, 1994) kunnen hier enig uitsluitsel over geven, in combinatie met de informatie die de patiënt zelf verstrekt. Aangezien de YSQ wel goed onderzocht is en de andere vragenlijsten niet, is het aan te bevelen om de scores op de YSQ als leidraad te nemen.

De casusconceptualisatie is een gemeenschappelijk project van de therapeut en de patiënt, dus probeert de therapeut zich, zeker in het begin van de therapie, zo veel mogelijk te richten naar de visie van de patiënt. Als een patiënt een bepaalde copingstrategie niet herkent, gaat de therapeut er voorlopig van uit dat die er ook niet is. De casusconceptualisatie is immers een werkmodel en hoeft niet meteen perfect te zijn. Bij elk schema kan de patiënt een of meer copingstrategieën hebben, afhankelijk van de omstandigheden waarin het schema geactiveerd wordt. In het overzicht van copingstrategieën vult de therapeut steeds een voorbeeld van het gedrag in dat kenmerkend is voor die copingstrategie bij dat schema.

**Casusconceptualisatieformulier Sandra: copingstrategieën: hoe ga ik met mijn schema's/valkuilen om. Noem bij elk schema de overgave, de vermijding of de overcompensatie.**

| *schema* | *Overgave* | *Vermijding* | *Overcompensatie* |
|---|---|---|---|
| | gedrag dat leidt tot overgave aan het schema | gedrag dat leidt tot vermijden van het schema | tegenovergesteld gedrag, dat leidt tot 'overschreeuwen' van het schema |
| Emotionele verwaarlozing | *Heeft een vriend die haar verwaarloost* | *Heeft geen echte vriendschappen* | |
| Sociaal isolement/vervreemding | *Let altijd op de verschillen tussen haar en collega's* | *Heeft geen collegiale contacten* | |
| Zelfopoffering | *Past zich aan aan haar vriend en familie* | | *Valt soms boos uit tegen haar vriend* |
| Meedogenloze normen/overdreven kritisch | *Is altijd aan het werken of studeren* | *Stelt bespreken van werk met collega's uit* | |

*Schemamodi*

Omdat bij patiënten met een borderline persoonlijkheidsstoornis veelal sprake bleek te zijn van een groot aantal schema's en copingstrategieën ontwikkelde Young (2005) het zogenoemde schemamodusmodel. Later kwam daar ook een schemamodusmodel voor de narcistische persoonlijkheidsstoornis bij. Sinds een paar jaar zijn er veel meer schemamodi ontwikkeld en is voor de meeste andere persoonlijkheidsstoornissen volgens de DSM-IV een modusmodel ontwikkeld (zie hoofdstuk 3). Vragenlijsten die de modi proberen te meten zijn de YAMI en de SMI (Lobbestael, Van Vreeswijk, Arntz & Spinhoven, aangeboden). Vooral als er sprake is van veel schema's met wisselende copingstrategieën, is het beter om een schemamodusmodel te maken en dus ook de schemamodi te omschrijven. Maar ook bij patiënten met minder schema's kan het benoemen van de modi een zinnige aanvulling zijn op de casusconceptualisatie.

Als er gewerkt wordt met een schemamodusmodel is het niet per se nodig om ook een casusconceptualisatiemodel voor schema's te maken, maar kan veelal volstaan worden met een schemamodusmodel.

Bij Sandra ging de therapeut uit van een casusconceptualisatiemodel voor schema's, maar hij noemde wel de verschillende schemamodi, die volgens hem een rol speelden.

| Casusconceptualisatieformulier Sandra. | |
|---|---|
| Kindmodi | *Kwetsbare kind* |
| Copingmodi | *Willoze inschikkelijke* |
| | *Overcontroleerder* |
| Oudermodi | *Veeleisende ouder* |

*Temperament en biologische factoren van de patiënt*

Hier wordt beschreven wat het oorspronkelijke temperament van de patiënt is en welke biologische factoren relevant zijn. Naast het temperament van het kind kunnen ook andere factoren in de aanleg van het kind zoals intelligentie en lichamelijke gezondheid een rol spelen in de ontwikkeling van persoonlijkheidspathologie. Gegevens van derden (bijvoorbeeld de school) kunnen mogelijk gebruikt worden om het beeld over het temperament aan te vullen.

**Casusconceptualisatieformulier Sandra**

*Temperament en biologische factoren*
*Sandra was een stil, gevoelig en angstig kind dat veel alleen op haar kamer zat te lezen. Zij had veel doorzettingsvermogen en paste zich vaak aan. Zij kon goed meekomen op school en werd daar ook wel eens mee gepest. Zij rondde met succes een hbo-opleiding af.*

*Opvoeding*

Alle relevante aspecten van de opvoeding door de belangrijkste opvoeders kunnen hier beschreven worden. Als er sprake is van meer opvoeders (stiefof grootouders of oudere broers of zussen), dan beschrijft de therapeut dat in 'andere opvoeders'. Uiteraard worden hier ook traumatische gebeurtenissen, zoals lichamelijk of seksueel geweld genoemd.

**Casusconceptualisatieformulier Sandra**

*Karakter en opvoedingsstijl vader*
*Vader was altijd aan het werk en stelde hoge eisen aan zichzelf en anderen. Hij was regelmatig overspannen en was dan nog kritischer en verbaal agressief. Hij had weinig tijd voor de kinderen en lette alleen op hun prestaties. Vader kwam uit Friesland en had er moeite mee zich aan te passen in Limburg, mede omdat hij vond dat alles zo moest gaan als hij het bedacht had.*

*Karakter en opvoedingsstijl moeder*
*Moeder was stil, teruggetrokken en kil. Haar aandacht ging naar vader als hij overspannen was en naar haar zoon omdat hij vaak ziek was. Moeder kwam ook uit Friesland en had weinig sociale contacten.*

*Andere relevante herinneringen aan invloeden tijdens de jeugd van de patiënt*

Andere relevante invloeden op de schemavorming van de patiënt zijn situaties op school (bijvoorbeeld gepest worden) of in de leefomgeving van de patiënt (bijvoorbeeld opgroeien in een onveilige wijk) of andere omstandigheden (bijvoorbeeld gevlucht uit een land waar oorlog uitbrak).

**Casusconceptualisatieformulier Sandra**

*Andere relevante herinneringen aan invloeden tijdens de jeugd van de patiënt (bijvoorbeeld invloed van leeftijdgenoten, traumatische gebeurtenissen)*
*Sandra's zus ontvluchtte het huis en haar broertje was veel ziek. Op school was zij verlegen en had zij niet veel contact met de andere kinderen. Zij mocht nooit vriendinnetjes mee naar huis nemen, omdat dat te druk was voor vader. De enige manier waarop zij aandacht kreeg was via haar goede prestaties op school.*

*Leefregels die de patiënt uit bovenstaande jeugdervaringen heeft afgeleid*

Om concreter te maken hoe dergelijke informatie leidt tot gedrag in de dagelijkse praktijk van de patiënt, wordt beschreven wat de patiënt doet en hoe de patiënt in het algemeen denkt dat hij (in dit geval zij) het beste kan handelen. Deze uitspraken worden in absolute termen geformuleerd en hebben betrekking op de patiënt zelf, de relaties met anderen en de wereld. De leefregels moeten zo beschreven worden dat zij in verschillende situaties toepasbaar zijn.

**Casusconceptualisatieformulier Sandra**

*Leefregels die de patiënt uit bovenstaande jeugdervaringen heeft afgeleid*
*Als ik mijn best niet doe val ik door de mand.*
*Ik kan mij beter afzijdig houden, want ik hoor er niet bij.*
*Mijn mening doet er niet toe.*
*Ik kan mijn vriend niet in de steek laten, want dan stort hij in.*
*Als ik de relatie verbreek dan vind ik nooit meer iemand.*
*Als ik mijn mening uit laten mijn vriendinnen mij vallen.*
*Ik mag op mijn werk geen hulp vragen, anders vinden zij mij dom.*
*Ik moet altijd voor iedereen klaarstaan.*
*Het is slap als je iets niet afmaakt of uitstelt.*

*Schema's van therapeut en wisselwerking met schema's van patiënt*

Gezien het belang van de therapeutische relatie is het waardevol om dit onderdeel op te nemen in het casusconceptualisatieformulier. De therapeut kent, als het goed is, zijn schema's en onderzoekt hoe deze de relatie met de patiënt in positieve of negatieve zin kunnen beïnvloeden. Hij formuleert daar een aantal hypothesen over en deelt die met de intervisiegroep of zijn supervisor. Met name op momenten dat de therapie lijkt te stagneren is het raadzaam dit onderdeel van de casusconceptualisatie er nog eens bij te halen.

*Behandelplan*

Als het goed is, geeft de casusconceptualisatie aanleiding tot het leggen van accenten in het behandelplan. Zowel de attitude van de therapeut in de relatie, als de planning van de te hanteren van technieken bij deze specifieke patiënt, worden hier beschreven.

Het gaat hier vooral om het beschrijven van de accenten en de volgorde van de inzet van bepaalde technieken in het verloop van de therapie. Dit onderdeel wordt in grote lijnen met de patiënt besproken, voor zover dat niet al gebeurd is tijdens de casusconceptualisatie.

## Casusconceptualisatiemodel voor schema's

Om de samenhang tussen de actuele problematiek, de schema's, de copingstrategieën en de gegevens over de opvoeders en andere relevante gegevens over het verleden van de patiënt grafisch weer te geven, vat de therapeut de gegevens uit het casusconceptualisatieformulier samen en brengt ze met elkaar in verband in een model (zie ook Arntz & Bögels, 2000). Er kan gekozen worden uit een casusconceptualisatiemodel voor schema's of een schemamodusmodel voor schemamodi. Het casusconceptualisatiemodel voor schema's komt in grote lijnen overeen met de holistische theorie uit de cognitieve gedragstherapie. Het verschil is dat behalve de actuele problematiek en relevante informatie over het verleden nu ook de schema's en copingstrategieën worden vermeld (figuur 7.1).

Als een patiënt heel veel schema's heeft, is het wellicht beter om meteen over te gaan op een modusmodel. In andere gevallen is een combinatie mogelijk. In het casusconceptualisatiemodel voor schema's worden de verbanden met het verleden en de huidige problematiek goed in kaart gebracht. In het schemamodusmodel is dat niet het geval, maar doordat het compacter en eenvoudiger is, vinden patiënten het vaak veel beter te begrijpen. In beide gevallen is het de bedoeling dat het model samen met de patiënt gemaakt wordt. Tijdens het bespreken van de informatie die in het formulier staat, heeft de therapeut, zo mogelijk, al verbanden proberen te leggen tussen de huidige problemen, de schema's en de levensgeschiedenis van de patiënt. Bij het maken van een model is het voor veel patiënten gemakkelijker om met de huidige problematiek te beginnen en vervolgens naar verbanden met de schema's en copingstijlen te zoeken. Daarna worden de verbanden met de jeugd beschreven. Voor patiënten die zich met betrekking tot gebeurtenissen uit in hun verleden terughoudend of ontkennend opstellen, is het tamelijk moeilijk verband te leggen tussen hun geschiedenis en de schema's. Het gaat er niet om meteen een perfect model te maken, maar een soort werkmodel dat zich kan ontwikkelen. In figuur 7.1 staat een basismodel zonder pijlen beschreven.

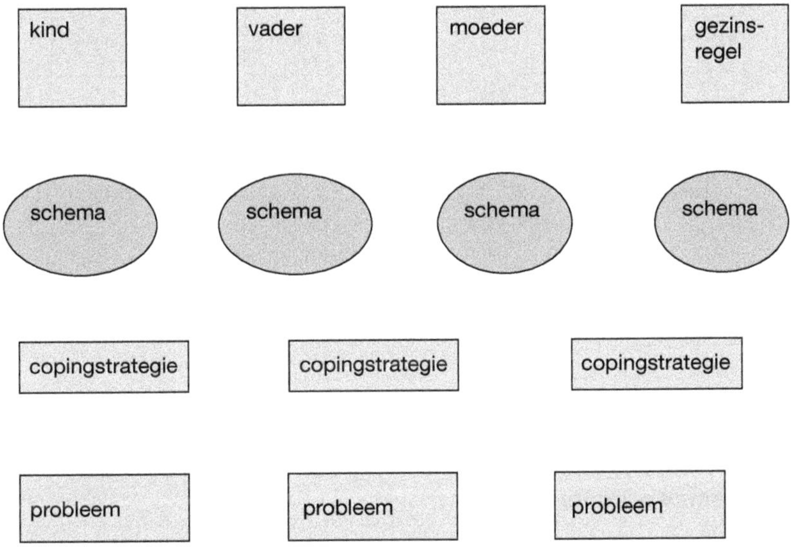


*Figuur 7.1*
Casusconceptualisatiemodel.

Het aantal getekende hokjes en bolletjes is niet limitatief bedoeld. De therapeut tekent net zoveel hokjes als nodig is om alle relevante zaken te beschrijven. In grote lijnen staat in het hokje 'kind' een samenvatting van wat beschreven staat onder temperament en biologische factoren in het formulier. Bij 'vader' en 'moeder' iets over het karakter en de opvoedingsstijl van de ouders. Gezinsregels bevatten motto's uit het gezin van herkomst, zoals 'doe maar gewoon dan doe je al gek genoeg.' Bij heel veel schema's kiezen sommige therapeuten ervoor om de vier of vijf schema's met de hoogste score te nemen of schema's uit hetzelfde domein bij elkaar te zetten. Zolang deze ingreep de problematiek niet te zeer simplificeert kan dat een oplossing zijn. Hetzelfde geldt voor de huidige problematiek: kernachtig samenvatten kan geen kwaad. Het casusconceptualisatiemodel van Sandra staat beschreven in figuur 7.2.

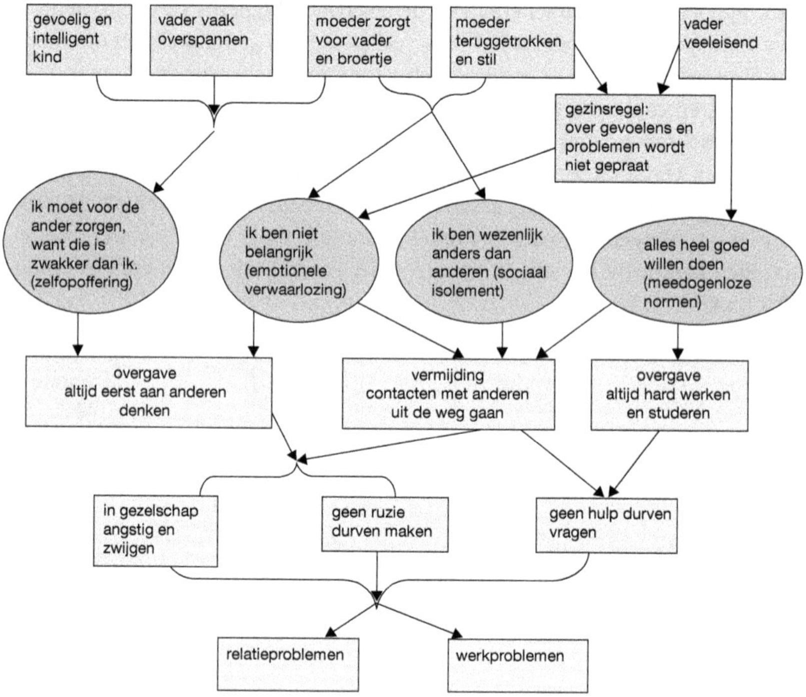


*Figuur 7.2*
Casusconceptualisatiemodel Sandra.

## Schemamodusmodel

Het maken van een schemamodusmodel voor de borderline persoonlijkheidsstoornis is al beschreven in hoofdstuk 3 van dit boek. Voor de in dit hoofdstuk beschreven casus Sandra zijn de modi:
- Kwetsbare kind
- Willoze inschikkelijke
- Overcontroleerder
- Veeleisende ouder.

In het modusmodel wordt in de eigen woorden van de patiënt beschreven hoe de modus heet en geeft de grootte van de bolletjes de invloed van de verschillende modi weer (figuur 7.3).

**Modusmodel Sandra**

Sandra noemt de Willoze inschikkelijke 'de aanpasser' en de Overcontroleerder 'perfectionisme'. Deze twee modi zijn heel groot. Zij kan wel aangeven wat zij eigenlijk zou willen (Gezonde volwassene), maar weet niet hoe zij dat moet bereiken. Zij denkt al snel dat zij egoïstisch is en niet genoeg haar best doet en noemt dat 'de kritische stem'. De Kwetsbare kindmodus (h)erkent zij aanvankelijk niet, omdat de aanpasser en het perfectionisme vrijwel haar hele leven overheersen. Maar na een paar imaginaties om de oorsprong van haar schema's te onderzoeken kan zij wel zien dat zij altijd heel eenzaam is geweest, dus wordt die modus eenzame Sandra genoemd.

*Figuur 7.3*
Modusmodel Sandra.

## Valkuilen en tips

### Verwarring over schema's en copingstrategieën

Bij het onderzoeken van de schema's en de copingstrategieën ontstaat wel eens onduidelijkheid over de vraag of iets hoort bij een schema of bij een copingstrategie. Met andere woorden: is bij Sandra het heel erg aanpassen een copingstrategie (vermijding) van Emotionele verwaarlozing? Heeft de patiënt dus toch niet het schema Zelfopoffering? In de meeste gevallen zijn wel beide schema's aanwezig, maar kan het ene schema ontstaan zijn als reactie op het andere. In het genoemde voorbeeld is zich aanpassen aan anderen dan overgave aan Zelfopoffering en vermijding van Emotionele verwaarlozing. De enige manier om erachter te komen wat een schema is en wat een copingstrategie, is de vraag voorleggen aan de patiënt en de scores op de YSQ erbij betrekken. Scoort iemand op beide schema's hoog dan zijn beide schema's hoogstwaarschijnlijk aanwezig. Een lage score hoeft nog niet te zeggen dat het schema niet aanwezig is, want er kan sprake zijn van vermijding of overcompensatie, ook tijdens het invullen van de YSQ.

### De patiënt ziet geen verbanden tussen schema's en verleden en heden

Bij het leggen van verbanden in het casusconceptualisatiemodel hebben sommige patiënten moeite met het leggen van verbanden tussen hun verleden en de schema's. Dat heeft meestal te maken met het feit dat de patiënt geen kwaad wil spreken over zijn familie en weinig besef heeft van wat een normale opvoeding is. Als de gebruikelijke technieken om deze verbanden te leggen niet helpen, kan de therapeut het beste aansluiten bij de inzichten die de patiënt al wel heeft en gedurende de therapie het model zo nodig aanvullen en aanpassen. Het zoeken naar andere bewoordingen kan ook helpen. *'Mijn vader was veel met zichzelf bezig'* klinkt bijvoorbeeld beter dan *'mijn vader was egoïstisch'.*

Het is ook mogelijk dat de therapeut verbanden ziet die er niet zijn. Ook dat zal in de loop van de therapie wel duidelijk worden. Aangezien deze therapie toch langer duurt dan een klachtgerichte therapie, is geduldig afwachten tot onduidelijkheden helderder worden een simpel maar doeltreffend advies.

### Het verband tussen de eigen schema's van de therapeut en die van de patiënt wordt onderbelicht

Het kan zijn dat de therapeut hier niet zo goed uitkomt, omdat hij zichzelf nog niet zo goed kent. Zelf de schemavragenlijst invullen kan helpen, evenals het bespreken van dit onderwerp in de intervisiegroep of in supervisie. In het algemeen kan gesteld worden dat een therapeut pas met schematherapie moet beginnen als hij genoeg zicht heeft op zichzelf en hij daarnaast goede supervisie heeft, waarin dit onderwerp voldoende aan de orde komt.

## Te veel schema's en pijlen, waardoor het model onoverzichtelijk wordt

In de praktijk blijkt het maken van het casusconceptualisatiemodel wel eens ingewikkelder dan uit de beschrijving blijkt. Vooral als er sprake is van veel schema's en veel verbanden tussen alle elementen, kunnen de pijlen door elkaar heen gaan lopen als in een bord spaghetti; de overzichtelijkheid van het model wordt daar niet groter op. Als er sprake is van erg veel schema's kan de therapeut ervoor kiezen om de schema's uit een zelfde domein bij elkaar te zetten. Het nadeel daarvan kan zijn dat het model te globaal wordt en weinig verklaart. Een andere oplossing kan zijn de te grote hoeveelheid informatie samen te vatten in een modusmodel.

Een meer technische oplossing is de schema's van plaats te laten verwisselen en meer accolades te gebruiken (als dat passend is). Verder is het soms ook handig om een copingstrategie twee keer te noemen. Figuur 7.2 zou er uitzien als figuur 7.4 als deze maatregelen niet genomen waren.

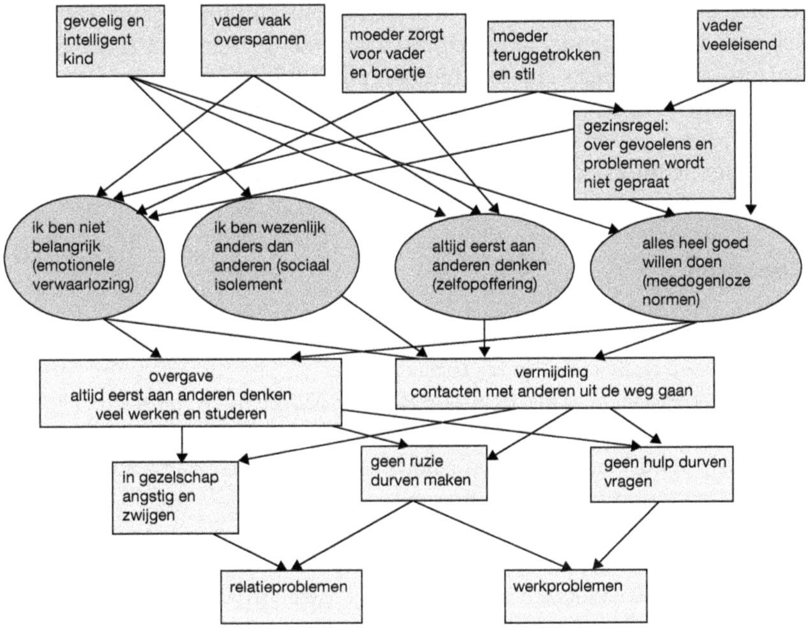


*Figuur 7.4*
'Spaghettimodel' Sandra.

## Alleen een model maken en geen formulier

Door de huidige tijds- en productiedruk in de ggz bestaat bij sommigen de neiging om alleen een casusconceptualisatiemodel te maken en het invullen van het formulier over te slaan. Het risico is groot dat de informatie dan vrij onvolledig blijft. Dit levert alleen kortetermijntijdswinst op, maar op de lange termijn kan blijken dat bepaalde problemen onderbelicht zijn en leiden tot fouten, een stagnatie in de therapie of onderbehandeling. Een ander risico is dat problematiek, die een schematherapie in de weg staat, niet ontdekt wordt. Als een schematherapie wordt geïndiceerd, mag aangenomen worden dat (een poging tot) kortdurende klachtgerichte therapie al heeft plaatsgevonden en onvoldoende heeft opgeleverd. Het loont de moeite om dan langer en grondiger bij de samenhang in de problematiek stil te staan voordat er tot behandeling wordt overgegaan.

## Toekomst

Het is een interessante vraag of het conceptualisatiemodel voor schema's of het modusmodel zal gaan overheersen of dat beide modellen naast elkaar zullen blijven bestaan. Het is ook mogelijk dat beide modellen geïntegreerd worden tot één model. In ieder geval zal een afgewogen casusconceptualisatie nodig blijven voordat schematherapie aanvangt. Het is voor de patiënt belangrijk om zo goed mogelijk te begrijpen hoe zijn probleem in elkaar zit en waar de behandeling op gericht zal zijn. Voor de therapeut is het van belang welke schema's en modi relevant zijn wil hij in staat zijn om zijn behandeltechnieken te kiezen en het omgaan met de therapeutische relatie aan te passen aan de relevante schema's. Welke vorm van casusconceptualisatie hier het meest aan bijdraagt zou onderzocht moeten worden.

## Literatuur


Arntz, A., & Bögels, S. (2000). *Schemagerichte cognitieve therapie voor persoonlijkheidsstoornissen.* Houten/Diegem: Bohn Stafleu van Loghum.

Beck, A.T., Freeman, A., Davis, D., & Associates (2004). *Cognitive Therapy of Personality Disorders*, New York: The Guilford Press.

Bieling, P.J., & Kuyken, W. (2003). Is cognitive case formulation science or science fiction? *Clinical Psychology: Science and Practice, 10*, 52-69.

Genderen, H. van, & Arntz, A. (2005). *Schemagerichte cognitieve therapie bij borderline-persoonlijkheidsstoornis.* Amsterdam: Uitgeverij Nieuwezijds.

Henry, L.A., & Wiliams, R.M. (1997). Problems in Conceptualization within Cognitive Therapy: An Illustrative Case Study. *Clinical Psychology and Psychotherapy, 4*, 201-213.

Kuyken, W., Fothergill, C.D., Musa, M., & Chadwick, P. (2005). The reliability and quality of cognitive case formulation. *Behaviour Research and Therapy, 43*, 1187-1201.

Lobbestael, J., Vreeswijk, M.F. van, Arntz, A., & Spinhoven, Ph. (aangeboden voor publicatie). Reliability and validity of the Schema Mode Inventory (SMI).

Perris, C. (1999). A Conceptualization of Personalityrelated Disorders of Interpersonal Behaviour with Implications for Treatment. *Clinical Psychology and Psychotherapy, 6*, 239-260.

Sterk, F., & Rijkeboer, M.M. (1997). *Schema-Vragenlijst (Schema-Questionnaire).* Utrecht: Ambulatorium Utrecht University.

Young, J.E. (1994). *Young Parenting Inventory.* New York: Cognitive Therapy Center of New York.

Young, J.E. (1995). *Young Compensation Inventory*. New York: Cognitive Therapy Center of New York.

Young, J.E., & Brown, G. (1994). Young Schema-Questionnaire (second edition). In: J.E. Young, *Cognitive therapy for personality disorders: A schema-focused approach* (rev. edition) (p. 63-76). Sarasota, FL: Professional Resource Press.

Young, J.E., Klosko, J.S., & Weishaar, M.E. (2005). *Schemagerichte therapie. Handboek voor therapeuten*. Houten: Bohn Stafleu van Loghum.

Young, J.E., & Rygh, J. (1994). *Young-Rygh Avoidance Inventory*. New York: Cognitive Therapy Center of New York.

# Deel 3
# Behandeling

# 8 Technieken in schematherapie

M.F. van Vreeswijk, J. Broersen, J. Giesen-Bloo en S. Haeyen

Vanuit verschillende theoretische kaders worden behandelingen aangeboden aan patiënten met persoonlijkheidsproblematiek. Daarbij is schematherapie in opmars, hetgeen verder gestimuleerd is door de gunstige uitkomsten van een effectiviteitsstudie naar schematherapie bij patiënten met een borderline persoonlijkheidsstoornis (Giesen-Bloo et al., 2006).

De auteurs van dit hoofdstuk beperken zich tot een opsomming van technieken die gebruikt worden in schematherapie (ST). Uitgebreide beschrijvingen van de technieken, indicaties en valkuilen zijn onder andere te vinden in Young, Klosko & Weishaar (2003), Beck en collega's (2004), Van Genderen en Arntz (2005), Haeyen (2007) en Van Vreeswijk en Broersen (2006). De auteurs hebben deze bronnen gebruikt bij het schrijven van dit hoofdstuk, en zullen alleen referenties in de tekst aanhalen wanneer die anders zijn dan de bovengenoemde.

## Praktijk

De (wetenschappelijke) belangstelling voor behandelstrategieën voor patiënten met een borderline persoonlijkheidsstoornis is erg groot. Een onderzoek in Amerika (Sharp et al., 2005) naar gebruik van therapietechnieken voor patiënten met een borderline persoonlijkheidsstoornis toont aan dat cognitieve gedragstherapie de meest voorkomende behandelmethode is voor deze groep patiënten, gevolgd door psychodynamische therapie of een combinatie van deze twee benaderingen. De meest voorkomende technieken waren het aanleren van probleemoplossend gericht gedrag, focussen op het hier-en-nu (bijvoorbeeld psycho-educatie, non-suïcidecontract, familie-/gezinsvoorlichting), cognitieve herstructurering, validering van ervaringen en woedemanagement. Minst gerapporteerde technieken zijn: interpretatie van het onbewuste, non-directiviteit, aandachtgerichte training, socratische dialoog en technieken uit de schematherapie. Deze laatste bevinding is opvallend gezien de wereldwijde groei van schematherapie en de toenemende evidentie van de effectiviteit van deze methode. Een waarschijnlijke verklaring hiervoor is dat schematherapie nog nieuw en in opkomst is.

## Aanpak

Schematherapie is een integratieve psychotherapie mede gebaseerd op cognitieve gedragstherapie, gestalt, hechtingstheorie, objectrelaties en constructivistische en psychoanalytische scholen. Toch kunnen de therapeutische technieken binnen schematherapie globaal in drie groepen worden verdeeld: de cognitieve interventies, de experiëntiële interventies en de gedragsmatige interventies. De technieken kunnen ook worden weergegeven door aan te geven of deze veranderingen worden bewerkstelligd via het kanaal voelen, denken of doen. Ook of deze technieken gericht zijn op het leven buiten de therapie, de gebeurtenissen in therapie of de ervaringen uit het verleden (Van Genderen & Arntz, 2005, Arntz & Bögels, 2000). In tabel 8.1 staan deze technieken vermeld.

Deze technieken worden in dit hoofdstuk kort toegelicht. Voor het gebruik van verschillende therapieformulieren wordt verwezen naar www.schematherapie.nl. In loop der jaren zijn aanvullende technieken binnen de schematherapie ontwikkeld. In deze paragraaf worden deze technieken eveneens besproken.

### Therapeutische technieken binnen schematherapie

Figuur 8.1 toont verschillende technieken die in ST worden toegepast.

### Therapeutische relatie

In ST wordt de therapeutische relatie als een belangrijk middel gezien in de behandeling. De therapeutische relatie biedt de gelegenheid voor de zogenoemde 'limited reparenting'. Onvervulde behoeften kunnen binnen de grenzen van therapie in het heden vervuld worden. Een patiënt die vroeger als kind nooit boos heeft mogen zijn, kan in de relatie met de therapeut leren dat deze hem niet verlaat wanneer de patiënt boos op hem is. De therapeut zal de patiënt ook uitnodigen om de boosheid volledig te uiten. Indien de therapeut een fout heeft gemaakt, kan deze er goed aan doen om de fout toe te geven en met de patiënt te kijken naar wat dit voor hem betekent. Er wordt dan bijvoorbeeld gekeken welke schema's en modi naar voren komen in de therapeutische relatie. Aan wat (van vroeger) doet het de patiënt denken? Wat zijn de behoeften van de patiënt? De therapeut zal waar nodig de patiënt adviezen en feedback geven om de gezonde groei te bevorderen. Zo kan de therapeut psycho-educatie geven over psychische stoornissen, het omgaan met anderen en bijvoorbeeld de suggestie doen om ook (schemagerichte) zelfhulpboeken te lezen (Young & Klosko, 1999; Nauth & Teeuwen, 2005). Waar nodig begrenst de therapeut als een goede ouder het maladaptieve gedrag van de patiënt en confronteert deze op empathische wijze met

| | | KANAAL | | |
|---|---|---|---|---|
| | | voelen | denken | doen |
| FOCUS | *buiten de therapie* | - rollenspel heden<br>- imaginatie situaties heden<br>- oefening gevoelens voelen<br>- exposure aan gevoelens tonen | - socratische dialoog<br>- nieuwe schema's formuleren<br>- schemadialoog<br>- flitskaarten<br>- positief logboek | - gedragsexperimenten<br>- rollenspel vaardigheden<br>- nieuw gedrag uitproberen |
| | *binnen de therapie* | - limited reparenting<br>- empathische confrontatie<br>- grenzen stellen<br>- -rolomkering therapeut-patiënt | - herkennen van schema's patiënt in de therapeutische relatie<br>- uitdagen ideeën over therapeut<br>- herkennen schema's therapeut<br>- zelfonthulling | - gedragsexperimenten<br>- functioneel gedrag bekrachtigen<br>- vaardigheden m.b.t. therapeutische relatie trainen<br>- modeling therapeut |
| | *verleden* | - imaginatie met rescripting<br>- rollenspel verleden<br>- meerstoelentechniek<br>- brieven schrijven | - herinterpreteren gebeurtenissen verleden en integreren in nieuwe schema's<br>- historische toets | - nieuw gedrag op oude kernfiguren uitproberen |

*Figuur 8.1*
Therapeutische technieken in schematherapie (Van Genderen & Arntz 2005, Arntz & Bögels 2000).

eventuele destructieve gedragingen. Video- en audio-opnamen van sessies kunnen gebruikt worden om de patiënt nog eens terug te laten horen wat er besproken is in de sessie, en te luisteren naar de manier waarop therapeut en patiënt op elkaar reageren. Het geeft de patiënt de gelegenheid om te leren waarnemen; heeft hij mogelijk overhaaste conclusies getrokken over wat de therapeut in de sessie zei? Zo kan de patiënt gemakkelijker terug leren komen op wat er in de vorige sessies besproken is. Daarnaast kan de therapeut gebruik maken van cognitieve, gedragstherapeutische en experiëntiële technieken voor het bewerken van de therapeutische relatie; zie het volgende voorbeeld.

Anton is opgegroeid met een vader die hem uitschold en mishandelde. Mede hierdoor voelt hij zich vaak angstig en klein wanneer anderen hem afbreken in zijn verhaal of op iets doorgaan wat voor hem niet belangrijk is. In de therapie is het hier regelmatig over gegaan; ook over hoe dit doorwerkt in de therapeutische relatie. Anton vindt het erg moeilijk om tegen de therapeut uit te spreken wat hij niet prettig vindt in het contact. Hij is bang dat de therapeut net zo gaat exploderen als zijn vader. Hierdoor zet hij zijn gevoelens opzij en past hij zich steeds aan (schema Onderwerping). Nadat de therapeut deze angst heeft erkend en meer doorgevraagd heeft over het contact met zijn vader is besproken wat de voor- en nadelen zijn wanneer hij in het therapeutische contact en ook in andere relaties zijn gevoelens opkropt en weghoudt. Geleidelijk komt Anton tot het inzicht dat het niet laten zien van zijn gevoelens tot gevolg heeft dat hij niet door anderen wordt gezien. Zijn schema Emotionele verwaarlozing wordt hierdoor in stand gehouden. Anton gaat ermee akkoord om in de therapeutische relatie het experiment aan te gaan door meer uit te spreken wat hij niet prettig vindt in het contact. Hoewel hij er erg bang voor is, wil hij in dit contact het meer uiten van zijn irritaties oefenen.

### Cognitieve interventies

De therapeut kan de neerwaartsepijltechniek gebruiken om kerngedachten/schema's op te sporen. Voortdurend vraagt de therapeut door naar wat het voor de patiënt betekent als een bepaalde gedachte waar zou zijn. Naar wat dat voor de patiënt, diens beeld van zichzelf, de ander en de wereld om hem heen betekent. De schema's en modi van een patiënt kunnen ook opgespoord en uitgedaagd worden door het gebruik van een schema- en/of modidagboek.

Wanneer een patiënt meer inzicht krijgt in welke schema's en modi hij heeft en wanneer deze optreden, komt er een moment waarop het verstandig is om met behulp van een voor- en nadelenanalyse per schema en modus te kijken wat de voor- en nadelen van het hebben van de schema's en modi zijn. Vervolgens kan met de patiënt besproken worden of hij bereid is om iets aan de ernst van de schema's/modi te veranderen.

Een historische toets is een techniek om de patiënt te laten zoeken naar bewijzen die vóór en die tegen het schema pleiten in zowel heden als verleden. Bij de rechtbankmethode wordt de patiënt uitgenodigd om zo veel mogelijk (feitelijk) bewijs aan te dragen voor een schema: waarom heeft het schema het recht te bestaan? De therapeut geeft, als aanklager, zo veel mogelijk (feitelijke) (tegen)argumenten die duidelijk maken waarom het schema niet het recht heeft om de patiënt zoveel hinder te bezorgen. Eventueel kunnen de rollen daarna omgedraaid worden en verdedigt de therapeut het schema terwijl de patiënt het schema 'aanklaagt'.

Een visuele analoge schaal (VAS) wordt gebruikt om het zwart-witdenken ('dichotoom denken') van de patiënt uit te dagen. Hiervoor kan ook het meerdimensionaal evalueren worden gebruikt. Een patiënt die vanuit zijn schema Minderwaardigheid/schaamte denkt dat iedereen hem stom vindt, kan met deze technieken uitgedaagd worden om anderen en zichzelf op zo veel mogelijk kenmerken van intelligentie te waarderen om zo (hopelijk) tot een genuanceerde uitkomst te komen in plaats van een alles-of-nietsuitkomst.

Wanneer de patiënt een bepaald verband tussen twee variabelen veronderstelt kan dit verband uitgedaagd worden met behulp van een tweedimensionale weergave (Padesky, 1995). Een patiënt die vanuit zijn schema's denkt dat alleen mooie mensen een partner hebben, wordt gevraagd om zichzelf en anderen op de dimensie 'mooiheid' en op de dimensie 'hebben van een partner' te plaatsen. Net als bij het meerdimensionaal evalueren kan deze techniek leiden tot meer genuanceerde gedachten.

Bij een overmatig schuldgevoel of de neiging om verantwoordelijkheid buiten zichzelf te leggen kan de patiënt gevraagd worden om een *taartdiagram* in te vullen. Naar aanleiding van een 'schuldsituatie' worden zo veel mogelijk factoren bedacht die een rol spelen in deze situatie. De patiënt geeft vervolgens eerst alle genoemde factoren een stuk van de taart en daarna zichzelf. De patiënt leert zo dat er meer factoren zijn die een verantwoordelijke rol spelen in situaties; op deze manier wordt het schema uitgedaagd.

Patiënten zijn geneigd om, vanuit hun schema's, alleen te focussen op alles wat slecht gaat, hetgeen het schema bevestigt. Een *positief logboek* kan de patiënt verder helpen om zijn schema's te ontkrachten. De patiënt wordt gevraagd om bewust te kijken naar gebeurtenissen waarin zij tegen hun schema's zijn ingegaan.

Op *flitskaarten* kan een patiënt per schema kernachtig schrijven wat voor het schema pleit en wat een gezonde manier is om met het schema om te gaan. De patiënten wordt aangeraden om kleine flitskaarten in hun jaszak of portemonnee te stoppen. Op momenten dat het schema getriggerd wordt, kunnen ze kijken naar de flitskaarten waarop alternatieve en meer helpende gedachten/gedragingen staan.

### Experiëntiële interventies

Experiëntiële technieken zijn gericht op het ervaren en uiten van emoties die gekoppeld zijn aan (vroegere) situaties die op hun beurt tot de ontwikkeling of instandhouding van de schema's en modi hebben geleid. Het schrijven van een zeer boze, ongecensureerde, niet te versturen brief is een voorbeeld van een meer experiëntiële benadering van de schema's. Bij de term experiëntiële technieken wordt echter vaker gedacht aan imaginatie, een (historisch) rollenspel en de meerstoelentechniek.

Voorafgaand aan de imaginatie wordt het hebben van een (denkbeeldige) veilige plek aangeleerd, zodat de patiënt indien nodig tijdens een imaginatie naar deze plek kan gaan. De therapeut gaat vervolgens gedurende de imaginatie naar de negatieve herinnering toe alsof het op dit moment, in het hier-en-nu, weer wordt meegemaakt. Op deze manier kan de patiënt op een veilige manier worden blootgesteld aan de negatieve ervaring en kan de patiënt een andere betekenis aan deze ervaring verlenen, zowel op cognitief als op affectief niveau. De therapeut kan de imaginatie ook gebruiken voor zogenoemde rescripten, zoals in het voorbeeld van Anton.

Naar aanleiding van de ervaring dat Anton (A) zich heel klein voelde toen zijn baas boos op hem werd, doet hij samen met zijn therapeut een imaginatieoefening met rescripting. Vanuit een veilige plek gaat hij terug naar een herinnering waar hij als jongetje van 7 jaar werd uitgescholden door zijn vader.

De therapeut 'stapt' in het beeld dat Anton heeft en begrenst vader. De therapeut legt aan vader uit dat hij niet zo boos hoeft te worden. Dat Anton er heel bang van wordt en daardoor ook niet eens zijn excuses aan vader kan aanbieden. Als de vader in de beleving van Anton hierdoor rustiger wordt, vraagt de therapeut aan de kleine Anton wat hij nog meer zou willen van vader. Wat zou hij tegen vader willen zeggen, en wat zou hij van vader willen horen?

| | |
|---|---|
| T | Wat gebeurt er? Hoe oud ben je? Waar ben je nu en wie is er bij je? |
| A | Ik ben op mijn kamer en mijn vader komt briesend binnen. Ik ben 7 jaar en heb per ongeluk een bordje laten vallen. Mijn vader is heel boos. Ik ben bang dat hij mij gaat slaan. |
| T | Wat gebeurt er nog meer? |
| A | Hij begint me uit te schelden en komt steeds dichterbij. Hij kijkt heel boos en heft zijn hand op. Ik wil wegrennen, maar kan het niet. |
| T | Anton, vind je het goed als ik in deze situatie naast je kom staan en ik de kleine Anton kom helpen en hem kom beschermen tegen zijn wel heel erg boze vader? |
| A | (knikt angstig). |

Bij rescripting maar ook bij een (historisch) rollenspel kan het nodig zijn dat de therapeut als verlengstuk van de Gezonde volwassene-modus van de patiënt optreedt. De situatie kan bijvoorbeeld te veel emoties oproepen bij de patiënt om gezond te kunnen reageren of de patiënt weet niet hoe op adequate wijze te reageren.

Een rollenspel kan gebruikt worden om situaties (van vroeger) na te spelen en met de patiënt te kijken wat hij ervaart in het rollenspel, en wat de ander ervaart in de situatie (rolomkering). Vervolgens kan de patiënt oefenen met een meer adequate manier van reageren in de situatie, al dan niet met de introductie van de Gezonde volwassene die de patiënt steunt en helpt bij het uiten van zijn wensen/behoeften en bij het begrenzen van impulsiviteit.

De meerstoelentechniek maakt het mogelijk om de verschillende modi van de patiënt elk een aparte stoel te geven en apart met hen contact te maken. Dit maakt het gemakkelijker om bijvoorbeeld de Straffende en Veeleisende ouder-modus weg te sturen, door de Onthechte beschermer en/of Onthechte zelfsusser heen te prikken, en dichter bij de Kwetsbare kind-modus van de patiënt te komen. De patiënt leert om vanuit de modus van Gezonde volwassene en/of het Blije kind om te gaan met elk van zijn modi.

## Gedragsmatige interventies

Op verschillende momenten in therapie kunnen relaxatieoefeningen worden geïntroduceerd. Relaxatieoefeningen zijn bijvoorbeeld goed bruikbaar wanneer een patiënt zich snel gespannen voelt of veel piekert, en daardoor minder goed in staat is om vanuit de Gezonde volwassene of het Blije kind te reageren.

Bij schadelijk gedrag (automutilatie, bedreigen van anderen) probeert de therapeut met de patiënt op een neutrale, niet straffende wijze te exploreren waar het schadelijke gedrag precies in bestaat. Ook wordt nagegaan wat de functie van het gedrag is, en of er specifieke momenten zijn aan te wijzen waarop het schadelijke gedrag optreedt of heviger wordt. Hoewel het vaak niet mogelijk is om van de patiënt te verwachten dat het schadelijke gedrag meteen stopt, is het soms toch nodig om op een empathische wijze grenzen te stellen aan het gedrag. Een duidelijke uitleg over de schadelijke gevolgen van dit gedrag en het gezamenlijk exploreren van de alternatieve gedragingen kan de patiënt helpen dit gedrag achterwege te laten zonder zich afgewezen of onbegrepen te voelen.

De therapeut stimuleert voortdurend het uitproberen van adequaat gedrag. Een patiënt die nooit naar feesten gaat, wordt gestimuleerd om juist wel naar feesten te gaan en in plaats van zich terug te trekken te proberen met een paar mensen in gesprek te komen. In de therapie kan zo eventueel ook gewerkt worden aan het uitbreiden van (sociale) vaardigheden. Hoe maak je contact zonder je daar kort daarna uit terug te trekken of juist te claimend te worden? Dit is een voorbeeld van het aanleren van vaardigheden. De therapeut complimenteert de patiënt voor de stappen die hij zet in de gedragsverandering. Ook wanneer een gedragsexperiment lijkt te zijn mislukt, is het geslaagd omdat de patiënt in ieder geval zijn vermijding doorbroken heeft en het experiment waardevolle informatie kan bevatten over hoe de patiënt een volgende keer anders met de situatie om kan gaan.

## Aanvullende technieken binnen schematherapie

Cognitief-gedragstherapeutische technieken, experiëntiële technieken en de therapeutische relatie behoren tot de vroegste technieken in de ontwikkeling van ST. De laatste jaren zijn daar vaktherapeutische en aandachtgerichte technieken bijgekomen.

### *Vaktherapie*

Doordat vaktherapie zowel expressie- als structureringsmogelijkheden biedt sluit het goed aan bij specifieke thema's in persoonlijkheidsproblematiek zoals emotieregulatie en impulsregulatie. Het gaat binnen vaktherapie over doen en ervaren, over bewust worden, uiten, zichtbaar worden maar ook ten dele verhuld kunnen blijven. Dit gegeven maakt dat controle gevoeld kan worden over het uiten of het handelen. Mensen met persoonlijkheidsproblematiek hebben vaak een diffuus of negatief beeld van zichzelf en raken verstrikt in heftige gevoelens die direct een bepaalde reactie bij henzelf oproepen. Vorm aan iets geven is ervaren en de handeling van het vorm aan gevoels- en/of gedachte-inhouden geven vraagt om een structurering van de beleving of de gedachten en kan de patiënt daardoor helpen te ordenen.

Binnen vaktherapie vindt reflectie plaats op verschillende niveaus en met betrekking tot verschillende processen; het directe handelen, de inhoud van de vormgeving, de beleving, de cognitie die erover gevormd wordt en het niveau van het sociaal functioneren. Mensen met borderline problematiek gaan veelal vanuit het voelen direct over tot het handelen; of zij worden beheerst door negatief denken over hun handelen. Integratie van voelen, handelen en denken is daarom een belangrijke doelstelling. Om de ervaringen in te kaderen en om integratie te bevorderen is het belangrijk dat de ervaringen die opgedaan worden geverbaliseerd worden in het medium. Zo wordt gewerkt aan mentaliseren (Bateman & Fonagy, 2005; Haeyen, 2005).

Het gebruik van experiëntiële behandeltechnieken sluit goed aan bij het karakter van de verschillende vaktherapieën. In de praktijk is dan ook te zien dat er binnen vaktherapie een vertaling wordt gemaakt van de schematherapie naar vaktherapie en dat er op steeds meer plekken, zowel binnen klinische, dag- en ambulante behandelingen op een dergelijke manier wordt gewerkt. De mening van deskundigen is dat vaktherapie geïntegreerd kan worden in en een goede aanvulling is op schematherapie. Dit standpunt komt naar voren in het panel van creatief therapeuten (2005) en blijkt ook uit beschrijvende literatuur (Thunnissen & Muste, 2002; De Jong, 2003; Haeyen, 2006). Het is aan te bevelen vaktherapie binnen ST te onderzoeken.

In vaktherapie worden verschillende modi getriggerd. Kindmodi worden opgeroepen door emotionele reacties op materialen en werkvormen, door het spelen. Oudermodi komen naar voren bijvoorbeeld doordat de patiënt streng en bestraffend naar het eigen werk kijkt, het werkstuk veroordeelt, niet goed genoeg vindt. Er kan geoefend worden in het bestrijden van de Eisende en Straffende ouder. Gevoelens en uitingen die samenhangen met kindmodi kunnen gevalideerd, erkend en belangrijk gemaakt worden. De therapeut kan werken met 'limited reparenting' door de inzet van zachte materialen, door het gebruik van troostende muziek, door het aannemen van troostende rollen in rollenspel. Doordat de therapeut steeds materiaal en werkvormen/experiëntiële technieken tot zijn beschikking heeft wordt de relatie van patiënt tot therapeut minder direct: het medium gaat daarbinnen een belangrijke rol spelen, het medium roept reacties op en geeft structuur, feedback en troost en werkt op zichzelf dus ook op het vlak van 'reparenting' zonder dat eigen verantwoordelijkheid van de patiënt daarbij inboet.

In de ervaringen binnen vaktherapie gaat het veelal om ontdekken, improviseren, experimenterend en intuïtief handelen op het huidige moment. Het brengt belangrijke gevoelens van het kernzelf tot expressie in het 'present moment', in het hier-en-nu (theorie Damasio en Stern, Smeijsters, 2007). In meer structurerende werkvormen staat het emotioneel ordenen voorop.

In ST worden experiëntiële technieken gebruikt, waaronder imaginatie. ST biedt een kader om bijvoorbeeld in beeldende therapie te werken met concrete, persoonlijke ervaringen en om onderliggende schema's te onderzoeken. Na imaginatie wordt de stap gezet naar het geven van een externe vorm aan innerlijke beelden door deze in materiaal te vatten.

De vormgeving aan hetgeen tijdens de imaginatie is opgekomen in de beeldende therapie voegt de mogelijkheid toe van zelf keuzes maken, van afstand nemen, en roept op tot hernieuwde reflectie op de ervaringen. Hierbij gaat het om het kunnen (onder)scheiden van heden en verleden maar ook om het zien van verbanden tussen heden en verleden. Door middel van het beeldend werk worden belangrijke ervaringen doorvoeld, bevestigd en verankerd, zowel bij het vasthouden van positieve gevoelens als bij betekenisvolle ervaringen van het kunnen ingrijpen als volwassene in de ervaring van vroeger. Het maakt veel duidelijk wat eerder minder duidelijk was, het maakt voelbaar en zichtbaar welke schema's een rol spelen en hoe de verandering in het schema er in beeld uitziet en daarmee hoe deze verandering er in het dagelijks leven van de patiënt uit kan zien. De bevindingen van een groep van 48 patiënten die na een imaginatieoefening in beeldende therapie een vragenlijst invulden bevestigen het bovenstaande en laten zien dat het beeldende aspect wezenlijke zaken toevoegt (Haeyen, 2006).

Ex-patiënte Katja: 'Waar het begon dat is me heel goed bijgebleven. In de individuele gesprekstherapie kwam ik op een punt dat ik mijn gevoel, dat ik heb bij de ervaringen van mijn jongste jaren, tot 4 jaar, wilde verwoorden. Je kunt wel zoeken naar de woorden maar het sloot niet aan, mijn woordenschat paste daar gewoon niet bij. Een aantal individuele sessies beeldende therapie was toen het idee. In de beeldende groepstherapie had ik gemerkt dat beeldende therapie goed bij mij aansloot. Van mijzelf ben ik rationeel en analyseer heel sterk, maar daardoor kom ik niet bij mijn gevoel. Bij beeldende therapie gebruik je geen woorden maar ga je letterlijk voelen. De individuele beeldende therapie ging heel erg over het 'kleine kind' in mij, dat onzeker, gekwetst, bang, eenzaam en verwaarloosd is. Een heel emotioneel heftig kind. Als volwassene wist ik helemaal niet wat ik daarmee moest. Ik voelde dat deel van mezelf wel maar ik was er door al die heftigheid juist bang van. Ik negeerde het. Wat de beeldende therapie heeft gemaakt is dat ik wel naar haar ben gaan kijken. Dat vond ik heel heftig maar tegelijkertijd vond ik het ook heel prettig om met haar kennis te maken. Een kleibeeldje dat ik maakte van een klein zittend meisje laat heel mooi zien hoe ik me toen voelde. Ik voelde me buitengesloten van het gezin, geen onderdeel daarvan, anders. De schrijfopdracht in het kader van de beeldende therapiesessies begon als een fantasieverhaal in de derde persoon maar dat ging snel over in een verhaal over mij. Toch was het prettig om in een fantasie te beginnen. Anders gaat het veel te hard, te confronterend. Later werd me gevraagd om de volwassene en het kind in één beeld bij elkaar te brengen, ze in relatie tot elkaar te maken. Daarop maakte ik een beeld van een grote hand die een klein handje draagt. Dit gaf me het besef dat ik als volwassene zorg kan dragen voor het kleine kind in mezelf. Er ontstond een samensmelting van de verschillende posities in het beeld. Bevestiging van mijzelf legde ik eerst heel erg bij anderen. Die bevestiging kan ik mijzelf nu meer bieden, ook al blijft het een dunne laag. Ik kan nu tegen dat kleine, dat kwetsbare deel in mezelf zeggen: 'het is goed en het is ook moeilijk'. De kern van het therapieproces is voor mij dat ik contact leerde maken met het kwetsbare deel in mezelf, met mijn gevoelens die daarbij horen en dat ik voor dat deel ben gaan zorgen.'

(bron: Haeyen, 2007)

## Aandachtgerichte technieken

Hoewel meditatie ofwel aandachtgerichtheid (MBCT[1]) genoemd wordt als interventie in ST zijn er tot op heden nog weinig uitgebreide beschrijvingen van op welke wijze deze technieken binnen schematherapie gebruikt kunnen worden (zie voor uitzonderingen hierop Benett-Goleman, 2001 en Van Vreeswijk, Broersen & Schurink, in voorbereiding). Veel patiënten met persoonlijkheidsproblematiek hebben comorbide as-I-stoornissen waarvoor MBCT als effectieve behandelmethode is aangetoond (zie voor een overzichtsartikel Schurink, 2006). Daarnaast hebben patiënten met persoonlijkheidsproblematiek de neiging om vanuit (oude) leerervaringen gevoelig te reageren. In een bepaalde situatie wordt een schema getriggerd en als een soort automatische piloot schiet een patiënt dan bijvoorbeeld in de verdediging, in de aanval of trekt zich volledig terug uit het contact, en uit zijn eigen gevoelens en behoeften.

Martine is iemand die veel voor anderen doet. Ook al heeft ze zelf nog veel te doen, zodra iemand haar om hulp vraagt, laat ze haar eigen werk vallen en helpt de ander. Daarnaast heeft ze de gewoonte om alles zeer goed te willen doen en gaat ze net zo lang door tot iets af is. Hieronder volgt een deel van een gesprek tussen Martine en haar therapeute nadat ze een aandachtgerichte oefening hebben gedaan.

T Je vertelde net dat je je bij de oefening iets realiseerde. Kun je daar iets meer over vertellen?

M Ja, ik was gisteren druk bezig met een project dat ik voor morgen af moet hebben toen een collega mij om hulp kwam vragen bij een ander ingewikkeld project dat zij volgende week klaar moet hebben. Ik ben meteen opgestaan en ben haar gaan helpen. Het

1 *MBCT is de afkorting voor Mindfulness Based Cognitive Therapy en wordt hier gebruikt omdat de afkorting ACT soms tot verwarring leidt. De laatste wordt regelmatig in verband gebracht met Acceptance Commitment Therapy.*

gevolg was dat ik een paar uur later nog niet verder was gekomen met mijn eigen project en dat ik tot daarnet helemaal in de stress zat.

T Wat gebeurde er dan?

M Ik maakte me druk dat ik het niet zou gaan redden. Ik was boos op mezelf dat ik niet eerder aan het project was begonnen. Boos dat ik de ander was gaan helpen. Tijdens de oefening voelde ik ook boosheid jegens mijn collega opkomen omdat zij mij om hulp vroeg terwijl ze wist dat ik het druk had en zij mij niet meteen zou zijn gaan helpen. Toen ik dit gevoel toeliet, de gedachten en lichamelijke gewaarwordingen met een neutrale, nieuwsgierige opmerkzaamheid toeliet, zonder me te laten meesleuren in mijn boosheid, werd ik rustiger. Ik voelde me minder streng worden voor mezelf, minder misbruikt en tekortgedaan door de ander.

Bij toepassing van schemagerichte MBCT leert de patiënt met aandacht naar gedachten, gedrag, gevoelens en lichamelijke gewaarwordingen te kijken zonder vanuit de schema's of modi automatisch te reageren. Een patiënt leert om met hernieuwde belangstelling naar iets te kijken alsof hij het voor het eerst waarneemt en er dus ook nog niet een waardeoordeel aan heeft toegekend. Als er zeer intense piekergedachten, emoties of lichamelijke gewaarwordingen zijn, leert de patiënt hierop opmerkzaam te zijn zonder ze meteen te moeten veranderen. Dit er-kunnen-laten-zijn van intense waarnemingen zonder automatisch te handelen kan leiden tot het besef dat schema's en modi komen en gaan, en dat het wanhopig proberen ze te controleren of te vermijden eerder leidt tot een tunnelvisie dan tot het hebben van meerdere keuzemogelijkheden.

## Valkuilen en tips

Veel therapeuten willen in hun enthousiasme (te snel) aan de slag gaan wanneer ze over schematherapie horen en lezen. De technieken die gebruikt worden, kunnen als heel gemakkelijk toepasbaar overkomen. De ervaring leert dat het belangrijk is dat therapeuten eerst een schematherapiecursus hebben gevolgd, evenals een cursus cognitieve gedragstherapie. Daarnaast is niet iedere patiënt geschikt voor ST. Ook kun je bijvoorbeeld bij patiënt A gemakkelijker werken met schemagerichte experiëntiële technieken, bij patiënt B met de cognitieve technieken en is het mogelijk dat bij patiënt C een constructieve therapeutische relatie al voor veel vooruitgang zorgt. Het is noodzakelijk dat een therapeut ervaring in de keuze en uitvoering van schematechnieken opbouwt onder supervisie en met een intervisiegroep.

## Toekomst

In de dagelijkse praktijk zijn er aanvullende schematechnieken ontwikkeld. Technieken uit de vaktherapie (beeldende, drama-, muziek- en psychomotorische therapie) en de aandachtgerichte technieken zijn hiervan voorbeelden. Verder onderzoek dient gedaan te worden naar welke technieken bij welke patiënt het beste werken. Ook het moment van inzetten van een bepaalde techniek verdient verdere wetenschappelijke onderbouwing alsmede welke schematherapie nu het belangrijkste ingrediënt is voor het optimale therapieresultaat.

## Literatuur


Arntz, A., & Bögels, S. (2000). *Schemagerichte cognitieve therapie voor persoonlijkheidsstoornissen.* Praktijkreeks Gedragstherapie. Houten: Bohn Stafleu van Loghum.

Bateman, A.W., & Fonagy, P. (2005). *Psychotherapy for borderline personality disorder. Mentalisation Based treatment.* New York: Oxford University Press.

Beck, A.T., Freeman, A., & Davis, D.D. (2004). *Cognitive Therapy of Personality Disorders* (second edition). New York/London: The Guilford Press.

Bennett-Goleman, T. (2001). *Emotional Alchemy. How Your Mind Can Heal Your Heart.* London/Sydney/Auckland/Johannesburg: Rider.

Genderen, H. van, & Arntz, A. (2005). *Schemagerichte cognitieve therapie bij borderline persoonlijkheidsstoornis.* Amsterdam: Uitgeverij Nieuwezijds.

Giesen-Bloo, J., Dyck, R. van, Spinhoven, Ph., Tilburg, W. van, Dirksen, C., Asselt, T. van, Kremers, I., Nadort, M., & Arntz, A. (2006). Outpatient Psychotherapy for Borderline Personality Disorder. Randomized trial of Schema-Focused Therapy vs Transference-Focused Psychotherapy. *Archives of General Psychiatry, 63*, 649-658.

Haeyen, S. (2005). *Verslag paneldiscussie creatief therapeuten richtlijn persoonlijkheidsstoornissen.*

Haeyen, S. (2006). Imaginatie in schemagerichte beeldende therapie. *Tijdschrift voor creatieve therapie*, 3-10.

Haeyen, S. (2007). *Niet uitleven maar beleven, beeldende therapie bij persoonlijkheidsproblematiek* . Houten: Bohn Stafleu van Loghum.

Jong, N. de (2003). *Ben ik in beeld? De muziektherapeutische behandeling van de narcistische persoonlijkheidsstoornis, volgens de schemagerichte therapie.* Afstudeerscriptie Muziektherapie. Enschede: Conservatorium Saxion Hogeschool.

Nauth, L., & Teeuwen, H. (2005). *Trap niet in je eigen valkuil. Zelfhulpboek voor inzicht en verandering.* Houten: Bohn Stafleu van Loghum.

Padesky, C. A. (1995). Schemaveranderingsprocessen in cognitieve therapie. *Psychotherapie, 4*, 395-423.

Schurink, G. (2006). Mindfulness: integratie in de cognitieve gedragstherapie. *Gedragstherapie, 39*, 281-292.

Sharp, I.R., Gregg, R., Henriques, G.R., Chapman, J.E., Jeglic, E.L., Brown, G.K., & Beck, A.T. (2005). Strategies used in the treatment of borderline personality disorder: A survey of practicing psychologists. *Journal of Contemporary Psychotherapy, 35*, 359-368.

Smeijsters, H. (2007). *Emotion focused vaktherapieën.* Lezing Studiedag GNOON vaktherapie, GGNet Apeldoorn.

Thunnissen, M.M., & Muste, E.H. (2002). Schematherapie in de klinisch-psychotherapeutische behandeling van persoonlijkheidsstoornissen. *Tijdschrift voor Psychotherapie, 28*, 385-401.

Young, J.E., & Klosko, J.S. (1999). *Leven in je Leven. Leer de valkuilen in je leven herkennen.* Harcourt Assessment.

Young, J.E., Klosko, J.S., & Weishaar, M.E. (2003). *Schema therapy: a practitioners guide.* New York/London: The Guilford Press.

Vreeswijk, M.F. van & Broersen, J. (2006). *Schemagerichte therapie in groepen. Handleiding voor therapeuten.* Houten: Bohn Stafleu van Loghum.

Vreeswijk, M.F. van, Broersen, J., & Schurink, G. (in voorbereiding). Schema en modi aandachtgerichte training. Houten: Bohn Stafleu van Loghum.

# 9 Schematherapie bij adolescenten

M.T. Geerdink, E.J. Jongman en H.A. Scholing

Schematherapie (ST) werd ontwikkeld bij volwassen patiënten, maar wordt tegenwoordig ook gebruikt bij adolescenten (van circa 16 tot 23 jaar) die persoonlijkheidsproblemen ontwikkelen. Er is tot nu toe vrijwel geen literatuur over ST bij adolescenten. Een zoekactie op de termen 'schema focused therapy and adolescent' in enkele databases (onder andere Psychinfo en Pubmed, eind 2007), leverde zes referenties op, waarvan vier over family focused psychotherapy, één boekbespreking en één onderzoek naar cognitieve schema's. Aan de enige behandelstudie naar ST die tot nu toe werd gepubliceerd (Giesen-Bloo et al., 2006), namen patiënten vanaf achttien jaar deel, maar er werd geen onderscheid gemaakt naar adolescenten binnen de populatie. Een casusbeschrijving door Young (2005) van een vrouw van twintig jaar met een borderline persoonlijkheidsstoornis en een posttraumatische stress-stoornis gaf evenmin leeftijdspecifieke richtlijnen.

In Nederland is wel belangstelling voor deze vorm van behandeling bij adolescenten, maar ze wordt in de praktijk nog weinig toegepast. Een e-mailenquête die door de auteurs in het najaar van 2007 werd gehouden onder een beperkt aantal behandelaren leert dat een gebrek aan kennis van en ervaring met ST bij deze doelgroep veel behandelaren blijkt tegen te houden.

## Praktijk

De behandeling van adolescenten kent enkele aandachtspunten, ongeacht de aard van de behandeling. Ze vloeien voort uit de ontwikkelingsfase waarin de jeugdige zich bevindt. Leren omgaan met autonomie versus afhankelijkheid en met de eigen – vaak heftige – emoties en die van anderen staat daarin centraal. Adolescenten moeten zich losmaken van het ouderlijk gezin en een eigen identiteit zoeken. Verder hebben de patiënten die in aanmerking komen voor schematherapie nogal eens een turbulent leven, met regelmatig conflicten in hun omgeving, problemen op school of op hun werk. Hun impulsiviteit kan zich onder meer uiten in overmatig middelengebruik en parasuïcidaal gedrag.

Soraya is een 20-jarige vrouw van Syrische afkomst die zichzelf voor de tweede keer aanmeldt vanwege woede-uitbarstingen in intieme relaties. De eerste behandeling werd na vier maanden beëindigd, nadat ze een aantal keren niet was verschenen en uiteindelijk het contact geheel verbrak. In de afsluitbrief hield de behandelaar de deur open. Een jaar later zoekt Soraya zelf weer contact. Ze ervaart veel spanning in de relatie met haar vriend. Ze denkt dat hij haar uiteindelijk zal verlaten voor een Nederlandse vrouw. Vlak na de heraanmelding blijkt ze zwanger van hem. Omdat het in haar cultuur ongepast is om ongehuwd zwanger te zijn, oefent haar familie druk op haar uit om voor hem te kiezen. Soraya reageert hierop met agressieve uitbarstingen tegen haar vriend. Ze besluit niettemin met hem verder te gaan.

## Aanpak

Vooral in het begin van de behandeling zijn er bij adolescenten meer hobbels te nemen dan bij volwassenen. De laatste groep heeft na jarenlange ellende meestal een duidelijker besef dat er echt wat moet gebeuren. Bij adolescenten wisselt dit besef. Vaak geven zij aan dat het allemaal wel meevalt. Hun motivatie voor behandeling wordt gemakkelijk ondermijnd doordat ze doorgaans, vergeleken met volwassen patiënten, minder lijden aan uitgesproken of langdurig disfunctioneel gedrag. De positieve kant van deze medaille is dat hun leven over het algemeen minder is ontspoord door afgebroken opleidingen, banen en relaties, en dat ze nog allerlei mogelijkheden hebben om zich in gunstige richting te ontwikkelen.

'Limited reparenting' wordt – door de houding en het gedrag van de jeugdige – automatisch meer gevraagd van de behandelaar. Verder moet de behandelaar beseffen dat voor een adolescent allerlei meer of minder traumatische ervaringen nog vers in het geheugen liggen en dat bepaalde interacties soms nog actueel zijn (bijvoorbeeld in het contact met de ouders).

### Indicatiestelling

Patiënten komen op deze leeftijd vaak voor het eerst – zelfstandig – in behandeling. Volgens het principe van 'stepped care' maar ook om tegemoet te komen aan de wens van de patiënt, die gewoonlijk (nog) weinig animo heeft voor een lange behandeling, wordt in principe begonnen met een kortdurende benadering. Wanneer deze onvoldoende aanslaat en de problemen vooral liggen op het gebied van impulsiviteit en een tekortschietend vermogen om eigen emoties goed te hanteren, kan een schemagerichte aanpak de volgende stap zijn. Voor zover ons bekend, wordt ST bij adolescenten momenteel in Nederland vooral gebruikt in forensische settings, mogelijk omdat een verplichtend kader bij deze leeftijdsgroep bijna noodzakelijk is om een dergelijke langdurige en intensieve behandeling goed te kunnen afronden.

Soraya krijgt een schematherapie aangeboden nadat ze eerdere gedragstherapie zonder resultaat heeft afgebroken. Ze lijkt met haar gedrag schemabevestigend te handelen. Doel van de behandeling wordt het herkennen van haar eigen schema's (waaronder het schema Verlating/instabiliteit) en de wijze waarop dit haar gedrag bepaalt, en daarna leren om anders te reageren in situaties waarin haar schema's worden geactiveerd, bijvoorbeeld door haar angst met haar partner te bespreken.

### Motivering voor behandeling

Motiveren gebeurt, net als bij volwassenen, tijdens de hele behandeling. Garcia en Weisz (2002) beschreven dat de ouders van de jeugdigen als belangrijkste factor voor drop-out 'problemen in de therapeutische relatie' noemden. Dat wil uiteraard nog niet zeggen dat de jeugdigen zelf die mening deelden. Adequaat onderzoek op dit gebied ontbreekt helaas. Uit onderzoek van Spinhoven, Giesen-Bloo, Van Dyck, Kooiman en Arntz (2005) bij borderline patiënten die een schematherapie volgden, bleek echter dat negatieve beoordelingen van de therapeutische relatie (door zowel patiënt als behandelaar) voorspellers waren van drop-out. Van het begin af aan moet daarom ook bij adolescenten aandacht bestaan voor het opbouwen van een goede en stevige therapeutische relatie. Bijvoorbeeld door goed door te vragen naar de omgeving waarin de jongere leeft en naar de personen en activiteiten die belangrijk zijn in zijn leven.

### Diagnostiek en casusconceptualisatie

Het invullen van de schemavragenlijsten kan het beste samen met de behandelaar worden gedaan tijdens de casusconceptualisatie. Thuis zullen adolescenten dat vaak niet of onvoldoende serieus doen. Ze gaan het liefst de confrontatie met hun problematiek uit de weg – gedrag waarin men de Onthechte beschermer-modus terugziet. Ook zullen ze hun oordeel – bijvoorbeeld over hun ouders – nogal eens veranderen.

In het algemeen geldt dat de meeste modi bij jeugdigen wel aanwezig zijn, maar nog niet zo uitgekristalliseerd. Er gebeurt nog van alles door de dag heen en de modi bewegen hierin mee. Dit heeft ook een positieve kant: de modi zijn gewoonlijk minder star dan bij volwassenen en daardoor in de behandeling gemakkelijker te bewerken. Een belangrijke hulpvraag bij adolescenten betreft woede- en agressiebeheersing. Bij hen is vaak een modus te zien die het best lijkt te worden beschreven als de modus 'Boze beschermer' (Bernstein, Arntz & De Vos, 2007).

### Rol van de ouders

Een van de grootste verschillen met de behandeling bij volwassenen is dat de behandelaar vaak direct met de ouder(s) te maken heeft. Veel patiënten wonen nog 'thuis'. Daarom moet bij aanvang worden afgesproken hoe de behandelaar de patiënt kan bereiken zonder dat dit tot ingewikkelde patronen met ouders leidt. Het is belangrijk om tijdens de diagnostiekfase helder te krijgen welke rol de ouders vervullen in het leven van de jongere en in welke mate zij op een positieve manier voor de jongere beschikbaar (zouden) kunnen zijn. Daarna wordt met de patiënt besproken hoe de ouders bij de behandeling kunnen worden betrokken. Afhankelijk van het besproken doel van de gesprekken en de fase in de behandeling, kan dit met ouders alleen of met ouders en de jongere samen zijn. De inhoud van de oudergesprekken wordt van tevoren uitgebreid doorgenomen. De behandelaar moet uitleggen waarom het belangrijk is om bepaalde onderwerpen met ouders te bespreken maar de patiënt bepaalt uiteindelijk wat er aan de orde komt. Daarbij wordt afgesproken hoe de patiënt tijdens een gezamenlijk gesprek kan aangeven over een bepaald onderwerp niet verder te willen praten.

Soraya vertelt bij de casusconceptualisatie dat haar ouders haar als kind vaak in de steek lieten, omdat zij belangrijke politieke carrières hadden. Negatieve opmerkingen over haar ouders spreekt ze later weer tegen. Tweemaal vraagt ze de behandelaar haar ouders een keer alleen te spreken om uitleg te geven over het ontstaan van haar woede en haar angst voor verlating. De behandelaar stelt voor dit samen te doen als Soraya vindt dat ze dat aankan. Later vindt Soraya een dergelijk gesprek niet meer nodig; ze heeft zelf haar ouders al verteld over haar schema's.

### Afspraken en verzuim

Tweemaal in de week afspreken vinden adolescenten lastig. Deels door hun ambivalente motivatie, maar ook doordat ze eerder worden 'meegenomen' door de bezigheden van de dag, waardoor zij de afspraak vergeten of niet belangrijk vinden. Regelmatig moet daarom over de afspraken worden onderhandeld. Hierbij staat de zorg voor de patiënt voorop: het verzuim staat de hulp die de behandelaar kan en wil bieden in de weg. Zo veel mogelijk wordt geprobeerd om de jongere aan te spreken als een Gezonde volwassene, die op adequate wijze voor zichzelf moet leren zorgen.

### Imaginatieoefeningen

De meeste adolescenten vinden de imaginatieoefeningen en – in mindere mate – de meerstoelentechnieken 'raar' en 'stom'. De behandelaar moet hier de tijd voor nemen, zonder de oefeningen uit te stellen of over te slaan. Het helpt om de oefening zonder veel uitleg in te zetten en te accepteren dat ze hun ogen niet dicht willen doen. Belangrijk is dat de jongere tijdens de imaginatieoefening de behandelaar niet aankijkt, zodat de verbeelding genoeg ruimte krijgt. De behandelaar kan zich wat wegdraaien of de patiënt vragen om zich te focussen op een vast punt, bijvoorbeeld op de tafel.

Soraya verzet zich hevig tegen de imaginatieoefeningen. Ze wil beslist haar ogen niet sluiten om naar haar veilige plek te gaan. Als zij dat eenmaal toch - kort - doet, benadrukt ze daarna meteen dat 'er niets gebeurd is'. Ze weet zeker dat imaginatie bij haar 'beslist niet zal werken'; ze moet vaak lachen en vergelijkt het spottend met hypnose. De meerstoelentechnieken bevallen haar wel goed: ze kan dan bewegen en rondlopen.

## Valkuilen en tips

Zoals gezegd komen adolescenten vaak hun therapieafspraken niet na. Een valkuil voor de behandelaar is dat hij zich gaat opstellen als de Veeleisende ouder en hoge eisen gaat stellen. Het helpt als hij zich blijft realiseren dat dit gedrag hoort bij de ontwikkelingsfase van de jongere. In de bejegening betekent dit: wel bespreken maar het verzuim accepteren en de deur openhouden. Het is belangrijk om de bespreking zakelijk te houden en de gevolgen voor de patiënt zelf te bespreken. Pas wanneer deze interventie niet het gewenste effect heeft, bespreekt de behandelaar de gevolgen voor de behandelrelatie: het verzuim maakt het voor hem moeilijker om bij de patiënt betrokken te blijven. Hierbij bestaat het risico dat de jongere de behandelaar als (een van) zijn ouders gaat ervaren en zich terugtrekt in een van zijn Beschermermodi of wegblijft. Ook empathische confrontaties worden – zeker in het begin van de behandeling – gemakkelijk opgevat als 'bemoederen' en leiden tot verzuim.

Een andere valkuil bij de behandeling van adolescenten is dat de behandelaar de betere ouder probeert te zijn, zeker bij adolescenten die duidelijk tekort komen bij hun eigen ouders. De wijze waarop de behandelaar hiermee omgaat, is niet anders dan bij volwassenen. Bewust blijven van deze valkuil en alert blijven op situaties die deze valkuil uitlokken, helpt.

Verder moet de behandelaar bij de behandeling van adolescenten onderscheid blijven maken tussen onaangepaste schema's en gedrag dat bij de levensfase hoort. Zoals gezegd worstelen de meeste adolescenten met het thema autonomie. Als een streven naar onafhankelijkheid door de behandelaar te snel wordt gezien als overcompensatie van het schema Afhankelijkheid/incompetentie, geeft dat snel irritatie bij de jongere.

Tijdens het inventariseren van de problemen en de casusconceptualisatie dreigen verschillende valkuilen. De jongere kan in een loyaliteitsconflict komen door 'slecht' te moeten praten over de ouders terwijl hij dagelijks met ze te maken heeft, afhankelijk van ze is en worstelt met tegenstrijdige gevoelens jegens hen. De nadruk moet dan meer komen te liggen op het 'ontschuldigen' van ouders. De behandelaar bespreekt met de jongere dat de ouders weliswaar een grote rol hebben gehad in het ontstaan van de schema's maar dat het niet hun bedoeling is geweest hun kind pijn te doen. Vaak worstelden zij met hun eigen problemen en valkuilen. Dit ontschuldigen is een delicaat proces. Aan de ene kant kan de jongere zich onbegrepen voelen en afstand gaan nemen van de behandelaar, aan de andere kant zichzelf schuldig gaan voelen jegens de ouders. De Straffende en Veeleisende oudermodus kan dan de voortgang belemmeren. Dit kan in het begin praktisch worden opgelost door de 'strenge stem' geheel of gedeeltelijk als deel van de adolescent zelf te benoemen, in plaats van totaal 'van buiten', door de ouders bepaald.

Wanneer het doorbreken van de negatieve patronen tussen ouders en jongere als expliciet behandeldoel wordt gekozen, kan een gezins- of systeembehandeling noodzakelijk zijn. Voorbeelden zijn Functional Family Therapy (FFT, Alexander & Sexton, 2002) en Multidimensional Family Therapy (MDFT, Liddle et al., 2001). Een behandeling als Multisystemic Therapy (MST, Henggeler, Schoenwald, Borduin, Rowland & Cunningham, 1998) lijkt voor deze groep minder nuttig omdat deze behandeling sterk inzet op herstel van de hiërarchie tussen ouders en jongere.

## Toekomst

Gezien de specifieke aandachtspunten bij deze groep is ontwikkeling van kennis nodig. Zo is het denkbaar dat ST juist bij deze leeftijdsgroep goed in groepsverband kan worden aangeboden. In deze ontwikkelingsfase is men gevoeliger voor invloed van leeftijdgenoten en een gevoel van verbondenheid met en herkenning bij andere adolescenten kan de betrokkenheid bij de behandeling vergroten en de mate van verzuim verlagen. Als vervolg op de ontwikkeling van protocollen voor ST-groepsbehandeling bij volwassenen lijkt het tijd voor een specifieke variant voor adolescenten.

## Literatuur

Alexander, J.F., & Sexton, T.L. (2002). Functional Family Therapy: A model for treating high-risk, acting-out youth. In: J. Lebow (Vol. Ed.), *Comprehensive handbook of psychotherapy, Vol. 4: Integrative/eclectic* (p. 111-132). New York: Wiley.

Bernstein, D., Arntz, A., & Vos, M.E. de (2007). Schemagerichte therapie in de forensische setting. *Tijdschrift voor Psychotherapie, 33*, 120-138.

Garcia, J.A., & Weisz, J.R. (2002). When youth mental health care stops: Therapeutic relationship problems and other reasons for ending youth outpatient treatment. *Journal of Consulting and Clinical Psychology, 72*, 7-439.

Giesen-Bloo, J., Dyck, R. van, Spinhoven, Ph., Tilburg, W. van, Dirksen, C., Asselt, T. van, Kremers, I., Nadort, M., & Arntz, A. (2006). Outpatient psychotherapy for borderline personality disorder: randomized trial of schema-focused therapy vs transference-focused psychotherapy. *Archives of General Psychiatry, 63*, 649-658.

Henggeler, S.W., Schoenwald, S.K., Borduin, C.M., Rowland, M.D., & Cunningham, P.B. (1998). *Multisystemic treatment of antisocial behavior in children and adolescents*. New York: The Guilford Press.
Liddle, H.A., Dakof, G.A., Parker, K., Diamond, G.S., Barett, K., & Tejeda, M. (2001). Multidimensional family therapy for adolescent drug abuse: Results of a randomized clinical trial. *American Journal of Drug and Alcohol Abuse, 27*, 651-688.
Spinhoven, Ph., Giesen-Bloo, J., Dyck, R. van, Kooiman, K., & Arntz, A. (2005). The therapeutic alliance in schema-focused therapy and transference-focused psychotherapy for borderline personality disorder. *Journal of Consulting and Clinical Psychology, 75*, 104-115.
Young, J. (2005). Schema-Focused Cognitive Therapy and the Case of Ms. S. *Journal of Psychotherapy Integration, 15*, 115-126.

# 10 Schematherapie bij persoonlijkheidsproblematiek en verslaving

T. Kersten

Persoonlijkheidsproblematiek gaat vaak samen met middelenmisbruik of -afhankelijkheid. Met name in de verslavingszorg en in de forensische zorg komt deze *dubbele diagnose-(DD-)problematiek* veel voor.

In de verslavingszorg varieert het percentage patiënten met een DSM-IV-diagnose middelenafhankelijkheid en daarnaast een of meer persoonlijkheidsstoornissen van 44% bij alcoholisten, 70% bij cocaïneverslaafden tot zelfs 79% bij heroïneverslaafden. Het gaat hier vooral om de borderline en antisociale persoonlijkheidsstoornis (Verheul, Van den Brink & Hartgers, 1995). Verslaafden hebben vaak meerdere persoonlijkheidsstoornissen. De Jong, Van den Brink, Harteveld en Van der Wielen (1993) vonden in hun studie dat alcoholisten gemiddeld 2,3 persoonlijkheidsstoornissen hadden en drugsgebruikers gemiddeld maar liefst 4,4 persoonlijkheidsstoornissen.

In tbs-klinieken heeft ongeveer 75-80% van de patiënten een of meer persoonlijkheidsstoornissen. Dit is 4,5 keer zo veel als in een algemeen psychiatrisch ziekenhuis. Het gaat hier vooral om cluster-B-stoornissen. Antisociale, borderline, narcistische en paranoïde persoonlijkheidsstoornissen komen het meeste voor. Van deze patiënten heeft 34% tevens een diagnose middelenmisbruik of -afhankelijkheid. Wanneer wordt gekeken naar 'intensief middelengebruik of verslaving tijdens het delict', dan wordt het percentage patiënten veel hoger: circa 65-70% (Van Emmerik & Brouwers, 2001).

In Forensisch Psychiatrisch Centrum de Rooyse Wissel heeft maar liefst 81% van de patiënten met een persoonlijkheidsstoornis tevens een diagnose middelenmisbruik (1/3) of -afhankelijkheid (2/3). Meer dan de helft van de patiënten (56%) gebruikt meer dan één middel. Bij deze patiënten is de behandeling van persoonlijkheidsproblematiek én verslavingsproblematiek van groot belang. Temeer omdat verslaving een belangrijke risicofactor is voor recidive in delictgedrag.

Ondanks de hoge comorbiditeit tussen persoonlijkheidsstoornissen en verslaving is tot nu toe nog opvallend weinig onderzoek uitgevoerd naar de behandeling van deze DD-problematiek. Slechts twee zogenoemde Dubbele-

Focusbehandelingen zijn beschreven en onderzocht (Verheul, Van den Bosch & Ball, 2007): de *Dual Focus Schema Therapy* van Ball (1998) en de *Dialectical Behavior Therapy-Substance Abuse* van Linehan, Schmidt en Dimeff (1999).

De *Dual Focus Schema Therapy* (DFST) is een geprotocolleerde individuele therapie van 24 weken. Symptoomgerichte terugvalpreventietechnieken worden gecombineerd met training in vaardigheden en schematherapie-technieken. Ball maakt gebruik van de schema's, niet van schemamodi die later door Young ontwikkeld werden. Er is enige evidentie voor het effect van DFST (Ball, Young & Rounsaville, 1999).

De *Dialectical Behavior Therapy-Substance Abuse* (DBT-S) bestaat uit de standaardbehandelmodules van DBT en deze worden gecombineerd met thema's rondom middelengebruik en het gebruik van natuurlijke bekrachtigers om abstinentie te behouden. Ook voor deze Dubbele-Focusbehandeling is enige evidentie in termen van drop-out en afname van middelengebruik (Linehan et al., 1999).

Het weinige onderzoek laat zien dat het zinvol is verder te gaan met de ontwikkeling van een geïntegreerde Dubbele-Focusbehandeling voor persoonlijkheidsstoornissen en verslaving. Verheul en collega's (2007) geven daartoe een aantal richtlijnen, waarvan de belangrijkste zijn:

1 Behandeling dient vanaf het begin op zowel verslaving als persoonlijkheidsstoornissen gericht te worden. Een geïntegreerd pakket van effectieve behandelvormen voor beide stoornissen is wenselijk.
2 Een goede therapeutische relatie en een intensief en langdurig contact zijn van belang. De beste context is een langdurig klinisch behandelprogramma dat voldoende structuur en veiligheid biedt. Het is wenselijk dat een dergelijk behandelprogramma een combinatie van vaardighedentraining en terugvalpreventietraining bevat.
3 Motiverende gespreksvoering is een belangrijke methodiek in de behandeling. Bij een dubbele diagnose speelt namelijk vaak een chronisch gebrek aan motivatie en zijn er problemen in de interpersoonlijke relatie en waarneming.

In dit hoofdstuk wordt een voorstel gedaan voor een geïntegreerde behandeling van cluster-B-persoonlijkheidsstoornissen en verslavingsproblematiek[1]. Uitgangspunten hierbij zijn het schemamodimodel van Young, de voor forensische patiënten aangepaste schemamodi van Bernstein, Arntz en De Vos (2007) en 'evidence-based' behandelmethoden voor verslaving, zoals motiverende gespreksvoering, zelfcontroletechnieken, vaardighedentraining, terugvalpreventietraining en 'contingency management' (Emmelkamp & Vedel, 2007). Deze behandeling wordt ontwikkeld binnen het zorgprogramma persoonlijkheidsstoornissen in Forensisch Psychiatrisch Centrum de Rooyse Wissel te Venray.

---

1 *Met 'verslavingsproblematiek' wordt bedoeld: middelenmisbruik, middelenafhankelijkheid en gokken.*

**Praktijk**

Zoals beschreven is de prevalentie van persoonlijkheidsstoornissen en comorbide verslavingsproblematiek in tbs-klinieken erg hoog. In feite is in deze setting zelfs sprake van drievoudige diagnoseproblematiek: persoonlijkheidsstoornissen, middelenmisbruik of -afhankelijkheid (vaak in combinatie met ADHD) en een of meer ernstige geweldsdelicten.

Veel variatie komt voor in de aard en ernst van de verslavingsproblematiek, in de rol en functie van middelengebruik in de persoonlijkheidsproblematiek en in het delictgedrag. Daarom is een grondige analyse van de samenhang tussen stoornissen en delictgedrag van groot belang voor de behandeling.

In het schemamodimodel van Young wordt verslavingsgedrag (middelengebruik en gokken) veelal gezien als een vermijdende copingstijl. Om geen emotionele pijn en angst te hoeven voelen kan een patiënt bijvoorbeeld heroïne of cannabis gebruiken of gaan gokken (Onthechte zelfsusser of zelfstimulator). Dit mechanisme speelt vaak bij de borderline persoonlijkheidsstoornis. Het zelfmedicatiemodel of stressreductiemodel van verslaving is dan van toepassing.

Middelengebruik en gokken kunnen echter in andere schemamodi ook andere functies hebben. Zo kan een patiënt bijvoorbeeld cocaïne of xtc gebruiken uit een behoefte aan nieuwe prikkels ('novelty seeking') en een beloningsgevoeligheid. Psychopathische patiënten kunnen hiermee hun antisociale en narcistische schemamodi versterken (Zelfverheerlijker- of Roofdier-modus).

Een derde mechanisme is dat impulsiviteit en antisocialiteit (bij de borderline en antisociale persoonlijkheidsstoornis) de drempel om middelen te gaan gebruiken verlagen. Bovendien versterken sommige middelen (door hun psychotrope effecten) impulsiviteit en controleverlies. In termen van het schemamodimodel kunnen bijvoorbeeld alcohol en cocaïne het Razende of Impulsieve kind versterken en leiden tot controleverlies.

In figuur 10.1 is het schemamodimodel met daarin de drie functies van middelengebruik weergegeven.

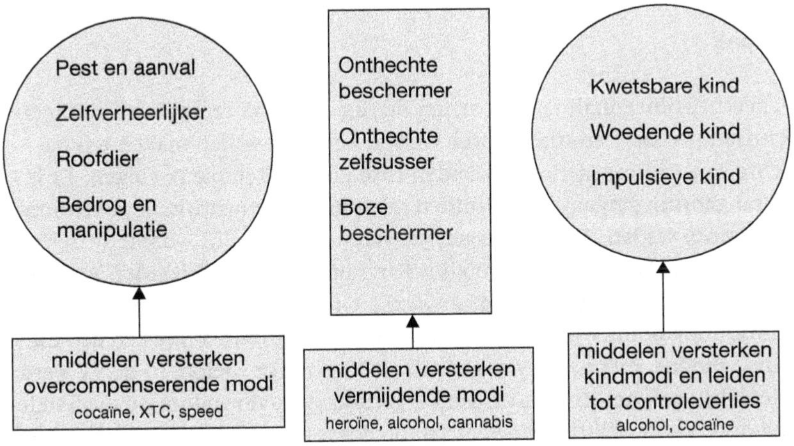


*Figuur 10.1*
Schemamodi en functies van middelengebruik.

D. is veroordeeld voor een verkrachting en eerder voor geweldsdelicten. Hij heeft een voorgeschiedenis van emotionele verwaarlozing en mishandeling door zijn vader. Hij heeft een antisociale persoonlijkheidsstoornis, met narcistische en borderline trekken, en scoort hoog op impulsiviteit en op de Psychopathy Check List (PCL-R, Hare, 2003). Daarnaast is er sprake van misbruik van meerdere middelen (alcohol, cocaïne en cannabis). Tijdens zijn delicten was D. fors onder invloed.

De middelen die D. gebruikte hadden verschillende functies in (het ontstaan van) zijn persoonlijkheidsproblematiek. Cannabis had oorspronkelijk een sociale functie (erbij horen): D. was een 'meeloper', zoals hij zichzelf noemde (Willoze inschikkelijke). Daarnaast had cannabis een ontspannende werking (Onthechte zelfsusser). Cocaïne gebruikte hij 'om een man te kunnen zijn', in eerste instantie om zich machtiger te voelen ten opzichte van zijn vader (zijn macho-kant, Zelfverheerlijker), later ook 'om te kunnen vechten' in het criminele milieu waarin hij opgroeide (Pest en aanval-modus en Roofdier-modus). D. ging alleen over tot de aanval als hij onder invloed was. Als hij geen middelen gebruikt had, bleef het bij dreigende taal. Alcohol hielp hem enerzijds de pijn van de mishandeling te vergeten (Onthechte zelfsusser), anderzijds zorgde alcohol voor controleverlies en werkte sterk agressieluxerend (Impulsieve kind). Alcohol en cocaïne versterkten zijn macho-kant en roofdierkant. Hij gebruikte deze middelen in het uitgaansleven vaak gericht, om te kunnen vechten.

Persoonlijkheidspathologie (psychopathie) is bij D. het dominante probleem. De Roofdier-modus, de Zelfverheerlijker en het Impulsieve kind zijn de belangrijkste risicoschemamodi. Direct delictgevaar ontstaat als D. gekrenkt is en hij cocaïne en alcohol gaat gebruiken. Dan komen zijn macho- en roofdierkant (psychopathie) sterk naar voren.

## Aanpak

D. heeft tweëneenhalf jaar ST achter de rug. Het was een moeizaam therapeutisch proces. Externe factoren (verlof, het goed willen maken ten opzichte van zijn moeder) motiveerden hem om de therapie te volgen. Er is vooral gebruik gemaakt van 'limited reparenting', empathische confrontatie en grenzen stellen. Tijdens de sessies waren aanvankelijk vooral de Zelfverheerlijker, de Pest en aanval-modus, Paranoïde overcontroleerder, Boze beschermer en het Razende kind aanwezig. Op de afdeling zag men met regelmaat de Roofdier-modus, de Bedrog en manipulatie-modus en de Pest en aanval-modus, met name wanneer D. zich gekrenkt voelde. In de ST werd geleidelijk ook het Kwetsbare kind zichtbaar, vooral rondom de mishandeling door vader, schuldgevoelens ten opzichte van moeder en schaamte en schuld over de verkrachting.

D. was aanvankelijk niet bereid imaginatieoefeningen te doen met betrekking tot zijn verleden (Paranoïde overcontroleerder), de mishandeling door vader en de verkrachting die hij gepleegd heeft. Ook de meerstoelentechniek en rollenspelen weigerde hij. Deze technieken ervoer hij als onrealistisch. Er bleken twee redenen te spelen voor het weigeren van imaginatieoefeningen. Hij was bang voor de pijn en woede ten opzichte van zijn vader. Daarnaast was hij bang zo veel last van trek te krijgen dat hij weer middelen zou willen gaan gebruiken. Het Kwetsbare kind en middelengebruik als copingmodus (Onthechte zelfsusser) bleken dus sterk aan elkaar gekoppeld. Er is uitgebreid aandacht besteed aan trek in middelen en hoe daarmee om te gaan door de trek 'uit te zitten' en alternatieve coping aan te leren. Praten en werken bleken goede gedragsalternatieven.

Uiteindelijk, naarmate D. meer vertrouwen kreeg in de therapeute die hem behandelde, heeft hij erin toegestemd enkele keren een imaginatieoefening te doen met betrekking tot zijn mishandeling door vader. Tijdens deze imaginaties was hij emotioneel, kreeg ook last van trek, maar kon die 'uitzitten' tijdens de imaginatie, een belangrijke oefening in zelfcontrole. Ook rescripting verliep goed. D. zelf vond echter dat de imaginatie hem niks opleverde en is sindsdien vastbesloten dat hij zijn jeugd wil afsluiten en niet meer wil 'verwerken'.

Uit de beschreven casus blijkt het belang van een grondige analyse van de relatie tussen persoonlijkheidspathologie, verslaving en delict om gericht te kunnen behandelen. Daarnaast blijkt de meerwaarde van een dubbele focus tijdens de behandeling. Mede op basis van ervaringen in een aantal DubbeleFocusbehandelingen is een opzet voor een geïndividualiseerde, geïntegreerde behandeling van DD-problematiek ontwikkeld.

Deze bestaat uit de volgende stappen en onderdelen:

1 *Diagnostische fase*
  Door middel van vragenlijsten en testen wordt diagnostiek verricht door de afdeling Intake en diagnostiek. DSM-IV-diagnosen worden bepaald, schema's en schemamodi worden vastgesteld.
2 *Delictanalysefase*
  Casusconceptualisatie:
  Tijdens de delictanalyse wordt door de vakgroep psychotherapie in samenwerking met de patiënt diens casusconceptualisatie opgesteld, waarin ook verslavingsproblematiek is opgenomen.
  Verslavingsanalyse:
  Tevens wordt een verslavingsanalyse gemaakt, een analyse van de functionele samenhang van (persoonlijkheids)problematiek, verslaving en delict (holistische theorie en functie-analyses).
3 *Delictketengroep en start verslavingstraject*
  Alle patiënten van het zorgprogramma persoonlijkheidsstoornissen nemen deel aan een delictketengroep, waarin cognitieve, emotionele, gedragsmatige en situationele factoren vooraf aan, tijdens en na het delict in kaart worden gebracht. De schemamodi en de rol die middelengebruik daarin speelde worden opgenomen in de delictketen ('risicoschemamodi' en 'risicomiddelen').

DD-patiënten starten in deze fase met twee verslavingsmodules: de Middeleninfomodule (informatie en motivatie) en daarna de Middelen en coping-module (omgaan met trek, gedragsalternatieven).
In de resocialisatiefase nemen patiënten tot slot deel aan de Terugvalmanagementmodule (omgaan met risicosituaties en terugval).

4 *Individuele Dubbele-Focusbehandeling*
Parallel aan of na afronding van de delictketengroep start een individuele schematherapie met daarin opgenomen interventies gericht op verslavingsproblematiek. De behandeling kent de volgende fasering en elementen:
- opbouwen van therapeutische 'reparenting'-relatie, psycho-educatie over ST en verslaving;
- aanleren van zelfcontroletechnieken (cognitieve en gedragsinterventies) met het oog op trek en/of middelengebruik;
- experiëntiële technieken (imaginatie) om te werken aan interne uitlokkers van verslaving (bijvoorbeeld traumatische herinneringen), tegelijkertijd aandacht voor omgaan met trek;
- motiverende gespreksvoering met betrekking tot het stellen van doelen per middel: abstinentie of gecontroleerd gebruik;
- aanleren van terugvalmanagementtechnieken (met name in de resocialisatiefase);
- ter aanvulling van de psychotherapie eventueel individuele vaktherapie (kan een belangrijke rol spelen in de Dubbele-Focusbehandeling).

## Valkuilen en tips

### 'Verslaving is geen probleem meer'

Door de gedwongen remissie in de tbs denken veel patiënten dat ze geen verslavingsprobleem meer hebben, ze ervaren immers geen trek ('craving'), zijn al jaren clean, en denken dat ze als ze 'buiten' komen geen probleem meer hebben. Echter: terugval ligt altijd op de loer, dat wordt pas duidelijk als de patiënt in de resocialisatiefase komt. Tijdens het verlof buiten de kliniek vindt pas de blootstelling aan externe uitlokkers plaats en merken patiënten dat hun verslaving nog steeds actueel is.

Tip: houd verslaving en trek gedurende de hele tbs-periode op de agenda en besteed er aandacht aan. Besteed in de klinische fase vooral aandacht aan de interne uitlokkers van trek en middelengebruik (bijvoorbeeld krenking, eenzaamheid, onrust, verdriet) door middel van experiëntiële technieken. In de resocialisatiefase is omgaan met externe uitlokkers van belang en zijn vooral terugvalmanagementtechnieken (gedrags- en cognitieve technieken) relevant.

### 'Ik geloof niet in imaginatie'

Verschillende antisociale patiënten weigeren imaginatieoefeningen te doen en geloven niet in rescripting. Ze vinden het 'nep' en doen alleen waar ze zelf het nut van inzien.

Tip: maak in eerste instantie gebruik van andere technieken en probeer met een patiënt, als de tijd rijp is, te onderhandelen over een paar 'proefsessies'.

### 'Je bent nu een roofdier'

Het benoemen van schemamodi kan stigmatiserend werken of een modus versterken, vooral als het gaat om antisociale schemamodi. Bijvoorbeeld: het benoemen van de Roofdier-modus als de patiënt in die modus verkeert kan de kille agressie versterken en is dus niet zonder risico.

Tip: voorzichtigheid en vooral juiste timing zijn geboden bij het benoemen en bespreken van gedrag in termen van antisociale schemamodi.

## Toekomst

De tekst van dit hoofdstuk vormt de weerslag van de eerste fase in de ontwikkeling van een Dubbele-Focusbehandeling waarin schematherapie en verslavingsbehandeling gecombineerd worden. Deze behandeling moet nog verder ontwikkeld en beschreven worden. De bedoeling is de methodieken en technieken ook zo veel mogelijk te beschrijven in de vorm van een richtlijn of protocol. Hoe ST-technieken gebruikt kunnen worden om interne uitlokkers van middelengebruik (gevoelens van het Kwetsbare kind) aan te pakken is daarbij een belangrijk aandachtspunt.

Daarna komt pas de fase van bredere implementatie en kan evaluatieonderzoek plaatsvinden.

## Literatuur

Ball, S.A. (1998). Manualized treatment for substance abusers with personality disorders: Dual Focus Schema Therapy. *Addictive Behaviors, 23*, 883-891.

Ball, S.A., Young, J.E., & Rounsaville, B.J. (1999). *Dual Focus Schema Therapy versus 12-step Drug Counseling for personality disorder and addiction: Randomized pilot study.* Paper presented at the ISSPD 6th International Congress of the Disorders of Personality, Genève.

Bernstein, D.P., Arntz, A., & Vos, M.E. de (2007). Schemagerichte therapie in de forensische setting. Theoretisch model en voorstellen voor best clinical practice. *Tijdschrift voor Psychotherapie, 33*, 120-139.

Emmelkamp, P., & Vedel, E. (2007). Alcohol- en drugsverslaving. In: *Een gids voor effectief gebleken behandelingen.* Uitgeverij Nieuwezijds.

Emmerik, J.L., & Brouwers, M. (2001). *De terbeschikkingstelling in maat en getal: een beschrijving van de tbs-populatie in de periode 1995-2000.* Den Haag: Ministerie van Justitie.

Hare, R.D. (2003). *Hare Psychopathy Checklist - Revised (PCL-R)* (second edition). Toronto, Canada: Multi-Health Systems.

Jong, C.A.J. de, Brink, W. van den, Harteveld, F.M., & Wielen, G.M. van der (1993). Personality disorders in alcoholics and drug addicts. *Comprehensive Psychiatry, 34*, 87-94.

Linehan, M.M., Schmidt, H., & Dimeff. L.A. (1999). Dialectical behaviour therapy for patients with borderline personality disorder and drug-dependence. *American Journal on Addictions, 8*, 279-292.

Verheul, R., Brink, W. van den, & Hartgers, C. (1995). Prevalence of personality disorders among alcoholics and drug addicts. *European Addiction Research, 1*, 166-177.

Verheul, R., Bosch, W. van den, & Ball, S. (2007). Verslaving en persoonlijkheidspathologie. In: E.H.M. Eurelings-Bontekoe, R. Verheul & W.M. Snellen (red.), *Handboek persoonlijkheidspathologie.* Houten: Bohn Stafleu van Loghum.

# 11 Schematherapie voor Forensische Patiënten

D. Bernstein, M. de Vos en A. Arntz

Forensische patiënten brengen speciale uitdagingen met zich mee die niet vaak voorkomen in de algemene psychiatrie. Deze patiënten hebben vaak problemen met agressie, impulsiviteit of boosheid. Sommige bedienen zich van bedrog en manipulatie om hun doelen te bereiken. Velen zijn erg wantrouwig waardoor ze zich moeilijk inlaten met de behandeling. Patiënten met persoonlijkheidsstoornissen vormen de grootste diagnostische groep in de meeste forensische instellingen (Hildebrand & De Ruiter, 2004; Leue, Borchard & Hoyer, 2004; Rasmussen, Storsaeter & Levander, 1999; Timmerman & Emmelkamp, 2001). De cluster-B-persoonlijkheidsstoornissen (bijvoorbeeld antisociale, borderline en narcistische persoonlijkheidsstoornis) komen vooral veel voor. Cluster-B-patiënten, en voornamelijk sterk psychopathische patiënten, hebben een verhoogd recidiverisico (Hemphill, Hare & Wong, 1998; Jamieson & Taylor, 2004; Rosenfeld, 2003; Salekin, Rogers & Sewell, 1996). Gezien deze problematiek zijn veel experts sceptisch over de mogelijkheid van psychotherapie om hen te behandelen (D'Silva, Duggan & McCarthy, 2004). Schematherapie (ST) geeft daarentegen een meer optimistisch perspectief op verandering bij ernstige persoonlijkheidsstoornissen (Young, Klosko & Weishaar, 2003), een opvatting die ondersteund wordt door de resultaten van een recent afgerond gerandomiseerd klinisch onderzoek naar ambulante borderline patiënten (Giesen-Bloo et al., 2006).

In dit hoofdstuk wordt een forensische aanpassing van ST gepresenteerd, die onlangs is ontwikkeld en die momenteel getest wordt in verschillende forensisch psychiatrische ziekenhuizen in Nederland (tbs-klinieken) (Bernstein, Arntz & De Vos, 2007). Het forensische ST-model richt zich op persoonlijkheidskenmerken die worden gezien als risicofactoren voor geweld en criminaliteit. In dit model worden deze risicofactoren geconceptualiseerd als schemamodi (Young et al., 2003) – fluctuerende emotionele toestanden die, eenmaal uitgelokt, de waarschijnlijkheid van agressief, impulsief of ander antisociaal gedrag vergroten. Aangezien schemamodi relatief gedissocieerd zijn, domineren zij de persoon en zijn functioneren op een bepaald moment (Young et al., 2003). Door de ernst van deze disfunctionele modi te verminderen, en de Gezonde volwassene-modus van de patiënt te versterken, beoogt forensische ST echte persoonlijkheidsverandering te bewerkstelligen, hetgeen resulteert in een blijvend verlaagd recidiverisico voor toekomstig antisociaal gedrag.

## Praktijk

Om de psychologische redenen achter crimineel gedrag te begrijpen en richting te geven aan forensische ST, is het oorspronkelijke schemamodimodel van Young en collega's (2003) uitgebreid met vijf extra 'forensische schemamodi': Boze beschermer, Pest en aanval, Paranoïde overcontroleerder, Bedrog en manipulatie en Roofdier (Bernstein et al., 2007). In de Boze beschermer-modus houdt de vijandigheid, prikkelbaarheid of norse terugtrekking van de patiënt anderen op veilige afstand. In de Pest en aanval-modus bedient de patiënt zich van bedreigingen of agressie om anderen te intimideren. In de Paranoïde overcontroleerder-modus is de patiënt overwaakzaam, zoekt naar verborgen tegenstanders die hem pijn willen doen of hem willen vernederen. In de Bedrog en manipulatie-modus toont de patiënt zich als een 'onecht zelf' door te liegen, bedriegen of anderen te charmeren om een gewenst doel te bereiken. In de Roofdier-modus elimineert de patiënt een bedreiging, rivaal of obstakel op een kille, emotieloze en meedogenloze manier.

Door dit uitgebreide modimodel te gebruiken kunnen 'onzinnige' delicten soms verklaard worden in termen van een opeenvolgende reeks van schemamodi.

> De patiënt werd in de steek gelaten door zijn vriendin. Hij werd furieus en, na high te zijn geworden met een vriend, besloot hij om naar haar huis te gaan om haar te vermoorden. Toen hij haar huis niet kon vinden stopte hij om een onbekende vrouw de weg te vragen. Hij trok haar in zijn busje en verkrachtte haar. Tijdens zijn misdrijf wisselde hij ogenschijnlijke bezorgdheid ten aanzien van zijn slachtoffer af met bedreiging en intimidatie als zij weigerde te doen wat hij wilde.

In deze eerste casus was verlating de uitlokkende factor (Kwetsbare kind-modus). De patiënt probeerde zichzelf te kalmeren door stoned te worden (Onthechte zelfsusser-modus) maar toen woede hem te veel werd (Woedende kind-modus) besloot hij wraak te nemen. Toen zijn gewenste slachtoffer, zijn vriendin, niet beschikbaar was, koos hij een 'gelegenheidsslachtoffer'. Hij speelde met zijn slachtoffer om zijn macht over haar te demonstreren (Zelfverheerlijker-modus) en gebruikte bedreigingen om te zorgen dat zij meewerkte aan zijn eisen (Pest en aanval-modus).

Een patiënt die een drugsbehandelprogramma volgde, werd beschuldigd van drugshandel. Hij raakte ervan overtuigd dat een andere patiënt hem moest hebben verraden. Uiteindelijk vielen zijn verdenkingen op een patiënt die hij ervan verdacht zijn 'territorium' te willen overnemen. Alhoewel er geen stevig bewijs was van schuld van deze patiënt, besloot hij hem een lesje te leren. Hij pakte een mes en kerfde een teken in de wang van deze man om hem (en anderen) te laten zien dat met hem niet viel te spotten. Hij liet weinig emotie zien tijdens de aanval, terwijl hij er wel op lette het teken zo te kerven dat het voor iedereen zichtbaar was.

In deze tweede casus was de overtuiging dat een medepatiënt hem had verraden de uitlokkende factor. Hij was ervan overtuigd zijn bron van verraad te hebben gelokaliseerd, ondanks een gebrek aan bewijs (Paranoïde overcontroleerder-modus). Hij besloot zijn rivaal een lesje te leren, zodat er geen twijfel over zou zijn wie het voor het zeggen had (Zelfverheerlijker-modus). Kil en efficiënt elimineerde hij de (waargenomen) bedreiging van zijn drugshandel (Roofdier-modus).

In deze voorbeelden, waarin het om sterk psychopathische patiënten gaat, kunnen emotionele toestanden (schemamodi) elkaar dus uitlokken en uiteindelijk leiden tot het begaan van delicten. Door deze modi te behandelen tracht ST deze cirkel te doorbreken.

## Aanpak

De ervaringen van de afgelopen twee jaar leren dat veel forensische patiënten baat hebben bij ST. De ST-basisaanpak blijft hetzelfde bij het werken met deze doelgroep als bij patiënten met een persoonlijkheidsstoornis in het algemeen. De volgende punten worden in forensische ST echter extra benadrukt.

*'Reparenting'*-relatie. De reparenting-relatie is de hoeksteen van forensische ST, net als voor ST in het algemeen (Young et al., 2003). Veel patiënten zijn echter bijzonder wantrouwend en emotioneel afstandelijk, waardoor ze zich moeilijker inlaten met behandeling. Daarom moet de therapeutische relatie gewoonlijk langzaam worden opgebouwd. De consistentie, beschikbaarheid, openheid en oprechte compassie van de therapeut ten opzichte van de patiënt zijn essentiële ingrediënten om hierin te slagen. De therapeut moet geduldig en optimistisch zijn, en niet te snel grote veranderingen verwachten.

*Schema's en modi.* In tegenstelling tot patiënten met een minder ernstige persoonlijkheidsstoornis, die behandeld kunnen worden met standaard ST waarin de nadruk ligt op vroegkinderlijke onaangepaste schema's en copingreacties, richt forensische ST zich op schemamodi. Uit ervaring blijkt dat de meesten van deze patiënten het idee van modi behoorlijk snel bevatten en leren op zichzelf toe passen, voor zover hun intelligentie dit toelaat (IQ > 80). Patiënten leren niet hun schema's zelf te benoemen omdat het heen en weer schuiven tussen schema's en modi verwarrend kan zijn. Toch worden schema's gebruikt als een toevoegsel voor modi, al is dit niet expliciet. Tijdens het bespreken van bijvoorbeeld de Kwetsbare kind-modus kunnen we praten over 'de kant van jezelf die bang is in de steek te worden gelaten' (schema Verlating/instabiliteit).

*Diagnostiek en casusconceptualisatie.* De schemamodus-casusconceptualisatie is essentieel voor forensische ST omdat het de strategie bepaalt die de therapeut zal gebruiken om schemamodi van de patiënt in het begin aan te pakken. De meting verenigt verschillende informatiebronnen, waaronder het strafdossier en de observaties van de interacties van de patiënt met anderen (zoals stafleden en medepatiënten). De therapeut leert de patiënt het schemamodimodel. Hij presenteert een versimpelde versie van zijn casusconceptualisatie, beginnend bij een aantal modi die het eerste doel van de behandeling zullen zijn.

*Beschermende modi.* De meeste forensische patiënten hebben in het bijzonder de sterke Onthechte beschermer-, Boze beschermer- en/of Onthechte zelfsusser-modi. Ze kunnen emotioneel vlak lijken, of ontkennen emoties of problemen te hebben. Ze kunnen zich als hypernormaal presenteren door sociaal wenselijke antwoorden te geven, of overkomen als afstandelijk, tartend of niet coöperatief. Ze kunnen drugs, alcohol of ander compulsief gedrag gebruiken om pijnlijke gevoelens te blokkeren. Achter deze façades zit gewoonlijk een pervasief wantrouwen jegens andere mensen en een angst voor eigen emoties. Deze neiging om onthecht te blijven wordt vaak versterkt door de institutionele setting waarin patiënten leren zich aan te passen door mensen en situaties te vermijden die hun problematisch gedrag uitlokken. Deze onthechte modi zijn de eerste twee jaren de focus van forensische ST. De therapeut gebruikt standaard ST-technieken zoals empathische confrontatie, rollenspel (bijvoorbeeld tweestoelentechniek) en imaginatieoefeningen. Het langzaam opbouwen van vertrouwen via de reparenting-relatie is een wezenlijke manier om de onthechting van de patiënt te doorbreken en toegang te krijgen tot de kindmodi die er gewoonlijk onder verborgen zitten.

*Kwetsbare kind-modus.* Sommige forensische patiënten kunnen, zonder grote moeite, gevoelens van innerlijke pijn ervaren en toegeven. Andere patiënten ontkennen dergelijke gevoelens geheel. Als patiënten ontkennen enige gevoelens te hebben, komt dit, naar onze ervaring, doordat de Beschermende modus de toegang tot de Kwetsbare modus blokkeert. Bewijs dat het idee ondersteunt dat deze patiënten inderdaad een meer emotionele kant hebben is, dat ze vaak weigeren om imaginatieoefeningen te doen of extreem verstoord zijn door de emoties die daarbij vrijkomen. Zelfs patiënten die ontkennen enige gevoelens te hebben, zullen vaak erkennen dat ze zich wantrouwend voelen ten opzichte van anderen, of het gevoel hebben dat anderen hen proberen te vernederen. Ze maken dus externaliserende attributies (Weiner, 1990) waarbij anderen worden gezien als de oorzaak van hun emoties ('Ik schaam me niet, *jij* probeert mij te vernederen') liever dan dat zij het gevoel hebben dat hun emoties bij henzelf horen. Met de patiënt bespreken welke kant van hemzelf zich wantrouwend voelt, kan de eerste stap zijn om toegang te krijgen tot de kwetsbaarheid van de patiënt.

*Impulsieve kind-modus.* Veel forensische patiënten groeiden op in gezinnen waar onvoldoende grenzen aan hen werden gesteld. Deze patiënten zijn niet in staat om frustratie te tolereren of om met regels om te gaan: dat hebben ze als kind nooit geleerd. De patiënt helpen om grenzen te accepteren is een cruciaal onderdeel van de reparenting-rol van de therapeut. De therapeut gebruikt standaard ST-technieken zoals empathische confrontatie, rollenspel, imaginatie of het stellen van grenzen als de patiënt weigert te voldoen aan redelijke verwachtingen of boos wordt als hem iets wordt onthouden wat hij graag wil. De therapeut kan bijvoorbeeld de tweestoelentechniek gebruiken om een dialoog te voeren tussen de impulsieve en de gezonde kant van de patiënt.

*Woedende kind- en Boze beschermer-modus.* De ST-therapeut moet leren om verscheidene modi met betrekking tot boosheid en agressie, zoals Woedende kind, Boze beschermer en Onthechte beschermer, van elkaar te onderscheiden. Weten welke modus op een gegeven moment 'in de kamer is', is de sleutel voor weten hoe te interveniëren, want verschillende modi vereisen verschillende interventies. Young en collega's (2003) hebben bijvoorbeeld drie manieren geschetst voor het omgaan met de Woedende kind-modus: emotie volledig lucht laten geven, meeleven met de patiënt en als derde realiteitstoetsing. Deze procedure werkt goed als de patiënt openlijk zijn boosheid uit. Veel forensische patiënten uiten echter hun woede indirect, via geïrriteerd, mokkend, pruilend, klagend, teruggetrokken of oppositioneel gedrag – ofwel de Boze beschermer-modus. Dit gedrag is zelfvernietigend omdat andere mensen niet in staat zijn om mee te leven met de emoties van de patiënt. Enerzijds gebruikt de therapeut empathische confrontatie en andere technieken om de redenen te onderzoeken waardoor de patiënt zich niet in staat voelt zijn gevoelens op een directe wijze te uiten. Anderzijds benadrukt hij de zelfvernietigende aard van dit gedrag. Op hetzelfde moment probeert de therapeut in zijn reparenting-rol een gezond uiten van boosheid te stimuleren.

*Pest en aanval-modus.* Als agressieve modi, zoals de modi Pest en aanval en Roofdier, zich voordoen in een sessie moet hier onmiddellijk een interventie op volgen, ofwel met behulp van empathische confrontatie ofwel door het stellen van grenzen. De keuze van de techniek hangt af van de ernst van de agressie: hoe ernstiger de bedreiging of het agressieve gedrag, des te waarschijnlijker moet de therapeut eerst een grens stellen, waarna hij de redenen voor het zich voordoen van deze modus kan onderzoeken. Meestal heeft de patiënt voldoende zelfcontrole om zijn agressie buiten de therapiesessie te houden. De agressie kan gemakkelijker worden uitgelokt in situaties buiten de sessie – bijvoorbeeld in confrontaties met stafleden en medepatiënten. Het is erg belangrijk om deze incidenten naar voren te laten komen in de therapiesessies. Een grondige, niet bestraffende reconstructie van het incident waarin de patiënt wordt gevraagd zo veel mogelijk details van het incident te vertellen, kan de therapeut helpen te herkennen om welke modi het gaat en hypothesen te formuleren waardoor die uitgelokt zijn. Zulke gesprekken zijn goed om het incident uit de sfeer van schuld te halen en verder te werken aan een vruchtbaar onderzoek naar de modi van de patiënt.

## Valkuilen en tips

*Zelfverheerlijker-modus.* Veel forensische patiënten, vooral narcistische en psychopathische patiënten, hebben een Zelfverheerlijker-modus. Deze modus kan de voortgang van behandeling bemoeilijken, vooral als de patiënt de therapeut of de therapie devalueert. Als de therapeut niet reageert op de devaluerende houding van de patiënt, is de patiënt snel geneigd om de therapeut als zwak te zien en dientengevolge zijn devaluaties te laten escaleren. Om deze reden moet de therapeut duidelijk en onmiddellijk de patiënt met dit gedrag confronteren, maar zonder veroordelend te zijn. Een valkuil is het overreageren door de therapeut als gevolg van zijn eigen schema's (bijvoorbeeld Minderwaardigheid/schaamte) en dat hij probeert de patiënt op zijn plaats te wijzen. De therapeut moet dus streng maar welwillend zijn, niet bang zijn om het arrogante of devaluerende gedrag van de patiënt te benoemen, maar dit wel op een respectvolle en niet bedreigende manier doen.

*Bedrog en manipulatie-modus.* Omgaan met het liegen of manipuleren van de patiënt is een van de moeilijkste kwesties in forensisch werk. Als een patiënt huilt, is het bijvoorbeeld moeilijk te weten of de emotie oprecht is of bedoeld om de sympathie van de therapeut te wekken. In andere gevallen kunnen patiënten de therapeut om speciale gunsten vragen of proberen de therapeut hun kant te laten kiezen in geval van een conflict. Er is een begrijpelijke neiging van forensische hulpverleners om behoedzaam te zijn voor manipulatie van de patiënt. Sommige hulpverleners kunnen hier echter te ver in gaan; zij reageren onwillekeurig met wantrouwen op patiënten. De ST-therapeut moet dus enerzijds in staat zijn te reageren op de oprechte gevoelens en behoeften van de patiënt (bijvoorbeeld 'reparenting') en anderzijds hem confronteren met zijn onoprechte en manipulatieve gedrag (bijvoorbeeld empathische confrontatie).

*Grenzen stellen.* De ST-therapeut stelt grenzen als het gedrag van de patiënt bedreigend of beledigend is, de behandeling dreigt te ondermijnen of gevaarlijk is voor hemzelf of anderen. Als de therapeut faalt in het stellen van grenzen, escaleert het gedrag van de patiënt vaak. ST-therapeuten stellen grenzen op een duidelijke, besliste, maar niet bestraffende manier. Ze benadrukken de verschillen tussen de gezonde uiting van boosheid en bedreigend of beledigend gedrag van de patiënt. De meeste forensische patiënten kalmeren vrij snel als ze in de gaten hebben dat de therapeut sterk genoeg is om grenzen te stellen op een vastbesloten maar niet bestraffende manier. Als het bedreigende of gevaarlijke gedrag doorgaat vertelt de therapeut dat hij consequenties zal moeten verbinden aan het gedrag van de patiënt.

## Toekomst

De aangepaste modibenadering die in dit hoofdstuk is gepresenteerd blijft in ontwikkeling. Er wordt klinisch onderzoek naar deze forensische aanpassing van ST (zie hoofdstuk 21) uitgevoerd in een aantal forensisch psychiatrische ziekenhuizen (tbs-klinieken in Nederland): 'multicenter' onderzoek. De resultaten van deze studie kunnen beslissende informatie opleveren over de effectiviteit van ST in het reduceren van persoonlijkheidsstoornissymptomen en recidiverisico voor forensische patiënten met persoonlijkheidsstoornissen.

## Literatuur

Bernstein, D., Arntz, A., & Vos, M.E. de (2007). Schemagerichte therapie in forensische settings: theoretisch model en richtlijnen voor best clinical practice. *Tijdschrift voor Psychotherapie, 33,* 120-139.

D'Silva, K., Duggan, C., & McCarthy, L. (2004). Does treatment really make psychopaths worse? A review of the evidence. *Journal of Personality Disorders, 18,* 163-177.

Giesen-Bloo, J., Dyck, R. van, Spinhoven, Ph., Tilburg, W. van, Dirksen, C., Asselt, T. van, Kremers, I., Nadort, M., & Arntz, A. (2006). Outpatient psychotherapy for Borderline Personality Disorder: A randomized clinical trial of Schema Focused Therapy versus Transference Focused Psychotherapy. *Archives of General Psychiatry, 63,* 649-658.

Hemphill, J., Hare, R., & Wong, S. (1998). Psychopathy and recidivism: A review. *Legal Criminology Psychology, 3,* 141-172.

Hildebrand, M., & Ruiter, C. de (2004). PCL-R psychopathy and its relation to DSM-IV Axis I and II disorders in a sample of male forensic psychiatric patients in the Netherlands. *International Journal of Law and Psychiatry, 27,* 233-248.

Jamieson, L., & Taylor, P. (2004). A re-conviction study of special (high security) hospital patients. *British Journal of Criminology, 44,* 783-802.

Leue, A., Borchard, B., & Hoyer, J. (2004). Mental disorders in a forensic sample of sexual offenders. *European Psychiatry, 19,* 123-130.

Rasmussen, K., Storsaeter, O., & Levander, S. (1999). Personality disorders, psychopathy, and crime in a Norwegian prison population. *International Journal of Law and Psychiatry, 22,* 91-97.

Rosenfeld, B. (2003). Recidivism in stalking and obsessional harassment. *Law and Human Behaviour, 27,* 251-265.

Salekin, R., Rogers, R., & Sewell, K. (1996). A review and meta-analysis of the Psychopathy Checklist and Psychopathy Checklist-Revised: Predictive validity of dangerousness. *Clinical Psychology, 3,* 203-215.

Timmerman, I.G., & Emmelkamp, P.M.G. (2001). The prevalence and comorbidity of Axis I and Axis II pathology in a group of forensic patients. *International Journal of Offender Therapy and Comparative Criminology, 42,* 198-213.

Weiner, B. (1990). Attribution in personality psychology. In: L.A. Pervin (Eds.), *Handbook of Personality: Theory and Research* (p. 465-484). New York: The Guilford Press.

Young, J.E., Klosko, J., & Weishaar, M. (2003). *SFT: A Practitioner's Guide.* New York: The Guilford Press.

# 12 Individuele schematherapie: de praktijk bij volwassenen

N. A. van den Kieboom en D. J. L. Jonker

Individuele schematherapie is de meest voorkomende behandelvorm binnen schematherapie (ST). Deze therapievorm heeft zich geleidelijk ontwikkeld. Een behandeling van patiënten met (ernstige) persoonlijkheidsproblematiek laat zich niet gemakkelijk gefaseerd beschrijven. Deze patiënten worden in hun leven meer dan gemiddeld geconfronteerd met stressvolle situaties, wat vaak de nodige aandacht vereist in een individuele behandeling. Patiënten worstelen met problemen op het gebied van relatie, opleiding of werk en financiën. Soms is de dreiging hiervan zo groot dat een crisis kan volgen. De individuele therapeut wordt geconfronteerd met deze problemen van de patiënt en wordt uitgedaagd om aandacht hieraan te geven zonder daarbij de schematherapietechnieken uit het oog te verliezen.

In de literatuur is de individuele schematherapie nauwkeurig uiteengezet (Young & Pijnaker, 1999; Arntz & Bögels, 2000; Schacht & Peeters, 2000; Van Genderen & Arntz, 2005). Young, Klosko en Weishaar (2005) hebben voor de ernstige persoonlijkheidsstoornissen een verandering aangebracht. Voor de borderline en de narcistische persoonlijkheidsstoornis hebben zij een 'schemamodusmodel' ontwikkeld. Bij deze patiëntengroep zijn vaak meerdere schema's tegelijk actief en wisselen copingstrategieën elkaar snel af. Het werken met de verschillende modi blijkt bij deze groep beter aan te sluiten. Ook voor andere persoonlijkheidsstoornissen wordt een vergelijkbaar 'schemamodusmodel' onderzocht (Bernstein, Arntz & De Vos, 2007; Lobbestael et al., aangeboden).

Individuele schematherapie bij borderline patiënten komt uit een eerste gerandomiseerd opgezette studie (Giesen-Bloo et al., 2006) als effectief.

In navolging van deze studie vindt momenteel binnen acht Nederlandse ggz-instellingen een onderzoek plaats naar de implementatie van individuele schematherapie bij patiënten met borderline problematiek (Nadort et al., ongoing study). Ook voor andere persoonlijkheidsstoornissen zijn er lopende studies naar individuele schematherapie (Bamelis et al., 2006-2010). Mede dankzij de lopende onderzoeken zal individuele schematherapie in de (nabije) toekomst naar verwachting verder aangepast en verbeterd worden.

In dit hoofdstuk wordt individuele schematherapie beschreven bij ambulante patiënten. Hoewel de therapie zich niet altijd in zijn geheel laat beschrijven, kan de therapie in verschillende fasen worden verdeeld (Arntz & Bögels, 2000; Van Genderen & Arntz, 2005). Deze fasen worden samengevat, waarbij de aandacht ook uitgaat naar problemen die een behandeling belemmeren.

### Praktijk

Joke, 35 jaar, gediagnosticeerd met borderline persoonlijkheidsstoornis en al sinds haar jeugd ambulant en klinisch in zorg, komt nu in behandeling na een zelfmoordpoging, waarbij ernstige relatieproblemen een rol lijken te spelen. Een jeugd, gekenmerkt door emotionele verwaarlozing, verlating door de moeder op 12-jarige leeftijd en misbruik tijdens verblijf in pleeggezinnen. De haar aangeboden behandeling accepteert ze met cynisme, 'ook dit zal wel weer niet helpen'.

Moniek, 27 jaar, ligt vaak hele dagen in bed, is ambulant in behandeling gekomen in verband met somberheid, studieproblemen en woede-uitbarstingen, vooral in haar relatie. Ze heeft nog veel contact met haar ouders, die ook midden in de nacht door haar gebeld worden omdat ze zich geen raad meer weet. Soms komen ze dan naar haar toe om haar te kalmeren, maar ze weten eigenlijk niet wat ze met haar aan moeten. Bij intake wordt de diagnose borderline persoonlijkheidsstoornis gesteld en zij gaat akkoord met de voorgestelde schematherapie.

Het proces van ST loopt synchroon met wat in de Multidisciplinaire richtlijn Persoonlijkheidsstoornissen (conceptversie, 2008) wordt geadviseerd:

*Ambulante individuele psychotherapieën zijn bewezen effectieve behandelingen voor diverse persoonlijkheidsstoornissen, maar met name voor de borderline persoonlijkheidsstoornis, de afhankelijke en de ontwijkende persoonlijkheidsstoornis en de persoonlijkheidsstoornis NAO. Afhankelijk van de behandelfase en de capaciteiten van de patiënt zal in het begin meer nadruk liggen op supportieve elementen en later op meer inzichtgevende elementen. In het bijzonder motiverende interviewtechnieken en diagnostische interventies zijn van grote waarde in het traject voorafgaande aan de behandeling, juist omdat patiënten met persoonlijkheidsstoornissen niet van meet af aan uit zichzelf gemotiveerd zijn.*

### Aanpak

De individuele schematherapie kan in zes fasen worden verdeeld, namelijk:
1 pretherapiefase
2 werkrelatie opbouwen

3 symptoommanagement
4 denkfouten corrigeren
5 traumaverwerking/schemaverandering
6 afsluiting

In de praktijk zijn de fasen zelden duidelijk afgebakend en strikt van elkaar gescheiden. Het opbouwen van een werkrelatie begint al in de pretherapiefase. Door alle fasen heen speelt symptoommanagement een rol en in de fase van afsluiting van de behandeling komen door de verlatingsangst die dit kan oproepen vaak voor korte tijd weer moeilijkheden uit eerdere fasen terug. Toch is de therapie grofweg in te delen in aandachtsgebieden met een logische volgorde.

## Pretherapiefase

Tijdens de intake en indicatiestelling voor schematherapie wordt gebruik gemaakt van motiverende interviewtechnieken en schemavragenlijsten. Bij aanvang van de behandeling moet men zich het volgende realiseren:

- schematherapie is een langdurige behandeling; hiervoor moet mogelijkheid zijn binnen de instelling;
- voor schematherapie is een vaste behandelaar van belang;
- bij crisis of sterk zelfbeschadigend gedrag is er mogelijk een indicatie voor een aanvullende behandeling, zoals een Linehan-training, VERS-training of een module CGT bij zelfbeschadigend gedrag (Slee, 2008).

In de aanbevelingen van de Multidisciplinaire richtlijn Persoonlijkheidsstoornissen (conceptversie, 2008) maken patiënten en hun naasten duidelijk dat het voor familie en directe anderen tevens van essentieel belang is om ook al bij het begin van de diagnose/behandeling, vaak beginnend bij een crisis, gerespecteerd en serieus genomen te worden.

Joke is erg terughoudend in de eerste maanden van de therapie, er is altijd wel iets waarover ze boos is op de therapeut. Hij is een paar minuten te laat, heeft niet goed geluisterd en heeft iets niet goed uitgelegd. Totdat de therapeut de boosheid met haar heeft besproken en benoemd heeft als de Onthechte (boze) beschermer (Young, Klosko & Weishaar, 2005, p. 44) die haar beschermt tegen het aangaan van een binding met het risico gekwetst te kunnen worden. Heel geleidelijk durft ze de 'beschermer' wat los te laten. Een belangrijke bijdrage daaraan is ook geleverd door haar akkoord gaan met een gesprek samen met haar zoons. Het feit dat de zoons de therapeut aardig vonden en als het ware toestemming gaven voor de behandeling deed veel goed.

Moniek zegt dolgraag aan de therapie te willen beginnen maar annuleert steeds afspraken. Vaak belt ze vlak voor de afgesproken tijd huilend op om te zeggen dat ze niet komt omdat het zo slecht met haar gaat.

Empathische confrontatie: de therapeut blijft haar uitnodigen en aanmoedigen toch te komen. De therapeut wordt niet boos maar confronteert haar op empathische wijze: dat hij op deze wijze geen goede therapeut voor haar kan zijn, terwijl hij weet dat ze het zo nodig heeft. De patiënte krijgt vertrouwen en na een half jaar komt ze trouw op elke afspraak.

## Werkrelatie opbouwen

Het zal duidelijk zijn dat het opbouwen van een werkrelatie met de patiënt al begint in de pretherapiefase. Daarin betrouwbaar en beschikbaar zijn voor de patiënt en belangrijke anderen, tijd nemen om te motiveren en direct grenzen stellen aan zelfbeschadigend gedrag zetten voor een belangrijk deel al de toon.

Opbouw van de werkrelatie is geen geïsoleerde techniek; de werkrelatie groeit verder door alle fasen heen, ook door een goede uitvoering van de strategieën en technieken die horen bij de specifieke fase en vooral ook door de twee belangrijkste therapeutische strategieën in schematherapie: 'limited reparenting' en empathische confrontatie (Young et al., 2005).

Het belangrijkste werk dat verzet moet worden in deze fase is psycho-educatie over de stoornis, uitleg geven over de rationale van de therapie en het maken van een casusconceptualisatie (zie hoofdstuk 7), waardoor de patiënten zicht krijgen op het verband tussen hun klachten, de schema's en modi die bij hen spelen en belangrijke relaties met gebeurtenissen in de kindertijd. Het is belangrijk om de samenhang tussen klachten, schema's en voorgeschiedenis uit te werken samen met de patiënt (Arntz & Kuipers, 1998). Het betrekken van belangrijke anderen bij dit psycho-educatieve proces kan heel belangrijk zijn.

Moniek vond bij haar ouders weinig begrip voor de hevige emoties die haar soms parten speelden en nog minder voor haar gebrek aan energie, waardoor ze haar studie niet kon volhouden en ook niet in staat was tot betaald werk. Zij heeft haar ouders verteld over haar therapie; door haar moeder werd hierover echter erg denigrerend gesproken.

In een sessie met de ouders, per brief uitgenodigd, erbij, werd uitleg gegeven over de diagnose borderline persoonlijkheidsstoornis en de klachten die Moniek hierdoor had. Er werd in grote lijnen verteld wat de therapie zou inhouden. Dit leidde tot meer erkenning en steun.

Na dit gesprek belde de moeder de therapeut voor advies. Haar werd duidelijk gemaakt dat gesprekken altijd alleen in bijzijn van haar dochter zouden worden gevoerd. Moniek kreeg hierdoor nog meer vertrouwen in de therapeut en haar ouders adviseerden hun dochter steeds vaker de problemen vooral in de therapie te gaan bespreken.

## Symptoommanagement

Het is verstandig om te beginnen met symptomen te behandelen die vrij snel tot resultaten kunnen leiden. Niet zelden kunnen uitstekende resultaten geboekt worden met het aanpakken van bijvoorbeeld slaapklachten, problemen met daginvulling en lichamelijke conditie.

Een groot probleem voor veel patiënten, met name bij borderline problematiek, is de sterke stemmingswisseling. Emoties kunnen hoog oplopen en kunnen dan leiden tot angst en soms tot zelfbeschadigend gedrag. Het is belangrijk om te analyseren wat maakt dat bepaalde stemmingen worden opgeroepen en welke schema's of welke modi worden getriggerd. Nadat een goede analyse hiervan heeft plaatsgevonden zouden per stemmingstoestand een plan van aanpak en een noodplan (signaleringsplan) met alternatief gedrag gemaakt kunnen worden. Een module 'mindfulness' aanbieden zou hierbij behulpzaam kunnen zijn. Met mindfulness-technieken kan de patiënt leren de hevige emoties te zien als voorbijgaand, er afstand van te nemen en ze te verdragen (Kabat-Zinn, 2000; Linehan, 1993a en b).

Met Moniek werd een dagstructurerende planning gemaakt, waarbij het slapen overdag tot een minimum beperkt werd. Daarnaast werden er audiobandjes (tegenwoordig vaak een MP-3-speler) ingesproken door de therapeut met ontspanningsoefeningen en een 'veilige plek'. Deze oefeningen kon Moniek aanvankelijk met en later ook zonder bandje gebruiken om te kunnen slapen. Later in de behandeling kon ze hiervan ook gebruik maken bij oplopende spanningen.

Bij drang tot zelfbeschadiging of suïcidaliteit heeft Joke de afspraak met de therapeut te bellen, ook buiten kantooruren. Zij belt de therapeut om twee uur 's nachts, met de mededeling dat zij pillen heeft ingenomen, maar wel nog even afscheid van hem wil nemen.

Bij suïcidaal gedrag en automutilatie moet de frequentie van het contact verhoogd worden.

Het is belangrijk in ieder contact naar suïcidaliteit te vragen en de betekenis van het gedrag te onderzoeken. Welke schema's zijn geactiveerd en in welke modi komt het gedrag naar voren?

Hoe past het gedrag in het model van de therapie? Samen met de patiënt kunnen alternatieven voor het zelfbeschadigende gedrag worden onderzocht, zoals beweging, of niet-beschadigende pijn zoals met de handen in ijswater. Ook het inlichten van belangrijke anderen die kunnen helpen het gedrag te voorkomen, door de patiënt of door de therapeut, kan worden besproken. Het mogelijk maken van contact met een cotherapeut of telefonisch contact met de 24 uurstelefoon als de therapeut niet beschikbaar is, kan voorkómen dat patiënten juist dan zichzelf beschadigen. Gebruik van medicatie, deelname aan dialectische gedragstherapie, mindfulness, en CGT bij zelfbeschadigend gedrag (Slee, 2008; Slee, Garnefski & Spinhoven, 2008) zijn aanvullende behandelmogelijkheden. Een vrijwillige korte opname, 'Bed op Recept' (BOR) is een goede mogelijkheid voor patiënten om even een veilige plek te hebben.

### Denkfouten bewerken

Het opsporen en corrigeren van problemen die ten grondslag liggen aan onjuiste interpretaties is een terugkerende activiteit. Daartoe zijn technieken bruikbaar zoals schemadialoog, imaginatiedialoog, twee-stoelentechniek, rechtbank, VAS-schaal, taartdiagram, flitskaarten, historische toets en positief logboek (zie hoofdstuk 8 en Beck, Freeman, Davis & Associates, 2004).

Een probleem in deze fase is over het algemeen niet het maken van denkfouten, maar vooral het hardnekkige karakter van het dichotome alles-of-nietsdenken, de uitersten. Daarnaast is er het onvermogen om zich te verplaatsen in een ander. Er volgt millimeterwerk, waarbij niet zelden vele sessies vanuit diverse invalshoeken en methoden gewerkt moet worden aan het aanleren van een andere manier van denken.

Joke zag in het begin iedere seconde die haar therapeut te laat was als een complete verlating. Ook onverwachte afwezigheid was onverdraaglijk. Een belangrijke wending lijkt in deze behandeling te hebben plaatsgevonden op het moment waarop na zo'n twee weken ongeplande afwezigheid de therapeut met de zelfonthulling kwam dat zijn vader overleden was en hij het relevant vond om dat persoonlijk aan zijn patiënte mede te delen. De therapeut was zo in staat om te toetsen of zij de gedachte had dat de therapeut geen interesse meer in haar zou hebben en daarom afwezig was geweest. Deze zelfonthulling bracht bij de patiënte eigenlijk voor het eerst het besef dat ze te maken had met een mens van vlees en bloed die ook een vader had gehad. De sessies daarna gingen onder andere over haar gemis van een vader. Ook werd ze milder in het verdragen van niet precies op tijd zijn en kon ze er zelfs grappen over maken en zelf te laat komen.

### Schemaverandering en eventuele traumaverwerking

Een gebruikelijke methode in deze fase is imaginatie met 'rescripting' naast historisch rollenspel en rollenspel in het heden (zie hoofdstuk 8). De algemene therapeutische benadering blijft die van 'reparenting'. Soms is EMDR van toegevoegde waarde als de schematherapeut daarin geschoold is, maar de gebruikelijke rescriptingmethode is voor juist ook de meer gecompliceerde ervaringen zeer geschikt. Er is zelden sprake van een enkelvoudig trauma (De Jongh & Ten Broeke, 1998).

Joke leefde inmiddels stabieler, in een nieuwe woning met een nieuwe vriend. Dat gaf ruimte om pijnlijke herinneringen te exploreren. Met imaginatie (waarbij regelmatig gebruik werd gemaakt van de aangeleerde 'veilige plek-techniek') kon een situatie uitgewerkt worden waarbij sprake was van een aanranding op 11-jarige leeftijd. Op de dag van dc aanranding bleek bij thuiskomst dat haar ouders weer eens hevige ruzie hadden. Vanaf dat moment was Joke degene die haar moeder moest troosten en voor haar verhaal was geen ruimte meer. In de imaginatie heeft ze haar verhaal alsnog aan haar moeder verteld die dit keer met een luisterend oor en troost reageerde. Daartoe aangespoord door 'volwassen Joke', in het beeld opgeroepen om kleine Joke, te helpen. Deze ervaring had mogelijk mede bijgedragen aan het ontstaan en in stand houden van enkele belangrijke schema's. Ze had toentertijd de conclusie getrokken niets waard te zijn. Mede daardoor ontwikkelde ze vermijdende strategieën, zoals in bed blijven.

Bij Moniek was de boodschap die zij uit het gedrag van haar zeer strenge dominante vader had begrepen, dat er eigenlijk geen veilige plek voor haar was. Ook in haar volwassen leven speelde dit een rol. Ze voelde zich nergens echt op haar gemak en had, ook als klein kind, altijd een tas bij zich met voor haar belangrijke overlevingsspullen (een noodrantsoen voedsel, wat kleding, belangrijke adressen, dierbare foto's, haar knuffel). Ze had een heel heldere herinnering aan een gebeurtenis die voor haar representatief was voor het ontstaan van de gedachte 'voor mij is geen plaats', voortkomend uit het schema Emotionele verwaarlozing.

In een imaginatieoefening met rescripting kon de patiënt deze herinnering oproepen en, eerst met hulp van de therapeut, later met haar Gezonde volwassene-kant, haar vader laten weten dat ze wel degelijk recht heeft op een eigen plek in haar leven. Ook met EMDR zou het sterke gevoel van angst, horend bij het beeld van die herinnering gedesensitiseerd kunnen worden en de negatieve cognitie 'ik heb nergens recht op' veranderd worden in 'ik heb dezelfde rechten als alle andere mensen'. Voor deze patiënt was de complicatie in de behandeling, dat ze vrijwel elk weekend thuis bij haar ouders doorbracht en opnieuw blootstond aan de denigrerende bejegening door haar vader. Wat met veel moeite in de therapie werd opgebouwd lag in de thuissituatie steeds weer onder vuur. Met haar werd dan ook afgesproken het contact met haar vader sterk te verminderen zolang zij nog niet in staat was grenzen te stellen aan zijn gedrag. Later heeft zij hem kunnen vertellen wat zijn bejegening voor haar heeft betekend en hem duidelijk gemaakt dat zij dit niet meer wilde. Helaas had haar vader hier geen begrip voor en met veel verdriet, maar duidelijk kiezend voor zichzelf, heeft de patiënte het contact beëindigd.

### Afsluiting

Tot slot is er aandacht voor overgebleven symptomen. Het tijdig aankondigen van de therapieafsluiting en het bespreken van de gevolgen geeft de mogelijkheid om terugval in deze fase als oefening te gebruiken voor het competent omgaan met de nieuwe levensfase. De patiënt kan een plan maken voor de laatste fase en voor de periode na de therapie. Nieuw gedrag wordt dan nog geoefend met rollenspelen.

Moniek, inmiddels getrouwd en zwanger van haar eerste kind, heeft de laatste twee jaar, op afroep, de therapeut nog mogen consulteren. De afbouw is heel geleidelijk gegaan en hoewel zij het nog steeds een beetje beangstigend vindt, is ze het ermee eens dat de behandeling nu echt zal ophouden. Afgesproken is dat de sessie waarop ze haar baby komt laten zien de laatste zal zijn.

Anders verloopt de afronding van de behandeling van Joke.

Volledig in overeenstemming wordt toegewerkt naar een afsluiting van haar behandeling. Een datum is al min of meer vastgesteld. De huisarts gooit echter roet in het eten. Hij is degene die haar medicijnen moet gaan voorschrijven, want ook het contact met de psychiater wordt afgerond. Aanvankelijk wil de huisarts niet, hij was juist zo tevreden over de opvang tijdens moeilijke momenten de afgelopen jaren. Daarom wordt afgesproken dat bij mogelijke terugval de huisarts snel een beroep kan doen op de psychiater.

## Valkuilen en tips

In elke fase kan de therapeut valkuilen tegenkomen; sommige zijn specifiek voor de fase, andere meer algemeen. Een aantal van deze valkuilen wordt hier belicht en er worden tips gegeven hoe ermee om te gaan.

### Start van de behandeling

De verwachting direct te kunnen beginnen met het doorlopen van de verschillende fasen in schematherapie kan tot teleurstelling leiden. Vaak moet er voorwerk gedaan worden, mogelijk gedeclareerd als begeleiding, rekening houdend met de huidige beperkingen in het aantal toegestane zittingen psychotherapie dat afhankelijk is van de instelling waarin de behandeling plaatsvindt. Belangrijke anderen kunnen interfereren met de aanvang van de behandeling door overkritisch te zijn of de patiënt niet los te laten. Een tip is dan ook om steunfiguren van de patiënt bij de behandeling te betrekken.

Bij zelfbeschadigend en risicovol gedrag is het belangrijk dat de therapeut de beschermende modus onderkent en onderhandelt over het gedoseerd opgeven daarvan. Tevens kan de behandelaar het risicovolle gedrag als eerste werkdoel nemen en behandelen met cognitieve gedragstherapie bij zelfbeschadigend gedrag.

Ook is het van belang goede informatie te geven over de problematiek en de behandeling en geduldig en vastberaden te zijn tegenover de ambivalentie van de patiënt om zich aan de therapeut toe te vertrouwen. De therapeut kan hierbij gebruik maken van zelfonthullingen (Young et al., 2005).

Joke had na de opdracht om het boek *Leven in je Leven* (Young & Klosko, 1999) te lezen niet alleen conform opdracht de eerste hoofdstukken gelezen en de test ingevuld, maar was meteen aan de slag gegaan met het hoofdstuk over verlatingsangst. Zij merkte zelf op dat ze zich wel heel sterk aan haar partner vastklampte.

Haar partner beaamde dat natuurlijk en gaf aan dat door de (suïcidale) crises hij ook steeds minder toekwam aan zijn eigen hobby's en werk. Hij was dan ook meteen gemotiveerd om meer afstand te nemen. Natuurlijk moest over deze alles-of-nietsreactie onderhandeld worden, maar het paar vond hier een goede vorm voor.

## Crisis en telefonische bereikbaarheid

De valkuil bij een crisis is dat de therapeut terecht kan komen in de rol van de Straffende ouder doordat hij de patiënt confronteert met grensoverschrijdend gedrag, zonder daarbij empathisch te zijn.

In geval van crises is het belangrijk om contact te maken met het kwetsbare kind. De therapeut moet allereerst adviseren hoe nu, op dit moment, veiligheid georganiseerd of vergroot kan worden en schakelt eventueel anderen daarbij in. Tevens wordt de volgende afspraak vervroegd, waarin nabesproken kan worden hoe de patiënt zover kwam en hoe dit gezien kan worden in het ST-model. In welke modus was de patiënt en waardoor werd deze modus geactiveerd? Samen met de patiënt kan een stappenplan of crisissignaleringsplan worden opgesteld om oplopende spanning te onderkennen en stappen af te spreken die gezet kunnen worden om dit te doorbreken en zo zelfbeschadiging te beperken. Hierbij past het gebruik kunnen maken van Bed op Recept (BOR) en Telefoon op Recept (TOR)[1]. Een eventuele time-out bij veilige familie en of vrienden kan natuurlijk ook goed dienst

1 *Veel instellingen in de huidige ggz kennen op de klinische afdelingen een constructie waarmee tijdelijk of langer ambulant verkerende patiënten 24 uur per etmaal gebruik kunnen maken van telefonische bereikbaarheid en van een bed op moeilijke momenten. Vaak geprotocolleerd en op afspraak.*

doen mits met betrokkenen helder afgesproken is wat wel en wat niet te doen. Het verdient dan ook aanbeveling om vertrouwenspersonen, als die er zijn, actief te betrekken bij het maken van een crisisplan.

Omdat de therapeut zeker wilde weten dat Moniek in staat was te telefoneren op een crisismoment werd met haar afgesproken dat ze eerst zou oefenen met bellen op een vooraf afgesproken tijdstip. Zo'n afspraak is verstandig: de patiënt kan oefenen en de therapeut weet zeker dat de telefonische bereikbaarheid juist gebruikt wordt.

### Omgaan met instanties

Gedurende de hele behandeling kunnen problemen met uitkerings- en andere instanties invloed hebben op het leven, de klachten en de behandeling van de patiënt. Een valkuil is dat de therapeut de invloed van deze problemen onderschat en in de behandeling weinig aandacht eraan besteedt. Helpen met brieven schrijven, maatschappelijk werk inschakelen, in een rollenspel gesprekken met instanties voorbereiden, dit is allemaal te zien als horend bij 'limited reparenting'.

Joke was al een eind op weg in haar behandeling. Zij had in goed overleg met haar partner besloten om niet bij elkaar te blijven. Omdat er niet direct woonruimte beschikbaar was duurde het nog een half jaar voor ze haar nieuwe flatje kon betrekken. Gedurende deze fase lag de nadruk op het hier-en-nu en het regelen van van alles en nog wat.

Eenmaal verhuisd bleek de uitkering niet te worden uitgekeerd, de belasting was achter met haar administratie en de huisbaas wilde niet langer wachten op de huur. In een kale woning, met eten van de voedselbank en zonder sociale inbedding, deed ze een ernstige suïcidepoging met heropname op het moment dat uithuiszetting dreigde.

Tegen zoveel maatschappelijk en sociaal verdriet was ook haar hulpverlener niet opgewassen. Met steun van het maatschappelijk werk van de eigen instelling en een advocaat, lukte het om tijdens de opname het huis te behouden.

De uitkering kwam met terugwerkende kracht vrij en zelfs de belasting keerde uit. Inmiddels is een nieuwe start gemaakt. Impulsief werd wel een veel te duur aquarium aangeschaft, maar dit soort 'zelfbeschadigend gedrag' is intussen gecontroleerd op te vangen.

### Comorbiditeit

Vaak is er tijdens de behandelperiode sprake van comorbiditeit. Angst- en stemmingsklachten zijn soms goed te behandelen met medicatie.

Moniek bleek het glaasje wijn voor het slapen toch iets te ruim op te vatten. Het was meestal een hele fles. Naarmate zij dit beperkte verbeterde haar slaappatroon opmerkelijk en namen de nachtmerries af.

Het gebruik en misbruik van middelen, ook van medicijnen, moet onderwerp van bespreking blijven. Als er sprake is van een hoog angstniveau kan medicatie een goed hulpmiddel zijn, maar een nadeel kan zijn, dat het patiënten in de beschermende modus houdt en belemmerend werkt.

### De therapeutische relatie

Te snel willen 'scoren' als therapeut is een valkuil en werkt met name bij de behandeling van de al lang bestaande schema's averechts.

Een belangrijke tip: een therapeut moet zich realiseren dat er bij een patiënt existentiële angst wordt opgeroepen als er 'gerammeld' wordt aan zijn schema's en modi. Hoewel schema's veel klachten geven, zijn deze vaak wel heel bekend en vertrouwd en de enige zekerheid in het leven. Het is van belang dat een therapeut zich bewust is van zijn eigen schema's die hierbij een rol kunnen spelen. Supervisie of intervisie is hierbij onmisbaar.

De angst of boosheid die bij de therapeut opgeroepen wordt kan leiden tot afwijzend en bestraffend gedrag jegens de patiënt, een herhaling van diens vroegere ervaringen.

Vanzelfsprekend moeten eerst grenzen worden gesteld aan destructief of verbaal agressief gedrag. Vervolgens kan de patiënt de gelegenheid worden gegeven de boosheid volledig te uiten, ook als dit niet reëel lijkt. Belangrijk is daarbij empathie te hebben voor de onderliggende schema's, deze te benoemen en verbanden te leggen met eerdere levenservaringen. Daarna kan realiteitstoetsing plaatsvinden: was het realistisch hier zo boos om te worden? Ook is het belangrijk om samen met de patiënt alternatieve verklaringen te zoeken, te wijzen op misinterpretaties en eveneens realistische componenten te erkennen.

Onderzoek samen met de patiënt alternatieve verklaringen, wijs op misinterpretaties en overdrijvingen, maar erken ook realistische componenten.

Een andere valkuil in de therapeutische relatie is dat de therapeut blijft steken in 'reparenting'. De therapeut werkt dan niet toe naar het op eigen benen gaan staan door de patiënt en afronden van de therapie. De gerichtheid van de therapeut op de patiënt botst met diens behoefte aan confrontatie en toetsing van de werkelijkheid. Het is heel belangrijk dat de therapeut zicht krijgt op eigen schema's die hierbij kunnen spelen en hiermee zelf 'aan de slag' gaat, zodat therapeut en patiënt samen de afrondingsfase in kunnen gaan. In supervisie of intervisie kunnen moeilijkheden in de relatie worden geanalyseerd, ook met behulp van het maken van functieanalyses hiervan (Sprey, 2000).

### Relationele aspecten

Partnerrelatieproblemen en problemen met intimiteit komen vaak naar voren in de afronding van de fase van schemaverandering en traumaverwerking. De patiënt kan er dan aan toe zijn een andere en meer gelijkwaardige plaats in te gaan nemen naast de partner en dit kan tot conflicten leiden. De therapeut zal door de partner van de patiënt als niet-neutraal worden ervaren (en meestal is dat ook zo) dus verwijzing voor dit probleem naar een relatietherapeut, of seksuoloog is aan te raden.

## Toekomst

De vraag naar behandeling met schematherapie neemt toe nu blijkt, dat het een effectieve en veilige methode is. De geestelijke gezondheidszorg zal randvoorwaarden voor behandelaren moeten waarborgen om deze behandeling goed uit te kunnen voeren. Het vraagt om scholing, permanente deskundigheidsbevordering, intervisie, supervisie en steun van management en collega's.

Een intervisiegroep is ook nodig om alert te blijven op de eigen schema's van de therapeut en hoe deze kunnen botsen met die van de patiënt of op andere wijze de therapie nadelig kunnen beïnvloeden. Door het huidige klimaat in de ggz, waarbij de druk op productie hoog is en weinig ruimte overblijft voor supervisie en intervisie is dit niet eenvoudig te organiseren.

Een oplossing is dan contact met een of meer collega's op minder formele wijze. Ook is het mogelijk via het register schematherapie, te zoeken naar gelijkgestemden die een intervisiegroep willen vormen.

Momenteel wordt de implementatie van individuele schematherapie voor de borderline persoonlijkheidsstoornis in de reguliere ggz onderzocht in een implementatiestudie (Nadort et al., ongoing study). In dit onderzoek worden de voorwaarden die noodzakelijk zijn om deze behandeling goed te kunnen uitvoeren zoals tegemoetkoming in de eigen bijdrage psychotherapie, inbedding binnen de afdeling, intervisie en supervisie onderzocht. Tevens wordt het effect van de telefonische bereikbaarheid buiten kantoortijd onderzocht.

## Literatuur


Arntz, A., & Bögels, S. (2000). *Schemagerichte cognitieve therapie voor persoonlijkheidsstoornissen*. Houten: Bohn Stafleu van Loghum.

Arntz, A., & Kuipers, H. (1998). Cognitieve gedragstherapie bij borderline persoonlijkheidsstoornis. In: W. van Tilburg, W. van den Brink & A. Arntz (red.), *Behandelingsstrategieën bij borderline persoonlijkheidsstoornis* (p. 42-64). Houten: Bohn Stafleu van Loghum.

Bamelis, L., Arntz, A., Bernstein, D., Widdershoven, G., Spinhoven, Ph., Evers, S., Severens, H., Speckens, A., Roefs, A., & Abma, T. (2006-2010). *Psychological treatment of perso-*

*nality disorders: A multicentered randomized controlled trial on the (cost-)effectiveness of Schema-Focused Therapy*. Promotietraject Universiteit Maastricht.

Beck, A.T., Freeman, A., Davis, D.D., & Associates (2004). *Cognitive Therapy of Personality Disorders*. New York: The Guilford Press.

Bernstein, D., Arntz, A., & Vos, M.E. de (2007). Schemagerichte therapie in forensische settings: Theoretisch model en richtlijnen voor best clinical practice. *Tijdschrift voor Psychotherapie, 33*, 120-139.

Genderen, H. van, & Arntz, A. (2005). *Schemagerichte cognitieve therapie bij borderline persoonlijkheidsstoornis*. Amsterdam: Uitgeverij Nieuwezijds.

Giesen-Bloo, J., Dyck, R. van, Spinhoven, Ph., Tilburg, W. van, Dirksen, C., Asselt, T. van, Kremers, I., Nadort, M., & Arntz, A. (2006). Outpatient psychotherapy for Borderline Personality Disorder: A randomized clinical trial of Schema Focused Therapy versus Transference Focused Psychotherapy. *Archives of General Psychiatry, 63*, 649-658.

Jongh, A. de, & Broeke, E. ten (2003). *Handboek EMDR, een geprotocolleerde behandelmethode voor de gevolgen van psychotrauma*. Lisse: Swets & Zeitlinger.

Kabat-Zinn, J. (2000). *Handboek Meditatief Ontspannen, effectief programma voor het bestrijden van pijn en stress*. Haarlem: Becht.

Linehan, M.M. (1993a). *Cognitive-Behavioral Treatment of Borderline Personality Disorder*. New York: The Guilford Press.

Linehan, M.M. (1993b). *Skills Training Manual for treating Borderline Personality Disorder*. New York: The Guilford Press.

Lobbestael, J., Vreeswijk, M.F. van, & Arntz, A. (aangeboden voor publicatie). An empirical test of mode conceptualisations in personality disorders.

Nadort, M., Dyck, R. van, Smit, J.H., Arntz, A., Spinhoven, Ph., Wensing, M., Giesen-Bloo, J., & Asselt, T. van (ongoing study). Implementation of out-patient schema-focused therapy for borderline personality disorder in general psychiatry.

Schacht, R., & Peters, R. (2000). *Schemagerichte therapie voor moeilijke mensen; een nieuwe uitdaging voor de cognitieve gedragstherapie*. Leuven: Garant.

Slee, N. (2008). Cognitive-Behavioural Therapy for Deliberate Selfharm. Academisch proefschrift. Universiteit Leiden.

Slee, N., Garnefski, N., & Spinhoven, Ph. (2008). Protocollaire behandeling voor jongeren met zelfbeschadigend gedrag. In: C. Braet & S. Bögels (red.) (in druk), *Protocollaire behandelingen voor kinderen en adolescenten*. Amsterdam: Boom.

Sprey, A. (2000). *Praktijkboek Persoonlijkheidsstoornissen: Diagnostiek, cognitieve gedragstherapie en therapeutische relatie*. Houten: Bohn Stafleu van Loghum.

Werkgroep richtlijn persoonlijkheidsstoornissen (2008). *Multidisciplinaire richtlijn Persoonlijkheidsstoornissen. Richtlijn voor de diagnostiek en behandeling van volwassen patiënten met een persoonlijkheidsstoornis* (conceptversie). Utrecht: Trimbos-instituut.

Young, J.E., & Klosko, J.S. (1999). *Leven in je leven, leer de valkuilen in je leven kennen*. Lisse: Swets & Zeitlinger.

Young, J.E., & (Ned. vert.) Pijnaker, H. (1999). *Cognitieve therapie voor persoonlijkheidsstoornissen: een schemagerichte benadering*. Houten: Bohn Stafleu van Loghum.

Young, J.E., Klosko, J.S., & Weishaar, M.E. (2005). *Schemagerichte therapie: Handboek voor therapeuten*. Houten: Bohn Stafleu van Loghum.

# 13 Schematherapie bij relatieproblematiek

T.W.A. Atkinson

Intieme relaties kunnen een belangrijke bijdrage leveren aan het genezen van oude onaangepaste schema's van patiënten, zodat basisbehoeften weer bevredigd kunnen worden. Het schematherapiemodel biedt een uitgebreid kompas waarop de relatietherapeut kan varen bij het vaststellen en differentiëren van onaangepaste kernthema's die aan relatieproblemen ten grondslag liggen. Het verschaft de therapeut een uitvoerige strategie om paren te wijzen op mogelijkheden om in hun persoonlijke en relationele behoeften te voorzien.

Met behulp van schema-relatietherapie kunnen de partners toegang krijgen tot belangrijke emoties in verband met schema's en kunnen ze die opnieuw doorwerken zodat er gezonde, goed aangepaste copingstrategieën en modi ontstaan in hun relatie. Oude, onaangepaste schema's kunnen omgevormd worden zodat er gezonde schema's van het zelf en veilige banden in de paarrelatie worden opgebouwd. Schema-relatietherapie kan met name worden ingezet bij paren met relatieproblemen of als aanvulling op individuele therapie, waarbij de partner met de therapeut samenwerkt om oude onaangepaste schema's te genezen. Centrale onaangepaste schema's, copingstrategieën en modi kunnen verhinderen dat er een 'stabiele basis' tot stand komt van waaruit beide partners in een relatie de wereld kunnen verkennen. Deze schema's, strategieën en modi kunnen ook verhinderen dat de relatie een 'veilige haven' wordt waar beide partners op de ander kunnen rekenen voor aandacht, liefde en steun (Bowlby, 1988). In individuele therapie past de therapeut een beperkte vorm van 'reparenting' toe om voor de patiënt een stabiele basis te worden en de therapiesessie wordt de veilige haven. In relatietherapie tracht de therapeut samen met het paar beide partners te helpen om voor elkaar de primaire stabiele basis te zijn en te bevorderen dat de relatie een veilige haven wordt (Johnson, 2003).

Vaak zijn er verschillende individuele sessies nodig om schema's tijdens zo'n één-op-één-sessie te laten doorbreken. In relatietherapie kunnen de basale emoties van oude onaangepaste schema's door de aanwezigheid van de partner onmiddellijk naar de oppervlakte komen, wat een snelle en heftige emotionele ervaring tot gevolg heeft. De therapeut helpt beiden om nog tijdens de sessie samen met hun partner heel snel schema's, copingstrategieën en modi te benoemen en regisseert 'corrigerende emotionele ervaringen' zodat beide partners de beschadiging die door een schema is ontstaan kunnen veranderen (Alexander & French, 1946). Modellen van het zelf en anderen kunnen samen met de partner tijdens de sessie worden getoetst en corrigerende ervaringen kunnen oude onaangepaste schema's tegenspreken. Het paar experimenteert met gezonde 'theorieën', onaangepaste schema's gaan een sluimerend bestaan leiden of worden genezen en gezonde schema's worden sterker en krijgen de overhand.

## Praktijk

Onaangepaste schema's en copingstrategieën komen tot uitdrukking in het interactieproces tussen partners en kunnen leiden tot heftige botsingen van schema's en tot een opeenvolging van modi, die voornamelijk worden opgeroepen door schema's in het eerste domein, Onverbondenheid en Afwijzing. De onbevredigde behoefte aan veiligheid en bevredigende hechting mondt uit in een modussequentie. De behoefte van beide partners aan stabiliteit, veiligheid, koestering, liefde en erbij horen wordt gedwarsboomd. De schema's Verlating/instabiliteit, Wantrouwen en/of misbruik, Emotionele verwaarlozing en Minderwaardigheid/schaamte werken als een filter voor de interactie van het paar en veroorzaken emoties, gevolgd door fysiologische prikkeling en een drang tot handelen. Paren met relatieproblemen kunnen op een subjectief ervaren bedreiging van zichzelf of de relatie reageren met drie onaangepaste basisreacties: *vechten* (de kindmodi van het Woedende, Razende of Impulsieve kind, de overcompenserende modi Zelfverheerlijker of intimideren en aanvallen en de modi Veeleisende of Straffende ouder), *vluchten* (de vermijdende modi van de Onthechte beschermer en de Onthechte zelfsusser) of *bevriezen* (de modus Willoze inschikkelijke). Het gevolg voor de dynamiek van het paar is een spiraal van modi die hun mogelijkheden beperkt en patronen in het leven roept die de schema's bestendigen (Young, Klosko & Weishaar, 2003).

Wanneer een partner een depriverende of bedreigende situatie heeft meegemaakt in het verleden (in de kindertijd of een vorige relatie of een trauma of verraad in de huidige relatie), heeft hij of zij misschien copingstrategieën ingezet om te overleven. Wanneer belangrijke emoties in verband met kernschema's in een volwassen intieme relatie naar boven komen en dezelfde aanpassingsstrategieën als in het verleden worden toegepast, dan worden de beschikbare mogelijkheden van dat moment ingeperkt. Behoeften blijven onvervuld. Er is een grotere kans dat zeer hevige angsten bij de partner optreden, als gevolg van de copingstrategieën en modi die de schema's versterken (Young et al., 2003).

Modusherhalingspatronen kunnen heftiger en sneller optreden in de specifieke paardynamiek, vooral wanneer een of beide partners een sterk schema Wantrouwen/misbruik of kenmerken van een borderline of narcistische persoonlijkheidsstoornis heeft. Meer verstarde, heftiger modussequenties kunnen ook ontstaan wanneer een partner zich sterk verraden of verlaten voelt in de relatie, wat dan tot uitbarsting komt en een schema ondersteunt (Johnson, 2004).

Onaangepaste modussequenties leiden tot botsingen die op hun beurt kunnen leiden tot (echt)scheiding, terwijl een flexibele, goed aangepaste modussequentie genezing en de duurzaamheid van de relatie kan bevorderen (Gottman, 1994). In plaats van op gelijke voet te reageren in een interactie zorgen onaangepaste modussequenties tot een escalatie van negativiteit en wordt de invloed van de partner afgewezen (Gottman, 1999). De partners letten minder op elkaar, zij voelen zich geremd om daadwerkelijk steun te zoeken en er is minder emotionele ontvankelijkheid voor elkaar (Mikulincer & Shaver, 2007). Veel voorkomende onaangepaste modussequenties volgen een star patroon en leiden tot conflicten in de relatie. Een angstige partner wendt zich tot zijn of haar significante ander om gerustgesteld te worden, maar wordt emotioneel zodanig overweldigd door een onduidelijke strategie dat hij of zij de partner misschien van zich af stoot en tegelijkertijd niet in staat is de ander te troosten of te helpen (Begley, 2007). Een afstandelijke partner vangt de schokken zelf op en maakt zich los van zijn of haar significante ander (Goleman, 2006).

Onaangepaste modussequenties kunnen op verschillende manieren tot een vicieuze cirkel leiden: *1* vechten/vluchten, de meest voorkomende vorm bij paren met relatieproblemen; een voorbeeld is wanneer Maaike Johan op zijn huid zit om contact met haar te maken door kritiek op hem uit te oefenen (Straffende ouder) omdat hij laat thuis is en in een andere kamer naar een voetbalwedstrijd op tv gaat zitten kijken en daarmee Maaike en hun relatie uitschakelt (Onthechte beschermer); *2* vechten/vechten: Tom en Lia schieten bijvoorbeeld allebei in hun modus Straffende ouder wanneer Tom neerbuigend doet tegen Lia en een veelbetekenend gezicht trekt als zij een fout maakt in hun financiële administratie, terwijl Lia kritiek op Tom heeft en hem een 'control freak' noemt; *3* vechten/bevriezen, bijvoorbeeld wanneer Kim kritiek op Peter heeft omdat hij met een vrouwelijke collega praat op een feestje van kantoor, waarbij Peter zijn modus Willoze inschikkelijke aanneemt en Kims aanvallen gelaten ondergaat; *4* bevriezen/bevriezen, wanneer Chris en Patricia allebei de modus Willoze inschikkelijke aannemen en hun schema's bestendigen door niet te vragen om bevrediging van hun behoeften; *5* vluchten/vluchten, zoals Sonja en Aart die langs elkaar heen leven, hun eigen bezigheden los van elkaar plannen zonder emotionele betrokkenheid en blijven steken in een modus Onthechte beschermer (Young et al., 2003).

Er is een gezonde modussequentie in een relatie wanneer beide partners flexibel kunnen overschakelen tussen de modi Gezonde volwassene, Kwetsbare kind en Blije kind. Partners communiceren in samenhang met elkaar en ervaren een gezamenlijk vertoog. De wijze waarop het paar zijn relationele ervaringen beschrijft en beoordeelt is consistent, of die nu positief zijn of niet (Siegel, 1999). Een gezonde modus gebruikt de Gezonde volwassene om risico's te nemen, nieuwe ideeën op te doen en modellen van het zelf en de wereld bij te werken, zodat het vermogen ontstaat om over schema's te reflecteren (Fonagy & Target, 1997). Doel van schematherapie is dat elke partner over het vermogen beschikt om onaangepaste modussequenties met succes te herstellen en schema's te genezen, zodat het paar een veilige band opbouwt en in stand houdt.

In de dynamiek van een paar kunnen verschillende schema's tegelijk met elkaar botsen. Denkend vanuit modussequenties gaat de therapeut na wat de belangrijkste onaangepaste interactiestijl van het paar is, het prototypische patroon dat de schema's van elke partner bevestigt. Hoofddoel voor de therapeut is het paar te helpen met een overgang naar goed aangepaste interacties die een heilzaam effect hebben op schema's, zodat er een gevoel van hoop en veiligheid ontstaat in de relatie die de onderlinge band van het paar verstevigt.

## Aanpak

### De fase van diagnostiek en educatie

#### *Relatietherapie: voorbereiding en start*

Het opbouwen van een sterke therapeutische relatie met het paar begint bij het eerste contact met de therapeut. Op vriendelijke, uitnodigende toon brengt de therapeut contact tot stand met de partner die de eerste afspraak maakt. De therapeut maakt duidelijk dat hij of zij vertrouwen heeft in een therapie voor paren die met dit soort thema's te maken hebben of verwijst naar een goed alternatief.

Bij het eerste contact onderzoekt de therapeut idealiter verschillende criteria vóór de eerste afspraak met het paar. De volgende vragen kunnen aan de orde komen: verkeert een of beide partners in een crisis? Maakt geweld deel uit van de dynamiek? Zo ja, dan gaat de therapeut na of de mate van geweld vereist dat wordt doorverwezen naar een instantie die gespecialiseerd is in de behandeling van huiselijk geweld. Geldt voor een of beide partners dat er sprake is van een psychiatrische diagnose, nu of in het verleden? Gebruikt een of beide partners drugs of chemische stoffen of is er sprake van een andere verslaving? Zo ja, dan is misschien nadere diagnostiek nodig om te bepalen of relatietherapie wel geschikt is. Gelden er misschien nog andere contra-indicaties? Hoewel het eerste contact kort is, geeft het voldoende informatie over de behoeften van het paar en worden die afgezet tegen de meest geschikte behandelmogelijkheden.

Als het paar voor relatietherapie in aanmerking komt, schetst de therapeut wat zij kunnen verwachten. Gewoonlijk omvat de intakefase de eerste gezamenlijke sessies, een individuele sessie met elke partner en een aanvullende gezamenlijke sessie voor feedback en het formuleren van doelen. De diagnostische fase wordt gevolgd door behandelsessies, die meestal gezamenlijk zijn, hoewel er soms ook individuele sessies nodig zijn. Afhankelijk van de ernst van de meest kenmerkende modussequentie en de concrete schema's uit het eerste domein moeten paren vaak rekenen op zeker twintig uiterst geconcentreerde interventiesessies om hun doel, tevredenheid met hun relatie, te bereiken. Indien bij een of beide partners echter sprake is van een acuut schema, bijvoorbeeld Wantrouwen en/of misbruik, of een bijzonder starre modussequentie, zoals een afstandelijke spiraal van vluchten/vluchten, zijn misschien twee of drie keer zoveel behandelsessies nodig (Johnson, 2003).

Er is een hele reeks van vragenlijsten waarmee de therapeut individuele en relationele problemen[1] kan vaststellen. Deze vragenlijsten zijn de Schema-Vragenlijst (SV), de Young Parenting Inventory (YPI), de Schema Mode Inventory (SMI), de Beck Depression Inventory (BDI-II) en de Beck Anxiety Inventory (BAI). Met behulp van de schemavragenlijst en de YPI kan de therapeut de schema's van elke partner beter conceptualiseren. Met de SMI kan de therapeut nagaan wat de meest kenmerkende modussequentie is. Hogere scores op de vragenlijsten van Beck voor depressie en angst kunnen soms aangeven dat het voor een of beide partners nodig is om aan symptomen te werken die de relatie mogelijk nadelig beïnvloeden (Young et al., 2003).

*Doel van de gezamenlijke diagnostische sessies*

De therapeut legt het paar uit hoe de behandeling eruitziet. Als het paar voor het eerst in de spreekkamer van de therapeut is, kunnen zij het best tegenover elkaar zitten zodat zij zich zo veel mogelijk bewust zijn van non-verbale signalen en 'mindsight' kunnen ontwikkelen, dat wil zeggen het vermogen tot inzicht en empathie (Siegel, 2007). De therapeut laat hen kort aangeven wat hun motieven zijn om op dit moment in therapie te willen. De therapeut observeert de verbale en non-verbale communicatie tussen de partners en beoordeelt de kwaliteit van hun contact en hun gevoelens en opvattingen ten opzichte van elkaar terwijl zij over belangrijke momenten in hun relatie praten.

1 *Er zijn drie vragenlijsten over relaties die bij de diagnostiek kunnen helpen. Bij het schrijven van dit hoofdstuk waren de Dyadic Adjustment Scale (DAS), de Revised Conflict Tactics Scale (RCTS) en de Weiss-Cerreto Marital Status Inventory (MSI) niet in het Nederlands beschikbaar. De DAS is een uiterst betrouwbare maat voor tevredenheid met de relatie die de relatiegebonden satisfactie, consensus, cohesie en uiting van affect meet. Bij het scoren van de DAS is het gemiddelde 100, met een standaarddeviatie van 15. Relaties in de eerste vier jaar van hun bestaan scoren in het algemeen 15 tot 20 punten boven het gemiddelde. Bij paren met relatieproblemen scoort een van de partners meestal lager dan 85. Paren die scheiden of uit elkaar gaan scoren 70 of lager. De Weiss-Cerreto voorspelt de mogelijkheid van uiteengaan wanneer een van de partners hoger scoort dan 4. De therapeut gaat ook na of er sprake is van geweld en de RCTS wordt alom gebruikt om fysieke agressie in een relatie te ontdekken. Een relatief hoge score kan betekenen dat het paar beter naar een programma ter voorkoming van huiselijk geweld dan naar relatietherapie kan worden verwezen (Gottman, 1999).*

Om een gedetailleerd beeld van de relatie te krijgen kan het nodig zijn een aantal vragen te stellen, bijvoorbeeld: wat herinneren jullie zich nog van de eerste keer dat jullie elkaar ontmoetten? Wat was jullie eerste indruk van elkaar? Wat trok jullie in elkaar aan? Wat was het meest opvallende in het eerste halfjaar dat jullie samen waren? Wat bracht jullie ertoe om een serieuze relatie te beginnen? Wanneer merkten jullie dat er spanningen in jullie relatie waren en hoe kwam dat naar voren? Wat herinneren jullie je nog van de bruiloft of huwelijksplechtigheid en van de huwelijksreis? Wat voor aanpassingen hebben jullie ervaren in het eerste jaar dat jullie samenwoonden? Hoe ontwikkelde jullie relatie zich met de komst van jullie eerste kind? Wat was een ontzettend goede en wat een heel vervelende tijd in jullie relatie? In hoeverre is jullie relatie nu anders dan in de eerste acht of tien maanden samen? Kennen jullie voorbeelden van gelukkige en ongelukkige relaties? Wat is het verschil tussen die stellen? Hoe verhoudt jullie relatie zich tot die stellen? Wat zijn jullie doelen voor onze samenwerking? Hebben jullie nog vragen over het proces van relatietherapie (Gottman, 1999)?

De therapeut vraagt het paar om de vragenlijsten in te vullen en die mee te brengen naar de volgende gezamenlijke sessie. Er kan ook extra huiswerk worden opgegeven, afhankelijk van de behoeften van het paar.

De therapeut tracht een sterke therapeutische relatie met beide partners op te bouwen en spiegelt en bekrachtigt de zienswijzen en ervaringen van de partners. Tegen het einde van de eerste sessie hebben zij het gevoel dat de therapeut henzelf en hun relatie begrijpt. De therapeut onderzoekt bij elke partner en in de dynamiek van het paar of er persoonlijke schema's geactiveerd worden en blijft vanuit dat inzicht werken of zoekt aanvullende supervisie om eventuele negatieve effecten te beperken. Zo kan een therapeut met een sterke Onthechte beschermer zich overweldigd voelen door een vechten/vechten-patroon en concluderen dat het paar een hopeloos geval vormt in plaats van te zien dat de twee vastzitten in een spiraal die doorbroken kan worden.

Tijdens de tweede gezamenlijke sessie wordt getracht het interactieproces van het paar helder te krijgen en vast te stellen welke van de vijf meest voorkomende vicieuze cirkels (vechten/vluchten, vechten/vechten, vluchten/vluchten, vechten/bevriezen en bevriezen/bevriezen) voor hen de meest kenmerkende modussequentie vormt; daarbij wordt een koppeling gelegd met schema's die modussequenties oproepen. De therapeut vergelijkt de hoge SMI-scores van elke partner met de feitelijke patronen tussen de partners tijdens de sessie. Na hen te hebben begroet vraagt de therapeut welke momenten tijdens de eerste sessie hun het meest zijn bijgebleven. De therapeut observeert de onderlinge interactiepatronen. Het paar heeft de gelegenheid om thema's en inhoudelijke problemen te bespreken die er herhaaldelijk toe leiden dat zij in een negatief herhalingspatroon van modi vast komen te zitten, meestal de chronische problemen in hun relatie. De therapeut vraagt hun een zo goed mogelijk beeld te schetsen van het patroon van hun ruzies.

De therapeut geeft bijvoorbeeld de volgende instructie: 'Julia en Chris, ik wil begrijpen hoe jullie met zijn tweeën een conflict met elkaar hebben. Ik zou graag willen zien wat er gebeurt wanneer jullie het erover hebben of jullie kinderen willen.' De therapeut volgt hun beschrijving op de voet en vraagt herhaaldelijk: 'En wat gebeurt er dan?' De therapeut noteert welke vaste modussequenties er ontstaan vanuit de interactie van het paar, inclusief schema's en copingstijlen, en vergelijkt dat met de SMI-resultaten. Nadat het paar scène voor scène heeft beschreven, vraagt de therapeut hun om een conflict aan te gaan over een onderwerp in hun relatie dat nog niet is opgelost. De therapeut kan toestemming vragen om hiervan opnamen te maken. De therapeut kan bijvoorbeeld zeggen: 'Ik zou graag willen dat jullie samen aan de slag gaan en met elkaar een vervelend probleem bespreken dat nog niet is opgelost. Doe zo veel mogelijk je best om dit probleem binnen tien minuten op te lossen. Ik zal toekijken zonder tussenbeide te komen. Als jullie klaar zijn, bespreken we hoe het voor jullie beiden is geweest.'

De therapeut analyseert de interactie, benoemt de meest kenmerkende modussequentie, vestigt de aandacht op belangrijke schema's die tot uitdrukking komen en brengt de modussequenties in verband met de belangrijkste klachten van elke partner over de relatie en diens onvervulde behoeften. De therapeut conceptualiseert belangrijke thema's om tijdens de feedbacksessie voor te leggen en ook specifieke strategieën om in de interventiesessies aan de orde te stellen. Na de opname vraagt de therapeut aan de partners hoe zij de lastigste gedeelten van de interactie hebben ervaren. Het paar begint te benoemen welke concrete signalen belangrijke emoties oproepen, hoe zij zich staande houden wanneer ze van slag zijn en wat hun typische moduspatroon is. De therapeut vestigt de aandacht op sterke punten in hun dynamiek en blijft de zienswijzen van beiden spiegelen en bekrachtigen, al doende proberend een sterke therapeutische relatie tot stand te brengen. Het paar verlaat de sessie met het hoopvolle en inspirerende gevoel dat zij een eerste stap hebben gezet om zich bewust te worden van de negatieve interactiepatronen die uit hun schema's voortkomen, een noodzakelijke stap op weg naar positieve verandering. De therapeut geeft taken mee voor de volgende sessie, bijvoorbeeld het lezen van relevante hoofdstukken uit *Leven in je leven* (Young & Klosko, 1993) of speciale relatieoefeningen.

### *Individuele sessies*

Onder verwijzing naar de vragenlijsten vraagt de therapeut de partners ieder om informatie over belangrijke gebeurtenissen in hun persoonlijke verleden en in de relatie. De therapeut begint de sessie met een bespreking van de regels voor vertrouwelijkheid en geheimhouding. Bijvoorbeeld:

'Een essentieel element in relatietherapie is dat de partners geen grote geheimen voor elkaar hebben die met hun relatie verband houden. Dit betekent dat wanneer je mij iets vertelt wat John niet weet, bijvoorbeeld over een verhouding of een verslavingsprobleem, je dat binnen een maand ook aan John moet vertellen. Ik zal hem zelf niets vertellen. Als je het moeilijk vindt om ervoor uit te komen, zal ik je bijstaan en het voor jou gemakkelijker proberen te maken. Als je het hem na een maand nog niet hebt verteld, zullen onze gezamenlijke inspanningen in de relatietherapie moeten ophouden. Wij maken deze afspraak omdat de effectiviteit van de therapie beperkt is als er grote geheimen zijn en omdat ik al het mogelijke wil doen om jullie te helpen jullie relatie te verbeteren. Ik heb ook gemerkt dat het voor paren veel gemakkelijker is om de schade aan hun relatie te herstellen als zij zelf voor hun geheimen uitkomen in plaats van dat hun geheim wordt ontdekt.'

Tijdens de individuele sessie is het een van de primaire doelstellingen om de therapeutische alliantie te consolideren. De therapeut spiegelt de ervaringen van de partner zoals beschreven bij de individuele schemagerichte behandeling op een zodanige manier dat belangrijke schema's, copingstrategieën en modi beter zichtbaar worden. Aan de hand van de zelfrapportage in de vragenlijsten benoemt en bespreekt de therapeut de oorsprong en functies van al die schema's, copingstijlen en modi in de ontwikkeling van beide partners. De therapeut vraagt om een uitvoerige beschrijving van het verloop van hun relatie, legt patronen bloot in partnerkeuze en eerdere relatieproblemen en brengt centrale schema's en modi in verband met de relatieproblemen en levenssituatie van dat moment. De therapeut voert een diagnostische imaginatieoefening uit met beelden van moeder, vader en andere belangrijke ouderfiguren uit de kindertijd en koppelt de behoeften en emoties van de partner naar aanleiding van die beelden uit de kindertijd aan diens relatie van dat moment (Young et al., 2003). Wie nam de partner in vertrouwen en tot wie wendde hij zich als kind? Hoe reageerde die persoon? Hoe hield de partner zich als kind staande in zijn of haar omgeving (Johnson et al., 2003 en 2005)? De therapeut bespreekt de signalen van schema's en modi uit het verleden en vergelijkt die met relevante conflicten in de relatie met de partner. In deze discussie spiegelt en bekrachtigt de therapeut zorgvuldig de copingstrategieën en modi van de partner die hun oorsprong in diens kernschema's hebben en probeert te bereiken dat hij of zij zich eerder bevestigd voelt dan beschaamd.

Vervolgens bespreekt de therapeut de tevredenheid van de partner met de relatie en diens gevoel van betrokkenheid bij de relatie. Wie neemt de partner nu in vertrouwen en van wie krijgt hij of zij nu emotionele steun? De therapeut doet een beroep op de inzet van beide partners voor de therapie. Daarnaast kan de wetenschap dat je partner om je geeft ertoe bijdragen dat ook een relatie met ernstige problemen stand houdt en dit kan een grotere kans op een gunstige uitkomst in relatietherapie voorspellen (Johnson, 2004).

Ook seks en hartstocht komen ter sprake tijdens de individuele sessie. 'Waar zou je op een schaal van 1 tot 10 aangeven hoe het staat met je liefdesrelatie en je verstandhouding met Patricia? Hoeveel passie en romantiek voel je? Hoe was dat in het begin van jullie relatie? Is dat veranderd en, zo ja, wanneer?'

De therapeut onderzoekt hoezeer zij zich in het begin en nu tot elkaar aangetrokken voel(d)en en hoe de modussequenties van het paar van invloed zijn op de seks en intimiteit in hun relatie.

Als een van de partners nog een andere relatie heeft, is dat een contra-indicatie voor succes in relatietherapie en de therapeut vraagt de partners tijdens de individuele sessies of zij een verhouding hebben. Andere contra-indicaties kunnen zijn geweld, alcohol- en drugsmisbruik of uiteenlopende agenda's. Hoewel dit aan het inzicht van de therapeut moet worden overgelaten, staat het niet automatisch gelijk aan een patroon van misbruik wanneer er een of twee keer lichamelijk geweld is gebruikt. Verder kan een relatietherapie ook ontsporen door emotioneel geweld. Beide partners moeten zich voldoende veilig voelen om samen tijdens de therapiesessie openhartig hun emoties te ervaren, zonder de dreiging van een gewelddadige reactie. Als de veiligheid bij de therapeut niet kan worden gewaarborgd, is mogelijk een verwijzing naar een behandelprogramma voor huiselijk geweld aangewezen. Wanneer zo'n programma met succes is afgerond en de veiligheid kan worden gewaarborgd, kan de relatietherapie misschien worden voortgezet (Johnson, 2004).

Als er sprake is van actief alcohol- of drugsgebruik of een andere verslaving en een of beide partners heeft een sterke modus Onthechte beschermer en wil niet specifiek in behandeling voor die verslaving, dan heeft relatietherapie weinig effect. Toegang tot emoties is een noodzakelijk vereiste om tot helende emotionele ervaringen te komen. Als een partner een verslaving inzet als onderdeel van zijn of haar modus Onthechte beschermer en zijn of haar gedrag niet wil veranderen, dan kan de relatietherapie worden afgebroken. De therapeut probeert samen met de niet-gebruikende partner een beslissing te bereiken en misschien kan worden verwezen naar, bijvoorbeeld, individuele therapie of een zelfhulpgroep (Gottman, 1999).

In sommige gevallen heeft een partner misschien een agenda die de therapeut ethisch niet kan verantwoorden. Wanneer een partner bijvoorbeeld als belangrijkste doel heeft om de andere partner door de therapeut te laten overhalen om iets te doen wat die partner niet wil, dan is relatietherapie mogelijk niet geschikt (Johnson, 2004). De therapeut verwijst iedere partner door naar een geschikte behandeling als de problemen beter elders kunnen worden aangepakt, bijvoorbeeld in crisissituaties met depressie, angst, bipolaire stoornis of bij moeite met woedebeheersing. Indien van toepassing stelt de therapeut ook kenmerken van persoonlijkheidsstoornissen vast, zoals borderline persoonlijkheidsstoornis, narcisme of een obsessieve-compulsieve persoonlijkheidsstoornis, en geeft waar nodig een toepasselijke individuele verwijzing.

### *Feedbacksessie*

Het laatste deel van de diagnostische fase vindt plaats wanneer de therapeut en de beide partners bij elkaar komen en de therapeut samenvat wat de sterke punten, moeilijkheden en thema's in hun relatie zijn. De therapeut maakt het paar duidelijk wat gewoonlijk de meest kenmerkende modussequentie, schema's en copingstrategieën in hun conflicten zijn. De uitkomsten van de vragenlijsten en de informatie die tijdens de diagnostische fase is verkregen worden samengevat. De therapeut bespreekt een tijdskader voor de therapeutische sessies van het paar, rekening houdend met het verleden van beide partners, de ernst van de schema's en de intensiteit van de modussequentie. Een paar dat heel gauw in een heftige, starre modussequentie terechtkomt heeft meestal meer sessies nodig. De therapeut geeft de partners voorzichtig hoop en beantwoordt hun eventuele vragen. Zij krijgen huiswerk mee om beter te kunnen nagaan wat er buiten de sessie met hen gebeurt wanneer hun specifieke moduspatroon weer optreedt. De therapeut laat hen ook delen uit *Leven in je leven* lezen die voor hun schema's relevant zijn (Young & Klosko, 1993).

## Fase van verandering

Interventiesessies zijn erop gericht om beide partners te helpen bij het vaststellen van onaangepaste modussequenties en beide partners 'reparenting' van elkaars basisbehoeften te leren. Het paar tracht een flexibele, vloeiende interactiestijl met elkaar te ontwikkelen die een cyclus van de modi Gezonde volwassene, Kwetsbare kind en Blije kind ondersteunt.

### *Cognitieve technieken*

Gedurende het gehele interventieproces gaat de therapeut in op de cognities die bij de partners uit hun schema's voortvloeien en helpt hen om hun opvattingen over zichzelf en hun partner in de relatie te herstructureren. Een van de doelen voor het paar is om een gezond werkmodel van intimiteit te ontwikkelen. Wanneer partners de modussequentie beschrijven die zij ervaren, komt de therapeut tussenbeide met cognitieve technieken om in eerste instantie inzicht in de oorsprong van schema's voor beide partners over te brengen en de ervaring van de partner te bevestigen. De therapeut toetst vervolgens empathisch de validiteit van elk schema in de relatie van dat moment en helpt de partner om de situatie in een gezonder, realistischer perspectief te zien. Er worden gegevens verzameld uit alle perioden in het leven van beide partners om tegen de schema's te strijden en hun bekrachtiging te ontzenuwen, met name voor kernschema's in het domein Onverbondenheid en afwijzing. Aangezien beide partners hierbij betrokken zijn, kunnen zij elkaar helpen om in contact met hun kernthema's te komen. De therapeut concentreert zich op de modussequentie van het paar of op het interactieproces tussen de partners, niet op de inhoud van het conflict. Als de therapeut alleen de inhoud van een conflict zou onderzoeken, zou het paar misschien niet de modi aanpakken die tot de interactiestijlen leiden die de schema's bestendigen.

De therapeut laat een modusdialoog ontstaan tussen de stemmen van centrale modi en schema's en de Gezonde volwassene. Om een partner bijvoorbeeld meer in contact te brengen met de modus Kwetsbare kind zegt de therapeut:

'Patricia, ik merkte zojuist dat je stem begon te trillen en je begon helemaal te beven. Als we dat deel van jou een stem zouden geven, wat zou die dan zeggen?' De therapeut helpt Patricia om het Kwetsbare kind te ervaren, zodat haar partner weet wanneer Patricia zich in die modus bevindt. De therapeut laat de partner zien hoe de Gezonde volwassene op de modus Kwetsbare kind kan reageren. 'Een deel van jou is nu bang om John kwijt te raken, bang dat het patroon zich zou kunnen herhalen, dat je opnieuw alleen zult zijn, net als de kleine Patricia. Klopt dat? Het is een eng gevoel, omdat je zoveel van John houdt en hem niet kwijt wilt raken. Ik wil dat je weet dat je hierin niet alleen staat. Ik ben bij je en ik zal je hierdoorheen helpen.' De therapeut staat model voor een Gezonde volwassene en biedt een ervaring die als remedie kan dienen door het Kwetsbare kind te kalmeren, gerust te stellen en te troosten, de opgeroepen emoties te bevestigen en de realiteit van de situatie te toetsen. Een Gezonde volwassene kan het Kwetsbare kind vervolgens, waar nodig, de juiste raad en begeleiding bieden. Beide partners zijn in staat te herkennen wat hun modussequentie is, welke basisbehoeften onbevredigd zijn en wat de remedie is om in die behoeften te voorzien.

De therapeut helpt het paar bij het schrijven van een flitskaart voor modussequenties die steeds terugkeren in de relatie en koppelt kernschema's aan dat herhalingspatroon. Het paar werkt de flitskaart regelmatig bij en wanneer er een ongezonde modussequentie ontstaat, gebruiken ze de kaart om zich tegen hun schema's te verweren. Het paar toont rationeel aan dat de schema's niet kloppen en zij onderkennen hoe schema's via de modussequentie in stand worden gehouden (Young et al., 2003). Er kan aanvullend huiswerk worden opgegeven, zoals het lezen van een boek over relaties als *De zeven pijlers van een goede relatie* van John M. Gottman (2005). De therapeut helpt met het leggen van verbanden tussen factoren die het uiteenvallen van relaties voorspellen (bijvoorbeeld kritiek, een defensieve houding, minachting en tegenwerken) met de modussequenties van het paar en biedt alternatieven voor herhalingspatronen die wel goed zijn aangepast (Gottman & Silver, 1999).

*Experiëntiële technieken*

Wanneer het paar voldoende cognitief inzicht in hun moduspatroon heeft gekregen, gaat de therapeut hun meer experiëntiële oefeningen aanbieden in het interventieproces. In relatietherapie heeft de therapeut de mogelijkheid om bij beide partners in de sessie heftige emotionele ervaringen aan te boren, uit te breiden en te laten verwerken, waarbij vaak heftiger emoties loskomen dan in individuele therapie. Wanneer een partner bijvoorbeeld door de ander wordt geprovoceerd, zal de therapeut waarschijnlijk eerder meemaken dat een partner de modus Straffende ouder ten opzichte van de ander aanneemt, iets wat een therapeut misschien moeilijk voor elkaar krijgt in individuele therapie. In het kader van een relatietherapie kan de therapeut het verhoogde affect als gevolg van de modussequentie gebruiken om toegang tot de schema's van het paar te krijgen. In plaats van een afstandelijk verslag te krijgen over gebeurtenissen die buiten de therapie hebben plaatsgevonden is de therapeut tijdens de sessie getuige van de modussequentie van het paar. De therapeut kan een partner helpen om een remedie tegen de schema's van de ander te geven door middel van de Gezonde volwassene en kan een 'corrigerende emotionele ervaring' aanbieden (Alexander & French, 1946).

Een centraal onderdeel van de experiëntiële benadering is de therapeutische relatie. Als beide partners zich door de therapeut begrepen voelen, voelt het voor hen misschien veiliger om hun emoties ruim baan te geven en verbanden te leggen tussen zich voordoende schema's en modi. De therapeut kan emoties in de relatie met verscheidene technieken intensiveren en laten toenemen. De therapeut kan bijvoorbeeld belangrijke elementen in de modussequentie van elke partner spiegelen en zo emotionele reacties bevestigen, legitimeren en begrijpen. Belangrijke uitdrukkingen die door de partners worden gebruikt worden aan schema's gekoppeld en herhaald om de emoties van de partner te verhevigen. De therapeut kan ook gevoelens van kwetsbaarheid versterken door zich voorover te buigen en zachter en langzamer te praten bij het toespreken van de modus Kwetsbare kind van een partner. Wanneer de modus Woedende kind aan de orde is, drukt de therapeut medeleven uit door de eigen stem zodanig te verheffen dat dit overeenkomt met de emotionele toestand van de partner in de assertieve modus. Wanneer de partner zich begrepen voelt, voelt die zich misschien veiliger om de modus Kwetsbare kind in te gaan. Daarnaast kunnen beelden en metaforen rechtstreeks op situaties in de relatie worden toegepast om gevoelens van kwetsbaarheid te versterken en met schema's in contact te komen (Johnson, 2004).

De therapeut treedt actief op om te voorkomen dat de modus Onthechte beschermer van een partner emoties tempert of wegdrukt. De therapeut kan bijvoorbeeld zeggen: 'Kees, even wat rustiger aan graag. Wat gebeurde er daarnet bij jou, vlak voordat je tegen die muur liep? Wat voelde je van binnen toen Ineke zei dat ze weg wilde?' De therapeut stuurt de aandacht van de partner terug naar een essentieel emotioneel moment en geeft als feedback het moment waarop de Onthechte beschermer naar boven kwam, zodat de partner gemakkelijker bij zijn of haar Kwetsbare kind kan komen.

Bij experiëntiële oefeningen kan het paar verbinding maken met emoties die met elke modus samenhangen en met de achterliggende kernschema's – en ze kunnen die benoemen. Daarnaast doet de therapeut ervaringsgerichte oefeningen met het paar om hen verder te brengen dan het van op een afstand benoemen van hun emoties: zij geven zich tijdens de sessie over aan hun emoties en beschrijven de emoties veeleer dan ze te verklaren, zonder erdoor te worden overweldigd (Ekman, 2003).

De therapeut gebruikt imaginatie, dialogen en rollenspel om de ervaringen van beide partners uit hun jeugd en hun verleden te koppelen aan hun relatie van dat moment. De partners geven het woord aan hun Gezonde volwassene: ze komen op gepaste wijze op voor hun rechten en behoeften, rouwen om verlies, zien trauma's onder ogen en genezen die. De therapeut helpt de partners ook bij het schrijven van brieven (die zelden worden verstuurd) aan ouders en belangrijke relationele figuren die van invloed zijn geweest op het ontstaan van de schema's, waarbij zij worden geholpen om weer de pijn van het Kwetsbare kind te voelen en toegang te krijgen tot een Gezonde volwassene om de confrontatie aan te gaan en alles op een rijtje te zetten (Young & Klosko, 1993).

Bij imaginatie gaan beide partners de confrontatie aan met een ouder of verzorger en beschermen en troosten zij hun Kwetsbare kind. Zij zijn in staat te praten over wat zij van significante anderen nodig hadden maar niet hebben gekregen. Het beeld kan overgaan naar scènes waarin de partners zich door de ander in de steek gelaten, verraden of aan hun lot overgelaten hebben gevoeld, waarbij gesproken wordt over hun onvervulde behoeften, hun emoties in die situatie, de schema's die tot leven kwamen en de drang tot handelen. Beide partners kunnen rechtstreeks de confrontatie met hun schema's aangaan, in aanwezigheid van de ander. Via imaginatie kan het paar toegang krijgen tot hun Kwetsbare kind en daaraan uiting geven, terwijl de andere partner leert om die boodschap zonder gevaar aan te horen, zonder zich aangevallen te voelen. Vaak voelt de partner een verlangen om het Kwetsbare kind van de ander gerust te stellen. Uiteindelijk levert de partner in de geïmagineerde scène met de stem van een Gezonde volwassene de ervaring die de remedie is waarnaar de andere partner verlangt.

Een ander ervaringsgericht instrument in het relatietherapeutische proces doet zich voor wanneer de therapeut een dialoog van modi laat opvoeren en de partners opdracht geeft om belangrijke emoties met elkaar uit te spelen, met inbegrip van belangrijke krenkingen van schema's en grieven over de relatie met hun partner. Via een modusdialoog kunnen de partners toegang krijgen tot emoties die samenhangen met hun modussequentie en kunnen zij de overgang maken naar een beter aangepast herhalingspatroon.

De therapeut maakt Jannie duidelijk dat zij in de modus Woedende kind schiet vanwege de hevige angst die haar Kwetsbare kind ervaart in verband met de mogelijkheid dat Michel haar verlaat (Verlating/instabiliteit). Zodra zij dit verband legt, vraagt de therapeut of ze Michel wil vertellen wat ze voelt wanneer ze doodsbang is hem kwijt te raken. De therapeut vraagt Jannie hoe zij het heeft ervaren om dat tegen Michel te zeggen met het stemmetje van haar Kwetsbare kind. Ze beschrijft haar angst om Michel 'de kleine Jannie' te laten zien. De therapeut steunt Jannie's kracht en wendt zich tot Michel met de vraag hoe hij het heeft gevonden dat Jannie hem vertelde dat ze bang was om hem kwijt te raken. Michel toont zich begaan met Jannie en zegt dat hij zich veel veiliger voelt vergeleken bij haar boze stem. Hij is in staat zijn eigen verdriet te verwoorden, zijn Kwetsbare kind en zijn verlangen naar Jannie's goedkeuring bloot te geven. De therapeut vraagt Michel om met de stem van zijn Kwetsbare kind tegen Jannie te praten en de modusdialoog gaat verder. Het paar is van een vechten/vluchten-spiraal overgegaan naar een gezonde sequentie van Kwetsbare kind en Gezonde volwassene. Beide partners worden gehoord en begrepen en de kans is groter dat hun behoeften vervuld worden.

In het begin van de behandeling concentreert de therapeut zich op beide partners. Maar naarmate de therapie voortschrijdt, kan de therapeut zich op een partner in de modus Onthechte beschermer richten om een grotere betrokkenheid bij het proces te bevorderen. Zolang er nog geen emoties worden aangeboord, zal de andere partner zich waarschijnlijk angstig voelen en lijken de vorderingen misschien beperkt (Young et al., 2003). Als de therapeut de empathische confrontatie met de Onthechte beschermer aangaat en de partner schiet in een modus Kwetsbare kind, kan de therapeut zich concentreren op een modus Woedende kind, Straffende ouder of Veeleisende ouder. De therapeut beschermt de overgang van Onthechte beschermer naar Kwetsbare kind en houdt alle aanvallende modi van de partner tegen. Het paar geeft tijdens de sessie uiting aan kwetsbaarheden en het verlangen naar verbondenheid met de partner; zo bereiden zij de remedie tegen schema's.

*De therapeutische alliantie*

De therapeutische relatie draagt bij aan het vaststellen en genezen van de schema's en modi die bij elke partner tijdens de sessies tot uiting komen. Net als bij individuele therapie tracht de therapeut een sterke therapeutische alliantie op te bouwen. Maar de kans op een breuk in die alliantie is heel groot wanneer je gedurende langere tijd met twee mensen werkt in relatietherapie. De therapeut moet over de gevoeligheid en waakzaamheid beschikken om elk eventueel misverstand of gevoel van gekwetstheid bij een partner door toedoen van de therapeut aan de orde te stellen. De vooruitgang kan tot stilstand komen totdat de alliantie is hersteld. De therapeut koppelt relevante persoonlijke informatie van de partner aan zaken die tijdens de sessie schema's en emoties oproepen, benoemt signalen van schema's en de emoties en copingstrategieën die daarmee verband houden. Door middel van reparenting helpt de therapeut de partner om weer veiligheid en vertrouwen te krijgen in de therapeutische alliantie (Young et al., 2003).

*Gedragspatronen doorbreken*

Door gedragspatronen te doorbreken kunnen de partners gemakkelijker samen ander gedrag oefenen om modussequenties en disfunctionele leefpatronen te doorbreken. Tijdens het doorbreken van gedragspatronen maakt de therapeut duidelijk welke modussequenties een belemmering vormen, geeft voorbeelden van gezond gedrag en oefent die. Daarnaast gebruikt de therapeut imaginatie, modusdialogen en flitskaarten om het paar te helpen in zijn strijd tegen factoren die gedragsverandering in de weg staan. De therapeut combineert ook cognitieve en experiëntiële oefeningen om elke partner op empathische wijze te confronteren en het paar te helpen een verschuiving tot stand te brengen van een ongezonde modussequentie naar een sequentie van de modi Kwetsbare kind, Blije kind en Gezonde volwassene. Er worden rituelen voor relationele verbondenheid ontwikkeld die herhaald worden en voorspelbaar worden, zoals een hartelijke begroeting bij aankomst en vertrek (Gottman & DeClaire, 2001).

*Afsluitende sessies*

Naarmate het paar de weg vindt in zijn modussequenties en er gezondere ervaringen ontstaan, consolideert de therapeut de vorderingen die in de therapie zijn gemaakt en bereidt het paar voor op afronding van de therapie. De therapeut onderstreept nog eens de verschillen tussen de prototypische modussequentie en de gezonde dynamiek bij het paar. Door hun verbeterde contact hebben zij er meer vertrouwen in dat zij beter met hun conflicten kunnen omgaan en in elkaars basisbehoeften kunnen voorzien, wat een kalmerend effect op de relatie heeft (Gottman, 1999). De vooruitgang en sterke punten van het paar worden bevestigd en zij verbinden zich om voortdurend aan een veiliger relatie te blijven werken. De therapeut analyseert hun zelfrapportage op vragenlijsten als de SMI om de kracht van gezondere modussequenties in de relatie te bevestigen. De therapeut maakt samen met het paar een planning voor enkele vervolgsessies, met vooraf bepaalde tussenpozen.

## Valkuilen en tips

Er zijn verschillende factoren die vooruitgang in relatietherapie kunnen belemmeren of tegenhouden. Ten eerste moet de therapeut iedere partner grondig controleren op contra-indicaties. Als de therapeut concludeert dat een partner in een crisis verkeert en dat er moet worden ingegrepen, bijvoorbeeld met een behandeling voor een depressieve, bipolaire of angststoornis, tracht de therapeut de juiste individuele behandeling te krijgen, hetzij in combinatie met relatietherapie hetzij los daarvan. Evenals bij individuele therapie overlegt de therapeut met andere hulpverleners die bij de behandeling zijn betrokken, bijvoorbeeld een arts die psychotrope medicatie voorschrijft.

De vertrouwelijkheid kan ook een valkuil zijn in relatietherapie. De therapeut herinnert de partners eraan dat alle individuele contacten plaatsvinden alsof de andere partner bij het gesprek aanwezig is en de therapeut wijkt daar niet van af.

Verslaving kan eveneens een valkuil zijn in relatietherapie. Als de therapeut ziet dat een partner ondanks verscheidene interventies stagneert, moet de mogelijkheid worden uitgesloten dat er sprake is van alcohol- of drugsgebruik of een andere verslaving.

Binnen de therapeutische relatie moet de therapeut zorgvuldig het contact met beide partners tegelijk bewaren. Dit is vaak een precair evenwicht, vooral wanneer een partner de eigen schema's van de therapeut activeert. Als de therapeut een breuk in de relatie niet snel herstelt, stopt het paar misschien met de therapie. Soms kan bij beide partners tegelijkertijd een schema actief worden. Wanneer de therapeut een vergissing begaat of een partner in verwarring brengt, zal hij of zij het kwaad snel proberen te herstellen en het paar terugvoeren naar veiligheid in de therapiesessie.

De therapeut kan soms het overzicht kwijtraken, zodat het paar doelloos ronddwaalt. Voorafgaand aan elke sessie gaat de therapeut na waar het paar staat in het therapeutisch proces en bedenkt voor hen zinvolle opdrachten om zaken aan te pakken waarin zij zijn vastgelopen of die meer aandacht vragen. Werken zij primair met cognitieve, experiëntiële of gedragsthema's of een combinatie daarvan? Welke schema's worden geactiveerd en biedt de partner een remedie tegen elk schema? Wat is de kenmerkende modussequentie van het paar en verschuift die in de richting van een gezonder patroon? De therapeut geeft aan het einde van elke sessie huiswerk op dat is afgestemd op de behoeften van het paar.

## Toekomst

Schematherapie voor paren biedt een gestructureerd kader waarbinnen verscheidene therapeutische technieken in één model zijn geïntegreerd. Hoewel schematherapie speciaal voor paren nog niet uitgebreid is onderzocht, is deze integratieve benadering nu zover dat onderzoek kan voortbouwen op de succesvolle resultaten van emotiegerichte relatietherapie en gedragsrelatietherapie (Johnson, 2004). Bij schematherapie kan een paar niet alleen de last van relatieproblemen van zich afschudden, de partners kunnen ook herstellen van chronische, levenslange kwetsuren die uit schema's voortkomen. Omdat gestreefd wordt naar gevoelens van hoop en veiligheid in de relatie wordt het voor beide partners mogelijk om zich open te stellen voor en te reageren op elkaars behoeften, zodat vergeving, verzoening en de genezing van kernschema's worden bevorderd.

## Literatuur


Alexander, F., & French, T. (1946). *Psychoanalytic therapy: principles and application.* New York: Ronald Press.

Begley, S. (2007). *Train your mind, change your brain.* New York: Ballantine Books.

Bowlby, J. (1988). *A secure base.* New York: Basic Books.

Ekman, P. (2003). *Emotions revealed.* New York: Owl Books.

Fonagy, P., & Target, M. (1997). Attachment and reflective function: Their role in self-organization. *Development and psychopathology, 9,* 679-700.

Goleman, D. (2006). *Social intelligence.* New York: Bantam Book.

Gottman, J.M. (1999). *The marriage clinic.* New York: Norton.

Gottman, J.M. (1994). *What predicts divorce?* Hillsdale, NJ: Erlbaum.

Gottman, J.M., & DeClaire, J. (2001). *The relationship cure.* New York: Three Rivers Press.

Gottman, J.M., & Silver, N. (1999). *The seven principles for making marriage work.* New York: Three Rivers Press. (Nederlandse vertaling: *De zeven pijlers van een goede relatie.* Utrecht: Lifetime, 2005)

Johnson, S.M. (2003). A guide for couple therapy. In: S.M. Johnson & V.E. Whiffen (Eds.), *Attachment process in couple and family therapy.* (p. 103-123). New York: The Guilford Press.

Johnson, S.M. (2003). *Emotionally focused couple therapy with trauma survivors: strengthening attachment bonds.* New York: The Guilford Press.

Johnson, S.M. (2004). *The practice of emotionally focused couple therapy.* New York: Brunner-Routledge.

Johnson, S.M., Bradley, B., Furrow, J., Lee, A., Palmer, G., Tilley, D., & Woolley, S. (2005). *Becoming an emotionally focused couple therapist.* New York: Routledge.

Mikulincer, M., & Shaver, P.R. (2007). *Attachment in adulthood.* New York: The Guilford Press.

Siegel, D.J. (1999). *The developing mind.* New York: The Guilford Press.

Siegel, D.J. (2007). *The mindful brain.* New York: Norton.

Young, J.E., & Klosko, J.S. (1993). *Reinventing your life.* New York: Plume. (Nederlandse vertaling: *Leven in je leven.* Lisse: Swets & Zeitlinger, 1999)

Young, J.E., Klosko, J.S., & Weishaar, M.E. (2003). *Schema therapy: a practitioner's guide.* New York: The Guilford Press.

Young, J.E., Klosko, J.S. & Weishaar, M.E. (2005). *Schemagerichte therapie; handboek voor therapeuten.* Houten: Bohn Stafleu van Loghum.

# 14 Schematherapie in een klinische (groeps)setting[1]

E. Muste

Schematherapie is ontwikkeld voor individuele ambulante therapie. In het in 2003 verschenen handboek wordt alleen deze therapiesetting beschreven (Young, Klosko & Weishaar, 2003; Muste, 2006). Over schematherapie in groepen is minder bekend. Inmiddels zijn er wel enkele publicaties over de toepassing van schematherapie in gestructureerde groepen (Van Vreeswijk & Broersen, 2006) en binnen een klinische setting (Thunnissen & Muste, 2002, 2005).

De integratie en uitwerking van schematherapie binnen een (dag)klinische setting is geen vanzelfsprekendheid. Toen Jeffrey Young met deze opgave geconfronteerd werd, introduceerde hij Marty Sloane, die meer ervaring had met groepen en multidisciplinaire teams. Met hem begon een jarenlang traject van training voor de gehele staf van De Viersprong in Halsteren. Hierin werd het individueel-ambulante omgevormd tot een groepsgerichte (dag-)klinische variant van deze therapievorm. Met de invoering van schematherapie veranderde het therapeutisch milieu van een groepsgerichte naar een individugerichte benadering (Muste & Thunnissen, 2003).

Inmiddels is duidelijk dat met schematherapie goede resultaten worden geboekt in een (dag-)klinische setting. Het meest recente rapport van het Standaard Evaluatie Project (Timman, Verstraten & Trijsburg, 2006) laat een klinisch significante klachtenreductie zien zowel aan het eind van de behandeling als bij follow-up na één jaar.

## Praktijk

Om een beeld te schetsen van de behandeling en enkele ingrediënten van het therapieprogramma, volgt een dag van Sander.

1 *Dit hoofdstuk vormt samen met hoofdstuk 15 en 16 een 'drieluik' over schematherapie in een groepssetting.*

Sander zit er maandagochtend afgesloten bij in de groep. De groepsleden spreken hem in de weekopening aan op zijn voorgenomen doel, namelijk openheid bieden en zijn modus van Onthechte beschermer doorbreken. Aarzelend vertelt hij over de ruzie tussen hem en zijn vriendin en hoe hij zich sinds zaterdag heeft afgesloten voor al zijn gevoelens door veel te gaan blowen.

In het individuele gesprek met zijn psychotherapeut onderzoekt Sander wat er precies gebeurde. De aanleiding tot de ruzie was een opmerking van zijn vriendin dat zij ook wel eens met haar vriendinnen op stap wilde. Samen met de groep stelt Sander vast dat zijn schema Minderwaardigheid/schaamte geactiveerd werd en dat hij overcompenseerde door heel boos te worden.

Later op de dag, tijdens de schematraining, een cognitieve zitting, herkent hij, als een groepsgenoot dit schema uitwerkt, naast het schema Minderwaardigheid/schaamte ook het schema Verlating/instabiliteit. Hij ziet dat hij zijn kwetsbaarheid steeds wegmaakt door boos te reageren (overcompenseren); door het blowen schakelt hij zijn gevoel uit en versterkt hij zijn modus Onthechte beschermer.

In gesprek met de milieutherapeut, later die week, staat Sander nog eens stil bij zijn behoefte om drugs te gebruiken. Hij wordt gemotiveerd om alternatieven te zoeken voor dit gedrag en spreekt af met zijn persoonlijk begeleider een signaleringsplan te maken om zijn zelfcontrole op dit vlak te vergroten.

In deze beschrijving wordt duidelijk op welke wijze de schema's van Sander geactiveerd worden in het contact met zijn vriendin, hoe hij deze versterkt en er vervolgens zo'n veelheid aan gevoel ontstaat, dat hij wisselt tussen overcompenseren en helemaal niets meer voelen (modus van Onthechte beschermer).

De herkenning van deze patronen door anderen is een belangrijke factor in de groep en draagt bij aan het algehele klimaat van ruimte en begrip voor onderliggende gevoelens. Als Sander zijn modus van Onthechte beschermer niet meer nodig heeft, kan hij vervolgens echt luisteren naar de ander en vanuit herkenning thema's oppakken waarmee ook hij worstelt.

De beschrijving illustreert ook de toepassing van een begrenzing die past bij 'limited reparenting'. In dit geval zorgt de milieutherapeut voor begrenzing. Dit gebeurt niet zozeer op bestraffende wijze, maar altijd vanuit een therapeutische attitude met als doel verandering van gedrag. Bij Sander wordt dit vervolgens op gedragstherapeutische wijze uitgewerkt in een signaleringsplan, een plan waarin op getrapte wijze zelfcontroleprocedures worden vastgelegd ten behoeve van een specifiek probleem.

## Aanpak

Een essentieel onderdeel van de behandeling in een (dag-)klinische setting vormen de taal en de communicatie binnen het team. Door elkaar dagelijks te treffen en vanuit een gezamenlijke taal informatie uit te wisselen over de verschillende groepen en individuele processen daarin, ontstaat er een stevig geheel waarin de patiënt zich steeds geconfronteerd weet met zijn problematiek en mogelijkheden om hiermee aan de slag te gaan. Om het optimale therapeutisch klimaat te verkrijgen, is het belangrijk dat teamleden van elkaar weten wat ze doen en wat van hen mag worden verwacht (Janzing & Lansen, 1985). Er ontstaat dan een dynamiek in het team waardoor men weet wie wat doet en een patiënt gemakkelijk op weg geholpen wordt om gebruik te maken van het behandelaanbod.

Zoals Young en collega's (2003) in hun handboek beschrijven komen er in de veranderingsfase van therapie cognitieve, experiëntiële, gedragsmatige en interpersoonlijke strategieën aan bod om schema's, copingstijlen en modi te wijzigen. De ingrediënten van de behandeling krijgen volgens deze strategieën vorm. Ook zijn er accenten gelegd per discipline.

Hieronder wordt per strategie de uitwerking in het programma beschreven. De cognitieve en gedragsmatige strategieën worden kort beschreven, de experiëntiële en interpersoonlijke strategieën komen uitvoeriger aan bod.

*Cognitieve strategieën* worden vooral toegepast door de psychotherapeuten. In de schematraining wordt in een gestructureerde groepszitting gewerkt aan het uitdiepen van situaties aan de hand van schemadagboekkaarten. De groepspsychotherapie leent zich uitstekend voor het toetsen van cognities en tijdens de individuele psychotherapie kunnen basisassumpties worden bewerkt.

Ook *gedragsmatige interventies* hebben een plaats in de opzet van het programma. De sociotherapie richt zich met name op het hier-en-nu. Binnen de individuele gesprekken met zijn persoonlijk begeleider kan de patiënt aan specifieke thema's of as-I-problemen werken.

*Experiëntiële strategieën* komen naast individuele psychotherapie terug in de vaktherapieën. Deze therapievormen zijn door hun aard al meer gericht op beleving en non-verbale aspecten. Vaak komen hier basisbehoeften aan bod. Daarmee worden thema's als basisveiligheid, vertrouwen, autonomie, eigenwaarde, zelfexpressie en begrenzing gemakkelijk zichtbaar. Deze basisbehoeften geven richting aan de attitude van de therapeut. Zo kan er bij iemand met het schema Emotionele verwaarlozing bij een vraag aangesloten worden met een attitude van 'kom maar', terwijl er bij een zelfde vraag van een patiënt met een verzwakte autonomie gereageerd kan worden vanuit de attitude 'doe maar' (Heijs & Vos, 2001).

Een van de schema's die bij Ellis past, is Wantrouwen en/of misbruik. Tijdens psychomotorische therapie wordt Mark gewiegd in een hangmat. Op verzoek van de therapeut heeft hij twee groepsleden gevraagd om hem te wiegen, waaronder Ellis. Zij vindt het spannend. Als de therapeut Mark wiegt en een liedje neuriet, komt Ellis voorzichtig naderbij. Mark (met schema Emotionele verwaarlozing) huilt als hij kan voelen hoe de situatie aansluit bij zijn behoefte. Ellis neemt aarzelend initiatief door de beweging eerst mee te doen en later het wiegen over te nemen van de therapeut. Zij is zichtbaar geraakt. Later vertelt ze dat zij zo duidelijk aan Mark kon zien dat hij zich veilig voelde. Dit raakt haar. Ze wil zich ook graag veilig voelen, maar kent dat gevoel niet meer sinds zij misbruikt is door haar oom.

*Interpersoonlijke strategieën* spelen een belangrijke rol in de behandeling van patiënten met persoonlijkheidsstoornissen en zijn in het gehele therapeutische milieu geïntegreerd. Het begrip 'limited reparenting' krijgt binnen een (dag-)klinisch milieu een eigen inkleuring. Naast de individuele psychotherapeut zijn hier de groep en het therapeutische milieu belangrijke ingrediënten. Het langere tijd met elkaar wonen en werken in een sfeer waarin basisbehoeften voorop staan, neemt een groot gedeelte van de functie van limited reparenting over. In andere termen wordt er in de literatuur van de groepspsychotherapie gesproken over 'holding', 'containing' en 'de goede moeder' (Berk, 1986). Deze begrippen helpen om de beperkte 'reparenting' binnen het programma vorm te geven. Doordat ook in de deeltijdbehandeling vanuit hetzelfde team verder gewerkt wordt, loopt deze functie door.

Empathische confrontatie komt de patiënt overal tegen. Dit gebeurt in het contact met de staf, maar ook met de groep. De groepsleden zijn vaak heel goed in staat om emotioneel aan te sluiten bij de patiënt en tegelijkertijd, vaak uit herkenning, de vinger op de zere plek te leggen. Dit is een van de dingen waar een groep haar kracht aan ontleent (Berk, 2005; Horvath & Luborsky, 1993). Op het moment dat de groep onveiliger is, trekt de staf deze rol actiever naar zich toe.

Margje is net begonnen in de groep. Ze valt op door haar vragende manier van kijken. Tijdens de groepszitting houdt zij de therapeuten goed in de gaten en als zij even aandacht krijgt, is zij snel in tranen. Tom, een medepatiënt, is haar mentor. Hij vergeet haar echter regelmatig en laat op allerlei manieren merken er geen zin in te hebben. De therapeuten wijzen hem op zijn verwaarlozen van Margje. Zij voelt zich in eerste instantie gesteund. Tegelijkertijd wordt zij echter geconfronteerd met haar zuigende manier van aandacht vragen. Dit geeft Tom weer lucht. Als bij beiden zo ruimte ontstaat om onderliggende patronen te onderzoeken, vinden zij veel herkenning in het gevoel tekort te komen (schema Emotionele verwaarlozing) en Margje ziet dat een ander schema, namelijk het schema Onderwerping, dit tekort bij haar overdekt.

De interpersoonlijke strategieën komen binnen de groepspsychotherapie en tijdens de individuele gesprekken terug. Hier kan de therapeut, bijvoorbeeld met het gebruik van een stoelentechniek of (individueel) in een imaginatie met rescripting, een ouderrol of beschermende rol op zich nemen. Bij mensen met ernstige persoonlijkheidspathologie is vaak de modus van de Gezonde volwassene nauwelijks aanwezig en moet de therapeut deze positie innemen ter bescherming en ontwikkeling van het Kwetsbare kind (Arntz & Kuipers, 1998; Young, 1990, 1994).

## Valkuilen en tips

In een notendop is hierboven schematherapie in een (dag-)klinische setting geschetst. Het zal duidelijk zijn geworden dat de verschillende onderdelen van een behandeling een op elkaar afgestemd geheel moeten vormen (Werkgroep richtlijn persoonlijkheidsstoornissen, 2008). Voor patiënten met ernstige persoonlijkheidsstoornissen is het belangrijk dat de behandeling transparant en inzichtelijk is. Schematherapie geeft daar duidelijke handvatten voor.

De invoering van schematherapie binnen een multidisciplinaire groepssetting is niet eenvoudig. Hoewel het model van schematherapie in eerste instantie gemakkelijk te begrijpen is, blijkt pas in de praktijk de complexiteit van de theorie en techniek. Bij de invoering van een nieuw model is het daarom belangrijk dat het management de keuze ondersteunt door tijd en geld vrij te maken voor het leren kennen en het implementeren ervan.

De stroming waarin een team tot dan toe geschoold was, zal mede bepalen welke moeilijkheden het hoofd geboden moet worden. Globaal gesteld zullen psychoanalytisch opgeleide mensen moeite hebben met de sturende en transparante aanpak. Zij zullen zich moeten scholen in de verschillende cognitief-gedragstherapeutische technieken die binnen schematherapie worden toegepast. Cognitief-gedragstherapeutisch ingestelde teams zullen waarschijnlijk moeite ondervinden bij de toepassing van interpersoonlijke strategieën. Werken met de therapeutische relatie en de reparenting-elementen in het behandelmilieu verdienen dan extra aandacht.

Los van het referentiekader en afhankelijk van de populatie en het doel van de behandeling, verdient de balans tussen groep en individu aandacht. Er zal een discussie plaats moeten vinden over wie wat doet in de behandeling. Niet alle teamleden zullen zich geroepen voelen meer psychotherapeutische technieken toe te gaan passen en zijn daartoe ook niet opgeleid. Ten slotte is de mate waarin schema's daadwerkelijk benoemd worden vaak een onderwerp van gesprek, ingegeven door de angst dat de taal als rationalisatie dienst gaat doen.

## Toekomst

Er zijn nog veel uitdagingen in de uitwerking van klinische schematherapie. De afstemming tussen disciplines wordt steeds verder uitgewerkt. De sociotherapeuten worden opgeleid tot gedragstherapeutisch medewerker en de toepassing van de verschillende technieken zal verder verfijnd worden. Momenteel worden de door Young geformuleerde stappen om een schema te veranderen verder uitgewerkt voor een klinische setting. Tevens wordt uitvoerig stilgestaan bij het toepassen van experiëntiële technieken in de groep. Doel is geprotocolleerde behandeling, waarbinnen ook de rol van de vaktherapie en sociotherapie duidelijk omschreven wordt.

Door monitoring van het therapeutisch proces wordt mogelijk zicht verkregen op de werkzame factoren bij de toepassing van schematherapie. De duur van (klinische) behandeling is daarbij een belangrijke variabele, evenals de effectiviteit van het 'stepped down' behandelen, waarbij de intensiteit van behandeling afneemt door deeltijdbehandeling te laten volgen op klinische behandeling en stapsgewijs de behandeling af te bouwen.

## Literatuur

Arntz, A., & Kuipers, H. (1998). Cognitieve gedragstherapie bij de borderline persoonlijkheidsstoornis. In: W. van Tilburg, W. van den Brink & A. Arntz (red.), *Behandelingsstrategieën bij de borderline persoonlijkheidsstoornis*. Houten: Bohn Stafleu van Loghum.

Berk, T. (2005). *Leerboek groepspsychotherapie*. Utrecht: De Tijdstroom.

Berk, T. (1986). *Groepstherapie, theorie en techniek*. Houten: Bohn Stafleu van Loghum.

Heijs, I., & Vos, J. (2001). *Schematherapie en non-verbale therapie op De Kliniek*. Referaat 11 juni 2001, PTC De Viersprong.

Horvath, A.O., & Luborsky, L. (1993). The role of therapeutic allicance in psychotherapy. *Journal of Consulting and Clinical Psychology, 61*, 561-573.

Janzing, C., & Lansen, J. (1985). *Milieutherapie. Het arrangement van de klinisch-therapeutische zetting*. Assen/Maastricht: Van Gorcum.

Muste, E.H. (2006). Boekbespreking van Young, J.E., Klosko, J.S. & Weishaar, M.E. (2005). Schemagerichte therapie. Handboek voor therapeuten. *Tijdschrift voor psychotherapie, 32*, 373-378.

Muste, E.H. (2006). *Beschrijving Ik-opbouwende Psychotherapie*. Workshop ten behoeve van Viersprongdag 1 november 2006. Halsteren: de Viersprong, interne publicatie.

Muste, E.H., & Thunnissen, M.M. (2003). Klinische psychotherapie bij persoonlijkheidsstoornissen. Schematherapie in een therapeutisch milieu. In: C. Janzing, A. van de Berg & F. Kruisdijk (red.), *Handboek Milieutherapie deel 2*. Assen: Van Gorcum.

Thunnissen, M.M., & Muste, E.H. (2002). Schematherapie in de klinisch-psychotherapeutische behandeling van persoonlijkheidsstoornissen. *Tijdschrift voor Psychotherapie, 28*, 385-401.

Thunnissen, M.M., & Muste, E.H. (2005). Klinische psychotherapie bij persoonlijkheidsstoornissen: schematherapie in een therapeutisch milieu. In: A.H. Schene (red.), *Jaarboek voor psychiatrie en psychotherapie 9, 2005-2006* (p. 205-217). Houten: Bohn Stafleu van Loghum.

Timman, R., Verstraten, J., & Trijsburg, R.W. (2006). *STandaard Evaluatie Project*; STEP Rapport nr. 2006-10, Halsteren, De Viersprong Kliniek, De Viersprong IOP.

Vreeswijk, M.F. van, & Broersen, J. (2006). *Schemagerichte therapie in groepen. Cognitieve groepspsychotherapie bij persoonlijkheidsproblematiek. Handleiding voor therapeuten*. Houten: Bohn Stafleu van Loghum.

Werkgroep richtlijn persoonlijkheidsstoornissen (2008). *Multidisciplinaire richtlijn Persoonlijkheidsstoornissen. Richtlijn voor de diagnostiek en behandeling van volwassen patiënten met een persoonlijkheidsstoornis* (conceptversie). Utrecht: Trimbos-instituut.

Young, J.E. (1990). *Cognitive therapy for personality disorders: a schema-focused approach*. Sarasota, Florida: Practitioner's Resource Series.

Young, J.E., & Klosko, J. (1994). *Reinventing your life*. New York: Plume, Penguin Books. (Nederlandse vertaling: *Leven in je leven*. Lisse: Swets & Zeitlinger, 1999)

Young J.E., Klosko, J.S., & Weishaar, M.E. (2003). *Schematherapy, A practitioner's guide*. New York: The Guilford Press.

# 15 Schematherapie in groepen; een protocollaire behandeling[1]

J. Broersen en M.F. van Vreeswijk

Een protocollaire aanpak van schematherapie in groepen (Van Vreeswijk & Broersen, 2006) geeft een aanzet om de toepassing van deze therapievorm voor ambulante groepen te beschrijven en verder te ontwikkelen. Schematherapie voor ambulante groepen is nog weinig uitgewerkt. In de literatuur is wel geschreven over deze therapie voor groepen in een klinische setting (Thunnissen & Muste, 2002 en 2005).

Bovengenoemde protocollaire behandeling voor ambulante groepen is in 2003 ontwikkeld en wordt sinds 2004 bij GGZ Delfland te Delft gebruikt. Binnen deze instelling wordt sinds 2004 een effectonderzoek uitgevoerd. De eerste analyses laten een positieve significante verandering voor klachten, schema's en schemamodi zien. Onderzoek naar het indicatiegebied moet nog plaatsvinden. De vraag hierbij is welke patiënten met persoonlijkheidproblematiek voldoende hebben aan een schematherapie in een kortdurende groepstherapievorm en welke patiënten nog een aanvullende behandeling nodig hebben.

## Praktijk

In toenemende mate is er onder patiënten en behandelaren vraag naar schematherapie. Lang niet alle patiënten die poliklinisch worden aangemeld hebben een langdurige schematherapie nodig, maar zij kunnen wel baat hebben bij deze therapievorm. Omdat 'triggering' van schema's en schemamodi veelal in contact met anderen plaatsvindt, lijkt schematherapie in een groep een belangrijk alternatief te zijn voor een individuele schematherapie. In het veilige therapeutische klimaat kunnen interpersoonlijke leerprocessen op gang worden gebracht en hersteld.

In de dagelijkse praktijk blijkt dat in iedere groep een andere groepsdynamiek aanwezig is. Deze dynamiek wordt mede bepaald door de samen-

---

1 *Dit hoofdstuk vormt samen met hoofdstuk 14 en 16 een 'drieluik' over schematherapie in een groepssetting.*

stelling van de schema's en gemoedstoestanden die bij de patiënten bestaan. Hier volgt een voorbeeld van een patiënt die deelneemt aan schematherapie in de groep.

In de groep blijkt Koen (25 jaar) vaak afwezig te zijn. Zijn schema Zelfopoffering zorgt ervoor dat hij thuis te veel hooi op zijn vork neemt. Hij zet steeds zijn eigen behoeften opzij, waardoor de emmer telkens overloopt. Zijn schema Gebrek aan zelfbeheersing/zelfdiscipline wordt dan geactiveerd. Het wordt hem allemaal te veel, waardoor hij zich niet meer aan zijn afspraken houdt en niet naar therapie komt. De groepsleden vragen zich af hoe de therapeuten met zijn afwezigheid omgaan. Zij vinden dat de groepstherapeuten actie moeten ondernemen en willen graag horen wat zij eraan gaan doen. Ze ergeren zich mateloos aan het gedrag van Koen, maar uiten dit niet tegenover hem (schemavermijdende groep).

## Aanpak

### Diagnostiek, effectmetingen en indicatiestelling

Patiënten die worden aangemeld voor schematherapie in een groep vallen binnen GGZ Delfland onder het zorgprogramma persoonlijkheidsstoornissen. Veelal is er sprake van recidiverende as-I-klachten waarvoor zij eerder een behandeling hebben gehad. Bij het intakegesprek is vastgesteld dat persoonlijkheidsproblematiek de hoofddiagnose is.

Na een intakegesprek wordt een klachtenlijst, de schemavragenlijst (SV; Sterk & Rijkeboer, 1997) en de schemamodi-vragenlijst (SMI; Lobbestael, Van Vreeswijk, Arntz & Spinhoven, aangeboden) afgenomen. Deze worden in geval van deelname aan de groepstherapie ook bij tussentijdse evaluatie en eindevaluatie door de patiënt ingevuld. Er wordt geadviseerd tevens een persoonlijkheidsvragenlijst af te nemen. De testresultaten worden in een verslag uitgewerkt en in een vervolggesprek teruggekoppeld aan de patiënt. Dit verslag wordt aan de patiënt meegegeven.

In het adviesgesprek wordt mede aan de hand van de testresultaten onderzocht of patiënt geïndiceerd is voor een schematherapie in de groep. Enerzijds moet bekeken worden of het gaat om klachten als gevolg van persoonlijkheidsproblematiek waarvoor schematherapie is geïndiceerd, anderzijds moet beoordeeld worden of een patiënt geïndiceerd is voor een groepstherapie. Een contra-indicatie voor groepstherapie is bijvoorbeeld een patiënt die te weinig rekening houdt met een ander. Een patiënt met (ernstige) gehoor- of stotterproblemen kan eveneens niet voor een groep geïndiceerd worden.

Patiënten met zowel cluster-B- als cluster-C-problematiek worden geïncludeerd voor deze groep. Sommigen van deze patiënten hebben een volledige persoonlijkheidsstoornis, anderen hebben trekken van deze stoornis.

Qua persoonlijkheidsstoornis gaat het dus om een heterogene samenstelling. Bij de indicatiestelling is het voor de therapeuten van belang rekening te houden met deze heterogeniteit.

In het adviesgesprek wordt tevens uitleg gegeven over de schematherapie in een groep en worden de valkuilen besproken die een rol in de groep kunnen spelen. Aan de patiënt wordt gemeld dat de groepszittingen op dvd worden opgenomen. Bij afwezigheid moet de patiënt voor de volgende therapiezitting de gemiste groepszitting op dvd bekijken.

## Behandeling

De groep bestaat uit acht tot tien patiënten. In deze therapie gaat het om een gesloten groep, dat wil zeggen dat alle patiënten gelijktijdig starten met de groepstherapie en dat tussentijds geen nieuwe patiënten instromen.

De therapie omvat achttien groepszittingen en twee follow-upbijeenkomsten. Naast de groepszittingen vindt geen individuele psychotherapie met de patiënt plaats. Een individueel gesprek met de patiënt is wel geïndiceerd in geval van crisis, dreiging van drop-out of veel therapieverzuim. De groepstherapeuten zijn niet 24-uur lang telefonisch bereikbaar voor de groep. De patiënten kunnen wel op werkdagen met de groepstherapeuten contact opnemen; zij moeten er wel rekening mee houden dat deze informatie dan ook in de groep terugkomt.

De wekelijkse groepszitting duurt anderhalf uur en kenmerkt zich door een bepaalde structuur. Aan het begin van de groepszitting hangen alle patiënten hun flap-over op waarop hun belangrijkste schema's staan beschreven, evenals de wekelijks ernstscores en mate van verandering van hun schema's. In de daaropvolgende veertig minuten is er ruimte voor een groepsgesprek. De onderwerpen die naar voren komen worden verbonden met de schema's en modi van de patiënt. In dit gesprek is er voor de groepstherapeuten ruimte om te benoemen wat hun opvalt aan de groepsdynamiek. In de resterende tijd van de groepszitting staat een schematechniek centraal, die soms eerst in subgroepen wordt uitgewerkt, maar uiteindelijk altijd in de groep verder wordt besproken.

## Schematechnieken

Alle patiënten krijgen een werkboek (Broersen & Van Vreeswijk, 2006) waarin voor elke groepszitting huiswerkformulieren met uitleg zijn opgenomen. Voorlichting over schema's, cognitieve strategieën en interventies om gedragspatronen (bijvoorbeeld rollenspelen) te doorbreken zijn schematechnieken die worden gebruikt (Young, Klosko & Weishaar, 2003; Van Vreeswijk & Broersen 2006). De ervaring en de emotionele beleving van de patiënt krijgen veel ruimte. Binnen dit protocol kan ook de meerstoelentechniek worden toegepast. Naast de hiervoor genoemde technieken staan de therapeutische relatie en de relatie met groepsleden centraal. Hierbinnen is aandacht voor 'limited reparenting' en de empathische confrontatie.

De toegepaste schematechnieken zijn overwegend gericht op situaties in het heden. In deze behandeling kunnen verbindingen worden gelegd met situaties uit het verleden. In deze opzet is echter gekozen voor een kortdurende aanpak; de technieken gericht op situaties uit het verleden (imaginatie, rescripting en historisch rollenspel) worden niet toegepast. De toepassing hiervan wordt wel beschreven in Young en collega's (2003). De auteurs van dit hoofdstuk zijn van mening dat deze technieken wel een belangrijke waarde hebben voor de behandeling, maar hebben besloten de experiëntiële technieken gericht op het verleden in een aparte module (Van Vreeswijk & Broersen, in voorbereiding) te beschrijven. Op deze manier kan de behandeling haar kortdurende karakter behouden. Daarbij moet verder onderzoek uitwijzen of deze technieken noodzakelijk zijn voor een effectieve behandeling. Zo concluderen Weertman en Arntz (2007) in hun onderzoek dat technieken gericht op het heden even effectief zijn als de technieken gericht op het verleden.

### Groepspsychotherapeutische technieken

Deze schema-groepstherapie vertoont overeenkomsten met de klassieke gedragstherapeutische groepstherapie en de interpersoonlijke groepstherapie (Wilfley, MacKenzie, Welch, Ayes & Weysman, 2000, p. 33). In een groepstherapie is het belangrijk rekening te houden met de verschillende fasen die een groep doorloopt (zie bijv. Burlingame, MacKenzie & Strauss, 2004). Daarbij is de samenwerking tussen de twee groepstherapeuten van belang (Berk, 2005; Hubert, 1994; Van der Maas, 1994).

In de eerste groepszittingen maken patiënten kennis met elkaar en is er tijd nodig om de veiligheid in de groep op te bouwen. De groepstherapeuten hebben de taak om de cohesie in de groep te vergroten. Zij hebben een actieve rol en verbinden de ervaringen van groepsleden zodat de herkenning in de problematiek en in de schema's toeneemt.

In de werkfase (groepszittingen 6 t/m 15) gaan groepsleden meer interacties met elkaar aan. Interventies gericht op het vergroten van de groepscohesie zijn minder nodig. Er is meer ruimte voor de empathische confrontatie en limited reparenting. De groepstherapeuten kunnen de patiënt op een respectvolle wijze confronteren wanneer de uitwerking van schema's of modi van een patiënt in de werkrelatie met groepsleden en groepstherapeuten op een disfunctionele manier overkomt. In het al eerder beschreven geval van Koen kwam in de twaalfde groepszitting het volgende naar voren.

> Koen heeft in eerdere groepszittingen veel verzuimd. Hij reageerde vanuit zijn schema Gebrek aan zelfbeheersing/zelfdiscipline toen groepsleden en groepstherapeuten niet meteen aan hem vroegen hoe het met hem ging. Hij reageert nu zeer fel (modus het Woedende kind) tegenover een van de groepstherapeuten. Deze begrenst hem in zijn woede en laat hem weten zich erg voor hem in te zetten en dat hij zijn bejegening onprettig vindt. Ver-

volgens legt de groepstherapeut rustig en betrokken uit dat Koen al langere tijd slecht voor zichzelf zorgt door thuis telkens zijn behoeften opzij te zetten (schema Zelfopoffering) en hierdoor waarschijnlijk eerder explosief reageert. De woede wordt minder bij Koen, zijn kwetsbaarheid wordt zichtbaarder. De groepsleden krijgen meer begrip voor zijn problematiek.

Het is van belang de dynamiek van de groep te bespreken. Patiënten die last hebben van schema's vinden het vaak moeilijk echt contact met elkaar te maken en hun emoties te laten zien. In de groep kan dit tot uiting komen doordat zij steeds aardig tegen elkaar zijn en irritaties niet tegenover elkaar benoemen. Een andere uitingsvorm is dat de patiënten steeds een één-op-één-contact met elkaar hebben.

In de schematherapiegroep blijkt Mirta (43 jaar) steeds toe te geven aan het schema Zelfopoffering. Zij geeft iedereen adviezen. Het uitspreken van irritaties en conflicten gaat ze uit de weg (modus de Willoze inschikkelijke). Zij krijgt veel lof van groepsleden omdat zij de ander heel goed kan aanvoelen. Niemand durft haar af te breken in haar verhaal. In de groep wordt bij Mirta het schema Emotionele verwaarlozing op deze manier niet geactiveerd. Het valt op dat de groepsleden begaan zijn met elkaar, maar zij spreken halverwege de therapie geen irritaties tegenover elkaar uit. De groepstherapeuten benoemen het groepsproces en verbinden dit met de schema's van Mirta en de schema's van andere groepsleden. De groepsleden delen hun angst over het uitspreken van kritiek tegen elkaar.

In het voorbeeld van Mirta wordt duidelijk dat de groepsleden op een verdiepende manier contact met elkaar maken nadat zij door de groepstherapeut geconfronteerd is met haar schemabevestigend gedrag. In de groep is er vaak angst om het contact met elkaar te verdiepen. Blootstelling aan deze angst, door juist het contact aan te gaan, kan een manier zijn om op een andere manier met de schema's om te gaan.

In de laatste groepszittingen staat afscheid centraal. In deze fase zijn de groepstherapeuten terughoudend met confrontaties en steller zij zich meer actief op. Het is in de laatste groepszittingen van belang te melden dat de klachten en de schema's tijdelijk kunnen toenemen tijdens het afronden van een groepstherapie.

## Valkuilen en tips

In deze protocollaire behandeling zijn er veel valkuilen waar een groepstherapeut mee te maken kan krijgen. Dit hoofdstuk beperkt zich tot enkele valkuilen die met een groepstherapie en met het protocollair werken te maken hebben. Voor valkuilen die meer met de schematherapie te maken hebben, wordt verwezen naar andere hoofdstukken in dit boek en naar Van Vreeswijk en Broersen (2006).

Het gevaar van een protocollaire behandeling is dat er te strak aan het protocol wordt vastgehouden en geen aandacht wordt geschonken aan het groepstherapeutisch proces en het emotionele proces van de patiënt. Naast rekening te houden met de verschillende groepsfasen, is het ook van belang een groepspsychotherapeutisch proces op gang te brengen. Deze therapievorm is niet alleen gericht op het individueel werken in een groep. Naast de cognitieve en gedragstherapeutische strategieën is het in het therapeutisch contact van belang aandacht te besteden aan het emotionele proces.

Een andere valkuil is dat het protocol zo nauwkeurig wordt gevolgd dat de groepstherapeuten het niet redden met de tijd. Zo is het bijvoorbeeld niet haalbaar om in iedere groepszitting het huiswerk van elk groepslid te bespreken. Het advies is af te wachten of de patiënten zelf met het huiswerk naar voren komen. Ook zijn er patiënten die steeds anderen het woord laten voeren en hierdoor te weinig aandacht voor zichzelf vragen. Tevens zijn er patiënten die steeds het initiatief nemen en (te) vaak aan het woord zijn. Het is van belang dat de groepstherapeuten de rol van schema's hierin benoemen.

## Toekomst

Verder gerandomiseerd en gecontroleerd onderzoek naar het effect van deze groepstherapievorm is nodig. Het is ook van belang om onderzoek te doen naar het effect van de technieken die meer gericht zijn op de ervaringen uit de kindertijd versus technieken die meer gericht zijn op het heden. Met deze kennis kan het huidige protocol zo nodig verder worden aangepast.

Niet alle patiënten zijn na deze behandelvorm klaar met de therapie. Voor sommige patiënten is aanvullende schematherapie nodig waarbij de nadruk nog meer ligt op de experiëntiële technieken. In het laatste jaar zijn door ons schemagerichte groepsmodulen ontwikkeld, gericht op de experiëntiële technieken (Van Vreeswijk & Broersen, in voorbereiding) en de mindfulnesstechnieken (Van Vreeswijk, Broersen & Schurink, 2009). Laatstgenoemde groepsmodulen zijn onderdelen van de eendaagse schemagerichte dagbehandeling bij GGZ Delfland. Met de schemagerichte mindfulness-groepsmodule wordt eveneens op de polikliniek gewerkt. In de nabije toekomst is het van belang deze groepsmodulen verder te verfijnen en te onderzoeken.

## Literatuur

Berk, T. (2005). *Leerboek groepspsychotherapie.* Utrecht: De Tijdstroom.

Broersen, J., & Vreeswijk, M.F. van (2006). *Schemagerichte therapie in groepen* (Werkboek). Houten: Bohn Stafleu van Loghum.

Burlingame, G.M., MacKenzie, K.R., & Strauss, B. (2004). In: M.J. Lambert (Ed.), *Bergin and*

*Garfield's Handbook of Psychotherapy and Behavioral Change* (fifth edition). New York: John Wiley & Sons.

Hubert, W. (1994). Co-therapie, algemene principes. In: T.J.C. Berk, M.P. Bolten, M. el Boushy, E. Gans, T.A.E. Hoytink & M.F. van Noort (red.), *Handboek Groepspsychotherapie*. Houten: Bohn Stafleu van Loghum.

Lobbestael, J., Vreeswijk, M.F. van, Arntz, A., & Spinhoven, Ph. (aangeboden voor publicatie). Reliability and validity of the Schema Mode Inventory (SMI).

Maas, J. van der (1994). Co-therapie in de groepspsychotherapie; casuïstiek. In: T.J.C. Berk, M.P. Bolten, M. el Boushy, E. Gans, T.A.E. Hoytink & M.F. van Noort (red.), *Handboek Groepspsychotherapie*. Houten: Bohn Stafleu van Loghum.

Sterk, F., & Rijkeboer, M.M. (1997). *Schema-Vragenlijst*. Utrecht: Ambulatorium Universiteit Utrecht.

Thunnissen, M.M., & Muste, E.H. (2002). Schematherapie in de klinisch-psychotherapeutische behandeling van persoonlijkheidsstoornissen. *Tijdschrift voor Psychotherapie, 28*, 385-401.

Thunnissen, M.M., & Muste, E.H. (2005). Klinische psychotherapie bij persoonlijkheidsstoornissen: schematherapie in een therapeutisch milieu. In: A.H. Schene (red.), *Jaarboek voor psychiatrie en psychotherapie 9*, 2005-2006 (p. 205-217). Houten: Bohn Stafleu van Loghum.

Vreeswijk, M.F. van, & Broersen, J. (2006). *Schemagerichte therapie in groepen* (Handleiding). Houten: Bohn Stafleu van Loghum.

Vreeswijk, M.F. van, & Broersen, J. Module experiëntiële technieken in een groep. Niet gepubliceerd. GGZ Delfland.

Vreeswijk, M.F. van, Broersen, J., & Schurink, G. (2009). Schema en modi aandachtgerichte training. Houten: Bohn Stafleu van Loghum.

Weertman, A., & Arntz, A. (2007). Effectiveness of treatment of childhood memories in cognitive therapy for personality disorders: A controlled study contrasting methods focusing on the present and methods focusing on childhood memories. *Behaviour Research and Therapy, 45*, 2133-2143.

Wilfley, D.E., MacKenzie, K.R., Welch, R.R., Ayes, V.E., & Weysman, M.M. (2000). *Interpersonal psychotherapy for groups*. New York: Basic Books.

Young, J.E., Klosko, J.S., & Weishaar, M.E. (2003). *Schematherapy: A Practitioner' s Guide*. New York: The Guilford Press.

# 16 Schematherapie in een psychodynamische groep[1]

H. Aalders, A. Boerwinkel en J. van Dijk

Ruim vijf jaar geleden werd bij de auteurs het idee geboren om schematherapie in een psychodynamische groep op te zetten. Dit idee kwam vooral voort uit frustraties over de bestaande praktijk. In toenemende mate werden patiënten aangemeld met persoonlijkheidsproblematiek. Het bestaande groepsbehandelaanbod sloot hierbij niet goed aan. Zowel de gestructureerde gedragstherapeutische groepen als de inzichtgevende, psychodynamische groepen bleken onvoldoende te bieden. Te veel structuur in de gedragstherapeutische groep dooft de dynamiek die nodig is om de persoonlijkheidsproblematiek aan den lijve te ervaren. En met te weinig structuur kunnen deze patiënten overspoeld raken door de heftigheid van de dynamiek. Een lacune in de psychodynamische groepen is ook het ontbreken van de mogelijkheid patiënten actief te stimuleren tot gedragsverandering. De zoektocht naar een vorm van behandeling die deze problemen zou oplossen leidde tot het gedachtegoed van de schematherapie. Dit kader biedt de mogelijkheid een gestructureerde, educatieve aanpak te combineren met ervaringsgericht leren en een focus op intra- en interpersoonlijke dynamiek.

## Praktijk

In de hier beschreven schematherapie in een psychodynamische groep wordt gebruikt gemaakt van kennis en technieken uit zowel de schemagerichte, psychoanalytische als groepsdynamische therapieën. Er wordt gewerkt met een gesloten groep met negen patiënten en twee therapeuten. Er zijn veertig wekelijkse bijeenkomsten. Elke zitting bestaat uit twee delen van een uur die verschillend van opzet zijn. Patiënten worden meestal verwezen nadat ze al een of meer behandelingen hebben gehad. Na afronding van de groepstherapie kan ongeveer de helft van de patiënten zonder behandeling verder.

---

1 *Dit hoofdstuk vormt samen met hoofdstuk 14 en 15 een 'drieluik' over schematherapie in een groepssetting.*

Anderen worden verwezen voor vervolgbehandeling, vaak met als doel bestendiging van de behaalde resultaten.

## Aanpak

De indicatiecriteria voor schematherapie in een psychodynamische groep zijn te onderscheiden in criteria gericht op functioneren op individueel niveau en op groepsniveau.

Op *individueel niveau* wordt in de eerste plaats gekeken naar de vorm en mate waarin persoonlijkheidsproblematiek een rol speelt bij de instandhouding van de klachten. Daarnaast moet de angsttolerantie voldoende zijn. Dit vanwege het ongestructureerde karakter van het tweede deel van de groep. Standaard vindt een persoonlijkheidsonderzoek plaats. Richtlijn is dat er sprake moet zijn van een 'high level' borderline of neurotische persoonlijkheidsorganisatie. Ook wordt vermogen tot inzicht op minimaal cognitief niveau verwacht evenals enige ontwikkelingsmogelijkheden op emotioneel vlak. Een redelijk opleidingsniveau is nodig om zich de stof vlot eigen te maken. Een ander belangrijk criterium is de motivatie van patiënten. Naast het volgen van veertig wekelijkse groepsbijeenkomsten, moeten zij bereid zijn tijd vrij te maken voor huiswerkopdrachten. Tot slot gelden de gebruikelijke contra-indicaties: manifeste suïcidaliteit, psychotische verschijnselen, uitageren in de vorm van automutilatie, agressie of middelenmisbruik.

De indicatiecriteria op groepsniveau betreffen een aantal groepsdynamische factoren (Berk, 2005, p. 219 e.v.). Zo moet iedere patiënt zich in bepaalde mate kunnen identificeren met een of meer andere groepsleden wat betreft problematiek, sociaal-economische en culturele achtergrond, sekse en levensfase. Daarnaast is het van belang dat er in de groep een goede balans bestaat op de dimensies controle versus impulsiviteit en tolerantie versus krenkbaarheid. Op basis van ervaring met het samenstellen van de groep is de volgende vuistregel ontwikkeld: niet meer dan één narcistische persoonlijkheidsstoornis, maximaal twee borderline persoonlijkheidsstoornissen, niet alleen patiënten met cluster-C-persoonlijkheidsproblematiek. Patiënten die het meest lijken te profiteren van deze groepstherapievorm hebben zowel cluster-B- als cluster-C-persoonlijkheidstrekken.

Een groepszitting bestaat uit twee keer een uur. Het eerste uur is gestructureerd en heeft een verloop in twee fasen: de assessmentfase en de schemaveranderingsfase. In het tweede uur ligt het accent meer op de psychodynamiek en is de groepszitting ongestructureerd.

### Het gestructureerde uur

De assessmentfase in dit uur beslaat circa tien zittingen. Er wordt gewerkt aan assessment en het opstellen van een schemaconcept en casusconceptualisatie. Vanaf zitting elf wordt gewerkt aan schemaverandering.

*Assessmentfase*

Patiënten en therapeuten zitten aan tafel, er is een actieve werkhouding. In de eerste zittingen komen de principes van de schematherapie aan bod aan de hand van literatuur: *Leven in je leven* (Young & Klosko, 2005). Tegelijkertijd wordt de assessment gestart. Hierbij worden dezelfde middelen gebruikt als in de individuele schematherapie, hier en daar aangepast voor gebruik in groepsverband. De schemavragenlijsten worden afgenomen en besproken. Patiënten gaan thuis aan de slag met dagboekformulieren die zij de behandelaren ingevuld kunnen mailen. De behandelaren lezen en becommentariëren de formulieren en geven die in de zitting weer terug. Patiënten bespreken de dagboekformulieren naar behoefte nog plenair. In dit stadium van de behandeling gaat het om het opsporen van situaties die schema's oproepen en om het vaststellen van de relevante schema's. Patiënten schrijven een beknopt levensverhaal met de opdracht de schema's in het verhaal te traceren. Ook wordt het levensverhaal gebruikt om temperaments- en ontwikkelingsfactoren in het ontstaan van de schema's te herleiden.

In de assessmentfase worden plenair diagnostische imaginaties uitgevoerd. De instructies worden aan de groep als geheel gegeven. Ieder doet de imaginatie voor zichzelf. In de nabespreking wordt geanalyseerd welke schema's of modi spelen.

In deze fase werken patiënten zowel thuis als in de groep aan het schemaconcept. De assessmentfase wordt afgerond met een plenaire presentatie van de schemaconcepten en de casusconceptualisaties. De focus voor de behandeling wordt dan geformuleerd.

Een belangrijk aandachtspunt in deze fase is of alle patiënten het tempo kunnen bijhouden en toekomen aan het maken van de huiswerkopdrachten. In elke groep zijn er wel een of twee deelnemers die hiermee problemen ondervinden. Een voorbeeld ter illustratie hoe daar in de groep mee om kan worden gegaan.

De heer A. is een 25-jarige man, al zeven jaar bezig met zijn studie geografie. Het lukt hem niet zijn studie af te ronden. In de groep lijken al snel dezelfde problemen te spelen als in zijn studie. Ondanks goede voornemens en strakke schema's komt hij week in week uit met lege handen naar de groep. De strategie van de therapeuten is om niet vanuit de Veeleisende ouder te reageren op het verzaken van huiswerk of het te laten passeren en zo de patiënt te verwaarlozen. Er is begrip voor het feit dat het hem niet goed lukt tot huiswerk maken te komen. In de groep wordt zijn probleem in schematermen inzichtelijk gemaakt: zijn schema Meedogenloze normen/overdreven kritisch en Minderwaardigheid/schaamte maken dat hij het vermijdt opdrachten uit te voeren. Dit wordt zijn focus in de behandeling. Zo blijft hij toch bij de groep horen.

*Schemaveranderingsfase*

In deze fase van de behandeling wordt in het eerste uur met de diverse technieken uit de schematherapie gewerkt. Patiënten krijgen de gelegenheid hun problemen in te brengen. Ter plekke wordt voor een veranderingsgerichte techniek gekozen. Ook hier zijn de toegepaste middelen dezelfde als in individuele schematherapie. Patiënten krijgen aan het begin van de veranderingsgerichte fase uitleg en training in een aantal cognitieve technieken. Met name de neerwaartsepijltechniek, het meerdimensionaal evalueren (beide gerelateerd aan de basisschema's) en de dialoog tussen een schema en de gezonde kant worden geoefend. Aan de hand van de schemadagboekformulieren of spontaan ingebrachte situaties wordt individueel, in kleine groepen of plenair gewerkt aan het op cognitief niveau bestrijden van de schema's.

De experiëntiële technieken worden 'individueel in de groep' toegepast. Een imaginatie met rescripting wordt met een patiënt gedaan terwijl de andere groepsleden toekijken of soms actief een rol in de rescripting op zich nemen. Dit is een heel krachtig middel, ook voor de toekijkende groepsleden, omdat doorgaans allerlei eigen dilemma's en conflicten meeresoneren.

Brieven schrijven wordt in overleg in een vorm gegoten die passend is voor de betreffende patiënt en waarbij deze zo veel mogelijk gebruik kan maken van de groep (voorlezen in de groep, ritueel met de groep). Geleidelijk wordt steeds meer toegewerkt naar gedragsverandering, zowel in als buiten de groep. Hierbij wordt onder andere gebruik gemaakt van gedragsexperimenten, flitskaarten en rollenspelen.

Het ongestructureerde uur

In het tweede uur van de bijeenkomst ligt het accent op de psychodynamiek en groepsdynamiek. Er wordt een 'klassieke' groepstherapieopstelling gemaakt. Voor dit uur is er geen agenda. Opdracht aan de patiënten is: inbrengen wat hen bezighoudt. Dat kan betrekking hebben op wat zij aan de groepsleden of behandelaren beleven, het kan de stof uit het eerste uur betreffen of iets van buiten de groep, in het heden of verleden. Groepsleden worden uitgenodigd vrij op elkaar te reageren. Zoals ook Van Vreeswijk en Broersen (2006) beschrijven, streven de therapeuten naar een groepsklimaat waarin de vijf schemadomeinen van veiligheid, ruimte voor autonomie en competentie, uiting van behoeften en emoties, spontaniteit en expressie en realistische grenzen worden gewaarborgd. Het schematherapeutische aspect komt verder tot uiting in de terminologie die de therapeuten hanteren. Dat wat zich afspeelt in de groep, intra- of interpersoonlijk, wordt geformuleerd in termen van schema's, schemaprocessen of modi. Omdat deze schematherapiegroep gelimiteerd is, zullen therapeuten iets actiever zijn dan in een doorlopende, ongelimiteerde groepstherapie. Als schets van de werking van de combinatie van deze beide vormen het voorbeeld van patiënt B.

De heer B. beschrijft in het eerste uur, in imaginaties en dagboekformulieren, situaties van verlating en instabiele relaties in zijn kindertijd, wantrouwen in het heden, bijvoorbeeld over de motieven van collega's of van vreemden. In het tweede uur komt naar voren hoe hij dit beleeft in de groep: de betekenis die hij geeft aan waar anderen gaan zitten ten opzichte van hem, hoe zij op zijn opmerkingen reageren en, of zij mogelijk kritiek hebben. Dit had de patiënt ook al enkele malen uitgewerkt in een dagboekformulier. Een en ander culmineert in zijn mededeling de behandeling niet voort te zetten, want het is voor hem duidelijk dat hij niet meetelt in de groep, niet serieus genomen wordt. De feedback van de groepsgenoten was behalve steunend ook inzichtgevend voor deze patiënt. Zijn projecties vanuit het schema Verlating/instabiliteit en Wantrouwen en/of misbruik werden hem duidelijk. Hij besloot te blijven en zijn angstige fantasieën over de groep, als ze sterk zouden opspelen, te toetsen bij de groepsleden.

In dit behandelmodel wordt patiënten naast de groepstherapie geen individuele behandeling geboden. De focus ligt dus in de groep. Wat patiënten bezighoudt, vloeit dan niet weg naar andere therapieën. Er zijn uitzonderingen op de regel. Deze uitzonderingen worden zorgvuldig afgewogen en in de groep besproken. Indien een patiënt een ander behandelcontact buiten de groep heeft, is dat nooit met een van de groepstherapeuten. De patiënt laat in de groep weten wat hij in grote lijnen in het individuele contact bespreekt.

Contact met de groepstherapeuten buiten de groepsbijeenkomsten is beperkt mogelijk. De behandelaren zijn telefonisch bereikbaar op vastgestelde tijden. Daarnaast is het mogelijk per mail huiswerk of andere zaken die patiënten bezighouden te mailen. Deze mails worden in principe in de groep besproken. In het kader van 'limited reparenting' mailen de therapeuten soms terug. Daarnaast kan het ook zijn dat door te grote hoeveelheden ingezonden mails en huiswerkopdrachten niet alles uitgebreid aandacht krijgt ('limit setting').

## Valkuilen en tips

### Dilemma's in het gestructureerde groepsgedeelte

Een moeilijk punt in het eerste uur doet zich voor als een patiënt binnenkomt met iets wat hij graag direct kwijt wil. Een manier om daarmee om te gaan is om de betrokken patiënt kort de ruimte te geven om uit te leggen wat hem zo dwars zit en vervolgens te verwijzen naar het tweede uur om er verder over te spreken.

In het eerste uur is de groepsdynamiek geen expliciete focus om te voorkomen dat 'het werk' (rollenspelen, imaginaties, dagboekformulieren) te weinig aan de orde komt of zelfs wordt vermeden.

Een ander punt is dat vooral bij plenair gehouden experiëntiële oefeningen de therapeuten niet ieders proces kunnen volgen en eventueel bijsturen. Het is dus van belang dat de patiënten voldoende draagkracht of zelfregulerend vermogen hebben om een dergelijke oefening 'in stilte' te ondergaan.

Patiënten kunnen sterk verschillen in de mate en het tempo waarin zij het huiswerk maken. Enige zelfwerkzaamheid is van belang. Het niet maken van huiswerk kan echter een belangrijke focus in de therapie zijn ('welke schema's spelen hierbij een rol?').

Tot slot: de (huis)werklast voor de therapeuten bij deze therapiegroep moet niet worden onderschat. Zeker voor therapeuten met het schema Meedogenloze normen/overdreven kritisch. Intervisie is van belang om zich bewust te blijven van tegenoverdracht. Ook moet er door de organisatie voldoende 'indirecte' tijd gegeven worden voor voorbereiding en nabespreking.

### Dilemma's in het ongestructureerde groepsgedeelte

Het belangrijkste dilemma is de overgang van het eerste naar het tweede deel. Patiënten vragen tijdens het tweede uur om meer structuur en meer adviezen. Goede uitleg over het hoe en waarom van de specifieke werkwijze van beide onderdelen is vaak voldoende om het ervaren ongemak weg te nemen. Dat neemt niet weg dat sommige patiënten de meer abstinente houding van de therapeuten regelmatig ervaren als verwaarlozend. Voor therapeuten met de schema's Zelfopoffering, Minderwaardigheid/schaamte en Mislukking kan dit lastig zijn.

## Toekomst

De ervaring van de auteurs is dat het combineren van schematherapie en het werken met een groepsdynamische aanpak voor een bepaalde doelgroep een meerwaarde heeft. Patiënten met persoonlijkheidsstoornissen ervaren hun problemen vooral in interactie met anderen. Een groepstherapie biedt de ruimte om deze interactionele problemen op een veilige wijze te onderzoeken en te veranderen.

Onderzoek zal moeten uitwijzen voor welke patiëntengroepen schematherapie in een groep de voorkeur verdient boven een individuele therapie. Ook is nog onvoldoende uitgekristalliseerd hoeveel sessies optimaal zijn voor deze groepsbehandeling en welk type interventies wanneer effectief is.

## Literatuur

Berk, A. (2005). *Leerboek Groepspsychotherapie.* Utrecht: De Tijdstroom.

Vreeswijk, M.F. van, & Broersen, J. (2006). *Schemagerichte therapie in groepen. Cognitieve groepspsychotherapie bij persoonlijkheidsproblematiek. Handleiding voor therapeuten.* Houten: Bohn Stafleu van Loghum.

Young, J. & Klosko, J. (2005). *Leven in je leven. Leer de valkuilen in je leven kennen.* Lisse: Swets & Zeitlinger.

# 17 Effect van meten is weten: therapieresultaten en therapeutische relatie

M.F. van Vreeswijk, J. Broersen en Ph. Spinhoven

'Meten is weten' en 'kennis is macht' zijn uitspraken die iedereen wel kent. In het psychotherapeutische veld zijn deze zinnen vooral voorbehouden aan onderzoekers die een wetenschappelijke publicatie willen schrijven over effectiviteit van therapie of aan diagnostici die de problematiek van een patiënt in kaart willen brengen. Maar wat heeft de patiënt nu zelf aan 'meten is weten'? Kan therapieresultaat toenemen wanneer aan de patiënt feedback wordt gegeven over zijn behandelbeloop zoals gemeten met enkele vooraf vastgestelde meetinstrumenten? Is feedback geven aan therapeuten over therapievordering zinvol?

In dit hoofdstuk wordt beschreven hoe meetinstrumenten toegepast kunnen worden binnen schematherapie. Hoe feedback over testresultaten gegeven kan worden aan patiënten, hoe om te gaan met feedback ten aanzien van therapieresultaat en wat het effect voor patiënt en therapeut is van het hebben van gemeten kennis over het therapiebeloop. Hierbij wordt met name gebruik gemaakt van de klinische ervaring van de auteurs en van het werk van Lambert en collega's die veel onderzoek op dit gebied hebben gedaan (zie onder anderen Lambert, 2005).

## Praktijk

Stelselmatig meten van de therapievoortgang van patiënten wordt in toenemende mate gewoonte binnen instellingen in Nederland. Een voorbeeld hiervan is de Routine Outcome Monitoring- (ROM-)procedure die door de Rijngeest groep te Leiden en inmiddels ook in andere instellingen wordt toegepast (De Beurs, 2005). In deze procedure vult een patiënt met behulp van een computer een serie algemene en voor de stoornis specifieke vragen in. Daarnaast worden door een onderzoeksverpleegkundige enkele gestructureerde interviews afgenomen. Deze metingen vinden op verschillende momenten in de behandeling plaats en de uitkomsten worden meegenomen in overwegingen ten aanzien van (veranderingen in) het behandelbeleid.

Tot op heden beperkt deze manier van het meten van therapievoortgang zich tot enkele as-I-stoornissen en is er nog geen ROM voor patiënten die een behandeling krijgen voor persoonlijkheidsstoornissen. Dit terwijl de landelijke Werkgroep richtlijn persoonlijkheidsstoornissen schrijft: 'De werkgroep beveelt aan om de voortgang van behandelingen, in het bijzonder bij langdurige behandeltrajecten, te monitoren opdat eventuele therapeutische stagnaties tijdig worden gesignaleerd en zo nodig tot herziening van de indicatiestelling kan worden besloten' (Werkgroep richtlijn persoonlijkheidsstoornissen, 2008, p. 47). De wijze waarop monitoring bij een schematherapie kan plaatsvinden is niet verder uitgewerkt.

Wat kan het voordeel zijn van stelselmatig meten gedurende een schematherapie?

1 Verbetering als extra positieve bekrachtiger.
Gemeten positieve therapieresultaten, hoe klein ook, kunnen voor zowel de patiënt als de therapeut een positieve bekrachtiging zijn voor het werk dat tot op heden is gedaan. Vooruitgang kan ook als steun dienen op momenten dat het even minder gaat door het besef dat er ook een moment is geweest waarop vooruitgang werd geboekt.
2 Vroegtijdige signalering van verslechtering van klachten/schema's en modi.
Vijf tot tien procent van de patiënten blijkt in therapie een verslechtering in klachten te krijgen (Lambert & Ogles, 2004), ongeveer 40% ervaart geen effect van de behandeling (Hansen, Lambert & Forman, 2002) en een klein deel van de patiënten heeft zelfs een negatief behandelresultaat aan einde van de therapie (Lambert, 2005). Therapeuten blijken vanuit hun hoop dat patiënten uiteindelijk wel verbeteren, slecht in het voorspellen van welke patiënten achteruit zullen gaan en uiteindelijk een negatief behandelresultaat zullen hebben (Norcross, 2003; Hannan et al., 2005). Zij hebben de neiging tot devalueren van psychometrische data. Clinici weten niet welke achteruitgang nog acceptabel is en wanneer er moet worden ingegrepen (Lambert, persoonlijke correspondentie, 2007). Het is dan ook maar de vraag of achteruitgang in klachten bij een patiënt met een persoonlijkheidsstoornis als een noodzakelijke toename van ziekte-inzicht gezien moet worden zonder therapeutisch in te grijpen (frequentie van sessies verhogen, behandelinterventies aanpassen, medicatiebeleid bezien, heroverweging diagnose).
3 Signalering van therapievoortgang geeft winst.
In gecontroleerde studies, waarbij een groep patiënten die systematisch feedback (F-groep) krijgt over het therapieverloop wordt vergeleken met een groep die geen feedback (NF-groep) krijgt, komt naar voren dat bijna twee keer zoveel patiënten uit de F-groep als uit de NF-groep opknapte en minder patiënten achteruit waren gegaan (Lambert et al., 2001, Lambert et al., 2002). Deze feedback lijkt vooral van belang voor patiënten die achteruitgaan gedurende therapie ongeacht het tijdstip waarop ze achteruitgang in therapie vertonen. Verder komt naar voren dat de meer ervaren therapeuten beter profiteren van de gegeven feedback dan de onervaren

therapeuten (Lambert et al., 2002). Deze laatste groep zal wellicht meer handreikingen moeten krijgen in intervisie en supervisie.

Behandelbeleid evalueren is zinnig op elk moment in therapie. Hoewel eerder onderzoek laat zien dat therapie-uitkomsten voorspeld kunnen worden op basis van de mate van vooruitgang aan begin van therapie en dat deze uitkomsten blijven voortbestaan ook na afloop van therapie (Haas, Hill, Lambert & Morrell, 2002) laat recent onderzoek zien dat therapie-uitkomst het best voorspeld kan worden door de allerlaatste meting (Percevic et al., 2006). Vroege therapievooruitgang is alleen voorspellend voor therapieën waarbij de therapieduur vooraf is vastgelegd. In de overige gevallen geldt dat de uitkomsten van de laatste meting als uitgangspunt genomen moeten worden om therapieduur te verlengen of behandelstrategieën aan te passen.

## Aanpak

### Het gebruik van meetresultaten in schematherapie

Binnen GGZ Delfland te Delft krijgen patiënten bij aanvang van de schematherapie een vragenlijstpakket dat onder andere bestaat uit de schemavragenlijst (SV; Sterk & Rijkeboer, 1997), de schemamodi-vragenlijst (SMI-1; Young et al., 2007), één à twee persoonlijkheidsvragenlijsten en een klachtenvragenlijst. De resultaten worden in het indicatiegesprek met de patiënt besproken en gevraagd wordt of de patiënt de uitkomsten herkent en of er voorbeelden in diens leven te vinden zijn waarin bepaalde schema's of modi actief waren. Eventuele discrepanties tussen de uitkomsten van de vragenlijsten en wat de patiënt rapporteert of wat uit eerdere behandelingen naar voren is gekomen worden samen met de patiënt onderzocht. Hiermee wordt een eerste stap gezet naar het vergroten van ziektebesef en -inzicht bij de patiënt, het geven van psycho-educatie en in het werken aan een casusconceptualisatie. Een kopie van het testverslag wordt aan de patiënt meegegeven evenals uitleg dat op vaste tijdstippen in de behandeling dezelfde vragenlijstset zal worden afgenomen voor het meten van therapievoortgang (figuur 17.1).

Op van tevoren vastgestelde evaluatiemomenten wordt aan de patiënt gevraagd om de SV, SMI, een klachtenlijst en de patiënttevredenheidsthermometer (Trimbos, 2003) in te vullen. De uitkomsten worden vergeleken met de nulmeting. Verschillen (zowel negatieve als positieve veranderingen) worden in een testverslag gezet dat zowel met collega-schematherapeuten als samen met de patiënt wordt besproken. Voordat de resultaten met de patiënt worden besproken, wordt deze gevraagd wat hij zelf van vooruitgang merkt, of hij eventuele ideeën heeft over factoren die de voor- of achteruitgang beïnvloeden en wat hij verwacht dat de uitkomsten zullen zijn van de vragenlijsten. Dit versterkt de mogelijkheid voor de patiënt om eerst zijn eigen mening te formuleren in plaats van zijn mening te baseren op de uitkomsten van de vragenlijsten. Vervolgens worden de testresultaten teruggekoppeld en worden overeenkomsten en verschillen tussen de ideeën van de patiënt en

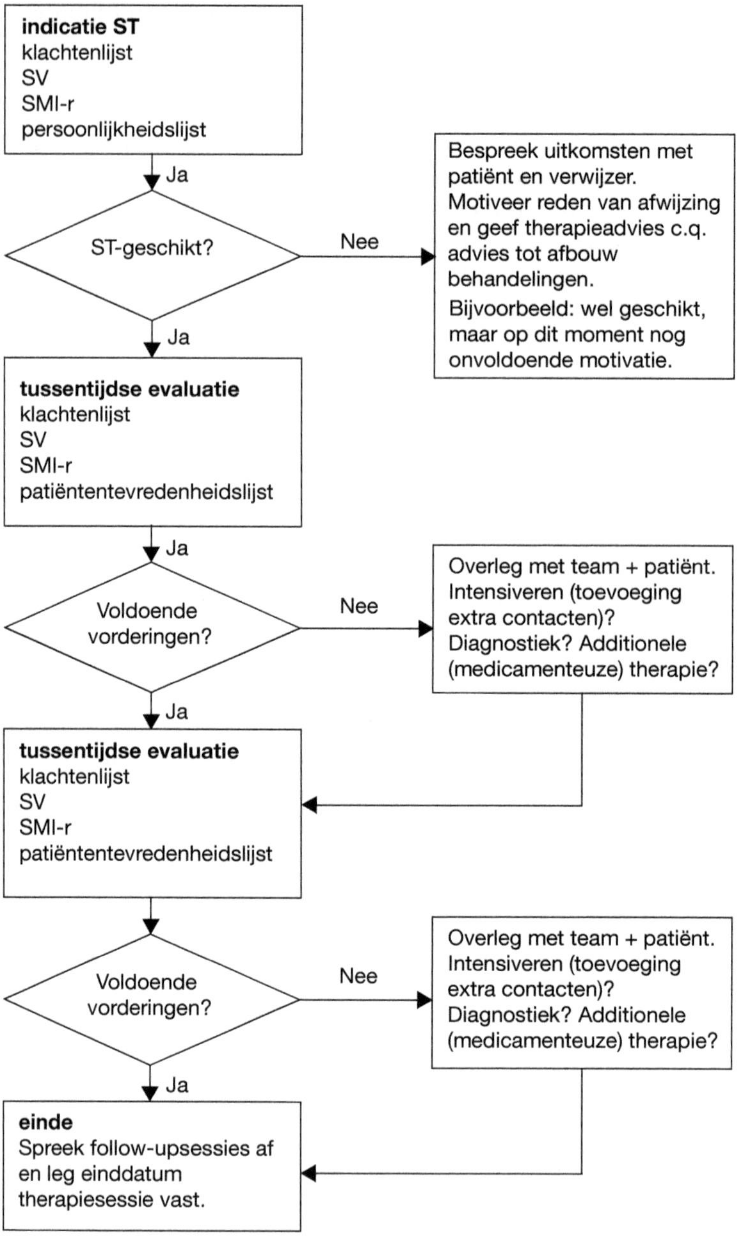


*Figuur 17.1*
Stroomdiagram van het evaluatieproces schematherapie zoals onder andere wordt toegepast in de 1-daagse schematherapiebehandeling bij GGZ Delfland.

de uitkomsten van de vragenlijsten besproken. Hierbij geeft de therapeut zijn mening over voor- of achteruitgang. Tot slot bespreken beiden wat zij verder van therapie verwachten en waar eventueel aanpassingen in moeten plaatsvinden. Indien de vorderingen voldoende zijn en de therapiedoelen in voldoende mate behaald zijn wordt gekeken naar data voor de follow-up-zittingen en een datum om de therapie definitief te beëindigen.

## De betekenis en interpretaties van de meetresultaten in schematherapie

Hoewel het invullen van de vragenlijsten behoorlijk wat tijd vraagt van de patiënt en het opstellen van een testrapport ook tijd vraagt van de therapeut zijn beiden merendeels tevreden. Veel patiënten herkennen zich in de testresultaten en voelen zich (extra) serieus genomen. Bij tussentijdse en eindevaluaties kunnen de resultaten een bevestiging zijn van wat de patiënt al vermoedde. De testresultaten bekrachtigen dan nog eens extra het positieve therapieresultaat. Maar ook wanneer een patiënt een verbetering op de vragenlijsten laat zien en zelf geen verbetering ervaart kunnen de uitkomsten als therapie-interventie worden gebruikt.

> Johan heeft als belangrijk schema Mislukking. Iedere sessie begint hij opnieuw met alles wat mis is gegaan. Er komt een beeld naar voren van iemand die weinig doet en als hij al iets doet voortdurend faalt of alleen kijkt naar wat mislukt. Bij de tussentijdse evaluatie komt naar voren dat de patiënt veel vooruitgang laat zien op zowel klachtenniveau als voor de schema's en modi. Johans therapeute bespreekt de uitkomsten met hem in relatie tot zijn beeld als iemand die altijd faalt. Naar voren komt dat de patiënt bang is om in de Gezonde volwassene te zitten, bang om verantwoordelijkheid te dragen en te genieten van het leven. Gekeken wordt hoe hij deze angst verder aan kan pakken in plaats van schemabevestigend en -vermijdend verder te blijven gaan.

Andere patiënten laten bij de tussentijdse evaluatie een (verdere) verslechtering of stagnatie zien op klachtniveau en/of op ernst van schema's en modi. Voor sommigen van hen zijn deze uitkomsten een verrassing. Zij hebben het idee dat alles goed gaat. In deze gevallen kijken therapeut en patiënt naar mogelijke verklaringen voor het verschil tussen de testresultaten en het idee van de patiënt hierover. Oorzaken voor de discrepantie kunnen zijn;

1 Er is een tijdelijk toestandsbeeld (bijvoorbeeld bij overlijden van een dierbare) maar de patiënt functioneert over het algemeen beter, wat blijkt uit concrete veranderingen in zijn dagelijks leven en in therapie.
2 Een bepaald aspect in het leven gaat zo goed (denk bijvoorbeeld aan de verliefde patiënt) dat de patiënt alles in zijn leven als goed lijkt te ervaren.
3 De patiënt overschreeuwt zijn gevoelens in contact met anderen en de therapeut, maar realiseert zich (vaag wel) dat het slechter met hem gaat.

Realiteitstoetsing, zoals een voor- en nadelenanalyse ten aanzien van verandering, en het bepalen van de motivatie tot verandering van de patiënt kunnen dan wenselijke interventies zijn evenals psycho-educatie over schematherapie en over psychische klachten. Daarbij is de boodschap dat de testresultaten serieus genomen dienen te worden en dat patiënt en therapeut samen onderzoeken wat voor patiënt nodig is: voortzetting van het therapiebeleid of aanpassing van therapie-interventies.

Een zelfde open houding wordt aangenomen bij testresultaten die de vermoedens van de patiënt (en die van de therapeut) bevestigen, in geval van stagnatie of van verslechtering. Deze open en neutrale houding maakt het voor patiënten vaak gemakkelijker om kritiek te uiten ten aanzien van de therapie. Ook wordt hiermee voorkomen dat patiënten het idee krijgen dat hun problemen niet worden onderkend, zoals dat in vroegere situaties vaak gebeurde (schematriggering Emotionele verwaarlozing).

Voor 'not on track' patiënten hebben Harmon en collega's (2005) enkele suggesties gedaan voor aanvullende interventies op het gebied van werkalliantie, patiëntenmotivatie en sociaal netwerk. De interventies zijn door de auteurs van dit hoofdstuk uitgebreid met voorbeeldinterventies toegespitst op schematherapie zonder daarbij de illusie te willen wekken, uitputtend te zijn geweest. Voor specifieke schematherapie-interventies wordt verwezen naar hoofdstuk 8 in dit boek.

### Werkalliantie: interventies

Uit 'narrative reviews' en meta-analyses naar de rol van de therapeutische alliantie blijkt dat er – ongeacht de therapeutische oriëntatie – een consistent verband bestaat tussen de kwaliteit van de therapeutische alliantie in het begin van de behandeling en het uiteindelijke behandelresultaat (Martin, Garske & Davis, 2000; Orlinsky, Ronnestad & Willutzki, 2004). De kwaliteit van de alliantie zoals beoordeeld door de patiënt zelf blijkt hierbij trouwens van grotere voorspellende waarde dan de kwaliteit volgens het oordeel van de therapeut. Het positieve verband kan slechts voor een deel worden toegeschreven aan symptoomreductie in het begin van de behandeling. De kwaliteit van de alliantie is dus meer dan alleen een expressie van de tevredenheid van de patiënt over het beloop van de behandeling. Hoewel de therapeutische alliantie vooral is bestudeerd in de context van psychodynamische en experiëntiële behandelingen, lijkt deze ook in het kader van cognitieve en cognitief-gedragstherapeutische behandelingen van belang te zijn (Waddington, 2002). Het is aannemelijk dat vooral in de behandeling van persoonlijkheidsstoornissen de therapeutische alliantie een cruciale rol kan spelen (Beck, Freeman & Davis, 2004; Young, Klosko & Weishaar, 2003), omdat persoonlijkheidsstoornissen worden gekarakteriseerd door chronische en invaliderende interpersoonlijke problemen, die ook het aangaan en onderhouden van een therapeutische relatie zullen bemoeilijken.

Aan het belang van de alliantie voor de behandeling van persoonlijkheidsstoornissen kunnen verschillende aspecten onderscheiden worden. Allereerst blijkt op grond van het weinige beschikbare onderzoek dat de kwaliteit van de alliantie in het begin van de behandeling zoals beoordeeld door de patiënt zelf een gunstiger behandelresultaat van cognitieve therapie voorspelt bij patiënten met een vermijdende of obsessieve-compulsieve stoornis (Strauss et al., 2006) en een beter behandelresultaat van schematherapie bij patiënten met een borderline persoonlijkheidsstoornis (Spinhoven, Giesen-Bloo, Van Dyck, Kooiman & Arntz, 2007). Verder bleek bij schematherapie van patiënten met een angststoornis en cluster-C-persoonlijkheidstrekken dat de onderlinge betrokkenheid van therapeut en patiënt zoals beoordeeld door onafhankelijke beoordelaren de afname van de geloofwaardigheid van in therapie bewerkte schema's voorspelde (maar niet de mate van klachtenreductie in de loop van de behandeling) (Hoffart, Sexton, Nordahl & Stiles, 2005). Ten slotte is aangetoond dat de kwaliteit van de vroege alliantie zoals beoordeeld door zowel therapeut als patiënt het vroegtijdig afbreken van de behandeling voorspelt. Ook dit is een belangrijk gegeven, aangezien het drop-outpercentage bij de behandeling van persoonlijkheidsstoornissen kan oplopen tot 38% en 67% (Leichsenring & Liebing, 2003; Perry, Banon & Ianni, 1999). Deze resultaten geven aan dat reeds in het begin van de behandeling een goede therapeutische relatie opbouwen kan helpen om patiënten in behandeling te houden en bijdraagt aan een gunstiger uiteindelijk behandelresultaat. Dit is met name een uitdaging voor de therapeut bij patiënten met meer disfunctionele interpersoonlijke vaardigheden, waarbij de alliantie in het begin van de behandeling minder goed tot stand lijkt te komen (Strauss et al., 2006).

Uit het weinige onderzoek op dit gebied blijkt verder dat de ontwikkeling van de alliantie in de loop van de behandeling van groot belang is. Dit geldt zowel voor de meer globale ontwikkeling van de alliantie, gemeten over meerdere behandelzittingen, als veranderingen in de alliantie over een beperkter aantal zittingen. Bij behandeling met schematherapie van patiënten met een borderline persoonlijkheidsstoornis werd gevonden dat wanneer de alliantie zich naar het oordeel van de patiënt gedurende het eerste jaar van de behandeling positief ontwikkelde, het behandelresultaat in de hierop volgende fase van de behandeling positiever was (Spinhoven et al., 2007). Dit resultaat stemt overeen met de klinische ervaring dat het leggen en ontwikkelen van een goede therapeutische alliantie in de eerste fase van behandeling een vereiste is om juist in latere fasen van de behandeling met goed gevolg voor de patiënt meer belastende thema's te kunnen bewerken.

Wanneer de ontwikkeling van de alliantie op microniveau wordt bekeken blijkt dat deze per zitting kan verschillen en dat ook deze microveranderingen in de kwaliteit van de alliantie van therapeutisch belang zijn. Een bepaald type verandering is de zogenoemde alliantiebreuk ('alliance rupture'), die betrekking heeft op problemen bij het handhaven van de alliantie of het omgaan met het plots verslechteren van de alliantie. Deze breuken treden voornamelijk op wanneer tijdens de behandeling kernschema's van de patiënt worden geactiveerd, tussen de zittingen door geactiveerde kernschema's ook in de behandelzittingen een rol gaan spelen of wanneer de therapeut onvoldoende oog heeft voor problemen in de therapeutische relatie. Juist het identificeren en doorwerken van deze alliantiebreuken kan helpen om maladaptieve schema's te ontkrachten en correctieve ervaringen aan te bieden, die verandering vergemakkelijken (Beck et al., 2004). Uit onderzoek naar cognitieve therapie bij patiënten met een vermijdende of obsessieve-compulsieve stoornis blijkt dat een scherpe daling van de kwaliteit van de therapeutische alliantie gevolgd door een minstens even groot herstel van de alliantie samenhangt met een beter therapieresultaat.

Na aanvankelijke startproblemen verloopt de schematherapie met Pieter die weinig sociale contacten heeft en zich snel afgewezen voelt (schema Verlating/instabiliteit en Wantrouwen en/of misbruik) goed. Pieter durft steeds meer kwetsbare kanten van zichzelf te laten zien en te bespreken. De therapeut wordt plotseling ziek en de behandeling moet voor enkele weken worden stopgezet. Bij het hervatten van de behandeling is het moeilijk om weer contact met Pieter te leggen. De therapeut exploreert op een open en niet-defensieve manier hoe Pieter de therapieonderbreking ervaren heeft en moedigt hem aan om zijn negatieve gevoelens hierover te uiten. Pieter ervaart dat het uiten van zijn boosheid en wantrouwen de therapeutische relatie niet vernietigt en begint in te zien dat door de onderbreking oude schema's van Verlating/instabiliteit en Wantrouwen en/of misbruik zijn getriggerd. Nadat het verschil tussen de huidige therapiesituatie en vroegere situaties is geëxploreerd en de therapeutische relatie op deze wijze weer hersteld is kan met onder andere historisch rollenspel begonnen worden rond thema's als verlating en afwijzing door zijn ouders.

Bovenstaande bevindingen suggereren dat het voor de therapeut in de loop van de behandeling van patiënten met een persoonlijkheidsstoornis belangrijk is om de kwaliteit van de therapeutische alliantie goed in de gaten te houden en met de patiënt te bespreken. Een goede alliantie is een redelijke voorspeller van therapietrouw en een beter behandelresultaat. Het zich positief ontwikkelen van de alliantie lijkt een solide basis te leggen om in latere fasen van de behandeling constructief aan meer belastende problemen van de patiënt te kunnen werken. En vooral plotselinge fluctuaties in de kwaliteit van de alliantie mogen niet door de therapeut worden genegeerd. Deze relatiebreuken bieden juist een goede mogelijkheid om binnen de therapeutische relatie de activering van maladaptieve schema's te identificeren en te bewerken en dragen hierdoor bij aan het zich uiteindelijk positiever ontwikkelen van de alliantie, het bereiken van schemaverandering en een beter behandelresultaat.

Gezien de waarde van de therapeutische alliantie is dan ook een belangrijke vraag welke interventies de therapeut ter beschikking staan om de kwaliteit van de alliantie te optimaliseren. Zoals traditioneel benadrukt in de 'client centered' therapie is dit vooral een kwestie van therapeutische attitude. Vanuit de cognitieve en de schematherapie wordt terecht het belang benadrukt van een open en empathische relatie, die de therapeut in staat stelt tot het geven van psycho-educatie en te fungeren als rolmodel voor de patiënt (Beck et al., 2004). In schematherapie wordt gesproken van 'limited reparenting' waarbij de therapeut gedeeltelijk tegemoetkomt aan in het verleden van de patiënt onbeantwoorde behoeften in een poging om meer gezonde schema's te ontwikkelen (Young et al., 2003). Dit in scherpe tegenstelling tot de meer psychodynamisch gerichte behandelingen, zoals 'transference-focused' of 'mentalisation-based psychotherapie', waarin een actieve en steunende relatie met de patiënt als contraproductief en zelfs antitherapeutisch wordt beschouwd (Bateman & Fonagy, 2004).

Naast deze meer generieke attitudes en interventies staan de therapeut ook meer concrete interventies ter beschikking om productief met relatiebreuken om te gaan. Hiervan geeft tabel 17.1 een overzicht met voorbeelden.

**Tabel 17.1 Werkalliantie-interventies.**

| *werkalliantie-interventies (Harmon et al., 2005)* | *werkalliantie-interventies ST* |
|---|---|
| Bespreek de werkrelatie. | Hoe ervaart de patiënt de therapeut en welke schema's en modi spelen hierbij een rol? Een patiënt met het schema Wantrouwen en/of misbruik zal de therapeut niet snel in vertrouwen nemen. |
| Geef en vraag om feedback ten aanzien van de werkrelatie. | Het geven van en vragen om feedback kan leiden tot triggering van het schema Verlating/instabiliteit. Noem dit expliciet bij het geven en vragen van feedback. |
| Besteed meer tijd aan de ervaringen van de patiënt. | In hoeverre heeft de patiënt het gevoel emotioneel tekort te worden gedaan door de therapeut? |
| Besteed aandacht aan de overeenstemming tussen doelen en stappen om de doelen te bereiken en pas zo nodig aan. | Een patiënt met het schema Gebrek aan zelfbeheersing/zelfdiscipline kan voortdurend wisselende doelen hebben en de weg naar de langetermijndoelen te lang vinden. Kijk dan ook naar kortetermijndoelen. |
| Neem verantwoordelijkheid voor de bijdrage van de therapeut aan een verstoring van de werkrelatie. | Een therapeut kan vanuit zijn schema Meedogenloze normen/overdreven kritisch een patiënt overvragen. Erken dit als de relatie mede daardoor verstoord is. |
| Reageer op verzet bij de patiënt met het geven van meer ruimte/autonomie en bespreek het verzet op accepterende toon. | Wat maakt dat de patiënt zich in het nauw gedreven voelt? Aan welke situaties van vroeger doet dat de patiënt denken? Wat wil de patiënt van de therapeut qua houding ten aanzien van hem? |
| Geef (herhaaldelijk) een rationale voor therapie-interventies. | Leg uit hoe de therapeutische relatie of de relatie met groepsleden tot triggering van schema's kan leiden en hoe de therapierelaties gebruikt kunnen worden om de ervaringen van vroeger te bewerken. |

| *werkalliantie-interventies (Harmon et al., 2005)* | *werkalliantie-interventies ST* |
|---|---|
| Besteed aandacht aan subtiele signalen dat er wellicht iets niet goed zit in de therapeutische relatie. | Te laat komen, zwijgen of geen huiswerk maken kunnen passen bij het schema Gebrek aan zelfbeheersing/zelfdiscipline maar kunnen ook een vorm zijn van schemavermijding bij het schema Onderwerping. Exploreer dit met de patiënt. |
| Sta de patiënt toe om negatieve gevoelens ten aanzien van de therapeutische relatie te benoemen. | Geef aan dat het uiten van boosheid de werkrelatie niet meteen tenietdoet en verbindt dit eventueel met het schema Verlating/instabiliteit. Dat er, indien nodig, grenzen worden aangeven op een heldere en voorspelbare manier als model voor de patiënt. |
| Exploreer met de patiënt diens angst om negatieve gevoelens te uiten over de therapeutische relatie. | Patiënten met de schema's Onderwerping, Zelfopoffering, Goedkeuring en erkenning zoeken, Verlating/instabiliteit gaan het liefst confrontaties uit de weg. Leg uit dat irritaties uiten tegenover de therapeut gezond is en ook noodzakelijk voor een gelijkwaardige relatie. |
| Geef meer positieve feedback. | Patiënten met het schema Mislukking blijven lang het idee hebben dat ook therapie niet zal slagen. Benoem vorderingen, met erkenning van faalervaringen, en nodig de patiënt uit tot het bijhouden van alles waarin hij positief is veranderd. |
| Sta stil bij de vragen: wat gebeurt er op procesniveau? Is er sprake van tegenoverdracht? | Welke schema's/modi van de therapeut worden getriggerd door de patiënt? |
| Bespreek de therapeut-patiëntmatching en therapie-patiëntmatching. | Hebben patiënt en therapeut een goede werkrelatie of zijn zij vanuit hun schema's allergisch voor elkaar? Kan de patiënt zich vinden in het schemagerichte behandelmodel? |
| Bespreek gezamenlijk therapierelatie-ervaringen. | Welke schema's en modi (Emotionele verwaarlozing, Verlating/instabiliteit, Mislukking, Veeleisende of Straffende ouder) werden getriggerd toen de therapeut de patiënt een paar keer te laat kwam ophalen uit de wachtkamer? Wat ervoer patiënt toen de therapeut empathisch naar een bepaalde situatie vroeg? Bespreek ook wat je als therapeut ervoer in de genoemde situaties. Wat zijn overeenkomsten en verschillen in belevingen van patiënt en therapeut in die situaties? |

ST werkalliantie-interventies in groepstherapie:

1. In het geval van toenemende aanwezigheid van Onthechte beschermers in de groep kan de therapeut als voorbeeldfunctie proberen om een patiënt die het meest in de Onthechte beschermer zit uit deze modus te halen door hem op empathische wijze uit te nodigen om contact te maken en zijn kwetsbare kant te valideren en accepteren. Benoem dat de patiënt onderdeel is van een groep en dat hij daar ook hulp van kan krijgen als hij dat toelaat.
2. Bij wegblijven van irritaties kunnen de groepstherapeuten psycho-educatie geven over het uitspreken van boosheid in een relatie en over het belang hiervan. Zij kunnen de groepsleden uitnodigen om kritiek te leveren op elkaar en de therapeuten.
3. Bij toename van grensoverschrijdend gedrag (dreigen met automutilatie/zelfmoord, weglopen of wegblijven uit groepstherapie) kunnen de therapeuten op empathische wijze grenzen stellen, teruggeven wat zij aan het gedrag van de patiënt(en) ervaren en met de patiëntengroep onderzoeken hoe zij hiermee anders kunnen omgaan.

## Patiëntmotivatie: interventies

**Niet iedere patiënt met persoonlijkheidsproblematiek is voortdurend gemotiveerd om therapiehuiswerk uit te voeren, op afspraken te komen en bestaande problemen te erkennen (Werkgroep richtlijn persoonlijkheidsstoornissen, 2008, p. 67).**

Francine heeft studieproblemen. Zij blowt zo af en toe en drinkt regelmatig grote hoeveelheden alcohol. Zij heeft problemen met haar ouders die vinden dat zij meer in haar leven kan bereiken dan zij tot nu toe heeft gedaan. De ruzies lopen zo hoog op dat Francine uiteindelijk door haar ouders op straat wordt gezet. In de schematherapie komt zij regelmatig te laat of helemaal niet op een sessie. Als de therapeute het hierover probeert te hebben zegt zij 'lekker boeien... lekker belangrijk...'. Wanneer de patiënte geconfronteerd wordt met haar houding van een Onthechte beschermer, raakt ze geëmotioneerd. Natuurlijk wil ze wel veranderen, maar het duurt allemaal zo lang en ze moet er zo hard voor werken (Gebrek aan zelfbeheersing/zelfdiscipline). De patiënte voelt zich zo alleen (Sociaal isolement/vervreemding) en door niemand begrepen (Emotionele verwaarlozing).

Een aantal patiënten, zoals Francine, wil vaak op korte termijn resultaat zien. Ze willen snel van hun negatieve gevoelens en gedachten af en vinden het ingewikkeld om langere tijd aan hun problemen te werken met vooraf niet de absolute garantie op succes. Andere patiënten die niet meteen krijgen wat zij vragen van de therapeut kunnen zich emotioneel tekort gedaan en verlaten voelen. Weer anderen voelen zich supergezond wanneer de acute stress weg is en/of wanneer zij verliefd zijn. Deze factoren kunnen ertoe leiden dat motivatie voor therapie afneemt en in het ongunstigste geval (een vroegtijdige) beëindiging van therapie plaatsvindt. Interventies gericht op verhoging van motivatie van patiënt worden beschreven in tabel 17.2.

**Tabel 17.2 Patiëntmotivatie-interventies.**

| *patiëntmotivatie-interventies (Harmon et al., 2005)* | *patiëntmotivatie-interventies ST* |
|---|---|
| Stel open vragen over probleemgedrag. Nodig actief uit tot nog meer vertellen over het gedrag. Aandacht kan al leiden tot besef en verandering. | Formuleer een casusconceptualisatie met de patiënt waarin deze, eventueel aan de hand van het door hem geschreven levensverhaal, kan beschrijven waar hij tegen aanloopt en wat de relatie is met zijn schema's en modi. |
| Bespreek de negatieve en positieve effecten van het gedrag. | Bespreek de taaiheid van schema's en modi. Maak een voor- en nadelenanalyse ten aanzien van schemaverandering. |
| Geef adviezen en psycho-educatie over negatieve consequenties wanneer patiënt dat kan aanhoren. | Bespreek met patiënt de negatieve consequenties van schemavermijding, schemabevestiging of schemacompenserend gedrag. Gebruik concrete voorbeelden uit het leven van de patiënt. Beschrijf hoe het er anders uit zou kunnen zien indien de patiënt het gevecht met schema's en modi aan zou gaan. |
| Toon sterk vertrouwen in de kracht van de patiënt om te kunnen veranderen. | Benoem aspecten van de Gezonde volwassene en het Blije kind naar aanleiding van concrete situaties die de patiënt beschrijft. |
| Vermijd het geven van oplossingen. Focus op exploreren en toelaten van ambivalente gevoelens bij patiënt. | Wat maakt dat de patiënt het moeilijk vindt om schema's/modi te veranderen? Bang voor verlies van intimi? Bang voor verantwoordelijkheid? Zoeken naar een nieuwe identiteit? Exploreer op een neutrale en geïnteresseerde manier. |
| Vermijd te focussen op overduidelijke problemen zo lang niet helder is dat patiënt en therapeut hetzelfde probleemgedrag voor ogen hebben. Wellicht is er nog wel probleemgedrag dat de patiënt nog niet eens heeft durven te benoemen. | Bij patiënten met het schema Minderwaardigheid/schaamte is het goed om eerst open en vriendelijk uit te nodigen om alles te vertellen wat de patiënt dwarszit. De therapeut kan benoemen dat hij ook soms schaamte ervaart; dit kan extra uitnodigend werken. |

ST patiëntmotivatie-interventies in groepstherapie:

1 Nodig andere groepsleden uit om te vertellen over hun ervaringen met verandering. Welke schema's/modi vinden zij weerbarstig in pogingen tot verandering? Wat kost het hun? Wat heeft het hun opgeleverd? Hebben ze snel resultaat bereikt of duurde het een tijd?
2 Stimuleer de patiëntengroep om elkaar vragen te stellen en erkenning te tonen zonder dat ze meteen met oplossingen hoeven te komen. Medepatiënten zijn geneigd om de ander te willen helpen, soms ook om de ambivalentie die in de groep ontstaat op te heffen. Oplossingen geven zal alleen maar tot verdere verwijdering leiden tussen de ongemotiveerde patiënt en de meer gemotiveerde medepatiënten.
3 Maak thema's als angst en minderwaardigheid/schaamte tot groepsonderwerp. Deze gevoelens met elkaar delen leidt tot meer begrip en kan de ongemotiveerde patiënt stimuleren om meer van zijn kwetsbaarheid te tonen.

## Sociale steun: interventies

'De kans op therapeutische verbetering is groter naarmate de patiënt op meer sociale steun kan terugvallen' (Werkgroep richtlijn persoonlijkheidsstoornissen, 2008, p. 47). Een afname van sociale steun kan grote invloed hebben, vooral op de patiënt die toch al een klein sociaal netwerk heeft en behoefte voelt aan uitbreiding hiervan, maar dat niet goed durft en/of kan. Verlies van intimi kan soms leiden tot zich wanhopig vastklampen aan degenen die nog over zijn, met als risico dat ook zij meer afstand gaan nemen. Of een patiënt trekt zich nog verder terug uit het sociale leven, zoals in het geval van Bart.

Bart heeft zijn hele leven al weinig vrienden gehad. Hij voelt zich snel een vreemde eend in de bijt. Als hij wordt uitgenodigd voor feestjes gaat hij vaak niet (schemavermijding van Sociaal isolement/vervreemding). Hij wil van het idee af dat hij er niet bijhoort. Na een snelle start in de therapie (zo probeert hij naar meer feestjes te gaan) valt hij terug nadat zijn vriendin het heeft uitgemaakt omdat zij hem zo saai vindt. Zijn schema Minderwaardigheid/schaamte wordt hierdoor getriggerd. Hij trekt zich terug in huis en komt nauwelijks meer buiten. Behalve computeren of via MSN wat contact leggen geeft hij de hoop op dat hij er ooit nog bij zal horen.

Voor therapeuten is in deze situatie van belang om goed diagnostisch werk te verrichten. Gaat het hier om (sociale) angst? In hoeverre is er sprake van sociale onhandigheid of van een structureel sociaal onvermogen? Wanneer er geen sprake is van sociaal onvermogen kan overwogen worden om de patiënt te verwijzen naar schematherapie in een groep. In de groep kunnen sociale angsten en andere angsten zoals verlatingsangst in het hier-en-nu bewerkt worden. Patiënten vinden vaak herkenning en begrip en leren (sociale) vaardigheden van elkaar. Ook andere interventies op het gebied van sociale steun (tabel 17.3) zijn mogelijk.

**Tabel 17.3 Interventies ten behoeve van sociale steun.**

| *interventies sociale steun (Harmon et al., 2005)* | *interventies sociale steun ST* |
|---|---|
| Verwijs naar groepstherapie (als aanvulling op individuele therapie). | Patiënten bij wie de schema's Sociaal isolement/vervreemding en Minderwaardigheid/schaamte een belangrijke rol spelen kunnen veel hebben aan schematherapie in een groep. Het geeft een minder schaamtevol gevoel te horen dat anderen met vergelijkbare gedachten en gevoelens worstelen. |
| Moedig patiënt aan deel te nemen aan een zelfhulpgroep. | Vraag aan de patiënt om samen met een veilige steunfiguur huiswerk te maken of samen een schemagericht therapieboek te lezen en te bespreken. |
| Rollenspel om sociale vaardigheid te faciliteren. | Rollenspel waarin de Gezonde volwassene de kwetsbare kant van de patiënt steunt wanneer deze worstelt met zijn schema Sociaal isolement/vervreemding of Minderwaardigheid/schaamte. De Gezonde volwassene kan de patiënt motiveren om meer helpende gedachten en gedragingen uit te (blijven) proberen. |
| Nodig voor de patiënt belangrijke anderen uit voor een sessie. | Geef aan steunfiguren psycho-educatie over de werking van schema's en modi in relaties en vriendschappen. Nodig een steunfiguur uit. Vraag op een neutrale, niet bestraffende manier aan de patiënt wat die aan de relatie zou willen verbeteren en hoe de ander daarbij zou kunnen helpen. |
| Verwijs de patiënt naar biofeedback als sociale angst remmend werkt op de kwaliteit en kwantiteit van relaties. | Pas schema-MBCT-technieken toe waarbij de patiënt leert de angst te verdragen (denk aan de schema's Sociaal isolement/vervreemding, Emotionele geremdheid, Minderwaardigheid/schaamte). |
| Pas desensitisatietechnieken toe. | Gedragsexperimenten waarbij de patiënt oefent met sociale situaties: sociaal isolement verbreken, navraag doen hoe hij overkomt bij anderen. Imaginatieoefeningen waarin patiënt in contact treedt met anderen en schema's en modi aangaat. |
| Moedig het aangaan van sociale activiteiten, teamsport, vrijwilligerswerk enz. aan. | Bespreek hoe schema's en modi getriggerd kunnen worden bij sociale activiteiten. Onderzoek de wijze waarop maladaptieve coping met schema's doorbroken kan worden. |

| *interventies sociale steun (Harmon et al., 2005)* | *interventies sociale steun ST* |
|---|---|
| Bespreek het sociale netwerk van de patiënt. | Maak met een patiënt een sociogram over verleden, heden en toekomst. Bespreek hoe de relatie tot mensen in het sociogram beïnvloed wordt door schema's en modi. |
| Bespreek onderwerpen die gaan over vertrouwen in anderen. | Bespreek of de patiënt last heeft van het schema Wantrouwen en/of misbruik en exploreer hoe de invloed daarvan op het aangaan van sociale situaties verminderd kan worden. |
| Moedig de patiënt aan om vriendschap te sluiten met anderen die wellicht een vriend nodig hebben. | Leg uit dat meerdere mensen schema's hebben waardoor ze weinig contact met anderen aangaan. De patiënt kan met zijn kennis niet alleen zichzelf, maar ook een ander helpen door vriendschappen aan te gaan. |

ST sociale steuninterventies in groepstherapie:

1 Nodig de groep uit om actief aan de patiënt te vragen wat hij nodig heeft om meer in contact te komen met de groepsleden.
2 Stimuleer groepsleden over situaties te vertellen waarin zij sociaal angstig waren, hoe ze daarmee zijn omgegaan (ongeacht wat het resultaat ervan was) en eventueel wat het hun heeft opgeleverd om het patroon te doorbreken.
3 Stimuleer de groep om te begrijpen/accepteren dat iedereen een eigen manier heeft om een contact aan te gaan. Dat er geen goed en fout is. Bespreek zo nodig de Veeleisende ouder-modus of het gevoel tekort te worden gedaan omdat de ander in het sociale contact anders reageert dan de patiënten zouden willen.

## Valkuilen en tips

Het invoeren van een Routine Outcome Monitoring bij schematherapie kan een goed hulpmiddel zijn in de behandeling. Het is echter geen sinecure. Invoering van dit systeem zonder ondersteuning van management, secretariaat en ICT is niet wenselijk. Zowel patiënten als therapeuten moeten extra investeren wanneer gewerkt wordt volgens een ROM-procedure. Wanneer deze niet (goed) werkt leidt dit tot gevoelens van Mislukking en Emotionele verwaarlozing bij de patiënt en kan de therapeutische relatie onder druk komen te staan.

Daarnaast vereist invoering van een ROM-procedure bij schematherapie motivatie en training van de therapeuten. Het is een kunstfout om te verwachten dat iedere therapeut evenveel kennis heeft van meetinstrumenten en een terugkoppeling hierover kan geven. Ook het nut van het werken met een feedbacksysteem hoeft niet door iedere therapeut te worden ingezien. Sommigen kunnen het ervaren als een managementcontrolesysteem voor hun werkstijl. Anderen denken dat een klinische indruk meer zegt dan die stijl meetbaar te maken. Een analyse van hoe therapeuten staan tegenover de invoering van een ROM-procedure bij schematherapie en uitzoeken wat zij nodig hebben aan eventuele voorlichting en training is wenselijk.

Niet altijd zijn de resultaten van een tussentijdse evaluatie positief. Dit heeft zijn weerslag op zowel patiënt als therapeut. Daar waar de therapeut geadviseerd wordt om de testresultaten te bespreken in intervisie is het belangrijk dat hij in het terugkoppelgesprek expliciet stilstaat bij wat het met de patiënt doet. Uitvragen welke schema's getriggerd worden en bespreken van mogelijk risicovol gedrag zijn aan te raden en wellicht in het bijzonder bij de patiënt die gezond reageert, maar feitelijk aan het overcompenseren is of in de Onthechte beschermer schiet. Ook opvallende (te) goede resultaten verdienen extra aandacht om met de patiënt te bespreken. Vlucht de patiënt in mentale gezondheid? Is er kans op terugval en, zo ja, wat zijn situaties die opnieuw tot schematriggering kunnen leiden? Belangrijk is dat de therapeut niet blindelings op de testresultaten gaat vertrouwen, maar een open en kritische houding blijft houden en de testresultaten gebruikt als therapiemiddel in plaats van als doel op zichzelf.

## Toekomst

Er is nog geen onderzoek gedaan naar het effect van routinematig meten van schematherapie bij mensen met persoonlijkheidsproblematiek. Het wetenschappelijk onderzoek naar routinemonitoring beperkt zich vooral tot de behandeling van (zeer) kortdurende as-I-stoornissen met als belangrijkste uitkomstmaat de Outcome Questionnaire-45 (OQ-45, Lambert et al., 1996a). De beperking tot onderzoek naar as-I-stoornissen is voor een deel gelegen in het feit dat voor deze stoornissen de meeste meetinstrumenten zijn ontwikkeld en deze vaak ook het beste genormeerd zijn. Inmiddels hebben validatiestudies plaatsgevonden van de Nederlandse schema- en modusvragenlijst (zie hoofdstuk 24 en 25) en daarmee wordt het mogelijk om vast te stellen wanneer patiënten klinisch significant zijn opgeknapt en of zij qua ernst van schema's en modi in de 'range' van gezonde mensen zitten. Zie Lambert, Hansen en Bauer (in druk) voor een theoretische verhandeling over het berekenen van wie klinisch significant is opgeknapt en wie niet. Het stelselmatig verzamelen van data van patiënten die schematherapie krijgen maakt het verder mogelijk om te bepalen wat aan therapieresultaat verwacht kan worden bij patiënten die schematherapie krijgen, rekening houdend met de ernst van de pathologie van de patiënt. Patiënten en zorgverzekeraars vragen in toenemende mate om een op deze wijze onderbouwde verwachting ten aanzien van het resultaat van behandeling.

Om de implementatie van routinemonitoring binnen schematherapie te faciliteren is het belangrijk dat schematherapievragenlijsten zoals de SV en de SMI-1 in computersoftware worden ingebouwd. Bij het geven van feedback aan therapeuten en patiënten valt daarbij aan te raden om de informatie niet alleen mondeling te geven maar ook aan de hand van grafieken. Er is enige evidentie dat het geven van schriftelijke feedback mét grafieken het effect van de feedback verhoogt (Harmon et al., 2005).

Met het systematisch verzamelen van therapievoortgangmetingen in schematherapie ontstaat de mogelijkheid om steeds meer onderzoek te doen naar de vraag welke patiënten het meest van deze therapievorm profiteren, welke patiënten een grotere kans hebben om de behandeling vroegtijdig te staken en wanneer van een succesvolle schematherapie gesproken kan worden.

## Literatuur

Bateman, A., & Fonagy, P. (2004). *Psychotherapy for borderline personality disorder. Mentalization-based treatment*. New York: Oxford University Press.

Beck, A.T., Freeman, A., & Davis, D.D. (2004). *Cognitive therapy of personality disorders* (second edition). New York: The Guilford Press.

Beurs, E. de (2005). *Routine Outcome Monitoring in het LUMC en Rivierduinen*. http://www.lumc.nl/3010/algemeen/Routine%20Monitoring.pdf.

Haas, E., Hill, R.D., Lambert, M.J., & Morrell, B. (2002). Do early responders to psychotherapy maintain treatment gains? *Journal of Clinical Psychology, 58*, 1157-1172.

Hannan, C., Lambert, M.J., Harmon, C., Nielsen, S.L., Smart, D.W., Shimokawa, K., & Stutton, S.W. (2005). A lab test and algorithms for identifying clients at risk for treatment failure. *Journal of Clinical Psychology, 61*, 155-163.

Hansen, N.B., Lambert, M.J., & Forman, E.V. (2002). The psychotherapy dose-effect and its implications for treatment delivery services. *Clinical Psychology: Science and Practice, 9*, 329-343.

Harmon, C., Hawkins, E.J., Lambert, M.J., Slade, K., & Whipple, J.L. (2005). Improving outcomes for poorly responding clients: the use of clinical support tools and feedback to clients. *Journal of Clinical Psychology, 61*, 175-185.

Hoffart, A., Sexton, H., Nordahl, H.M., & Stiles, T.C. (2005). Connection between patient and therapist and therapist's competence in schema-focused therapy of personality problems. *Clinical Psychology & Psychotherapy, 3*, 249-258.

Lambert, M.J. (2005). Emerging methods for providing clinicians with timely feedback on treatment effectiveness: An introduction. *Journal of Clinical Psychology, 61*, 141-144.

Lambert, M.J. (2007). Persoonlijke correspondentie.

Lambert, M.J., Burlingame, G.M., Umphress, V., Hansen, N.B., Vermeersch, D.A., Clouse, G.C., & Yanchar, S.C. (1996). The reliability and validity of the outcome questionnaire. *Clinical Psychology & Psychotherapy, 3*, 249-258.

Lambert, M.J., Hansen, N.B., & Bauer, S. (in druk). Assessing the clinical significance of outcome results. In: A. Nezu & C. Nezu, Evidence-based outcome research. New York: Oxford Press.

Lambert, M.J., & Ogles, B.M. (2004). The efficacy and effectiveness of psychotherapy. In: M.J. Lambert (Ed.), *Bergin and Garfield's handbook of psychotherapy and behavioural change* (fifth edition) (p. 139-193). New York: Wiley.

Lambert, M.J., Whipple, J.L., Smart, D.W., Vermeersch, D.A., Nielsen, S.L., & Hawkins, E.J. (2001). The effects of providing therapist with feedback on client progress during psychotherapy: Are outcomes enhanced? *Psychotherapy Research, 11*, 49-68.

Lambert, M.J., Whipple, J.L., Vermeersch, D.A., Smart, D.W., Hawkins, E.J., Nielsen, S.L., & Goates, M. (2002). Enhancing psychotherapy outcomes via providing feedback on client progress; A replication. *Clinical Psychology and Psychotherapy, 9*, 91-103.

Leichsenring, F., & Leibing, E. (2003). The effectiveness of psychodynamic therapy and cognitive behavior therapy in the treatment of personality disorders: A meta-analysis. *American Journal of Psychiatry, 160*, 1223-1232.

Lobbestael, J., Vreeswijk, M.F., Arntz, A., & Spinhoven, Ph. (aangeboden voor publicatie). Reliability and validity of the Schema Mode Inventory (SMI).

Martin, D.J., Garske, J.P., & Davis, M.K. (2000). Relation of the therapeutic alliance with outcome and other variables: A meta-analytical review. *Journal of Consulting and Clinical Psychology, 68*, 438-450.

Norcross, J.C. (2003). Empirically supported therapy relationships. In: J.C. Norcross (Ed.), *Psychotherapy relationships that work* (p. 3-16). New York: Oxford University Press.

Orlinsky, D.E., Ronnestad, M.H., & Willutzki, U. (2004). Fifty years of psychotherapy process-outcome research: Continuity and change. In: M.J. Lambert (Ed.), *Bergin and Garfield's handbook of psychotherapy and behavioral change* (fifth edition) (p. 307-390). New York: Wiley.

Perry, J.C., Banon, E., & Ianni, F. (1999). Effectiveness of psychotherapy for personality disorders. *American Journal of Psychiatry, 156*, 1312-1321.

Percevic, R., Lambert, M.J., & Kordy, H. (2006). What is the predictive value of responses to psychotherapy for its future course? Empirical explorations and consequences for outcome monitoring. *Psychotherapy Research, 16*, 364-373.

Strauss, J.L., Hayes, A.M., Johnson, S.L., Newman, C.F., Brown, G.K., Barber, J.P., Laurenceau, J., & Beck, A.T. (2006). Early alliance, alliance ruptures, and symptom change in a nonrandomized trial of cognitive therapy for avoidant and obsessive-compulsive personality disorders. *Journal of Consulting and Clinical Psychology, 74*, 337-345.

Spinhoven, Ph., Giesen-Bloo, J., Dyck, R. van, Kooiman, K., & Arntz, A. (2007). The therapeutic alliance in schema-focused therapy and transference-focused psychotherapy for borderline personality disorder. *Journal of Consulting and Clinical Psychology, 75*, 104-115.

Sterk, F., & Rijkeboer, M.M. (1997). *Schema-Vragenlijst*. Utrecht: Ambulatorium Universiteit Utrecht.

Waddington, L. (2002). The therapy relationship in cognitive therapy: A review. *Behavioural and Cognitive Psychotherapy, 30*, 179-191.

Werkgroep richtlijn persoonlijkheidsstoornissen (2008). *Multidisciplinaire richtlijn Persoonlijkheidsstoornissen. Richtlijn voor de diagnostiek en behandeling van volwassen patiënten met een persoonlijkheidsstoornis* (conceptversie). Utrecht: Trimbos-instituut.

Young, J.E., Klosko, J., & Weishaar, M.E. (2003). *Schema therapy: A practitioner's guide*. New York: The Guilford Press.

Young, J., Arntz, A., Atkinson, T., Lobbestael, J., Weishaar, M., Vreeswijk, M.F. van, & Klokman, J. (2007). *Schema Mode Inventory (SMI version 1)*. New York: Schema Therapy Institute.

## *Website*

Trimbos-instituut (2003). *Nieuwe 'thermometers' voor cliëntwaardering ggz*. http://www.trimbos.nl/default4103.html

# Deel 4
# Opleiding

# 18 Opleiding en registratie tot schematherapeut

M. Nadort en H. van Genderen

In 1990 werd schematherapie (ST) in Nederland geïntroduceerd door Christine Padesky en Kathleen Mooney. Vanaf 1995 verzorgden Tim Beck, Cory Newman en Jeffrey Young in Maastricht workshops en trainingen op het gebied van schematherapie voor de behandeling van persoonlijkheidsstoornissen.

Als vervolg hierop is voor het 'borderline project' voor de schematherapieconditie van de 'randomized controlled trial' (RCT) *Outpatient psychotherapy for borderline personality disorder, randomized trial of schema-focused therapy vs transference focused psychotherapy* (Giesen-Bloo, 2006; zie hoofdstuk 21) een grote groep psychotherapeuten uit Leiden/Den Haag, Amsterdam en Maastricht uitvoerig getraind en gesuperviseerd door Jeffrey Young. In 1997 startte bij de Viersprong te Halsteren een trainingsprogramma voor schematherapie in groepen dat werd verzorgd door Marty Sloane. Deze grote groep therapeuten, opgeleid in de jaren negentig van de vorige eeuw, heeft trainingsprogramma's, cursussen en supervisietrajecten ontwikkeld die sinds 1999 in Nederland worden aangeboden (zie hoofdstuk 19 en 20). Naar schatting hebben een kleine duizend therapeuten (psychotherapeuten, gezondheidszorgpsychologen en psychiaters) een cursus van vier of meer dagen gevolgd bij Nederlandse docenten. Ook zijn de afgelopen jaren vele psychotherapeuten getraind voor nieuwe onderzoeken (Nadort et al., ongoing study; Bamelis et al., 2006-2010; Bernstein, Arntz & De Vos, 2007).

Daarnaast zijn boeken verschenen op het gebied van ST (Arntz & Bögels, 2000; Schacht & Peeters, 2000; Van Genderen & Arntz, 2005; Van Vreeswijk & Broersen, 2006) en is trainingsmateriaal ontwikkeld (Nadort, 2005). Deze boeken worden veelal, naast de boeken van Young (1999, 2005), in cursussen gebruikt om therapeuten in te trainen. Naast het lezen van boeken en het volgen van workshops verdient het de voorkeur dat hulpverleners een gedegen training volgen waarin zij de gelegenheid krijgen ook te oefenen met de aangeboden technieken onder supervisie van de docenten.

## Praktijk

Schematherapie is in eerste instantie ontwikkeld om door psychotherapeuten, (gezondheidszorg)psychologen en psychiaters gegeven te worden. De doelgroep waarvoor schematherapie ontwikkeld is bestaat immers uit patiënten met persoonlijkheidproblematiek. De ontwikkeling van de laatste jaren laat zien dat ook sociotherapeuten en vaktherapeuten schematherapie of deeltechnieken daarvan gaan gebruiken. In dit hoofdstuk wordt vooral ingegaan op de opleiding van psychotherapeuten, psychologen en psychiaters omdat schematherapie naar ons idee in eerste instantie bedoeld is om door deze hulpverleners gegeven te worden. De ontwikkeling dat de overige disciplines deeltechnieken van de schematherapie inpassen in hun werkwijze staat bovendien nog in de kinderschoenen.

### Oprichting van het register schematherapie

Zoals hierboven geschetst is schematherapie in hoog tempo bekend geworden in Nederland, waardoor zowel van de kant van de hulpverleners als van de hulpvragers behoefte is ontstaan aan een register van therapeuten die schematherapie kunnen geven. Een groep mensen die vanaf het eerste uur betrokken is geweest bij de introductie van schematherapie in Nederland, heeft in 2006 besloten dat de tijd rijp was om een register van schematherapeuten in te stellen, zodat hulpverleners elkaar beter zouden kunnen vinden voor intervisie, verwijzing en het verder ontwikkelen en verspreiden van schematherapie. Er is gestreefd naar een bewaking van de kwaliteit van de schematherapie door een aantal eisen te formuleren waaraan een geregistreerd schematherapeut zou moeten voldoen. Ook is een deel van het register toegankelijk gemaakt voor patiënten, zodat zij zelf een schematherapeut kunnen zoeken. De oprichters van het register hebben er niet voor gekozen om een nieuwe vereniging op te richten, maar willen een platform organiseren van en voor schematherapeuten. Schematherapie wordt niet beschouwd als een nieuwe therapierichting, die de oprichting van een eigen vereniging rechtvaardigt, maar als een veelbelovend model van integratieve therapie dat zich verder kan en moet ontwikkelen.

Aansluiting bij een van de bestaande psychotherapieverenigingen, zoals de Vereniging van Gedragstherapie en Cognitieve Therapie (VGCt) is aanvankelijk wel overwogen, maar uiteindelijk verworpen omdat aansluiting bij één bepaalde vereniging met een specifiek referentiekader de toegankelijkheid voor mensen uit andere referentiekaders zou bemoeilijken.

### Wat zijn de kwalificaties waaraan een schematherapeut moet voldoen?

Na juridisch overleg is gekozen om alleen leden toe te laten met een BIG-geregistreerd beroep of lidmaatschap van een gespecialiseerde psychotherapievereniging. Deze registratie geeft de garantie dat betrokkenen zich verplichten tot het hanteren van de daarbij behorende beroepscodes. Wanneer andere beroepsgroepen zoals vaktherapeuten zich willen organiseren binnen het register schematherapie zal een apart onderdeel van het register daarvoor beschikbaar zijn. Iedereen die voldoet aan bovenstaande eisen kan zich inschrijven in het register van schematherapeuten als hij daarnaast voldoet aan een aantal kwalificaties op het gebied van cursussen, supervisie en intervisie op het gebied van schematherapie. Gekozen is voor een indeling in vier groepen:

1 *Aspirant-leden*
Zijn nog niet bevoegd om schematherapie te geven, maar zijn in opleiding tot schematherapeut en zijn BIG-geregistreerd of daartoe in opleiding, dan wel lid van een gespecialiseerde psychotherapievereniging en willen op de hoogte blijven van de ontwikkelingen op het gebied van de schematherapie en/of de mogelijkheid om een supervisor en een intervisiegroep te zoeken.

2 *Junior schematherapeuten*
Juniorleden zijn halverwege hun opleiding tot senior schematherapeut. Zie ook het overzicht hieronder.

3 *Senior schematherapeuten*
Seniorleden voldoen aan alle opleidingseisen tot schematherapeut en zijn werkzaam als schematherapeut.

4 *Supervisoren*
Een supervisor moet erkend zijn als supervisor door een van de beroepsverenigingen of specialistische verenigingen en moet voldoen aan de eisen die gesteld zijn aan het seniorlidmaatschap van het register schematherapie om geregistreerd te worden als supervisor schematherapie.

Om als junior- of seniortherapeut geregistreerd te worden moet minimaal voldaan zijn aan de onderstaande eisen.

### Erkende cursussen

De cursussen die tot op heden erkend zijn, zijn cursussen die gegeven zijn door docenten die door Young, Beck en Sloane zijn opgeleid. In de toekomst zullen cursussen die gegeven zijn door erkende supervisoren schematherapie ook in aanmerking komen voor accreditatie.

### Internationale ontwikkelingen

In 2006 was er een eerste bijeenkomst in Stockholm, waar een groep van ongeveer vijftig schematherapeuten uit Europa en Amerika met elkaar heeft beraadslaagd over internationale ontwikkelingen binnen ST. Er werd een voorstel gedaan voor een International Society of Schema Therapy (ISST). Tijdens deze bijeenkomst is een poging gedaan om internationale registratie en opleidingseisen binnen ST op elkaar af te stemmen. Omdat de opleidingseisen in de verschillende landen erg uiteen bleken te lopen was internationale afstemming op dat moment nog niet mogelijk. In september 2007 is in Delft het tweede congres van de ISST georganiseerd. Tijdens dit tweedaagse congres hebben sprekers uit verschillende landen de nieuwe ontwik-

| Tabel 18.1 Eisen voor registratie als schematherapeut. | | |
|---|---|---|
| | *junior* | *senior* |
| BIG-registratie of lid van een erkende specialistische psychotherapievereniging | vereist | vereist |
| Deelname aan intervisie met schematherapeuten | vereist | vereist |
| Erkende cursusuren* | ≥ 24 contacturen (+ werkuren) | ≥ 50 contacturen (+ werkuren) |
| Uren ontvangen supervisie over schematherapie | ≥ 10 uur individueel of naar rato in een groep** | ≥ 20 uur individueel of naar rato in een groep ** |
| Ervaringsjaren als schematherapeut (geteld na succesvolle afronding van de eerste 24 vereiste cursusuren) | ≥ 1 jaar | ≥ 3 jaar |
| Aantal patiënten behandeld of in behandeling | ≥ 4 individueel of 2 individueel en ≥ 2 groepen met minimaal 20 sessies | ≥ 8 individueel of 4 individueel en ≥ 4 groepen met minimaal 20 sessies |
| Aantal sessies afgerond | ≥ 100 sessies individueel of ≥ 50 groepstherapiesessies | ≥ 200 sessies individueel of ≥ 100 groepstherapiesessies |

* Als erkende cursussen worden beschouwd cursussen die door een erkende supervisor schematherapie worden gegeven.

** Bij individuele supervisie geldt 45 minuten aaneengesloten contacttijd als 1 uur supervisie. Supervisie mag ook in groepjes van twee of drie supervisanten plaatsvinden. In een groepje van twee bestaat de supervisie uit sessies van minimaal 60 minuten aaneengesloten contacttijd, en in een groepje van drie bestaat dit uit sessies van minimaal 90 minuten aaneengesloten contacttijd. Een supervisiesessie mag in tijdsduur worden verlengd tot een maximum van twee sessies, mits de aaneengesloten contacttijd ten minste twee keer zo lang is als de hierboven genoemde regels voor de individuele of groepssupervisie.

kelingen binnen schematherapie gepresenteerd en is er beraadslaagd over internationale afstemming van opleidingseisen. Ook zijn voorlopige comités gevormd die zich bezighouden met opleiding, registratie en wetenschappelijk onderzoek. Afspraken over internationale registratie en opleidingseisen zullen op elkaar worden afgestemd. De laatste ontwikkelingen zullen te vinden zijn via de website www.schematherapie.nl.

## Aanpak

### Wie is inhoudelijk geschikt als schematherapeut?

Zoals eerder gemeld is een register in het leven geroepen om een formele kwaliteitsgarantie te kunnen waarborgen. Er zijn verschillende redenen waarom het belangrijk is dat therapeuten al enige jaren ervaring hebben met het werken met patiënten met complexe problematiek voordat zij schematherapie in praktijk brengen: in de eerste plaats is schematherapie een behandelvorm waarbij met veel verschillende methoden en technieken gewerkt wordt en in de tweede plaats is schematherapie vooral bedoeld voor toepassing bij patiënten met persoonlijkheidsproblematiek. Naast de formele kwaliteitsgarantie is er nog een aantal belangrijke aandachtspunten die iemand tot een geschikt schematherapeut maken.

Een schematherapeut dient over voldoende gezonde schema's te beschikken en inzicht te hebben in zijn eigen disfunctionele schema's. Hiervoor is het absoluut noodzakelijk dat een therapeut supervisie krijgt op het gebied van schematherapie en deelneemt aan intervisie. Ook kan het nuttig zijn dat iemand (ST-)leertherapie volgt.

Verder is het een voorwaarde dat iemand bekend is met en alert is op de interactie tussen de schema's van de therapeut en de patiënt. Volgens Young (Young, Klosko & Weishaar, 2005) dient een goede schematherapeut over de volgende eigenschappen te beschikken:

- de therapeut is in staat om voldoende beperkte 'reparenting' aan te bieden en kan taxeren of de patiënt dit nodig heeft;
- de therapeut is flexibel;
- de therapeut is in staat om – binnen de grenzen van de therapeutische relatie – gedeeltelijk tegemoet te komen aan de emotionele basisbehoeften van de patiënt;
- de therapeut kan corrigeren en confronteren op een empathische wijze;
- de therapeut kan adequaat reageren als een patiënt in de zitting compenserend gedrag vertoont;
- de therapeut kan sterke gevoelsuitingen (zowel positieve als negatieve) van de patiënt verdragen;
- de therapeut heeft realistische verwachtingen van zichzelf en de patiënt;
- de therapeut is tevreden met zichzelf en zijn/haar eigen leven;
- de therapeut kan grenzen stellen aan zijn/haar eigen gedrag en aan het gedrag van de patiënt;
- de therapeut kan adequaat omgaan met crises in de therapeutische relatie;
- de therapeut weet gepaste afstand en nabijheid goed te bewaken.

Soms is er sprake van een slecht werkende schemacombinatie tussen therapeut en patiënt.

Dit kan zijn wanneer er sprake is van schemacomplementariteit: wanneer therapeut en patiënt schema's hebben die elkaar aanvullen.

Joyce is een patiënte met borderline problematiek die zeer geïsoleerd leeft. Ze heeft weinig vrienden, heeft geen werk en leeft van een uitkering. Daarnaast heeft ze een alcoholprobleem. Ze is erg afhankelijk van de twee zittingen psychotherapie per week. In weekenden wanneer ze haar therapeut niet ziet slaat de eenzaamheid extra hard toe. Ze heeft er een gewoonte van gemaakt haar therapeut meerdere malen te bellen in het weekend. De therapeut, die zeer met haar begaan is, heeft dit aanvankelijk toegestaan en na ieder kort telefoongesprekje voelt de patiënte zich weer even beter. In de loop van de behandeling wordt echter duidelijk dat de therapeut steeds meer gaat opzien tegen de regelmatige telefoongesprekken in het weekend. Na bespreking in de intervisiegroep ontdekt de therapeut hoe hij onder invloed van zijn schema Zelfopoffering en het schema Afhankelijkheid/onbekwaamheid van de patiënte, onvoldoende heeft aangegeven wanneer telefoontjes buiten werktijd wel (bij crisis) en niet (bij eenzaamheid) mogelijk en wenselijk zijn.

Er kan ook sprake zijn van schemaovereenkomst indien de therapeut en de patiënt dezelfde disfunctionele schema's hebben. De therapeut heeft daardoor een blinde vlek voor het schema van de patiënt en corrigeert daardoor niet.

De therapeut heeft aan zijn patiënte gevraagd om situaties bij te houden waarin zij te veel van zichzelf vergt. De volgende sessie heeft de patiënte twee situaties opgeschreven. De therapeut had veel meer voorbeelden verwacht en gaat voortvarend aan de slag met het bespreken van elke dag van de vorige week en welke voorbeelden daar nog meer te vinden zijn. In de week erna ontvangt de therapeut elke dag een e-mail van de patiënt met gedetailleerde beschrijvingen van bedoelde situaties. De therapeut geeft op elke e-mail antwoord en is hier steeds meer tijd mee kwijt.

Het moge duidelijk zijn dat in dit voorbeeld therapeut en patiënt elkaar gevangen houden in een spiraal van steeds hogere eisen en verwachtingen.

Een ander probleem in de therapeutische relatie kan ontstaan doordat de therapeut schema's heeft die het hem/haar onmogelijk maken om de patiënt te geven wat die nodig heeft.

Els is een borderline patiënte die in haar jeugd sterk verwaarloosd is door haar vader. Hij kwam regelmatig niet op tijd thuis en liet haar als kleuter vaak uren buiten wachten voor de deur. De therapeut heeft zelf een schema Emotionele geremdheid waardoor hij niet in staat is om zijn patiënte de liefde, zorg en warmte te geven die ze nodig heeft. Zo kan hij in de imaginatieoefening met de patiënte wel haar vader aanspreken op zijn onverantwoordelijke gedrag, maar is hij niet in staat om het kleine meisje te troosten, gerust te stellen en liefdevol te bejegenen. Uiteindelijk voelt de patiënte zich wel gesteund door het feit dat haar vader wordt aangesproken door de therapeut, maar blijft ze emotioneel in de kou staan.

Voor een uitgebreide lijst van voorbeelden op het gebied van schemacombinaties van therapeut en patiënt wordt verwezen naar hoofdstuk 6 en 7 van *Schemagerichte therapie* (Young, Klosko & Weishaar, 2005) en hoofdstuk 5 van *Schemagerichte cognitieve therapie bij borderline persoonlijkheidsstoornis* (Van Genderen & Arntz, 2005).

### Hanteren van de therapeutische relatie

Goed kunnen hanteren van de therapeutische relatie is een belangrijk onderdeel van de therapie waarvoor wordt verwezen naar hoofdstuk 8 en hoofdstuk 17 in dit boek. Verder komt het hanteren van de therapeutische relatie ook in dit boek aan de orde in de hoofdstukken 19 (cursus) en 20 (supervisie).

### Beoordeling door middel van de Schema Therapy Rating Scale en de Therapy Adherence and Competence Scale

De Schema Therapy Rating Scale (Young, 2005) is een lijst die door Young is ontwikkeld om te beoordelen of een therapeut beschikt over voldoende vaardigheden op het gebied van 'limited reparenting', modusidentificatie, gedragstechnieken, experiëntiële technieken, cognitieve en educatieve technieken, empathische confrontatie, grenzen stellen, copingvaardigheden en huiswerk maken, focussen op acting-outproblemen, bespreken van het verleden en focussen op de therapeut-patiëntrelatie. Per onderdeel kan een score gegeven worden die loopt van nul (zeer slecht) tot zes (uitstekend). Volgens de richtlijnen van Young dient een beginnend therapeut een gemiddelde van vier te behalen en een ervaren therapeut een gemiddelde tussen vier en viereneenhalf. Deze lijst kan gebruikt worden in supervisie bij het beluisteren en beoordelen van audiotapes of videotapes. Van deze lijst is een bewerking gemaakt, de Therapy Adherence and Competence Scale, die is vertaald en gebruikt in het 'borderline project' (Giesen-Bloo et al., 2006). De lijst werd gebruikt om de therapietrouw en competentie van de behandelaren in de ST-conditie te meten. Deze lijst is eveneens gebruikt tijdens de evaluatie van de training van de therapeuten in de proefimplementatie (Nadort, 2005). De lijst zal eveneens gebruikt worden in het implementatieonderzoek (Nadort et al., ongoing study) en het onderzoek naar ST in vijftig zittingen (Bamelis et al., 2006-2010). Een bewerking van deze lijst wordt tevens gebruikt voor de evaluatie van de therapeuten in het onderzoek binnen de forensische psychiatrie (Bernstein et al., 2007).

De verschillende lijsten zijn te vinden op www.schematherapie.nl en www.schematherapy.com.

## Valkuilen en tips

### Korte opleiding en behandeling van (te) complexe patiënten

Zoals in andere hoofdstukken van dit boek ook al werd opgemerkt trekt ST grote belangstelling. Dat betekent dat cursisten enthousiast een cursus volgen en daarna voortvarend aan de slag gaan. Dat is natuurlijk mooi maar verdient wel enkele kritische kanttekeningen: het is belangrijk dat cursisten, na het volgen van een introductiecursus (24 of 25 uur) niet meteen heel complexe patiënten gaan behandelen. Het advies luidt om pas na het volgen van een langere cursus (50 uur) borderline patiënten, narcistische patiënten of patiënten met een antisociale persoonlijkheidsstoornis te gaan behandelen.

### Behandel alleen wanneer men deel uitmaakt van een intervisiegroep

De praktijk van ST vergt veel van zowel patiënt als therapeut. Zeker wanneer men met een crisisgevoelige populatie werkt is het deelnemen aan een intervisiegroep een 'conditio sine qua non'. Het advies is dan ook om alleen ST te bedrijven wanneer er voldoende steun en feedback vanuit een intervisiegroep aanwezig is.

### Supervisie is altijd noodzakelijk

Als men begint met ST is supervisie absoluut noodzakelijk om te oefenen met allerlei technieken, het hanteren van de therapeutische relatie en het inbrengen van eigen schema's. Het is raadzaam om, ook als men gevorderd ST-therapeut is, toch nog af en toe supervisie te krijgen om mogelijk blinde vlekken op te sporen en onder de loep te nemen.

### Veel patiënten behandelen en variatie in patiëntenaanbod

Om ST goed te kunnen leren is het belangrijk veel patiënten te behandelen met schematherapie. Daarnaast is het belangrijk om patiënten die verschillend zijn qua problematiek in therapie te hebben. Begint een therapeut na een cursus van 50 uur met het behandelen van uitsluitend borderline patiënten, dan bestaat de kans dat hij of zij, als een behandeling niet loopt, snel ontmoedigd raakt. Het is verstandig om ook enkele 'goedlopende' behandelingen naast moeilijke behandelingen uit te voeren. Daarnaast is het belangrijk om niet te veel borderline, antisociale en narcistische patiënten tegelijk in behandeling te hebben: dit kan te veel van de therapeut vragen en zo tot overbelasting leiden. Hoeveel een individuele therapeut aankan, verschilt per persoon, maar de ervaring leert dat het goed is om met niet meer dan drie patiënten (een of twee sessies per week) te starten. Daarnaast kan een ervaren therapeut nog ongeveer drie à vier patiënten behandelen die al een stuk verder in hun therapie zijn en minder crisissituaties doormaken.

## Toekomst

In hoofdstuk 1 van dit boek werd gezegd dat schematherapie vooral bedoeld is om door psychotherapeuten, psychologen en psychiaters gegeven te worden. Tegelijkertijd is er een toenemende belangstelling voor schematherapie onder sociotherapeuten en vaktherapeuten. In hoofdstuk 27 over implementatie binnen de forensische setting wordt verslag gedaan van het implementeren van schematherapie voor andere disciplines dan psychotherapeuten, psychologen en psychiaters. In de toekomst zal meer aandacht moeten worden besteed aan het opleiden van sociotherapeuten en vaktherapeuten binnen de schematherapie. Hiertoe is in het register schematherapie in 2008 een eerste aanzet gegeven. Voor verdere ontwikkelingen wordt de lezer aangeraden te kijken op www.schematherapie.nl.

### Register en certificering in Nederland

Met het register waarin gecertificeerde schematherapeuten zich kunnen inschrijven is een begin gemaakt. De opzet van het register staat nog in de kinderschoenen. Dit geldt ook voor de vastgestelde criteria. Pas als het register enige tijd in werking is kan beoordeeld worden of de criteria goed zijn geformuleerd of moeten worden bijgesteld.

### Internationale certificering

De voorlopige richtlijnen van de internationale certificering zijn in 2008 vastgesteld.

In tabel 18.2 staat een overzicht zoals vastgesteld door de International Society of Schema Therapy (ISST).

In 2007 en 2008 is hierover overleg geweest met deelnemers uit verschillende landen. In een aantal opzichten zijn de eisen die in Nederland gesteld worden aan certificering iets strenger dan de internationale eisen. Dit heeft te maken met het feit dat Nederland voorop loopt ten opzichte van de andere landen op het gebied van training en onderzoek. In een aantal landen moet de opleiding op het gebied van schematherapie nog worden opgebouwd. Er zijn echter twee belangrijke verschillen: voor de internationale certificering zijn meer uren supervisie vereist dan voor de Nederlandse en voor de internationale certificering zal ook de Schema Therapy Rating Scale gebruikt moeten worden. Precieze richtlijnen zijn te vinden op de twee websites: www.schematherapie.nl en www.schematherapy.com.

**Tabel 18.2 Opleidingseisen voor internationale certificering.**

| *eisen* | *basisdiploma* | *standaardcertificaat* | *gevorderdencertificaat* |
|---|---|---|---|
| didactische uren | 12 uur | 12 uur | 24 uur |
| rollenspel in tweetallen | 12 uur | 12 uur | 24 uur |
| individuele supervisie | geen | 20 supervisiesessies (ongeveer 50 minuten) | 40 supervisie sessies (ongeveer 50 minuten) |
| leertherapie als onderdeel van supervisie | geen | aanbevolen, optioneel maximaal 3 sessies van de 20 kunnen leertherapie zijn | aanbevolen, optioneel maximaal 6 sessies van de 40 kunnen leertherapie zijn |
| en/of | | | |
| groepssupervisie | geen | 1000 'groepsminuten', zie berekening op website | 2000 'groepsminuten', zie berekening op website |
| intervisie | aanbevolen, optioneel | aanbevolen, optioneel | aanbevolen, optioneel |
| minimumaantal behandelingen schematherapie | geen | minimaal 2 behandelingen van minstens 25 therapiesessies elk | minimaal 4 behandelingen van minstens 25 sessies elk, een BPS or ASP |
| minimumaantal patiëntsessies (van minimaal 45 minuten) | geen | 80 sessies | 160 sessies |
| duur van supervisie | geen | minstens 1 jaar | minstens 1 jaar |
| beoordeling sessies van patiënt of realistisch rollenspel | geen | 1 sessie met minimum STRS* score van 4.0 en een casusconceptualisatieformulier | 2 sessies met een minimum STRS* score van 4.5 en 2 casusconceptualisatieformulieren |

* STRS: Schema Therapy Rating Scale (zie uitleg boven bij Beoordeling met behulp van de Schema Therapy Rating Scale).

## Literatuur

Arntz, A., & Bögels, S. (2000). *Schemagerichte cognitieve therapie voor persoonlijkheidsstoornissen.* Praktijkreeks Gedragstherapie. Houten: Bohn Stafleu van Loghum.

Bamelis, L., Arntz, A., Bernstein, D., Widdershoven, G., Spinhoven, Ph., Evers, S., Severens, H., Speckens, A., Roefs, A., & Abma, T. (2006-2010). *Psychological treatment of personality disorders: A multicentered randomized controlled trial on the (cost-)effectiveness of Schema-Focused Therapy.* Promotietraject Universiteit Maastricht.

Bernstein, D.P., Arntz, A., & Vos, M.E. de (2007). Schemagerichte therapie in de forensische setting, theoretisch model en voorstellen voor best clinical practice. *Tijdschrift voor Psychotherapie, 33*, 120-133.

Genderen, H. van, & Arntz, A. (2005). *Schemagerichte cognitieve therapie bij borderline persoonlijkheidsstoornis.* Amsterdam: Nieuwezijds.

Giesen-Bloo, J., Dyck, R. van, Spinhoven, Ph., Tilburg, W. van, Dirksen, C., Asselt, T. van, Kremers, I., Nadort, M., & Arntz, A. (2006). Outpatient Psychotherapy for Borderline Personality Disorder, Randomized Trial of Schema-Focused Therapy vs Transference Focused Psychotherapy. *Archives of General Psychiatry, 63*, 649-658.

Nadort, M. (2005). *Schematherapie voor de Borderline Persoonlijkheidsstoornis. Therapietechnieken.* dvd-box.

Nadort, M., & Giesen-Bloo, J. (2005). *Pilot implementation study of SFT for borderline patients.* Eindrapportage college voor Zorgverzekeraars.

Nadort, M., Dyck, R. van, Smit, J.H., Arntz, A., Spinhoven, Ph., Wensing, M., Giesen-Bloo, J., & Asselt, T. van (ongoing study). Implementation of out-patient schema-focused therapy for borderline personality disorder in general psychiatry.

Schacht, R., & Peeters, R. (2000). *Schemagerichte therapie voor moeilijke mensen.* Leuven-Apeldoorn: Garant.

Vreeswijk, M.F. van, & Broersen, J. (2006). *Schemagerichte therapie in groepen. Cognitieve groepspsychotherapie bij persoonlijkheidsproblematiek. Handleiding voor therapeuten.* Houten: Bohn Stafleu van Loghum.

Young, J.E., & (Ned. vert.) Pijnaker, H. (1999). *Cognitieve therapie voor persoonlijkheidsstoornissen.* Houten: Bohn Stafleu van Loghum.

Young, J.E. (2005). *Schema Therapy Rating Scale*, te verkrijgen via www.schematherapy.com.

Young, J.E., Arntz, A., & Giesen-Bloo, J. (2005). *Young Therapy Adherence and Competence Scale*, aangepaste versie.

Young, J.E., & Klosko, J.S. (1999). *Leven in je leven. Leer de valkuilen in je leven kennen.* Lisse: Swets & Zeitlinger.

Young, J.E., Klosko, J.S., & Weishaar, M.E. (2005). *Schemagerichte therapie: Handboek voor therapeuten.* Houten: Bohn Stafleu van Loghum.

*Website*

www.schematherapie.nl

www.schematherapy.com

# 19 Cursussen op het gebied van schematherapie

M. Nadort en H. van Genderen

De introductie van schematherapie in Nederland vond plaats in 1990. Een aantal bekende Amerikanen zoals Padesky, Mooney, Beck, Newman en Young werd uitgenodigd om in Nederland workshops en trainingen te geven. Vervolgens startte bij de Viersprong te Halsteren een trainingsprogramma dat werd verzorgd door Sloane. Vanuit deze grote groep therapeuten die in de jaren negentig is opgeleid zijn in Nederland trainingsprogramma's, cursussen en supervisietrajecten ontwikkeld.

Deze cursussen zijn verschillend van opzet. Sinds 2000 zijn er vierdaagse cursussen (24-25 cursusuren) die door de Vereniging voor Gedragstherapie en Cognitieve Therapie (VGCt) werden geaccrediteerd als nascholingscursussen. Vervolgens zijn in 2004 achtdaagse cursussen (vijftig cursusuren) ontwikkeld die specifiek gericht zijn op de borderline persoonlijkheidsstoornis (BPS). Sinds 2005 zijn er ook achtdaagse cursussen (vijftig cursusuren) voor de behandeling van alle persoonlijkheidsstoornissen. Alle achtdaagse cursussen zijn door de VGCt geaccrediteerd als specifieke vervolgcursussen. In 2007 is voor het eerst een vervolgcursus voor gevorderden gegeven van 25 uur, die aansluit bij de inleidende nascholingscursus van 25 uur. Deze cursus heeft als thema de behandeling van meer complexe problematiek en vormt samen met de inleidende cursus ook een geheel van 50 uur. Er zijn verschillende cursussen van twee tot acht dagen opgenomen in het scholings- en opleidingsaanbod van de regionale instellingen voor nascholing en opleiding (RINO). Daarnaast zijn de laatste jaren ook in opleidingen voor gezondheidszorgpsychologie (GZ-opleiding) en klinische psychologie (KP-opleiding) onderdelen schematherapie opgenomen. Ook worden veel incompanytrainingen gegeven zowel in reguliere ggz-instellingen als in de forensische psychiatrie. Ondanks het feit dat schematherapie in groepen al vele jaren wordt gegeven was er nog geen cursusaanbod op dit gebied. Dit is recent ontwikkeld en momenteel worden bij de RINO en bij een aantal ggz-instellingen cursussen 'schematherapie in groepen' gegeven. Cursussen worden aangeboden via de VGCt en via de RINO en zijn eveneens te vinden via het scholingsaanbod op de website www.schematherapie.nl.

Behalve cursussen en trainingen is de laatste jaren een aantal boeken gepubliceerd door Nederlandse therapeuten en onderzoekers die nu gebruikt worden in cursussen en trainingen op het gebied van schematherapie (Arntz & Bögels, 2000; Van Genderen & Arntz, 2005; Van Vreeswijk & Broersen, 2006). Ook zijn therapietechnieken op dvd te verkrijgen om te gebruiken in cursussen (Nadort, 2005).

## Praktijk

Zoals gezegd zijn er momenteel verschillende soorten cursussen. De vierdaagse cursus (24 of 25 uur) is inleidend van karakter en is vooral bedoeld als kennismaking met de schematherapie. Deze cursus wordt aangeboden als nascholingscursus en wordt ook vaak gebruikt bij incompanytrainingen. Wie deze cursus heeft gevolgd is goed op de hoogte van de belangrijkste onderdelen van de schematherapie. Deze cursus is vooral voor therapeuten die willen kennismaken met de schematherapie en die niet al te complexe patiënten behandelen. De vervolgcursussen van 25 of 50 uur zijn uitgebreider, gaan dieper in op de verschillende technieken en zijn meer specialistisch van aard. Deze cursussen zijn met name bedoeld voor therapeuten die werken met complexe patiënten zoals borderline, narcistische of antisociale patiënten. De cursussen schematherapie in groepen zijn vanzelfsprekend ontworpen voor therapeuten die ervaring hebben met groepstherapie en werken met groepen.

Het aanbod dat gegeven wordt in incompanytrainingen is wisselend en is vaak specifiek afgestemd op de vraag van de betreffende instelling. Hier volgt een recent praktijkvoorbeeld.

In een instelling in het midden van het land is in 2006 en 2007 een meerdaagse incompanytraining gegeven waarbij op eigen verzoek het hele team werd getraind in schematherapie. Dit team bestond uit een psychiater, een aantal psychotherapeuten, systeemtherapeuten, sociotherapeuten, psychomotorisch therapeuten, muziektherapeuten en creatief therapeuten. In deze training werd als introductie het basismodel van de schematherapie gegeven. In de rollenspelen brachten de therapeuten vanuit hun verschillende disciplines problematiek van de patiënten in die zij tegenkwamen. Zo werd door een groepstherapeut geoefend hoe hij grenzen kon stellen bij een patiënte die altijd op pantoffels in de groep kwam. Door de psychomotorisch therapeut werd ingebracht hoe hij een patiënte kon motiveren om mee te doen met de sporttraining. Door de creatief therapeut werd ingebracht hoe hij een patiënte empathisch kon confronteren met het feit dat zij niets deed en alleen maar voor zich uit zat te staren. Door de muziektherapeuten werd geoefend hoe een patiënt met behulp van bepaalde instrumenten bepaalde modi kon uitbeelden. De psychotherapeuten en de psychiater brachten in welke technieken zij toepasten in individuele sessies met een patiënt.

Deze incompanytraining werd door het team zeer gewaardeerd. Allereerst omdat iedereen de kans kreeg om te werken en denken vanuit hetzelfde model en verder omdat iedereen de schematherapie kon gebruiken vanuit zijn eigen discipline.

## Aanpak

Een cursus schematherapie dient de volgende elementen te bevatten: uitleg over schema's, hoe deze kunnen ontstaan en de copingstrategieën om met schema's om te gaan (Young, Klosko & Weishaar, 2005):

- assessment, het opsporen van basale assumpties, schema's en modi;
- uitleg over het gebruik van de verschillende vragenlijsten: Young Schemavragenlijst (YSQ), Young Parent Inventory (YPI), Young Compensatory Inventory (YCI), Young-Rygh Avoidance Inventory (YRAI) en de Schema Mode Inventory (SMI-1);
- uitleg en werken met het schemamodel;
- uitleg en werken met het modusmodel;
- het gebruik van diagnostische technieken om schema's op te sporen zoals de neerwaartsepijltechniek en de diagnostische imaginatie;
- het maken van een casusconceptualisatie aan de hand van een casusconceptualisatieformulier en een casusconceptualisatiemodel;
- 'limited reparenting';
- het gebruik van interpersoonlijke technieken zoals empathische confrontatie en het stellen van grenzen;
- het gebruik van experiëntiële technieken zoals imaginatie en rescripting en historisch rollenspel;
- cognitieve technieken zoals dagboeken en (gebruik van) flitskaarten;
- gedragstechnieken.

Behalve de bovengenoemde vaardigheden dienen vooral praktische vaardigheden geoefend te worden in de vorm van rollenspelen. Daarnaast is het van belang dat cursisten meer zicht krijgen op hun eigen schema's door voor zichzelf schemavragenlijsten in te vullen. In de cursusgroep wordt dit globaal besproken. Ook kan het belangrijk zijn om eigen situaties in te brengen in de rollenspelen, bijvoorbeeld bij het doen van imaginatieoefeningen.

De eigen rol in de therapeutische relatie dient ook onder de loep te worden genomen, door te kijken naar de interactie tussen schema's van patiënten en schema's van de therapeut.

Hier volgt een voorbeeld van een programma van een vierdaagse cursus (24-25 cursusuren) waarin zowel theoretische als praktische vaardigheden worden geoefend.

**Programma vierdaagse cursus voor de borderline persoonlijkheidsstoornis**

*Dag 1*

*Introductie schematherapie bij persoonlijkheidsstoornissen*

*Theoretische inleiding schematherapie*

- vragenlijsten
- casusconceptualisatie
- neerwaartsepijltechniek
- diagnostische imaginatie
- cognitieve interventies zoals schemadagboek en flitskaart

*Dag 2*

*Therapeutische relatie*

- 'limited reparenting'
- empathische confrontatie
- grenzen stellen
- opsporen schema's therapeut
- hanteren schema's van de patiënt

*Dag 3*

*Experiëntiële technieken en gedragstechnieken*

- imaginatie en rescripting
- historisch rollenspel
- gedragstechnieken

*Dag 4*

*Schemamodi*

- uitleg modusmodel
- werken met schemamodi
- meerstoelentechniek

**Programma achtdaagse cursus voor de borderline persoonlijkheidsstoornis**

*Dag 1*

*Introductie schematherapie bij persoonlijkheidsstoornissen*

*Theoretische inleiding modusmodel*

- vragenlijsten
- casusconceptualisatie
- neerwaartsepijltechniek
- diagnostische imaginatie
- modusdagboek en flitskaart

*Dag 2*
*Therapeutische relatie*
- 'limited reparenting'
- empathische confrontatie
- grenzen stellen
- hanteren schema's van de patiënt
- opsporen schema's therapeut

*Dag 3*
*Experiëntiële technieken en gedragsinterventies*
- Kwetsbare kind-modus
- imaginatie en rescripting
- historisch rollenspel
- gedragsinterventies

*Dag 4*
- diverse technieken om de Onthechte beschermer-modus te doorbreken

*Dag 5*
- diverse technieken om de Straffende/Veeleisende ouder-modus aan te pakken

*Dag 6*
- diverse technieken om met de Boze kind-modus om te gaan

*Dag 7*
- Gezonde volwassene-modus

*Dag 8*
- integratie van alle technieken
- opbouw en beëindiging van de therapie
- automutilatie, crisis en (para)suïcidaliteit

Voor een overzicht van de overige cursussen wordt de lezer verwezen naar www.schematherapie.nl.

## Valkuilen en tips

Wanneer een net afgestudeerd psycholoog enthousiast wil beginnen met schematherapie en zich inschrijft voor een korte cursus (24-25 cursusuren), maar nog weinig tot geen ervaring heeft met het behandelen van patiënten met persoonlijkheidsproblematiek, kan hij theoretisch wel veel van de cursus opsteken, maar kan hij het in praktisch opzicht niet goed toepassen.

Om de inhoud van de hier genoemde cursussen goed tot zijn recht te laten komen is voldoende voorkennis vereist op academisch niveau en van cognitieve gedragstherapie. Ook is het noodzakelijk dat cursisten al enige praktische ervaring hebben met het behandelen van patiënten met persoonlijkheidsstoornissen en/of complexe problematiek. Daarnaast is het belangrijk dat cursisten tijdens het volgen van een cursus al oefenen met de geleerde vaardigheden. Daarom wordt aangeraden om de cursus verspreid over enkele maanden te geven. Er zijn overigens ook cursussen die op vier dagen achter elkaar gegeven worden. Tussentijds kan er dan weliswaar niet met de stof geoefend worden, maar het voordeel van zo'n aaneengesloten periode is wel dat het gemakkelijker wordt om met eigen situaties te oefenen omdat er meer groepsproces is. Ook is het nuttig als meerdere collega's van een instelling gezamenlijk een opleidingstraject volgen zodat zij intervisie kunnen organiseren.

In een cursus moet benadrukt worden dat de drie foci (het heden van de patiënt, het verleden van de patiënt en de therapeutische relatie tussen patiënt en therapeut) aan de orde dienen te komen. Ook moet in een cursus duidelijk gemaakt worden dat schematherapie bestaat uit drie soorten technieken: cognitieve, gedragsmatige en experiëntiële technieken. Deze dienen te worden geïntegreerd. Als men losse elementen wil gebruiken binnen het eigen referentiekader is veeleer sprake van eclectische therapie.

Ook is het belangrijk dat de cursist zich realiseert dat men na het volgen van een korte cursus (24-25 cursusuren) nog niet alles kan en dat verdere opleiding, intervisie en supervisie noodzakelijk zijn om een volwaardig schematherapeut te worden. Ook na een achtdaagse cursus is het noodzakelijk om supervisie te volgen en deel uit te maken van een intervisiegroep. Schematherapie bij complexe patiënten is zo veeleisend dat supervisie en intervisie noodzakelijk zijn om als therapeut goed te kunnen reflecteren over het eigen functioneren en om feedback te krijgen van collega's.

## Toekomst

Hoewel er de laatste jaren een groter aantal cursussen op het gebied van schematherapie is gekomen is het aanbod toch nog beperkt. Het verdient dan ook aanbeveling dat cursussen ontwikkeld worden die zich richten op specifieke doelgroepen zoals schematherapie voor echtparen en schematherapie voor adolescenten, jongvolwassenen en ouderen. Er zijn al cursussen voor de behandeling van patiënten uit de verslavingszorg en de forensische psychiatrie in ontwikkeling. Daarnaast is het belangrijk dat cursussen schematherapie ontwikkeld worden voor de vaktherapieën. Ook hiermee is een begin gemaakt. Het aanbod voor deze cursussen is te vinden via de website www.schematherapie.nl.

Omdat er een toenemende vraag is naar supervisoren schematherapie zou het goed zijn om in de komende jaren ook speciale supervisorencursussen te ontwikkelen.

## Literatuur


Arntz, A., & Bögels, S. (2000). *Schemagerichte cognitieve therapie voor persoonlijkheidsstoornissen. Praktijkreeks Gedragstherapie.* Houten: Bohn Stafleu van Loghum.

Genderen, H. van, & Arntz, A. (2005). *Schemagerichte cognitieve therapie bij borderline persoonlijkheidsstoornis.* Amsterdam: Nieuwezijds.

Nadort, M. (2005). *Schematherapie voor de Borderline Persoonlijkheidsstoornis. Therapietechnieken.* dvd-box.

Vreeswijk, M.F. van, & Broersen, J. (2006). *Schemagerichte therapie in groepen. Cognitieve groepspsychotherapie bij persoonlijkheidsproblematiek. Handleiding voor therapeuten.* Houten: Bohn Stafleu van Loghum.

Young, J.E., Klosko, J.S., & Weishaar, M.E. (2005). *Schemagerichte therapie: Handboek voor therapeuten.* Houten: Bohn Stafleu van Loghum.


*Website*

www.schematherapie.nl

# 20 Supervisie bij schematherapie

M. Nadort en H. van Genderen

Zoals in de vorige twee hoofdstukken over opleiding en registratie tot schematherapeut (18) en cursussen op dit gebied (19) al gesteld, vormt supervisie een noodzakelijke voorwaarde om schematherapie goed te leren uitvoeren en toepassen. Alleen het volgen van een cursus is onvoldoende om 'limited reparenting' en de verschillende technieken te leren toepassen én op het juiste moment in te zetten. Dit heeft te maken met het feit dat schematherapie een integratieve vorm van psychotherapie is waarbij de therapeut zo goed mogelijk aansluit bij de behoeften van de patiënt. Schematherapie is vooral ontwikkeld om patiënten met persoonlijkheidsproblematiek te behandelen en deze problematiek is zo divers dat er moeilijk met één protocollaire behandeling voor alle soorten psychopathologie kan worden gewerkt. Om het toepassen van schematherapie echt onder de knie te krijgen is het noodzakelijk dat enkele behandelingen intensief gevolgd en begeleid worden door een daartoe opgeleide supervisor. Op dit moment wordt supervisie gegeven door erkende supervisoren van de verschillende beroepsverenigingen die de nodige bijscholing achter de rug hebben op het gebied van schematherapie. Dit houdt in dat zij zelf voldoen aan de eisen van een senior schematherapeut en aan de eisen van een supervisor schematherapie. Voor de toelichting op deze bijscholing wordt verwezen naar hoofdstuk 18.

## Praktijk

Supervisie op het gebied van schematherapie kan zowel individueel als in kleine groepen gegeven worden. Het voordeel van individuele supervisie is dat er ruim tijd is voor iedere patiënt die wordt ingebracht en dat er voldoende ruimte is om aandacht te besteden aan de invloed van de schema's van de supervisant op de problematiek van de patiënt. Het voordeel van supervisie in kleine groepen is dat supervisanten van elkaars casuïstiek kunnen leren en dat er geoefend kan worden met verschillende technieken, waarbij de supervisanten de rollen van therapeut en patiënt afwisselend kunnen spelen of kunnen observeren hoe de supervisor de rol van therapeut speelt. In een aantal lopende onderzoeksprojecten (Bamelis et al., 2006-2010; Giesen-Bloo et al., 2006; Nadort et al., ongoing study) werd en wordt supervisie in grotere groepen gegeven. Tijdens deze vorm van supervisie is het vaak niet mogelijk om specifiek stil te staan bij iedere patiënt. Wel is deze vorm van supervisie bijzonder geschikt om voorbeelddemonstraties te geven en technieken te oefenen. Verder kan supervisie ook worden gegeven als vervolg op een incompanytraining aan een heel team, waarbij meerdere disciplines tegelijkertijd gesuperviseerd worden.

Voor supervisie schematherapie zijn belangrijke elementen:
- een casusconceptualisatie maken;
- de therapeutische relatie leren hanteren;
- alle elementen van de integratieve benadering die kenmerkend is voor de schematherapie goed leren hanteren;
- de schema's van de therapeut goed leren hanteren;
- alert zijn op parallelprocessen tussen therapeut en patiënt en tussen supervisor en supervisant;
- verslagen maken, audiocassettes beluisteren en beeldmateriaal bekijken.

Wat betreft de parallelprocessen tussen therapeut en patiënt en supervisor en supervisant is het belangrijk om stil te staan bij de rol van complementaire schema's of symmetrische schema's. Hieronder worden drie voorbeelden gegeven van een goede en een slechte supervisor-supervisantrelatie.

### Een voorbeeld van een goedlopende supervisie

De supervisant brengt een voorbeeld in van een behandeling met een patiënt die zeer perfectionistisch is (schema Meedogenloze normen/overdreven kritisch). De patiënt maakt vele dagboeken, stuurt e-mails en zendt artikelen ter lezing aan de therapeut. De supervisant heeft zelf het schema Mislukking met als copingstrategie overcompensatie. De therapie loopt niet goed. Zowel supervisant als patiënt loopt op de tenen en de patiënt krijgt geen corrigerende ervaring. De supervisor merkt op dat het schema van de patiënt en de copingstrategie van de therapeut niet constructief zijn en schemabevestigend werken voor zowel patiënt als therapeut. De supervisor confronteert de supervisant op empathische wijze en raadt haar aan het zelf wat rustiger aan te doen en patiënt te vragen het huiswerk te beperken om op díe manier te werken aan verandering van het schema Meedogenloze normen/overdreven kritisch.

### Een voorbeeld van een niet goedlopende supervisie

Een supervisant met schema Emotionele verwaarlozing en Emotionele geremdheid heeft een patiënte in behandeling die in haar jeugd kil is opgevoed en emotioneel is verwaarloosd. Tijdens de behandeling wordt gewerkt met imaginatie met rescripting. Nadat de therapeut een paar keer de techniek heeft toegepast bespreekt hij in de supervisie dat de techniek volgens hem niet werkt. In de imaginatie lukt het wel om de verwaarlozende vader toe te spreken, maar verandert er verder niets in de beleving van patiënte, is zijn conclusie. De supervisor gaat te snel mee en adviseert om over te gaan op een andere techniek: de meerstoelentechniek. Zo blijft het schema Emotionele verwaarlozing gehandhaafd. Het was beter geweest als de supervisor had gevraagd om het bandje van de zitting af te mogen luisteren, want dan had de supervisor gehoord dat de supervisant niet in staat was om de kind-modus in de imaginatie de emotionele warmte te geven die patiënte nodig heeft.

### Een voorbeeld van schema-overeenkomst bij supervisor en supervisant

Een supervisant heeft een zeer druk programma: ze is net gaan samenwonen, is bezig een nieuwe baan te zoeken en is druk bezig met het afronden van de gz-psycholoog-opleiding. Bij dit alles horen ook nog de benodigde 25 uur supervisie die ze moet volmaken. De supervisant verzet regelmatig afspraken op het laatste moment, heeft tijdens de supervisiezittingen weinig voorbereid en brengt veel ad hoc in, en springt regelmatig van de hak op de tak. De supervisor heeft het eveneens druk: is bezig met een promotieonderzoek, heeft daarbij een eigen praktijk en opleidingsinstituut en heeft de verantwoordelijkheid voor twee opgroeiende kinderen. Beiden ervaren de bijeenkomsten als leuk en levendig. Het moge duidelijk zijn dat hier sprake is van een blinde vlek bij de supervisor: deze heeft als taak de supervisant te wijzen op het gebrek aan structuur en voorbereiding en het schema Gebrek aan zelfbeheersing/zelfdiscipline. In deze supervisie treedt geen corrigerende ervaring op voor de supervisant.

## Aanpak

Om te evalueren en beoordelen hoe therapeuten behandelingen uitvoeren kan gebruik worden gemaakt van een beoordelingsschaal. Jeffrey Young heeft een evaluatie-instrument ontworpen: de Schema Therapy Rating Scale (Young, 2005). Dit is een lijst die is ontwikkeld om te beoordelen of een therapeut beschikt over voldoende vaardigheden op de volgende gebieden:
- algemene therapeutische vaardigheden: limited reparenting, empathie, samenwerken en vertrouwen opbouwen;
- casusconceptualisatie: identificatie van de schema's en modi en voorlichting geven over de schema's en modi en hun ontstaan in het verleden;

- verandering van schema's en modi: cognitieve en educatieve technieken, experiëntiële technieken, gedragstechnieken; de therapeutische relatie leren hanteren als manier om te veranderen (empathische confrontatie en grenzen stellen);
- aanleren van nieuwe copingvaardigheden en huiswerk maken.

Per onderdeel kan een score gegeven worden die loopt van nul (zeer slecht) tot zes (uitstekend). Volgens de richtlijnen van Young dient een beginnend therapeut een gemiddelde van vier te behalen en een ervaren therapeut een gemiddelde tussen vier en viereneenhalf. Deze lijst kan gebruikt worden in supervisie bij het beluisteren en beoordelen van audiotapes of videotapes. Van dit instrument is een bewerking gemaakt, de Therapy Adherence and Competence Scale (Young, Arntz & Giesen-Bloo, 2005) die is vertaald en gebruikt in het 'borderline project' (Giesen-Bloo et al., 2006). De lijst werd gebruikt om de therapietrouw en competentie van de behandelaren in de schematherapieconditie te meten. De lijst is eveneens gebruikt tijdens de evaluatie van de training van de therapeuten in de proefimplementatie (Nadort, 2005) en zal tevens gebruikt worden in het implementatieonderzoek (Nadort et al., ongoing study) en het onderzoek naar schematherapie voor alle persoonlijkheidsstoornissen (behalve de borderline persoonlijkheidsstoornis), in vijftig zittingen (Bamelis et al., 2006-2010). Een bewerking van deze lijst wordt ook gebruikt voor de evaluatie van de therapeuten in het onderzoek in de forensische psychiatrie (Bernstein, 2007).

Momenteel is er een nieuw meetinstrument in omloop, de Schema Therapist Competency Scale voor individuele therapiesessies (STCS-I-1, Young & Fosse, 2008). Deze schaal werkt op dezelfde wijze als de Schema Therapy Rating Scale, maar is nog niet uitgebreid onderzocht. Het is de bedoeling dat tijdens de derde bijeenkomst van de International Society of Schema Therapy in Coimbra in 2008 een dag besteed zal worden aan het trainen van therapeuten en onderzoekers in het afnemen van dit meetinstrument.

Deze beoordelingsschalen zijn alle te vinden op www.schematherapie.nl en op www.schematherapy.com.

## Valkuilen en tips

Tijdens supervisie is het belangrijk dat de supervisor in de gaten houdt dat de therapeut zowel aandacht besteedt aan de concrete inhoud van wat de patiënt vertelt als aandacht heeft voor de onderliggende schema's en copingstrategieën. Ook is het belangrijk dat de supervisor regelmatig audio- of videomateriaal beluistert of bekijkt. Een valkuil hierbij is, alleen af te gaan op wat de supervisant vertelt. Pas bij het beluisteren of bekijken van materiaal of door het laten voordoen ziet de supervisor of de supervisant een bepaalde techniek echt beheerst.

Wanneer supervisie in een groep plaatsvindt is het belangrijk dat de sfeer veilig is zodat supervisanten hun moeilijkheden en kwetsbaarheden kunnen tonen. Het is de taak van de supervisor om dit proces te sturen en te bewaken. Om goed zicht te hebben op de eigen schema's van supervisanten is het belangrijk dat zij voor zichzelf de schemavragenlijst hebben ingevuld en gescoord. Zo kunnen zij gemakkelijker stilstaan bij hun eigen schema's en de valkuilen die op kunnen treden in de interactie met patiënten. In de meeste cursussen schematherapie die supervisanten gevolgd hebben, hebben zij al voor zichzelf de schemavragenlijst ingevuld, zodat zij op de hoogte zijn van hun eigen schema's. Ook zijn er oefeningen gedaan met betrekking tot de interactie van de schema's van de patiënt en de therapeut. Al bij het begin van de supervisie moet worden stilgestaan bij de eigen schema's van de supervisanten en niet worden gewacht tot zich problemen voordoen. Supervisanten kunnen ook van elkaar leren en elkaar helpen in de intervisiegroepen. Het is ook behulpzaam als de supervisor zelfonthulling niet schuwt en vertelt over eigen schema's en de problemen waartoe die wellicht in het verleden hebben geleid bij patiënten.

Een supervisor heeft zelf af en toe last van het schema Minderwaardigheid/schaamte. Zij vertelt dat vooral bij de behandeling van narcistische patiënten dit schema geactiveerd wordt. Zij geeft het voorbeeld van een narcistische patiënt die tegen haar zei: 'U bent misschien wel goed met borderline patiënten, maar verder vind ik dat u diepgang en overzicht mist'. De supervisor vertelt dat deze opmerking behoorlijk hard aankwam en dat haar eerste reactie was 'de patiënt heeft gelijk', vanuit haar Minderwaardigheid/schaamte-schema. Pas in tweede instantie kon zij zich hernemen en inzien dat de opmerking van de patiënt misschien gedeeltelijk waar was, maar vooral te maken had met de narcistische problematiek van de patiënt.

Vanzelfsprekend gelden de regels van het beroepsgeheim van de beroepsvereniging niet alleen ten aanzien van de informatie over patiënten, maar ook voor de supervisanten ten opzichte van elkaar. Het proces in de supervisie wordt door de supervisor bewaakt: deze draagt zorg voor een goede verdeling van de tijd over de verschillende supervisanten en zorgt dat iedereen evenveel aan bod komt. Daarnaast is het belangrijk dat niet alleen gesproken wordt over de patiënten, maar dat er ook geoefend wordt met behulp van rollenspelen. Wanneer er problemen zijn in de supervisiegroep zoals te laat komen, wegblijven of onheuse opmerkingen maken tegen elkaar stuurt de supervisor het proces met behulp van empathische confrontatie en grenzen stellen.

## Toekomst

De Therapy Adherence Rating and Competence Scale (TARS) en de Schema Therapist Competency Scale (STCS) zullen breder ingezet moeten worden om behandelingen van therapeuten te kunnen evalueren. Hiervoor is een goede Nederlandse vertaling van de lijsten onontbeerlijk. De lijsten zullen ook bewerkt moeten worden voor het evalueren van schemagroepstherapie. Voor het beoordelen van de schematherapiekwaliteit kan op veel grotere schaal audiovisueel materiaal gebruikt worden dan momenteel gebeurt. Interessant zou zijn een onderzoek te doen naar de factoren die een succesvolle supervisie voorspellen. Welke rol spelen hierin de schema's en modi van de supervisor en supervisant?

De supervisoren worden vermeld op de website van het register schematherapie. Dat zijn er veel te weinig, dus er dienen veel meer supervisoren te worden opgeleid. Er is dringend behoefte aan supervisiecursussen voor schematherapie.

## Literatuur


Bamelis, L., Arntz, A., Bernstein, D., Widdershoven, G., Spinhoven, Ph., Evers, S., Severens, H., Speckens, A., Roefs, A., & Abma, T. (2006-2010). *Psychological treatment of personality disorders: A multicentered randomized controlled trial on the (cost-)effectiveness of Schema-Focused Therapy.* Promotietraject Universiteit Maastricht.

Bernstein, D.P., Arntz, A., & Vos, M.E., de (2007). Schemagerichte therapie in de forensische setting, theoretisch model en voorstellen voor best clinical practice. *Tijdschrift voor Psychotherapie, 33*, 120-133.

Giesen-Bloo, J., Dyck, R. van, Spinhoven, Ph., Tilburg, W. van, Dirksen, C., Asselt, T. van, Kremers, I., Nadort, M., & Arntz, A. (2006). Outpatient Psychotherapy for Borderline Personality Disorder, Randomized Trial of Schema-Focused Therapy vs Transference Focused Psychotherapy. *Archives of General Psychiatry, 63*, 649-658.

Nadort, M., & Giesen-Bloo, J. (2005). *Pilot implementation study of SFT for borderline patients.* Eindrapportage college voor Zorgverzekeraars.

Nadort, M., Dyck, R. van, Smit, J.H., Arntz, A., Spinhoven, Ph., Wensing, M., Giesen-Bloo, J., & Asselt, T. van (ongoing study). Implementation of out-patient schema-focused therapy for borderline personality disorder in general psychiatry.

Young, J.E. (2005). *Schema Therapy Rating Scale,* te verkrijgen via www.schematherapy.com.

Young, J.E., Arntz, A., & Giesen-Bloo, J. (2005). *Young Therapy Adherence and Competence Scale,* aangepaste versie.

Young, J.E., & Fosse, G. (2008). *Schema Therapist Competency Scale.*

# Deel 5
# Onderzoek

# 21 Effectiviteitsstudies

L. Bamelis, J. Giesen-Bloo, D. Bernstein en A. Arntz

Schematherapie is een behandelvorm die het laatste decennium sterk aan populariteit heeft gewonnen. De uit Amerika afkomstige combinatie van cognitief-gedragsmatige, interpersoonlijke, psychodynamische en experiëntiële technieken wordt ook in Nederland toegepast bij mensen met persoonlijkheidsproblematiek en lijkt veelbelovend.

Empirische ondersteuning voor de effectiviteit van schematherapie blijft vooralsnog schaars. Hoewel een randomized controlled trial (RCT) in methodologisch opzicht het meest geschikte onderzoeksdesign is om klinische effectiviteit en kosteneffectiviteit te meten, leert een zoektocht in de literatuur dat dergelijke designs nog erg weinig zijn uitgevoerd. De behoefte aan gecontroleerde empirische effectiviteitsstudies is groot.

In dit hoofdstuk worden de belangrijkste resultaten van de tot nu toe verschenen studies beschreven, waarbij aandacht wordt geschonken aan de implicaties voor de klinische praktijk. Er wordt onderscheid gemaakt tussen studies waarbij de behandeling primair gericht is op persoonlijkheidsproblematiek en studies waarin de behandeling van as-I-problematiek centraal staat.

## Praktijk

Tot op de dag van vandaag werd de effectiviteit van schematherapie vrijwel alleen onderzocht bij de borderline persoonlijkheidsstoornis. Onderzoeksresultaten met betrekking tot de borderline persoonlijkheidsstoornis worden eerst besproken, daarna volgt een overzicht van de evidentie bij andere persoonlijkheidsstoornissen. Naast individuele schematherapie komen ook resultaten met betrekking tot schematherapie in groepsvorm aan bod.

### Schematherapie bij de borderline persoonlijkheidsstoornis

In de afgelopen jaren is een aantal publicaties verschenen waarin een overzicht van behandelmethoden en aandachtspunten per schemamodus voor de borderline persoonlijkheidsstoornis wordt aangeboden (zie onder anderen Young, 2005, en Kellogg & Young, 2006). Deze publicaties geven een duidelijk beeld van hoe de behandeling eruit kan zien, maar bewijzen verder niet of de behandeling ook daadwerkelijk effectief is.

Tabel 21.1 vat in een overzicht de wetenschappelijke evidentie met betrekking tot de effectiviteit van schematherapie voor de borderline persoonlijkheidsstoornis samen.

**Tabel 21.1** **Evidentie voor effectiviteit schematherapie bij borderline persoonlijkheidsstoornis.**

| *auteurs* | *publicatiejaar* | *design* | *uitkomst* |
|---|---|---|---|
| Nordahl & Nysaeter | 2005 | - single-case series, n = 6<br>- duur individuele therapie: wekelijks, gemiddeld 22 maanden | - 5 personen significant verbeterd op depressie- en angstsymptomen, algemene psychopathologie en interpersoonlijk disfunctioneren<br>- maladaptieve schema's verminderen significant (ES = 1.6) |
| Giesen-Bloo, Van Dyck, Spinhoven, Van Tilburg, Dirksen, Van Asselt, Kremers, Nadort & Arntz | 2006 | - RCT, n = 86<br>- ST vergeleken met TFP<br>- duur individuele therapie, 2x per week, gedurende 3 jaar | - beide behandelingen klinisch significante verbeteringen, ST op alle maten dominant ten opzichte van TFP<br>- in schematherapie lager risico op vroegtijdige uitval |

n = aantal patiënten; ES = effect size.

De resultaten van een 'single-case series design' uit Noorwegen geven een voorzichtige indicatie van de effectiviteit van schematherapie (Nordahl & Nysaeter, 2005). Analyses toonden een sterke reductie in de kracht van maladaptieve schema's en verbeteringen op secundaire uitkomstmaten. De vooruitgang die meteen na afloop van de therapie werd waargenomen, hield bovendien stand bij de follow-upmeting. Er zijn echter enkele kritische kanttekeningen bij deze studie te plaatsen. Door het gebruik van een single-case design en door de uitvoering van het schemamodusmodel door slechts één therapeut is generalisatie naar een grotere groep niet mogelijk. Bovendien werden nameting en follow-up niet uitgevoerd door een onafhankelijke beoordelaar, hetgeen de validiteit van de gevonden resultaten kan beïnvloeden. Deze studie biedt dan ook wetenschappelijk gezien wel een indicatie voor schematherapie als een valide 'evidence-based' behandelmethode, maar geen bewijs.

Deze evidentie wordt wel geboden door de tot op heden enige uitgevoerde randomized controlled trial (RCT) met betrekking tot de effectiviteit van schematherapie bij de borderline persoonlijkheidsstoornis (Giesen-Bloo et al., 2006). In een twee-groepsdesign werd schematherapie vergeleken met transference focused psychotherapie (TFP). Een aantal van 86 mensen met een borderline persoonlijkheidsstoornis werd at random aan één van beide behandelcondities toegewezen en kreeg drie jaar lang tweemaal per week een protocollaire ambulante behandeling. Zowel schematherapie als TFP bleek klinisch significante verbeteringen op verschillende domeinen te bewerkstelligen zoals de afname van borderlinespecifieke symptomen, een verbetering in de kwaliteit van leven en een verbetering op het gebied van algemeen psychopathologisch functioneren. Schematherapie bleek echter voor alle uitkomstmaten dominant ten opzichte van TFP. Bovendien bleek in de schematherapieconditie een lager risico op vroegtijdige uitval uit therapie, hetgeen bij deze populatie zeker het vermelden waard is. Het risico op uitval voor borderline patiënten is immers hoog.

In de publicatie van Giesen-Bloo en collega's (2006) worden enkele van de mogelijke krachtpunten van het schemamodel voor borderline problematiek omschreven: *1* transparantie van het model, *2* specifieke 'reparenting' attitude van de therapeut ten opzichte van de hechtingsproblematiek, *3* het gebruik van gemakkelijk toepasbare technieken en strategieën die controle, structuur en veiligheid bieden, en *4* de mogelijkheid om de therapeut tussen de sessies door te bereiken.

Door Nadort en collega's (Nadort et al., 2006, 2007) wordt een implementatiestudie uitgevoerd waarbij het wel of niet aanbieden van telefonische bereikbaarheid buiten de kantooruren at random wordt toebedeeld aan de helft van de patiënten: op deze manier kan onderzocht worden of verschil in effect kan worden aangetoond.

In het onderzoek van Giesen-Bloo en collega's (2006) werd ook aangetoond dat de therapeutische relatie (die een positieve invloed uitoefent op innerlijke veranderprocessen) door zowel patiënten als therapeuten hoger wordt geschat in de schematherapieconditie dan in de TFP-conditie.

Samengevat: de effectiviteit van schematherapie bij de borderline persoonlijkheidsstoornis kan op dit moment wetenschappelijk onderbouwd genoemd worden. Met de opmerking dat evidentie verkregen uit slechts één gerandomiseerde gecontroleerde studie onvoldoende is om hier al te stellig in te zijn.

Bovendien kunnen ook bij de gerandomiseerde gecontroleerde studie kanttekeningen geplaatst worden. Er werd weliswaar statistisch gecontroleerd voor medicatiegebruik, maar niet experimenteel, en er werd geen gebruik gemaakt van een wachtlijstconditie of conditie met gebruikelijke behandeling. Zelfs na langdurige intensieve behandeling bleek bijna een derde van de proefpersonen nog steeds in behandeling. Toch was de intensiteit van behandelsessies reeds duidelijk verminderd: na vier jaar kreeg meer dan 60% van de schematherapiepatiënten minder dan één behandelsessie per week, terwijl 50% slechts één sessie per drie weken (boostersessies) kregen. Het gemiddelde aantal sessies in de schematherapieconditie lag significant lager dan in de TFP-conditie (Giesen-Bloo et al., aangeboden).

### Schematherapie bij andere persoonlijkheidsstoornissen

Waar het effectiviteitsonderzoek met betrekking tot schematherapie bij de borderline persoonlijkheidsstoornis nog in de kinderschoenen staat, is er zo mogelijk nog minder evidence-based bewijs te vinden voor de werkzaamheid bij andere persoonlijkheidsstoornissen. Tot op heden is in de literatuur nog geen enkele wetenschappelijke studie met een sterk design gepubliceerd. Toch gebeurt er op dit vlak veel. In Nederland worden momenteel twee ambitieuze studies uitgevoerd naar de effectiviteit van schematherapie, met als focus enerzijds de mildere persoonlijkheidsstoornissen en anderzijds de forensische psychiatrie.

Sinds midden 2006 wordt door Bamelis, Arntz en collega's een grootschalige effectiviteitsstudie uitgevoerd waarbij de klinische én kosteneffectiviteit van schematherapie wordt vergeleken met 'treatment as usual' (TAU) bij mensen met een of meer van de zes mildere persoonlijkheidsstoornissen (ontwijkende, afhankelijke, obsessieve-compulsieve, paranoïde, theatrale en ontwijkende persoonlijkheidsstoornis). Driehonderd mensen zijn geworven in twaalf ggz-instellingen in Nederland en at random toegewezen aan een vijftig sessies durend schematherapieprotocol dan wel aan een behandeling die in de respectievelijke instelling gebruikelijk is voor de specifieke persoonlijkheidsstoornis. Enkele schemamodi specifiek voor deze populatie zijn uitgewerkt (Vermijdende beschermer, Paranoïde overcontroleerder). De schematherapie vindt in het eerste jaar éénmaal per week plaats, terwijl in het tweede jaar 'boostersessies' plaatsvinden. De frequentie en het aanbod in de gebruikelijke behandelconditie varieert naar gelang wat gebruikelijk is in de respectievelijke ambulante setting. In drie instellingen wordt bovendien at random toegewezen aan een derde geprotocolliseerde behandelvorm: cliëntgerichte therapie volgens het model van Sachse. Door deze toevoeging kunnen binnen dit design twee gestandaardiseerde protocollaire behandelvormen vergeleken worden; dit beperkt mogelijke beïnvloeding van niet-specifieke factoren. Patiënten in het onderzoek krijgen een baselinemeting en vervolgens zesmaandelijks een uitgebreide meting. Een jaar na afloop van de behandeling volgt nog een follow-upmeting.

De primaire uitkomstmaten zijn: het niet meer voldoen aan de diagnose van de betreffende persoonlijkheidsstoornis en reductie van symptomen. Tal van secundaire uitkomstmaten worden bestudeerd (kwaliteit van leven, algemeen psychologisch functioneren, sociaal functioneren, specifieke schemagerelateerde concepten). Resultaten worden eind 2010 verwacht.

De in het vorige stuk genoemde persoonlijkheidsstoornissen zijn in wetenschappelijke publicaties (nog) niet als primaire behandelfocus benaderd.

| Tabel 21.2 | Effectiviteitsstudies voor schematherapie bij andere persoonlijkheidsstoornissen. | | |
|---|---|---|---|
| *auteurs* | *publicatiejaar* | *design* | *uitkomst* |
| Bamelis, Arntz et al. | | - RCT, n = 300<br>- schematherapie vergeleken met treatment as usual en cliëntgerichte therapie volgens Sachse<br>- duur individuele behandeling 2 jaar, halfjaarlijkse metingen, 1 jaar follow-up | - doelgroep = cluster-C-, paranoïde, theatrale en narcistische persoonlijkheidsstoornis<br>- werving in 12 ggz-instellingen in Nederland |
| Bernstein, Arntz et al. | | - RCT, n = 120<br>- schematherapie vergeleken met gebruikelijke forensische behandeling<br>- duur individuele behandeling 3 jaar, halfjaarlijkse metingen, 3 jaar follow-up | - doelgroep = cluster-B-persoonlijkheidsstoornis in forensische setting<br>- werving in 7 forensische instellingen in Nederland |
| Weertman & Arntz | 2007 | - cross-overdesign, n = 21<br>- technieken met focus op heden vergeleken met technieken met focus op verleden<br>- duur individuele behandeling 48 sessies, 1 jaar follow-up | - vergelijkbare uitkomst voor focus op heden en focus op verleden<br>- therapeuten en patiënten prefereren te starten met focus op verleden<br>- effect zichtbaar bij follow-up na 1 jaar |

n = aantal patiënten.

Zo nu en dan komen ze in verschillende studies voor als comorbide problematiek naast bepaalde as-I-symptomen (zie hoofdstuk 22 in dit boek). De enige publicatie die hierop een uitzondering maakt is een casusbeschrijving gerapporteerd door Cecero en Young (2001). Hierin wordt het behandelproces beschreven van een patiënte die behalve een depressie en een angststoornis ook een afhankelijke persoonlijkheidsstoornis heeft. Nadat onder andere door middel van cognitieve gedragstechnieken de depressie en angst gereduceerd werden, werd samen met de patiënte een casusconceptualisatie van haar schema's opgesteld. Door toepassing van experiëntiële technieken én het identificeren van schemaspecifiek gedrag tijdens de behandelsessies kon de patiënte steeds meer evidentie voor de maladaptieve schema's vinden.

Het centrale veranderingsproces bestond uit vier strategieën: *1* cognitieve schemaherstructurering, *2* experiëntiële technieken, *3* gedragsmatig patronen doorbreken, en *4* het gebruik van de therapeutische relatie.

Een andere studie bij milde persoonlijkheidsstoornissen is die van Weertman en Arntz (2007). In deze studie werd aangetoond dat experiëntiële technieken gericht op het verleden (zoals historische rollenspelen en imaginaire rescripting) hetzelfde positieve effect hadden als technieken gericht op het heden.

Vanuit de forensische psychiatrische hoek is er behoefte om de schematherapiebenadering aan te passen voor forensische patiënten met een persoonlijkheidsstoornis.

Bernstein, Arntz en De Vos (2007) beschreven recent een schemamodusmodel voor forensische patiënten met cluster-B-persoonlijkheidsstoornissen (antisociale, narcistische, en borderline persoonlijkheidsstoornis). Dit model omvat 'forensische modi', zoals de Boze beschermer, Pest en aanval, Bedrog en manipulatie, en de Roofdier-modus. Door Bernstein en collega's werd een multicenter gerandomiseerde gecontroleerde studie (RCT) opgezet bij patiënten met cluster-B-persoonlijkheidsstoornissen in verschillende forensische psychiatrische instellingen in Nederland. Dit onderzoek is in de uitvoeringsfase.

In het onderzoek worden 120 patiënten gerandomiseerd naar twee behandelcondities: schematherapie en gebruikelijke forensische behandeling. Patiënten krijgen drie jaar lang individuele behandeling. In de schematherapieconditie worden de patiënten tweemaal per week gezien. Het hulpverleningscontact in de gebruikelijke behandelingconditie is vastgesteld op één keer per week. De gebruikelijke behandeling in forensische instituten is multimodaal: patiënten krijgen doorgaans zowel individuele als groepstherapie, samen met educatie, rehabilitatie en andere diensten.

Primaire uitkomstmaten in deze studie zijn verandering in persoonlijkheidsstoornissen en risico op recidivisme, hetgeen zesmaandelijks gemeten wordt. Algemene psychopathologie en veranderingen in onderliggende vroege maladaptieve schema's en schemamodi zijn de secundaire uitkomstmaten. Na afronding van de behandelfase worden patiënten nog drie jaar gevolgd om actueel recidivisme (of indien van toepassing geweld binnen de instelling) vast te stellen.

Er doen (nu) zeven forensische instellingen mee. De drie jaar durende behandelstudie wordt naar verwachting beëindigd in 2011, de follow-upstudie in 2014.

Los van de bovenstaande RCT's, waarvan de resultaten nog niet bekend zijn, is er, zoals beschreven in de literatuur, nagenoeg geen onderzoek te vinden naar de effectiviteit van schematherapie bij andere persoonlijkheidsstoornissen dan borderline. Hoewel wetenschappelijk onderzoek naar het effect van schematherapie nog erg schaars is en momenteel in de uitvoeringsfase verkeert, zijn er wel aanwijzingen dat schematherapie een effectieve meerwaarde zou kunnen bieden. Uit een studie van Richardson (2005) blijken de volgende hardnekkige maladaptieve schema's aanwezig te zijn bij een groep jonge seksuele geweldplegers: Meedogenloze normen/overdreven kritisch, Zich rechten toe-eigenen, Sociaal isolement/vervreemding, Emotionele geremdheid en Gebrek aan zelfbeheersing/zelfdiscipline. Psycho-educatie en sociaalvaardigheidstraining lijken geen betekenisvolle en langdurige verandering teweeg te brengen. Schematherapie zou een oplossing kunnen bieden.

### Schematherapie in groepsvorm voor persoonlijkheidsstoornissen

Schematherapie is van oorsprong een ambulante en individuele benadering, maar werd ook reeds gemodificeerd voor groepsgerichte aanpak. In Noorwegen zijn twee RCT's gaande waarin schematherapie in een dagbehandelingsgroep wordt vergeleken met de gebruikelijke behandeling voor mensen met borderline persoonlijkheidsstoornis enerzijds en mensen met een ontwijkende persoonlijkheidsstoornis anderzijds (Fosse, 2008). In elke onderzoeksgroep zitten 48 personen. De eerste resultaten zijn veelbelovend.

In Nederland gaat binnenkort een pilotonderzoek van start naar schematherapie in een groep voor borderline persoonlijkheidsstoornis, met twee sessies per week (een groepssessie en een individuele sessie) (Dickhaut & Arntz, 2008).

Positieve elementen in een groepsbehandeling kunnen zijn: grote betrokkenheid van andere groepsleden, herkenning, over een klankbord en een actueel oefenveld beschikken (Thunnissen & Muste, 2002).

### Schematherapie bij as-I-problematiek

Schematherapie is in eerste instantie ontwikkeld voor de behandeling van mensen met persoonlijkheidsstoornissen, bij wie onderliggende schema's erg rigide, onvoorwaardelijk en uitermate disfunctioneel zijn. Door het succes bij as-II-problematiek ontstond echter ook interesse om de relevantie van deze therapievorm bij uiteenlopende as-I-problematiek te onderzoeken. Ook hier blijkt echter relatief weinig wetenschappelijk onderzoek van hoge kwaliteit te zijn uitgevoerd. Het tot op heden gepubliceerde werk wordt hieronder zo volledig mogelijk beschreven. In tabel 21.3 worden de onderzoeken samengevat, daarna worden de voor- en nadelen ervan beschreven.

### Schematherapie bij middelenafhankelijkheid en -misbruik

Een variant van schematherapie die toegepast wordt bij middelenmisbruik en comorbide persoonlijkheidsstoornissen, is de Dual Focus Schema Therapy of wel DFST (Ball, 1998). Dit behandelmodel richt de focus simultaan op het hanteren van de as-I-symptomen én op het veranderen van onaangepaste schema's en assumpties. Frequente schema's bij middelenmisbruikers zijn

| Tabel 21.3 | Evidentie voor effectiviteit van schematherapie bij as-I-problematiek. | | | |
|---|---|---|---|---|
| *auteurs* | *publicatie-jaar* | *doelgroep* | *design* | *uitkomst* |
| Ball & Young | 2000 | middelenmisbruik en minstens één persoonlijkheidsstoornis | - case study, n = 10<br>- duur therapie: 24 sessies | - reductie van middelengebruik, psychiatrische symptomen en negatief affect |
| Ball, Cobb-Richardson, Connolly, Bujosa & O'Neall | 2005 | middelenmisbruik bij daklozen met persoonlijkheidsproblematiek | - RCT, n = 52<br>- DFST vergeleken met standaard groepscounseling<br>- duur therapie: 24 sessies | - DFST dominant op bijna alle uitkomstmaten<br>- *zwaardere* persoonlijkheidsproblematiek *eerder* nut van counseling |
| Ball | in druk | middelenmisbruik met persoonlijkheidsproblematiek | - RCT, n = 30<br>- DFST vergeleken met standaard groepscounseling<br>- duur therapie: 24 sessies | - snellere reductie van middelengebruik in DFST-conditie<br>- snellere reductie van mate van dysforie in groepscounseling<br>- sterkere therapeutische relatie in DFST |
| Ball | | middelenmisbruik met persoonlijkheidsproblematiek | - RCT, n = 115<br>- DFST vergeleken met individuele groepscounseling | - in uitvoering |
| Morrison | 2000 | depressie en angsten | - single-case design<br>- duur individuele therapie: 3 jaar en 6 maanden, 73 sessies | - fluctuaties in stemming tijdens behandeling<br>- reductie van depressie, angsten en maladaptieve schema's tot klinisch normaal niveau bij einde behandeling en bij 1 jaar follow-up |
| Hoffart, Versland, Sexton | 2002 | paniekstoornis/agorafobie met comorbide cluster-C-problematiek | - n = 35<br>- duur therapie: 11 weken | - duidelijke verandering in cluster-C-trekken, interpersoonlijke problemen, bewustzijn van affect |

| *auteurs* | *publicatie-jaar* | *doelgroep* | *design* | *uitkomst* |
|---|---|---|---|---|
| Ball, Mitchell, Malhi, Skillecorn & Smith | 2003 | bipolaire stemmingsklachten | - RCT<br>- individuele schematherapie met farmacotherapie vergeleken met gebruikelijke behandeling<br>- duur therapie: 6 maanden, 20 sessies | - in uitvoering |
| De Keyser | 2004 | rouwproblematiek | - n = 1<br>- duur individuele therapie: 3 jaar, 60 sessies | - afname van scores op Rouwvragenlijst |
| Ohanian | 2002 | boulimia nervosa | - n = 1<br>- duur individuele therapie: 8 sessies CBT, 1 sessie rescripting | - vreetbuien en purgeergedrag volledig gestopt na imaginaire rescripting<br>- resultaten hielden aan tot bij follow-up |
| Jakes & Rhodes | 2003 | psychotische symptomen | - single-case design, individuele therapie, n = 5 | - significante reductie in geloof in de waan, verhoging van zelfbeeld |

n = aantal patiënten, DFST = Dual Focus Schema Therapy.

Gebrek aan zelfbeheersing/zelfdiscipline, Wantrouwen en/of misbruik, Zelfopoffering, Verlating/instabiliteit, en Emotionele geremdheid. Hoewel verslaving als primair behandeldoel wordt gezien, worden schemaconceptualisatie en het in kaart brengen van maladaptieve copingmechanismen als essentiële therapieonderdelen beschouwd om het risico op terugval te reduceren.

DFST bestaat uit twee fasen:
- vroege terugvalpreventie, schemacasusconceptualisatie en educatie;
- verandering van maladaptieve schema's en copingstijlen.

Ball en Young (2000) maakten een case-study rapport van tien patiënten met een diagnose van middelenmisbruik en ten minste één persoonlijkheidsstoornis. Zij kregen vervolgens een 24-sessies durende DSFT-behandeling, waarbij de nadruk lag op het klassieke schemawerk, maar ook een schemamodus-module toegevoegd kon worden. Analyses beschrijven positieve resultaten (zie tabel 21.3). Acht van de tien patiënten omschreven DFST als de beste en nuttigste behandelvorm die zij in hun hulpverleningsgeschiedenis gekregen hadden.

In tabel 21.3 worden ook de resultaten van twee kleinschalige RCT's naar de effectiviteit van DFST beschreven. Opvallend is dat DSFT dominant bleek in de therapeutische relatie (Ball, in druk). Dit is belangrijk in het besef dat middelenmisbruikers doorgaans gekenmerkt worden door een hoge therapie-uitval.

Toch is ook voorzichtigheid geboden: hoewel op de meeste uitkomstmaten DFST betere resultaten opleverde dan de groepscounseling, bleek dat mensen met ernstiger persoonlijkheidsstoornissen meer baat hadden bij de groepscounseling (Ball, Cobb-Richardson, Connolly, Bujosa & O'Neall, 2005).

Een RCT voor adolescenten en volwassenen met middelenmisbruik en criminele justitiële problemen bevindt zich momenteel in de eindfase. Voor deze trial werden 115 patiënten at random toegewezen aan DFST enerzijds en individuele drugscounseling anderzijds. Resultaten zijn nog niet bekend (Ball, 2007).

Kritische noot bij de resultaten van bovenstaande onderzoeken is de moeizame vergelijking tussen behandelcondities: individuele versus groepsbehandeling, verschillen in frequentie van sessies en supervisie voor behandelaren. Dit zijn enkele ongecontroleerde niet-specifieke en niet-inhoudelijke factoren die de resultaten kunnen beïnvloeden.

### Schematherapie bij stemmings- en angststoornissen

In een single-case study van Morrison (2000) worden positieve resultaten beschreven bij een patiënte die bij aanvang van therapie kampte met ernstige depressie en angsten. De behandeling bestond uit een combinatie van gestandaardiseerde cognitieve gedragstherapie en schematherapie. Tijdens de looptijd van de behandeling werden nog sterke fluctuaties in stemming waargenomen, die wellicht een gevolg waren van de schema-activaties waaraan werd gewerkt. Positieve resultaten aan het eind van de behandeling (daling van klachten tot klinisch normaal niveau) werden herhaald bij de follow-upmeting na een jaar. Het aanbieden van regelmatige boostersessies na intensieve behandeling bleek een gunstig effect te hebben op het adequaat leren, loslaten van de therapeutische relatie en het steeds meer zelf verantwoordelijkheid nemen.

Ball, Mitchell, Malhi, Skillecorn en Smith (2003) stellen een modificatie van schematherapie voor die specifiek gericht is op de behandeling van mensen met bipolaire stemmingsstoornissen. Dankzij de focus op vroegkinderlijke ervaringen, persoonlijkheid en temperament biedt schematherapie een meerwaarde aan het traditionele behandelmodel voor bipolaire stemmingsstoornissen, dat gebaseerd is op de rol van genetische en biologische risicofactoren in combinatie met stressvolle life-events. In de gemodificeerde schematherapievorm worden drie fasen beschreven:

- ziektefase, waarin het accent ligt op het reduceren van prominente symptomen en de ervaring van de diagnose door de patiënt;
- schemafase, waar de kernschema's van de patiënt opgespoord worden. Veel voorkomende schema's bij bipolaire stemmingsproblematiek zijn Minderwaardigheid/schaamte, Mislukking, Onderwerping. Nadat de patiënt door emotionele empathie en validering van de schema's heeft geleerd dat zijn gedrag en emoties begrijpelijk zijn, wordt verder onderzocht of de huidige schema's wel adaptief zijn;
- ziekte- en schemafase, waarin wordt gewerkt aan assimilatie van de patiënt met de stemmingsstoornis-diagnose (naar het verleden gericht) en adaptatie (omgaan met het heden, en plannen voor de toekomst). Het opbouwen van een gezond zelfconcept staat centraal.

Momenteel wordt in Sydney, Australië, een gerandomiseerde gecontroleerde studie uitgevoerd waarin deze gemodificeerde schematherapie in combinatie met farmacotherapie wordt vergeleken met gebruikelijke behandeling. Resultaten zijn nog niet bekend (Ball et al., 2003).

As-I- en as-II-problematiek komen vaak samen voor. In een onderzoek van Hoffart, Versland en Sexton (2002) werden 35 patiënten onderzocht met een paniekstoornis en/of agorafobie en een comorbide cluster-C-persoonlijkheidsstoornis. Tijdens de eerste helft van de behandeling lag de focus op het cognitieve model van paniek en agorafobie. In de laatste zes weken werd schematherapie aangeboden in een combinatie van individuele en groepsgesprekken. Resultaten zijn samengevat in tabel 21.3. De effectiviteit van voormeting tot follow-up bleek gemiddeld (0.65). Door het ontbreken van een adequate controlegroep en de blootstelling aan andere therapeutische invloeden tussen de sessies door, kan echter niet zuiver gesteld worden dat de gevonden resultaten het gevolg zijn van de ondergane behandeling.

Dat de kracht van de therapeutische relatie niet alleen bij as-II-problematiek, maar ook bij as-I-klachten van belang is, blijkt ook uit deze studie. Bij de onderzoekspopulatie in een voorgaande studie werd door onafhankelijke beoordelaren de mate van intimiteit en gezamenlijk engagement gescoord. Een betere relatie tijdens de eerste sessie voorspelde een grotere reductie van de sterkte van maladaptieve overtuigingen tijdens het latere verloop (Hoffart, Sexton, Nordahl & Stiles, 2005).

### Schematherapie bij rouwproblematiek

De Keyser (2004) beschrijft een gevalsstudie met positief resultaat waarin aspecten van schematherapie in het driefasemodel van psychotrauma geïntegreerd worden bij de behandeling van een gecompliceerd rouwproces. Onaangepaste schema's met betrekking tot afscheid en losmaking worden opgespoord en veranderd in meer adequate schema's.

### Schematherapie bij eetproblematiek

De werkzaamheid van cognitieve gedragstherapie bij bepaalde eetstoornissen wordt vaak verklaard vanuit de focus op negatieve automatische gedachten of disfunctionele assumpties met betrekking tot gewicht, voeding en zelfbeeld (Waller, Kennerly & Ohanian, 2007). Er blijkt echter dat niet alleen eetgerelateerde cognities, maar ook cognities en emoties op een meer algemeen en breder niveau verschillen bij vrouwen met boulimie en een gezonde controlegroep. Een vergelijking tussen vijftig vrouwen met boulimie en vijftig vrouwen zonder eetstoornis bracht aan het licht dat de groepen onderscheiden konden worden door vier centrale maladaptieve schema's: bij vrouwen met boulimie waren deze significant meer aanwezig. Het ging om de schema's Minderwaardigheid/schaamte, Emotionele geremdheid, Mislukking, en Gebrek aan zelfbeheersing/zelfdiscipline (Waller, Ohanian, Meyer & Osman, 2000). Waller en collega's (Waller et al., 2001) postuleerden een model waarin overtuigingen en maladaptieve schema's functioneren als mediator in de relatie tussen vroegkinderlijk misbruik en het ontstaan van boulimia nervosa. Van een groep met totaal zestig vrouwen met boulimie rapporteerden 21 vrouwen met kindermisbruik in de voorgeschiedenis significant hogere maladaptieve overtuigingen en meer psychopathologie.

Deze studies pleiten ervoor om ook schematherapeutische elementen aan de behandeling toe te voegen, waardoor specifiek aandacht wordt besteed aan basale cognitieve en emotionele factoren. Er zijn enkele casusbeschrijvingen waarin het effect van een schematherapiebenadering aangetoond is (bijvoorbeeld effect van imaginaire rescripting; zie Ohanian, 2002), al moeten deze kritisch bekeken worden: de onderzoekspopulatie bestaat nagenoeg enkel uit vrouwen en de resultaten zijn gebaseerd op zelfrapportage (Waller et al., 2007). Waller en collega's adviseren bij het begin van een behandeling traditioneel cognitief-gedragsmatige technieken te gebruiken, en over te stappen naar schematherapie wanneer deze behandeling niet het gewenste resultaat oplevert. Schematherapie bij eetstoornissen is waarschijnlijk het meest effectief wanneer de stoornissen samengaan met comorbide dissociatie, persoonlijkheidsstoornissen, een (erg) laag zelfbeeld en/of eerder trauma.

### Schematherapie bij psychotische stoornissen

In een single-case study werd een psychologische behandeling voor mensen met waanideeën onderverdeeld in verschillende fasen, waaronder een schematherapiefase (Jakes & Rhodes, 2003). In deze fase werd gewerkt aan het identificeren van negatieve schema's en het ontwikkelen van positieve alternatieve schema's. Positieve resultaten zijn samengevat in tabel 21.3.

### Overige evidentie

In een studie van Nordahl, Holthe en Haugum (2005) werd bij 82 mensen in ambulante behandeling bestudeerd of het veranderen van maladaptieve schema's invloed had op symptoomreductie aan het eind van behandeling. Diagnosen binnen de populatie omvatten zowel as-I-problematiek als as-II-stoornissen. Dit onderzoek ondersteunde het schemamodel door aan te tonen dat de sterkte van vroege maladaptieve schema's gerelateerd was aan persoonlijkheidspathologie. Bovendien bleken veranderingen op alle vroege maladaptieve schema's reductie van algemeen psychologisch disfunctioneren te voorspellen.

## Valkuilen en tips

De behoefte aan goed wetenschappelijk onderzoek is groot. Er zijn enkele aandachtspunten waar onderzoekers rekening mee zouden moeten houden.

Bij het uitvoeren van wetenschappelijk onderzoek wordt de onderzoekspopulatie vaak zo specifiek mogelijk omschreven (bijvoorbeeld 'mensen met een borderline persoonlijkheidsstoornis'). Toch kan dit een valkuil zijn bij onderzoek naar persoonlijkheidsstoornissen, omdat as-II-problematiek vaak gepaard gaat met as-I-klachten. Dit kan problematisch zijn voor zowel de behandeling als de interpretatie van de onderzoeksresultaten.

Bij de keuze van onderzoeksdesign en onderzoekstechnische aspecten moet erop gelet worden dat er een adequate controlegroep is, dat met betrouwbare meetinstrumenten gewerkt wordt en gestreefd worden naar een zo groot mogelijke generaliseerbaarheid. Opmerkelijk is dat een aantal lopende RCT's schematherapie vergelijken met gebruikelijke behandeling en niet met andere geprotocolliseerde behandeling. De invloed van niet-specifieke factoren (bijvoorbeeld wekelijkse frequentie van sessies) wordt hierdoor vergroot, en dat is niet optimaal. Toch lijkt de vergelijking van schematherapie met gebruikelijke behandeling gerechtvaardigd gezien de vroege status waarin effectiviteitsonderzoek naar schematherapie zich bevindt. Vergelijking met gebruikelijke behandeling is vaak de eerste stap wanneer de effectiviteit van een experimentele behandeling wordt bestudeerd.

## Toekomst

In dit hoofdstuk worden resultaten van onderzoek naar de effectiviteit van schematherapie beschreven. Een zoektocht door de bestaande literatuur levert twee opvallende bevindingen op: een duidelijk geloof in de werkzaamheid van schematherapie, maar vooralsnog een groot tekort aan methodologisch sterke wetenschappelijke studies.

Er zijn verschillende casusbeschrijvingen gepubliceerd; daarin worden de werkzaamheid, valkuilen en methoden van schematherapie beschreven. Het grote aantal boeken dat op het ogenblik over deze behandelvorm gepubliceerd wordt, illustreert de grote behoefte aan richtlijnen en interesse.

Empirisch onderzoek met sterke designs is echter nog erg schaars. Tot op heden bieden de grootschalige gecontroleerde studie bij borderline persoonlijkheidsstoornis en de kleine RCT waarin de Dual Focus Schema Therapy onderzocht wordt, evidentie voor de werkzaamheid van schematherapie.

Veel onderzoek dat tot op heden werd uitgevoerd is gebaseerd op het oorspronkelijke schemamodel, nog niet uitgebreid met het modusmodel. Evidentie voor het werken met schemamodi komt nagenoeg uitsluitend voor bij de borderline persoonlijkheidsstoornis (Giesen-Bloo et al., 2006; Nordahl & Nysaeter, 2005). De conceptualisatie in 'modi' wordt door patiënten nochtans omschreven als een van de meest behulpzame elementen op weg naar echte verandering. Dit pleit ervoor in de toekomst het werken met schemamodi in nieuw onderzoek mee te nemen.

Ondanks de populariteit van schematherapie is het nog voorbarig de behandelvorm als evidence-based te omschrijven. Hiervoor zijn meer gerandomiseerde effectiviteitsstudies nodig waarin schematherapie wordt vergeleken met andere protocollaire behandelingen, gebruikelijke behandelingen en natuurlijk verloop van psychologische ziektebeelden. Naast de veelvuldig onderzochte borderline problematiek is het ook noodzakelijk de toepassing van schematherapie te onderzoeken bij andere doelgroepen (zowel andere persoonlijkheidsproblematiek als as-I-klachten) en in combinatie met andere behandelvormen (bijvoorbeeld medicatie). De gevonden resultaten zouden in andere landen gerepliceerd moeten worden. Het onderzoeksdomein kan uitgebreid worden naar schematherapie voor kinderen, adolescenten en ouderen.

Zoals dit hoofdstuk duidelijk maakt, is er heel wat onderzoek gaande. De combinatie van deze onderzoeksinspanningen enerzijds en het sterke geloof in schematherapie anderzijds, kunnen deze behandelwijze in de komende jaren nog verder tot bloei laten komen.

## Literatuur

Ball, S.A. (1998). Manualized treatment for substance abusers with personality disorders: dual focus schema therapy. *Addictive Behaviors, 23*, 883-891.

Ball, S.A. (2007). Cognitive Behavioral and Schema-Based Models for the Treatment of Substance Use Disorders. In: L.P. Riso, P.L. du Toit, D.J. Stein & J.E. Young (Eds.), *Cognitive schemas and core beliefs in psychological problems: A scientist-practitioner guide* (p. 111-138). Washington DC: American Psychological Association.

Ball, S.A. (in druk). Comparing individual therapies for personality disordered opioid dependent patients. *Journal of Personality Disorders.*

Ball, S.A., Cobb-Richardson, P., Connolly, A.J., Bujosa, C.T., & O'Neall, T.W. (2005). Substance Abuse and Personality Disorders in Homeless Drop-in Center Clients: Symptom Severity and Psychotherapy Retention in a Randomized Clinical Trial. *Comprehensive Psychiatry, 46*, 371-379.

Ball, J., Mitchell, P., Malhi, G., Skillecorn, A., & Smith, M. (2003). Schema-focused cognitive therapy for bipolar disorder: reducing vulnerability to relapse through attitudinal change. *Australian and New Zealand Journal of Psychiatry, 37*, 41-48.

Ball, S.A., & Young, J.E. (2000). Dual Focus Schema Therapy for Personality Disorders and Substance Dependence: Case Study Results. *Cognitive and Behavioral Practice, 7*, 270-281.

Bernstein, D., Arntz, A., & Vos, M.E. de (2007). Schemagerichte therapie in forensische settings: Theoretisch model en richtlijnen voor best clinical practice. *Tijdschrift voor Psychotherapie, 33*, 120-139.

Cecero, J.J., & Young, J.E. (2001). Case of Silvia: A Schema-Focused Approach. *Journal of Psychotherapy Integration, 11*, 217-229.

Dickhaut, V. & Arntz, A. (2008). Persoonlijke correspondentie.

Fosse, G. (2008). Persoonlijke correspondentie.

Giesen-Bloo, J., Dyck, R. van, Spinhoven, Ph., Tilburg, W. van, Dirksen, C., Asselt, T. van, Kremers, I., Nadort, M., & Arntz, A. (2006). Outpatient Psychotherapy for Borderline Personality Disorder: Randomized Trial of Schema-Focused Therapy vs Transference-Focused Psychotherapy. *Archives of General Psychiatry, 63*, 649-658.

Giesen-Bloo, J., Dyck, R. van, Spinhoven, Ph., Tilburg, W. van, Dirksen, C., Asselt, T. van, Kremers, I., Nadort, M., & Arntz, A. (aangeboden voor publicatie). One-Year Follow-up of Schema focused therapy and Transference focused psychotherapy for BPD, and the influence of drop-out status, treatment status and medication.

Hoffart, A., Sexton, H., Nordahl, H.M., & Stiles, T.C. (2005). Connection between patient and therapist and therapist's competence in schema-focused therapy of personality problems. *Psychotherapy Research, 15*, 409-419.

Hoffart, A., Versland, S., & Sexton, H. (2002). Self-Understanding, Empathy, Guided Discovery, and Schema Belief in Schema-Focused Cognitive Therapy of Personality Problems: A Process-Outcome Study. *Cognitive Therapy and Research, 26*, 199-219.

Jakes, S.C., & Rhodes, J.E. (2003). The Effect of Different Components of Psychological Therapy on People with Delusions: Five Experimental Single Cases. *Clinical Psychology and Psychotherapy, 10*, 302-315.

Keijser, J. de (2004). Gecompliceerde rouw: Diagnostiek en behandeling. *Tijdschrift voor Psychotherapie, 30*, 100-116.

Kellogg, S.H., & Young, J.E. (2006). Schema Therapy for Borderline Personality Disorder. *Journal of Clinical Psychology, 62*, 445-458.

Morrison, N. (2000). Schema-Focused Cognitive Therapy for complex long-standing problems: a single case study. *Behavioural and Cognitive Psychotherapy, 28*, 269-283.

Nadort, M., Dyck, R. van, Smit, J.H., Arntz, A., Spinhoven, Ph., Wensing, M., Giesen-Bloo, J., & Asselt, T. van (2006). *Implementation of out-patient schema-focused therapy for borderline personality disorder in general psychiatry.* Subsidieaanvraag voor het programma Doelmatigheid/deelprogramma Implementatie van ZonMw, aanvraagnummer 945-16-313, 2006.

Nadort, M., Dyck, R. van, Smit, J.H., Arntz, A., Spinhoven, Ph., Wensing, M., Giesen-Bloo, J., & Asselt, T. van (ongoing study). Implementation of out-patient schema-focused therapy for borderline personality disorder in general psychiatry.

Nordahl, H.M., Holthe, H., & Haugum, J.A. (2005). Early Maladaptive Schemas in Patients with or without Personality Disorders: Does Schema Modification Predict Symptomatic Relief? *Clinical Psychology and Psychotherapy, 12*, 142-149.

Nordahl, H.M., & Nysaeter, T.E. (2005). Schema Therapy for patients with borderline personality disorder: a single case series. *Journal of Behavior Therapy and Experimental Psychiatry, 36*, 254-264.

Ohanian, V. (2002). Imagery Rescripting Within Cognitive Behavior Therapy for Bulimia Nervosa: An Illustrative Case Report. *International Journal of Eating Disorders, 31* 352-357.

Richardson, G. (2005). Early Maladaptive Schema's in a Sample of British Adolescent Sexual Abusers: Implications for Therapy. *Journal of Sexual Aggression, 11*, 259-276.

Thunnissen, M.M., & Muste, E.H. (2002). Schematherapie in de klinisch-psychotherapeutische behandeling van persoonlijkheidsstoornissen. *Tijdschrift voor Psychotherapie, 28*, 385-401.

Waller, G., Kennerly, H., & Ohanian, V. (2007). Schema-Focused Cognitive Behavioral Therapy for Eating Disorders. In: L.P. Riso, P.L. du Toit, D.J. Stein & J. E. Young (Eds.), *Cognitive schemas and core beliefs in psychological problems: A scientist-practitioner guide* (p. 139-175). Washington DC: American Psychological Association.

Waller, G., Meyer, C., Ohanian, V., Elliott, P., Dickson, C., & Sellings, J. (2001). The Psychopathology of Bulimic Women who Report Childhood Sexual Abuse: The Mediating Role of Core Beliefs. *The Journal of Nervous and Mental Disease, 189*, 700-708.

Waller, G., Ohanian, V., Meyer, C., & Osman, S. (2000). Cognitive Content Among Bulimic Women: The Role of Core Beliefs. *International Journal of Eating Disorders, 28*, 235-241.

Weertman, A., & Arntz, A. (2007). Effectiveness of treatment of childhood memories in cognitive therapy for personality disorders: A controlled study contrasting methods focusing on the present and methods focusing on childhood memories. *Behaviour Research and Therapy, 45*, 2133-2143.

Young, J.E. (2005). Schema-Focused Cognitive Therapy and the Case of Ms. S. *Journal of Psychotherapy Integration, 15*, 115-126.

# 22 Experimentele studies naar schemamodi

J. Lobbestael

De meeste onderzoeken in het kader van schematherapie (ST) richten zich op de behandeleffectiviteit van deze therapievorm, al dan niet in vergelijking met andere therapieën of 'treatment as usual'. Tot nu toe zijn er opvallend weinig studies gedaan naar de theoretische onderbouwing van de centrale constructen van schema's en schemamodi uit de ST. Fundamenteel theoretisch onderzoek naar ST is van groot belang; de theoretische aannames uit de therapie kunnen kritisch tegen het licht worden gehouden en de theoretische conceptualisatie van psychische stoornissen kan uitgebreid en verfijnd worden. In dit hoofdstuk wordt een overzicht gegeven van de experimentele studies naar schemamodi. Allereerst wordt een aantal onderzoeken op een rij gezet waarin gekeken is of de modi die verondersteld worden een centrale plaats in te nemen bij bepaalde persoonlijkheidsstoornissen, inderdaad sterker in deze groepen aanwezig zijn dan in andere groepen. Daarna worden verschillende onderzoeken beschreven waarin alternatieve methoden zijn gebruikt om schemamodi van patiënten in kaart te brengen en gekeken is naar de invloed van emotie-inductie op de aanwezigheid van de schemamodi. Aangezien experimenteel onderzoek naar schemamodi nog in de kinderschoenen staat, worden in dit hoofdstuk aanbevelingen gedaan voor toekomstig onderzoek op dit gebied.

## Praktijk

Voor de praktijk is het van belang dat therapeuten over een behoorlijke theoretische kennis beschikken over de modi die centraal staan bij specifieke as-II-pathologie, over de manier waarop de modi waargenomen kunnen worden en onder welke omstandigheden een wisseling tussen modi verwacht kan worden. Therapeuten halen deze informatie grotendeels uit ST-handboeken en uit hun expertise en supervisie. Experimenteel onderzoek naar de schemamodi kan een belangrijke bijdrage leveren aan deze kennis; niet alleen omdat de veronderstelde relaties tussen modi en persoonlijkheidsstoornissen getoetst kunnen worden, maar ook omdat de modusconceptualisatie voor verschillende persoonlijkheidsstoornissen nog niet geheel duidelijk is op basis van de theorie. Op deze manier kan onderzoek bijdragen aan het ontwikkelen van het theoretische kader. Vergroting van kennis op dit gebied verhoogt de kritische houding van therapeuten en verlaagt de kans dat de aanwezigheid van bepaalde modi over het hoofd wordt gezien.

## Aanpak

### Zelfrapportage van schemamodi in persoonlijkheidsstoornissen

Tot nu toe zijn er drie onderzoeken (Arntz, Klokman & Sieswerda, 2005; Lobbestael, Arntz & Sieswerda, 2005; Lobbestael, Van Vreeswijk & Arntz, aangeboden) beschikbaar waarin gekeken is naar de aanwezigheid van schemamodi bij patiëntengroepen met verschillende persoonlijkheidsstoornissen. Aangezien het modusmodel oorspronkelijk ontwikkeld werd voor het verklaren van de borderline problematiek, hebben twee van deze studies (Arntz et al., 2005 en Lobbestael et al., 2005) zich vooral op deze populatie toegespitst. Voor de twee onderzoeken werden dezelfde onderzoeksmethoden gehanteerd. Door middel van gestructureerde diagnostiek (SCID-II-interviews) werd een onderzoeksgroep van borderline patiënten verzameld in verschillende instellingen, zowel voor ambulante als klinische behandeling. Er werd aan deze patiënten gevraagd een schemamodus-vragenlijst in te vullen. Deze lijst werd ook voorgelegd aan pathologische controlegroepen, bijvoorbeeld aan patiënten met een cluster-C-persoonlijkheidsstoornis of een antisociale persoonlijkheidsstoornis, om te bepalen of deze modi inderdaad specifiek waren voor de borderline persoonlijkheidsstoornis en niet voor persoonlijkheidsstoornissen in het algemeen. Ten slotte werd de modusvragenlijst ook door een groep van gezonde deelnemers zonder as-I- of -II-pathologie ingevuld. Omdat de modusconceptualisatie van de verschillende persoonlijkheidsstoornissen nog in ontwikkeling is, werd er telkens een iets andere versie van deze modusvragenlijsten gebruikt. Er werden namelijk telkens items toegevoegd van die modi waarvan het ST-model veronderstelde dat deze specifiek waren voor bepaalde persoonlijkheidsstoornissen.

De studie van Arntz en collega's (2005) vergeleek de aanwezigheid van schemamodi in 18 borderline patiënten, 18 cluster-C-patiënten (met een ontwijkende, afhankelijke en/of obsessieve-compulsieve persoonlijkheidsstoornis) en 18 gezonde controlepersonen. In deze studie werd de aanwezigheid van zeven schemamodi gemeten: de Onthechte beschermer, de Straffende ouder, het Woedende kind, het Verlaten en misbruikte kind, de Willoze inschikkelijke, de Overcompenseerder en de Gezonde volwassene. De items die deze modi weerspiegelden werden geclusterd in drie delen: emoties, gedachten en gedragingen. Alle items moesten worden gescoord op een visuele analoge schaal (VAS) van 100 mm. In overeenstemming met Youngs voorspelling bleek uit deze studie dat de borderline patiënten significant hogere scores behaalden dan de twee controlegroepen op de modi van de Onthechte beschermer, de Straffende ouder, het Woedende kind en het Verlaten en misbruikte kind. Deze studie vond ook dat de aanwezigheid van de Gezonde volwassene-modus in belangrijke mate lager was bij de borderline patiënten vergeleken met de andere groepen, hetgeen de ernst van de borderline pathologie onderstreept. Hiermee leverde dit onderzoek het eerste bewijs voor de accuraatheid van het modusmodel bij borderline patiënten.

Een tweede studie van Lobbestael en collega's (2005) vergeleek de aanwezigheid van schemamodi tussen drie groepen: een borderline groep, een antisociale groep en een gezonde controlegroep, met telkens 16 deelnemers per groep. De modusvragenlijst van deze studie meet de aanwezigheid van 6 schemamodi. In vergelijking met de studie van Arntz en collega's (2005) werden er in deze moduslijst 2 modi niet gemeten omdat deze niet centraal werden geacht voor de onderzoeksgroepen van deze studie (de Willoze inschikkelijke en de Overcompenseerder), en werd de Pest en aanval-modus toegevoegd omdat deze verondersteld werd belangrijk te zijn voor de antisociale groep. In overeenstemming met de studie van Arntz en collega's (2005) bleek ook uit deze studie dat de modi van de Onthechte beschermer, de Straffende ouder, het Woedende kind en het Verlaten en misbruikte kind specifiek waren voor borderline patiënten. Deze vier modi waren ook significant sterker aanwezig bij de antisociale groep dan bij de gezonde controlegroep, maar minder sterk dan bij de borderline patiënten. Hoewel de antisocialen het hoogste scoorden op Pest en aanval-modus, was deze score niet significant hoger dan die van de borderline groep. Daarom kan er niet gesteld worden dat deze Pest en aanval modus specifiek is voor de antisociale groep. Een opvallende bevinding uit de studie van Lobbestael en collega's (2005) was dat de antisociale groep een zeer sterke aanwezigheid van de Gezonde volwassene-modus aangaven, en hier in vergelijkbare mate op scoorden als de gezonde controlegroep. Samengevat toonde deze studie dus aan dat antisocialen in vergelijking met de andere groepen op geen van de maladaptieve modi bepaald hoog scoorden, maar zij gaven wel aan een sterk ontwikkelde Gezonde volwassene-modus te hebben. Deze bevinding is opvallend omdat ze in tegenspraak lijkt met de hoge mate aan pathologie die deze patiënten vertonen. De kans is daarom groot dat deze patiënten de vragenlijst niet juist hebben ingevuld. Dit kan twee oorzaken hebben: de antisociale patiënten hebben een gebrek aan zelfinzicht, of zij ontkennen met opzet de aanwezigheid van de pathologische modi.

Een derde studie naar de relatie tussen schemamodi en persoonlijkheidsstoornissen van Lobbestael en collega's (aangeboden) heeft zich niet specifiek op borderline problematiek gericht, maar op het gehele spectrum van persoonlijkheidsstoornissen. In een sample van 489 deelnemers waarvan 390 patiënten met diverse as-I- en -II-problematiek en 99 gezonde controlepersonen, werden de SCID-interviews afgenomen, evenals de Schema Mode Inventory (SMI; zie ook hoofdstuk 25). Door middel van padanalyses werden de correlaties tussen tien persoonlijkheidsstoornissen en de veertien schemamodi bepaald. Het voordeel van deze techniek is dat je in het bepalen van de sterkte van deze correlaties kunt controleren voor de aanwezigheid van andere persoonlijkheidsstoornissen. Op deze manier geven de gewichten van deze correlaties relatief zuivere associaties tussen persoonlijkheidsstoornissen en modi weer. De resultaten lieten zien dat de modi die een significante correlatie vertoonden met de as-II-stoornissen sterke verschillen vertoonden tussen de persoonlijkheidsstoornissen onderling. Bepaalde persoonlijkheidsstoornissen, zoals de schizotypische en de schizoïde, vertoonden slechts een sterke correlatie met een schemamodus, terwijl andere as-II-stoornissen zoals borderline en ontwijkende persoonlijkheidsstoornis sterke correlaties lieten zien met een groot aantal modi (respectievelijk elf en zeven). Desondanks vertoonde iedere persoonlijkheidsstoornis een uniek patroon van modusconceptualisatie. Alle gevonden sterke correlaties tussen schemamodi en persoonlijkheidsstoornissen waren of voorspeld door de schematheorie, of logisch te beredeneren. Zo vond bijvoorbeeld ook deze studie weer bewijs voor de aanwezigheid van de modi van de Onthechte beschermer, de Straffende ouder, het Woedende kind en het Kwetsbare kind bij de borderline patiënten, en voor een negatieve correlatie met de Gezonde volwassene-modus. Dit toont dus aan dat deze modi niet alleen in vergelijking met de cluster-C- en antisociale persoonlijkheidsstoornissen sterker aanwezig zijn in borderline patiënten, maar zelfs wanneer gecontroleerd wordt voor de aanwezigheid van alle tien persoonlijkheidsstoornissen. Daarnaast toonde deze studie aan dat er nog een aantal andere modi kenmerkend was voor borderline, zoals het Razende kind en de Onthechte zelfsusser. De samenhang van deze extra modi met de borderline persoonlijkheidsstoornis valt goed te verklaren op grond van de problematiek van deze patiënten; zo kan de aanwezigheid van het Razende kind verklaard worden door de extreme en ongecontroleerde agressie die borderline patiënten soms vertonen en de Onthechte zelfsusser door het frequente middelengebruik van borderline patiënten. Desondanks maken de vele verschillende modi die voor de borderline persoonlijkheidsstoornis gevonden werden dat het modusmodel voor deze patiënten minder specifiek is dan oorspronkelijk verwacht.

### Vergelijking tussen zelfrapportage van schemamodi en rapportage door anderen

Doordat in eerdere studies een sterke samenhang werd getoond tussen de antisociale persoonlijkheidsstoornis en de Gezonde volwassene-modus, rees er twijfel over de waarde en betrouwbaarheid van zelfrapportage-instrumenten bij antisociale patiënten. Liegen en een ontkennende responsstijl zijn immers centrale kenmerken van deze populatie. Daarom is het van belang deze zelfrapportage te vergelijken met rapportage door andere personen. In een recente studie door Lobbestael, Arntz, Lobbes en Cima (aangeboden) werd de zelfrapportage van schemamodi door de patiënten vergeleken met de schemamodirapportage door de therapeuten van deze patiënten. In dit onderzoek werden 96 patiënten betrokken, van wie 19 antisociale, 49 borderline en 28 cluster-C-patiënten. Zowel de patiënten zelf als hun therapeuten vulden de Schema Mode Inventory (SMI) in. In de studie werd op zoek gegaan naar mogelijke verschillen of discrepanties tussen patiënt- en therapeutrapportage van schemamodi. De resultaten van deze studie toonden aan dat wanneer er zulke discrepanties waren, deze altijd aantoonden dat patiënten een lagere aanwezigheid van hun maladaptieve modi aangaven dan hun therapeuten. Bij de cluster-C- en borderline patiënten was deze discrepantie significant voor drie van de veertien modi. Bij de antisociale groep daarentegen waren elf van de veertien modirapportagediscrepanties significant. Deze resultaten tonen duidelijk aan dat de antisocialen de aanwezigheid van hun maladaptieve modi veel vaker onderrapporteren dan de andere as-II-groepen. De implicatie van deze bevinding voor de praktijk is dat lage scores op maladaptieve modi en hoge scores op gezonde modi bij antisociale patiënten, behandelaren zouden moeten alarmeren. De kans is dan groot dat het geen adequate weergave is van de werkelijke aanwezigheid van ongezonde modi en dat de antisociale patiënten de aanwezigheid van deze modi ontkennen, of een gebrek aan inzicht in deze modi hebben. Het is daarom beslist af te raden zonder meer op de zelfrapportage van antisociale patiënten af te gaan; informatie uit alternatieve bronnen is noodzakelijk.

## De invloed van emotie-inductie op schemamodi

Bij patiënten met ernstige persoonlijkheidsstoornissen wordt verondersteld dat zij snel van modus kunnen switchen in reactie op veranderingen in de omgeving (Young, Klosko & Weishaar, 2003). Daarom dient de impact van stemmingsinducties op de aanwezigheid van modi onderzocht te worden. De resultaten uit de volgende onderzoeken geven meer inzicht in het tijdelijke karakter en de veranderbaarheid van modi. Het eerste onderzoek in deze context was dat van Arntz en collega's uit 2005. Zij lieten aan hun deelnemers een fragment zien uit de film *No child of mine*, waarin een tienjarig kind fysiek, emotioneel en seksueel misbruikt wordt. Zowel voor als na dit filmfragment vulden de deelnemers een toestandsversie van de modusvragenlijst in. Resultaten toonden aan dat alle deelnemers een verhoging lieten zien van de modi van het Verlaten en misbruikte kind, de Straffende ouder en de Onthechte beschermer. Dit betekent dat de confrontatie met aan misbruik gerelateerde stimuli bij de deelnemers een brede range van negatieve modi opriep; niet enkel de Verlaten en misbruikte kind-modus die verondersteld wordt rechtstreeks in verband te staan met het misbruikverleden van een persoon, maar ook zelfstraffende modi en copingstrategieen in de vorm van vermijding. Wanneer werd gekeken naar de groepsverschillen, bleek dat de borderline groep een significant sterkere verhoging liet zien van de Onthechte beschermer-modus in vergelijking met de cluster-C- en gezonde controlegroep. Deze resultaten reflecteren dat borderline patiënten onder invloed van extreme stress naar de modus van de Onthechte beschermer switchen.

In een studie van Lobbestael, Arntz, Cima en Chakhssi (aangeboden) werd de invloed van een woede-inductie op zelfgerapporteerde emotie en schemamodi bepaald. Deelnemers aan dit onderzoek werden boos gemaakt door middel van een stress-inductie-interview (Dimsdale, Stern & Dillon, 1988; zie ook Lobbestael, Arntz & Wiers, in druk) waarin gevraagd werd of ze over een situatie in het verleden wilden vertellen waarin ze bijzonder boos waren geweest. Door middel van specificatie en empathische confrontatie van de proefleider werd deze situatie dan als het ware 'herbeleefd' door de deelnemers. Zowel voor als na dit woede-inductie-interview vulden de deelnemers een zelfrapportagevragenlijst in met betrekking tot hun huidige emoties en hun schemamodi. In dit onderzoek waren 155 deelnemers betrokken, waarvan een antisociale, een borderline, een cluster-C- en een gezonde controlegroep. Alle groepen gaven een significante verhoging aan in zelfgerapporteerde woede, en in de woedegerelateerde modi van het Woedende kind, het Razende kind en Pest en aanval. De borderline groep gaf een significant sterkere stijging aan van de modus van het Woedende kind dan de andere groepen. Hoewel ook andere schemamodi omhoog gingen onder invloed van de woede-inductie, was de stijging in deze niet-woedegerelateerde modi significant minder sterk dan de stijging in de woedegerelateerde modi. De resultaten tonen aan dat mensen onder invloed van woede-inductie een switch vertonen naar woedegerelateerde schemamodi.

*Voorbeeld van een afname van een woede-inductie-interview*

| | |
|---|---|
| O | Kun je me vertellen over een situatie in het verleden waarin je je erg boos voelde? |
| Pt | Nou, gisteren nog; toen gaf mijn baas mij kritiek waar andere mensen bijstonden. |
| O | Waar ging die kritiek precies over? |
| Pt | Er stond een foutje in een rapport dat ik had gemaakt. |
| O | Hoe verwoordde jouw baas deze kritiek? |
| Pt | Hij zei: 'Er klopt helemaal niets van dit verslag.' |
| O | Wat maakte daaraan nu precies dat je zo boos werd? |
| Pt | Nou, er stond maar één klein foutje in het verslag, verder was het perfect in orde! |
| O | Wat dacht je over je baas op dat moment? |
| Pt | Dat hij een klootzak is! En waarom moest hij me dat vertellen terwijl mijn collega's erbij waren? |
| O | Stel je voor dat je toen had kunnen zeggen wat je dacht, wat had je dan tegen je baas gezegd? |

## Valkuilen en tips

Het hier beschreven onderzoek toont aan dat bij antisociale patiënten niet zonder meer te vertrouwen is op de zelfrapportage van schemamodi. Therapeuten dienen alternatieve bronnen te raadplegen om een nauwkeuriger beeld te krijgen van de aanwezigheid van maladaptieve modi bij deze patiënten.

De studies laten zien dat bepaalde maladaptieve modi slechts onder extreme omstandigheden naar voren zullen treden, bijvoorbeeld wanneer er een bepaalde emotie worden getriggerd. Therapeuten moeten zich hiervan bewust zijn en er rekening mee houden dat patiënten zich in neutrale situaties mogelijk niet bewust zijn van deze maladaptieve modi.

Het woede-inductie-interview is gemakkelijk toe te passen in de praktijk. Het is wel vaak zo dat situaties die bij een patiënt woede veroorzaakten, ook andere emoties opwekten. Als iemand bijvoorbeeld aangeeft dat hij erg boos was omdat hij kritiek van iemand kreeg, kan de kritiek ook gevoelens van verdriet of angst opwekken. Het is bij een woede-inductie-interview dan ook erg belangrijk om ervoor te zorgen dat de patiënt bij zijn woedegevoel blijft. Daarom moet je als interviewer enkel ingaan op de specifieke woedegevoelens en de patiënt bijsturen als er andere emoties op de voorgrond komen te staan. Voor experimenteel onderzoekers is uniformiteit van het woede-inductie-interview van belang. De vragen die de deelnemers voor zich krijgen behoren grotendeels gelijk te zijn, het interview moet telkens even lang duren en het interview in een onderzoek behoort zo veel mogelijk door dezelfde persoon te worden afgenomen.

## Toekomst

Het experimentele onderzoek naar schemamodi staat nog in de kinderschoenen. Hoewel de hier beschreven onderzoeken al een duidelijk beeld geven welke modi centraal staan in bepaalde persoonlijkheidsstoornissen zoals de borderline persoonlijkheidsstoornis, kan het modusmodel nog verfijnd en gespecificeerd worden. Bernstein, Arntz en De Vos (2007) veronderstellen bijvoorbeeld de aanwezigheid van een Roofdier-modus en een Bedrog en manipulatie-modus bij psychopaten. In het lopende onderzoek van Bamelis, Arntz en collega's (2006-2010) wordt gesuggereerd dat er bij paranoïde patiënten sprake is van een Achterdochtige overcontroleerder. Deze modi zouden geoperationaliseerd moeten worden in modusvragenlijsten en er zou onderzocht moeten worden of deze modi inderdaad aanwezig zijn bij deze populaties. Verder zou de invloed van andere emotie-inducties op modusrepresentatie onderzocht moeten worden. Daarnaast is het van belang om het switchen van modus ook te valideren door middel van impliciete maten zoals fysiologische reacties of impliciete cognitieve associaties, of door middel van gedragsveranderingen. Aangezien het concept 'mode switching' een simultane verandering van emoties, cognities en gedragingen veronderstelt, zou het nuttig zijn te testen of deze drie niveaus inderdaad altijd tegelijk veranderen. Wellicht kunnen de experimentele technieken in relatie tot modi op termijn ook gebruikt worden als effectmaat. Zo zou er gekeken kunnen worden of effectief behandelde patiënten inderdaad minder extreem switchen van modus dan onbehandelde patiënten, en zou getoetst kunnen worden of een vermindering van persoonlijkheidspathologie ook effect heeft op impliciet gemeten schemamodi of bijbehorende fysiologische en gedragsveranderingen.

## Literatuur

Arntz, A., Klokman, J., & Sieswerda, S. (2005). An experimental test of the schema mode model of borderline personality disorder. *Journal of Behaviour Therapy and Experimental Psychology, 36*, 229-239.

Bamelis, L., Arntz, A., Bernstein, D., Widdershoven, G., Spinhoven, Ph., Evers, S., Severens, H., Speckens, A., Roefs, A., & Abma, T. (2006-2010). *Psychological treatment of personality disorders: A multicentered randomized controlled trial on the (cost-)effectiveness of Schema-Focused Therapy.* Promotietraject Universiteit Maastricht.

Bernstein, D.P., Arntz, A., & Vos, M.E. de (2007). Schemagerichte therapie in de forensische setting. Theoretisch model en voorstellen voor best clinical practice. *Tijdschrift voor Psychotherapie, 33*, 120-139.

Dimsdale, J.E., Stern, M.E., & Dillon, E. (1988). The stress interview as a tool for examining physiological reactivity. *Psychosomatic Medicine, 50*, 64-71.

Lobbestael, J., Arntz, A., Cima, M., & Chakhssi, Fr. (aangeboden voor publicatie). Direct and indirect assessment of anger in antisocial patients: Evidence of a discrepancy within implicit assessment of ange.

Lobbestael, J., Arntz, A., Lobbes, A., & Cima, M. (aangeboden voor publicatie). Antisocial patients underreport the presence of their maladaptive schema modes as compared to their therapists.

Lobbestael, J., Arntz, A., & Sieswerda, S. (2005). Schema modes and childhood abuse in borderline and antisocial patients. *Journal of Behaviour Therapy and Experimental Psychology, 36*, 240-253.

Lobbestael, J., Arntz, A., & Wiers, R.W. (in druk). How to push someone's buttons: A comparison of four anger induction methods. *Cognition and Emotion.*

Lobbestael, J., Vreeswijk, M.F. van, & Arntz, A. (aangeboden voor publicatie). An empirical test of mode conceptualisations in personality disorders.

Lobbestael, J., Vreeswijk, M.F. van, Arntz, A., & Spinhoven, Ph. (aangeboden voor publicatie). Reliability and validity of the Schema Mode Inventory-revised (SMI).

Young, J.E., Klosko, J., & Weishaar, M.E. (2003). *Schema therapy: A practitioner's guide.* New York: The Guilford Press.

# 23 Experimentele studies naar schema's

S.H. Sieswerda

Na een schematherapie (ST) voor borderline persoonlijkheidsstoornis volgens Young (Young, Klosko & Weishaar, 2003) blijken de klachten van ongeveer de helft van de patiënten niet meer aan de criteria van een persoonlijkheidsstoornis te voldoen (Giesen-Bloo et al., 2006). ST volgens Beck inclusief behandeling van traumatische jeugdervaringen bij andere persoonlijkheidsstoornissen laat eveneens grote effecten zien (Weertman & Arntz, 2007). Bedenkend dat persoonlijkheidsstoornissen lang als nauwelijks of zeer moeilijk behandelbaar bekend stonden, stellen onderzoekers van deze studies dan ook terecht dat dit heel positieve bevindingen zijn. Omgekeerd betekenen deze effecten dat vele patiënten na afloop van een langdurige en intensieve behandeling nog steeds aan een persoonlijkheidsstoornis lijden. Hoewel het mogelijk is dat een deel van de persoonlijkheidsproblematiek niet beïnvloedbaar is, is het waarschijnlijk dat de behandeling van deze problematiek nog verder verbeterd kan worden.

Één manier waarop therapieën verder kunnen worden ontwikkeld is wetenschappelijk onderzoek naar het ziektemodel achter de therapie. Hoewel een therapie op basis van een onjuist, maar geloofwaardig ziektemodel ook werkzaam kan zijn, is te verwachten dat een therapie op basis van een juist model effectiever en efficiënter is, als de blootgelegde oorzaken althans te behandelen zijn.

Dit hoofdstuk geeft een overzicht van experimentele studies naar schema's en andere factoren die in de theoretische modellen van de schematherapie een oorzakelijke rol spelen, naar verondersteld wordt. Onderzoek naar de schema*modi* uit het model van Young en collega's (2003) zijn in het vorige hoofdstuk (22) beschreven. Hieronder volgt eerst een aantal thema's en vragen die in de theorie en praktijk van ST naar voren komen. Daarna volgt een beschrijving van de experimentele studies waarin deze zijn onderzocht. Met een aantal belangrijke valkuilen bij de uitvoer van dit type onderzoek en aanbevelingen voor de toekomst eindigt het hoofdstuk.

## Praktijk

Experimentele studies van schemamodellen volgens Beck (Beck, Freeman & Davis, 2004) en het schemamodel van Young voor persoonlijkheidsproblematiek (Young et al., 2003), hebben zich tot nu toe vooral gericht op drie thema's: schema's, hypervigilantie en dichotoom en/of kinderlijk denken.

### Schema's

Schemamodellen veronderstellen dat mensen met persoonlijkheidsproblemen gekenmerkt worden door disfunctionele schema's betreffende het zelf en de (sociale) wereld, en dat behandelingen voor persoonlijkheidsproblemen zich het beste op deze schema's kunnen richten. Beck en collega's (2004) menen dat elke persoonlijkheidsstoornis een specifiek cognitief profiel heeft, onder meer bestaande uit specifieke basisschema's. De ontwijkende persoonlijkheidsstoornis zou bijvoorbeeld gekarakteriseerd worden door de basisschema's: 'ik ben incompetent en kwetsbaar' en 'anderen zullen mij bekritiseren'. De hier volgende beschrijving van een patiënt met ontwijkende persoonlijkheidsstoornis past goed bij deze basisschema's. De beschrijving past ook bij een aantal schema's uit Youngs schemamodel voor persoonlijkheidsproblematiek, zoals het schema Wantrouwen en/of misbruik, Emotionele verwaarlozing, Minderwaardigheid/schaamte en Onderwerping. Dit model veronderstelt echter geen persoonlijkheidsstoornisspecifieke schemasets, al worden voor enkele ernstigere persoonlijkheidsstoornissen wel specifieke schema*modi* beschreven (zie hoofdstuk 3 van dit boek).

Een 36-jarige programmeur met een ontwijkende persoonlijkheidsstoornis was een ongewenst kind en werd van jongs af aan door zijn ouders vernederd. Als volwassene heeft hij zo'n afkeer van zichzelf ontwikkeld, dat hij geen spiegels in huis heeft en steeds weer nieuwe schoonheidsoperaties laat uitvoeren. Een partnerrelatie had hij nooit en vriendschappen draaiden altijd op vernederingen uit, waarbij hij het gevoel had volledig aan de ander overgeleverd te zijn. Sinds zijn studietijd leeft hij daarom meer en meer teruggetrokken. Een enquête over zijn vermeende 'loser'-uitstraling in het kader van een cognitieve therapie wijst op veel positievere oordelen dan verwacht, maar zijn zelfbeeld blijft erg negatief.

Onderzoek kan uitwijzen of de schemamodellen werkelijk kloppen of dat therapieën zich beter op andere aspecten dan schema's kunnen richten.

### Hypervigilantie

Het schemamodel volgens Beck (Beck et al., 2004) veronderstelt naast disfunctionele schema's nog enkele andere pathologische cognitieve kenmerken van persoonlijkheidsstoornissen. Een van die kenmerken bij patiënten met borderline persoonlijkheidsstoornis is hypervigilantie, ofwel verhoogde waakzaamheid (Pretzer, 1990). Patiënten met borderline persoonlijkheidsstoornis zouden vrijwel constant op hun hoede zijn voor signalen van gevaar. Deze hypervigilantie zou voortvloeien uit de spanning tussen een machteloos en kwetsbaar zelfschema enerzijds, en een kwaadwillig wereldschema anderzijds. In tegenstelling tot bijvoorbeeld patiënten met een afhankelijke of paranoïde persoonlijkheidsstoornis kunnen deze patiënten noch anderen, noch zichzelf vertrouwen. Traumatische jeugdervaringen, die bij de borderline persoonlijkheidsstoornis relatief vaak worden gerapporteerd (Sabo, 1997), worden geacht veelal de oorsprong van deze schema's te vormen. De volgende beschrijving (uit Kroll, 1988) laat zien hoe de combinatie van een machteloos zelfschema en een kwaadwillig wereldschema, resulterend in een hypervigilantietoestand, er in de praktijk uit kan zien.

Een 22-jarige studente met een borderline persoonlijkheidsstoornis is na enkele zelfmoordpogingen in een ziekenhuis opgenomen. Het valt de verpleegkundigen op dat zij elke avond onrustiger wordt en zij maken zich zorgen dat zij zich weer in haar polsen gaat snijden. Na hierover in eerste instantie een gesprek te hebben geweigerd, vertelt ze daarna te hebben geweigerd omdat ze een 'kreng' zou zijn. Ze zegt het gevoel te hebben een slecht iemand te zijn, of bedreigd en overweldigd te worden door een kwade kracht in zichzelf, waardoor iedereen die iets met haar te maken heeft kwaad gedaan wordt. Ze denkt dat dit komt omdat ze iets verschrikkelijks heeft gedaan, maar ze kan zich niet herinneren wat dit kan zijn. Ze wordt 's avonds steeds angstiger omdat ze bang is dat iedereen dan weggaat en zij en anderen overgeleverd zullen zijn aan dit 'kwaad'.

Hypervigilantie bij borderline persoonlijkheidsstoornis wordt in schematherapie behandeld met angsttechnieken, waaronder traumaverwerking. Onderzoek kan aan het licht brengen of hypervigilantie deze patiënten daadwerkelijk kenmerkt en deze technieken nodig zijn.

### Dichotoom en kinderlijk denken

Een ander specifiek cognitief kenmerk van de borderline persoonlijkheidsstoornis in schemamodellen volgens Beck is dichotoom (zwart-wit-) en kinderlijk denken (Pretzer, 1990; Layden, Newman, Freeman & Morse, 1993). Dichotoom denken is volgens het cognitieve model een algemeen voorkomende denkfout bij psychische problemen, maar onder de persoonlijkheidsstoornissen zou het dichotoom denken vooral patiënten met borderline persoonlijkheidsstoornis kenmerken. De denkfout zou een belangrijke (mede)oorzaak zijn van de extreme en veranderlijke gedachten, affecten en gedragingen van patiënten met borderline persoonlijkheidsstoornis. Enkele auteurs (Layden et al., 1993) stellen dat dichotoom denken bij borderline persoonlijkheidsstoornis regressie naar een kinderlijke denkstijl bij geactiveerde schema's representeert, enigszins vergelijkbaar met splijting bij de borderline persoonlijkheidsorganisatie in psychoanalytische modellen. Het model van Young spreekt zich niet duidelijk uit over dichotoom denken bij borderline persoonlijkheidsstoornis (BPS), al zou het in de lijn van Layden en collega's de kindmodi van deze patiënten kunnen kenmerken.

Gezien de belangrijke rol van dichotoom denken in Becks cognitieve modellen van borderline persoonlijkheidsstoornis, wordt correctie van deze denkfout essentieel gevonden in therapieën volgens deze modellen. Of dit echt nodig is, is een vraag voor nader onderzoek.

## Aanpak

Onderzoek naar het cognitieve model van persoonlijkheidsstoornissen staat nog in de kinderschoenen. Dit geldt voor vragenlijststudies (zie hoofdstuk 24 en 25 van dit boek), maar vooral voor experimentele studies. Eerst wordt een definiëring van experimentele studies gegeven. Daarna volgt een samenvatting van de resultaten hiervan.

### Experimentele studies

'Experimenteel' betekent 'proefondervindelijk'. In een experimentele studie doet de onderzoeker een 'proef', en 'ondervindt' hij of zij wat hiervan het effect is. Effecten – lees in dit geval gedachten –, affecten en gedragingen worden dus niet vooraf of achteraf door de onderzoeker of onderzochte persoon ingeschat, maar vastgesteld zodra deze zich voordoen. Op deze wijze kunnen veel storende inschattingsfouten worden voorkomen. Dit is van belang in onderzoek met mensen met een persoonlijkheidsstoornis van wie vermoed wordt dat zij veel denkfouten maken.

Een studie met een experimentele manipulatie kan oorzakelijke verbanden toetsen. De veronderstelde oorzakelijke rol van een schema bij een persoonlijkheidsstoornis kan bijvoorbeeld worden onderzocht door in een aantal gevallen dit schema te activeren, dit niet te doen in de andere gevallen en vervolgens te bepalen of patiënten zich in de eerste conditie pathologischer gedragen dan in de laatste. In een 'zuiver' experiment bepaalt het toeval welke manipulatieconditie moet worden toegepast zodat de effecten van mogelijke andere (mede)oorzakelijke factoren tegen elkaar wegvallen bij voldoende herhaling van het experiment. Als een toevalsgewijze manipulatie praktisch of ethisch niet mogelijk is, bieden het 'quasi-experiment' respectievelijk het 'analoge experiment' een uitkomst. In een quasi-experiment wordt de oorzakelijke factor niet gemanipuleerd, maar gevarieerd op basis van al bestaande verschillen (bijvoorbeeld patiënten met en zonder persoonlijkheidsstoornis). In een analoog experiment wordt de invloed van een onafhankelijke variabele onderzocht door middel van manipulatie van een vergelijkbare variabele (bijvoorbeeld hypervigilantie door aandachtsoefeningen in plaats van een trauma).

Tabel 23.1 toont paradigma's die in experimenteel onderzoek van het cognitieve model voor persoonlijkheidsstoornissen zijn gebruikt. Bij elk paradigma wordt een beschrijving gegeven van de gemanipuleerde onafhankelijke variabele en de gemeten afhankelijke variabele.

**Tabel 23.1 Experimentele paradigma's.**

| *paradigma* | *onafhankelijke variabele* | *afhankelijke variabele* |
|---|---|---|
| Emotionele Stroop | Schema-activatie<br>*Manipulatie:* aanbieding van gekleurde schemagerelateerde woorden vs. niet-schemagerelateerde en neutrale gekleurde woorden | Schemacongruente vertekening in vroege informatieverwerking (selectieve aandacht)<br>*Meting:* vertraging in kleurbenoemen van schema-gerelateerde ten opzichte van niet-schemagerelateerde en neutrale woorden |
| Semantische Simon | Schema-activatie<br>*Manipulatie:* aanbieding van schemagerelateerde woorden vs. niet-schemagerelateerde woorden | Schemacongruente vertekening in de informatieverwerking<br>*Meting:* versnelling van schemacongruente reacties op irrelevante stimuluskenmerken (bijvoorbeeld Engels vs. Nederlands) ten opzichte van schema-incongruente reacties |
| Pragmatische interferentie | Schema-activatie<br>*Manipulatie:* aanbieding van schemagerelateerde vs. niet-schemagerelateerde korte verhalen | Schemacongruente interpretatie<br>*Meting:* schemacongruente conclusies in gesloten en/of open antwoordformat |
| Thematic apperception | Schema-activatie<br>*Manipulatie:* aanbieding van tekeningen van emotionele vs. neutrale ambigue sociale situaties | Schemacongruente interpretatie<br>*Meting:* schemacongruente affecten, interpersoonlijke relaties, strategieën in de, bij de tekeningen verzonnen, verhalen |
| Evaluatie | Schema-activatie<br>*Manipulatie:*<br>1 aanbieding van schemagerelateerde filmfragmenten vs. niet-schemagerelateerde en neutrale filmfragmenten<br>2 gesprek met afwijzende of accepterende versus neutrale hulpverlener<br>3 spelen van frustrerend versus stimulerend computerspel | Dichotome, kinderlijke (splitting) en negatieve evaluaties<br>*Meting:* extreemheid en negativiteit van de schemagerelateerde, niet-schemagerelateerde en neutrale evaluaties |

### Aandacht en hypervigilantie

Aandacht voor bedreigende stimuli, ook wel hypervigilantie of selectieve aandacht genoemd, is uitgebreid bestudeerd in verschillende as-I-stoornissen en blijkt in het bijzonder een cruciale rol te spelen in de etiologie en instandhouding van pathologische angst (Williams, Watts, MacLeod & Mathews, 1997). Dit is niet zo verwonderlijk, bedenkend dat een snelle opsporing van gevaar, dus tijdens de eerste fase van de informatieverwerking, de overlevingskansen optimaliseert. Eerste studies naar schemagerelateerde vertekeningen in de aandacht bij persoonlijkheidsstoornissen hebben zich tot nu toe geconcentreerd op borderline persoonlijkheidsstoornis.

Verscheidene Emotionele Stroop-studies toonden aan dat ook patiënten met borderline persoonlijkheidsstoornis zich kenmerken door vertekening van vroege informatie tot bedreigende stimuli (Arntz, Appels & Sieswerda, 2000; Sieswerda, Arntz & Kindt, 2007a; Sieswerda, Arntz, Mertens & Vertommen, 2007b; Waller & Button, 2002). In twee van deze studies bleek de selectieve aandacht gerelateerd aan schema's (Waller & Button, 2002; Sieswerda et al., 2007b). Patiënten met borderline persoonlijkheidsstoornis benoemden hierin de kleur van bijvoorbeeld schemagerelateerde emotioneel negatieve woorden (zoals 'onbetrouwbaar') minder snel dan die van nietschemagerelateerde emotioneel negatieve woorden (zoals 'gierig'). Één studie vond bovendien persoonlijkheidsstoornisspecifieke selectieve aandacht bij borderline patiënten (Sieswerda et al., 2007b).

Twee studies vonden ondersteuning voor de veronderstelde centrale rol van hypervigilantie in borderline persoonlijkheidsstoornis. Zo werd bij borderline patiënten een positieve samenhang gevonden tussen een schemagerelateerd Stroop-effect enerzijds, en seksueel misbruik in de jeugd en met borderline persoonlijkheidsstoornis gerelateerde angst anderzijds (Sieswerda et al., 2007b). Verder toonden genezen borderline patiënten een tot op normaal niveau gereduceerde hypervigilantie, terwijl de hypervigilantie van niet-genezen patiënten stabiel was gebleven (Sieswerda et al., 2007a).

### Reacties

Sommige onderzoekers menen dat Stroop-experimenten eigenlijk vertekeningen in *reacties* in plaats van aandacht meten. Als Stroop-experimenten echter buiten beschouwing worden gelaten, is er slechts één onderzoek verricht naar schemagerelateerde reacties in persoonlijkheidsstoornissen (Weertman, Arntz, De Jong & Rinck, in druk). Dit onderzoek vond ondersteuning voor een schemacongruente beïnvloeding van reacties zoals voorspeld door het cognitieve model. In twee van drie Simon-experimenten reageerden proefpersonen met trekken van de obsessieve-compulsieve persoonlijkheidsstoornis sneller bij schemacongruente stimulus-reactiecombinaties (bijvoorbeeld de Engelstalige stimulus 'I am a perfectionist' en de reactie 'ja') dan bij schema-incongruente combinaties (bijvoorbeeld de Nederlandstalige stimulus 'anderen zijn onverantwoordelijk' en de reactie 'nee'). Deze effecten werden niet gevonden bij niet-schemagerelateerde combinaties en evenmin bij proefpersonen met hoogstens één trek van de obsessieve-compulsieve persoonlijkheidsstoornis.

### Interpretaties en evaluaties

De meeste studies naar interpretaties en evaluaties bij persoonlijkheidspathologie hebben vertekeningen gevonden die congruent zijn met schema's die in cognitieve modellen voor de verschillende persoonlijkheidsstoornissen zijn geformuleerd. Zo bleken proefpersonen met aannamen gerelateerd aan de ontwijkende persoonlijkheidsstoornis in een pragmatische interferentietaak vaker schemacongruente conclusies te trekken (bijvoorbeeld 'de overige gasten prefereren gesprekken met anderen') dan controle-proefpersonen (Dreessen, Arntz, Hendriks, Keune & Van den Hout, 1999) en gaven personen met trekken van de afhankelijke persoonlijkheidsstoornis in een onderzoek met de Thematic Apperception Test (TAT) schemacongruente interpretaties (Weertman, Arntz, Schouten & Dreessen, 2006). In een ander onderzoek werden patiënten met een ontwijkende/afhankelijke, borderline of obsessieve-compulsieve persoonlijkheidsstoornis gevraagd op enkele scenario-beschrijvingen te reageren, zoals een scenario waarin de proefpersoon veel slordige fouten ontdekt in werk dat een collega van de proefpersoon had overgenomen (Weertman, Arntz, Salet & Coenen, 2006). Alle drie patiëntgroepen bleken op de open vragen schemacongruente en bovendien stoornisspecifieke reacties te geven. De reacties op gesloten vragen van de patiënten met een obsessieve-compulsieve persoonlijkheidsstoornis waren onverwacht niet schemacongruent; dit verklaarden de onderzoekers met mogelijk geringe introspectieve vaardigheden bij deze patiënten.

### Dichotoom denken

Onderzoek naar dichotoom denken bij patiënten met borderline persoonlijkheidsstoornis leverde wisselende resultaten op. In een eerste evaluatie-experiment waarin proefpersonen personages uit filmfragmenten op verschillende eigenschappen moesten beoordelen, bleken borderline patiënten deze personages dichotomer te evalueren dan patiënten met cluster-C-persoonlijkheidsstoornissen en niet-patiënten (Veen & Arntz, 2000). Een onderzoek waarin proefpersonen met empathische, afwijzende en neutrale hulpverleners spraken en hen daarna op een aantal eigenschappen beoordeelden, resulteerde eveneens in meer dichotome evaluaties bij patiënten met borderline persoonlijkheidsstoornis (Ten Haaf & Arntz, aangeboden). Spontane beoordelingen door dezelfde patiënten met borderline persoonlijkheidsstoornis uit eerstgenoemde studie dachten niet dichotoom, maar vooral negatief (Arntz & Veen, 2001). Een tweede evaluatie-experiment met filmpersonages vond eveneens negatieve beoordelingen bij patiënten met een borderline persoonlijkheidsstoornis, waarbij zij zich vooral onderscheidden door negatieve beoordelingen van schemagerelateerde positieve personages (bijvoorbeeld een liefdevolle partner; Sieswerda, Arntz & Verheul, aangeboden). Patiënten met borderline persoonlijkheidsstoornis bleken zelfs niet-sociale stimuli (computerspelletjes) relatief negatief te beoordelen (Sieswerda, Arntz & Wolfis, 2005). Een algemene negativistische evaluatiestijl bleek ook een terugkerende bevinding in een reeks studies naar de affecttoon van interpretaties van onder meer TAT-platen door patiënten met borderline persoonlijkheidsstoornis (zie overzicht Westen, 1990). Verklaringen voor de wisselende resultaten, zoals een onzuivere maat voor dichotoom denken, zijn nog niet goed onderzocht.

De relevantie van dichotome evaluaties in persoonlijkheidsstoornissen werd ondersteund in een onderzoek naar dichotoom denken bij borderline persoonlijkheidsstoornis voor, tijdens en na een driejarige therapie (Sieswerda & Arntz, aangeboden). Deze studie vond dat dichotome evaluaties tijdens de therapie afnamen en dat deze afname gecorreleerd was met afname in borderline symptomen, vooral tijdens de eerste therapiehelft. Negatieve evaluaties namen in deze studie minder duidelijk af. Dit kan betekenen dat een negatieve evaluatiestijl geen centrale rol speelt in borderline persoonlijkheidsstoornis of een hardnekkig restsymptoom is.

### Kinderlijk denken

Onderzoek van dichotoom denken bij borderline persoonlijkheidsstoornis als denkstijl die de achtergebleven, dat wil zeggen kinderlijk gebleven, emotioneel-cognitieve ontwikkeling bij deze patiënten zou representeren, heeft meer consistente resultaten opgeleverd. Dichotoom denken bij patiënten met borderline persoonlijkheidsstoornis lijkt wel meer uitgesproken te zijn in schemacongruente situaties dan in emotionele en neutrale controlesituaties (Veen & Arntz, 2000). Hun evaluaties lijken echter over het algemeen multidimensionaal (gemixt positief en negatief) (Sieswerda & Arntz, aangeboden; Sieswerda et al., aangeboden; Sieswerda et al., 2005; Ten Haaf & Arntz, aangeboden; Veen & Arntz, 2000) en/of normaal gedifferentieerd, zelfs in redelijk sterke emotionele condities (bijvoorbeeld een gesprek met een afwijzende hulpverlener) (Ten Haaf & Arntz, aangeboden). Borderline patiënten zijn dus in staat evaluaties te geven die in complexiteit niet onderdoen voor evaluaties van patiënten met andere persoonlijkheidsstoornissen en niet-patiënten. Dit betekent dat dichotoom denken bij BPS geen uiting van een laag cognitief-emotioneel ontwikkelingsniveau hoeft te zijn.

## Conclusie

De tot dusver uitgevoerde experimentele studies naar schemamodellen van persoonlijkheidsproblematiek toonden eerste bewijzen voor:
- schemagerelateerde en stoornisspecifieke hypervigilantie bij borderline persoonlijkheidsstoornis;
- schemacongruente reacties bij obsessieve-compulsieve persoonlijkheidsstoornis;

- schemacongruente en stoornisspecifieke interpretaties bij ontwijkende/afhankelijke persoonlijkheidsstoornis, obsessieve-compulsieve persoonlijkheidsstoornis en borderline persoonlijkheidsstoornis;
- schemagerelateerde en stoornisspecifieke dichotome, maar niet kinderlijke evaluaties bij borderline persoonlijkheidsstoornis;
- stoornisspecifieke negativistische evaluaties bij borderline persoonlijkheidsstoornis;
- relevantie van hypervigilantie en dichotome sociale evaluaties in borderline persoonlijkheidsstoornis.

## Valkuilen en tips

Bij het verrichten van experimenteel onderzoek naar persoonlijkheidsstoornissen kan men in talrijke valkuilen terechtkomen. De volgende drie zijn typisch voor experimenteel onderzoek naar persoonlijkheidsstoornissen.

De eerste valkuil is de inclusie van nietszeggende controlecondities. Verscheidene experimentele studies naar persoonlijkheidsstoornissen vergelijken een experimentele patiëntgroep met een gezonde controlegroep. Deze studies kunnen hoogstens aantonen waarin de patiëntgroep afwijkt van gezonde proefpersonen, maar niet waarin juist deze patiëntgroep zich van andere patiëntgroepen onderscheidt.

De tweede valkuil is koudwatervrees voor experimentele studies bij de klinische instelling waar het onderzoek wordt verricht, vooral voor experimentele studies met sterk emotionele stimuli. Hierdoor kan het onderzoek gaan fungeren als bliksemafleider voor ontevredenheid over andere zaken binnen de instelling en loopt het onderzoek het gevaar van een voortijdig einde. Een methodologisch en ethisch goed doortimmerd onderzoek, goed geïnformeerde en gemotiveerde direct en indirect betrokkenen, ondersteuning voor de proefleiders en een nuchter verstand kunnen hierbij helpen.

De derde, laatste valkuil in dit rijtje is de invloed van de persoonlijkheidsstoornis op de experimentele manipulatie. Patiënten met persoonlijkheidsstoornissen reageren dikwijls anders op onderzoekssituaties dan patiënten met andere stoornissen of niet-patiënten. Verscheidene patiënten met borderline persoonlijkheidsstoornis weigerden bijvoorbeeld in een opsporingstaak van een Stroop-experiment te gokken naar de betekenis van woorden die onder de waarnemingsdrempel werden aangeboden. Omgekeerd werd een evaluatiestudie met erg emotionele filmfragmenten door een groot aantal patiënten met borderline persoonlijkheidsstoornis juist heel positief ontvangen. Pilotonderzoek en 'debriefing' met de proefpersoon na afloop van het onderzoek kunnen deze invloeden aan het licht brengen.

## Toekomst

Het experimentele onderzoek naar het theoretische model van schematherapie staat nog in de kinderschoenen. In de toekomst zou onderzoek zich kunnen richten op:

1 de nog nauwelijks onderzochte cognitieve modellen voor de theatrale, narcistische en cluster-A-persoonlijkheidsstoornissen;
2 een verdere verdieping van huidige onderzoekslijnen, zoals dichotoom denken bij borderline persoonlijkheidsstoornis;
3 toetsing van oorzakelijke rol van cognitieve aspecten met behulp van analoge experimenten;
4 verdere ontwikkeling van paradigma's waarmee schema's en cognitieve kenmerken valide en betrouwbaar kunnen worden gemeten, eventueel ook voor individuele (persoonlijkheids)diagnostiek.

## Literatuur

Arntz, A., Appels, C., & Sieswerda, S. (2000). Hypervigilance in borderline disorder: A test with the emotional Stroop paradigm. *Journal of Personality Disorders, 14*, 366-373.

Arntz, A., & Veen, G. (2001). Evaluation of others by borderline patients. *The Journal of Nervous and Mental Disease, 189*, 513-521.

Beck, A.T., Freeman, A., & Davis, D.D. (2004). *Cognitive therapy of personality disorders* (second edition). New York: The Guilford Press.

Dreessen, L., Arntz, A., Hendriks, T., Keune, N., & Hout, M.A. van den (1999). Avoidant personality disorder and schema-congruent information processing bias: a pilot study with a pragmatic inference task. *Behaviour Research and Therapy, 37*, 619-632.

Giesen-Bloo, J., Dyck, R. van, Spinhoven, Ph., Tilburg, W. van, Dirksen, C., Asselt, T. van, Kremers, I., Nadort, M., & Arntz, A. (2006). Outpatient psychotherapy for Borderline Personality Disorder, randomized trial of Schema-Focused Therapy vs Transference Focused Psychotherapy. *Archives of General Psychiatry, 63*, 649-658.

Haaf, J.E. ten, & Arntz, A. (aangeboden voor publicatie). Social cognition in borderline personality disorder: Evidence for dichotomous thinking but no evidence for primitive attributions.

Kroll, J. (1988). *The challenge of the borderline patient.* New York/London: Norton.

Layden, M.A., Newman, C.F., Freeman, A., & Morse, S.B. (1993). *Cognitive therapy of borderline personality disorder.* Needham Heights, MA: Allyn & Bacon.

Pretzer, J. (1990). Borderline personality disorder. In: A.T. Beck, A. Freeman & Associates (Eds.), *Cognitive therapy of personality disorders* (p. 176-207). New York: The Guilford Press.

Sabo, A.N. (1997). Etiological significance of associations between childhood trauma and borderline personality disorder: conceptual and clinical implications. *Journal of Personality Disorders, 11*, 50-70.

Sieswerda, S., & Arntz, A. (aangeboden voor publicatie). Change of extreme and negative interpersonal evaluations of borderline patients during psychotherapy.

Sieswerda, S., Arntz, A., & Kindt, M. (2007a). Successful psychotherapy reduces hypervigilance in Borderline Personality Disorder. *Behavioural and Cognitive Psychotherapy, 35*, 387-402.

Sieswerda, S., Arntz, A., Mertens, I., & Vertommen, S. (2007b). Hypervigilance in patients with borderline personality disorder: Specificity, automaticity, and predictors. *Behaviour Research and Therapy, 45*, 1011-1024.

Sieswerda, S., Arntz, A., & Verheul, R. (aangeboden voor publicatie). Not dichotomous, but negative interpersonal evaluations characterize borderline patients.

Sieswerda, S., Arntz, A., & Wolfis, M. (2005). Evaluations of emotional non-interpersonal situations by patients with borderline personality disorder. *Journal of Behavior Therapy and Experimental Psychiatry, 36*, 209-225.

Veen, G., & Arntz, A. (2000). Multidimensional dichotomous thinking characterizes borderline personality disorder. *Cognitive Therapy and Research, 24*, 23-45.

Waller, G., & Button, J. (2002). Processing of threat cues in borderline personality disorder. Niet gepubliceerd.

Weertman, A., & Arntz, A. (2007). Effectiveness of treatment of childhood memories in cognitive therapy for personality disorders: A controlled study contrasting methods focusing. *Behaviour Research and Therapy, 45*, 2133-2143.

Weertman, A., Arntz, A., Jong, P.J. de, & Rinck, M. (in druk). Implicit self- and other-associations in obsessive-compulsive personality disorder traits. *Cognition and Emotion.*

Weertman, A., Arntz, A., Salet, S., & Coenen, I. (2006). Obsessive compulsive personality disorder and interpretation of schema-related events. In: A. Weertman, *The cognitive model of personality disorders.* Academisch proefschrift. Universiteit Maastricht.

Weertman, A., Arntz, A., Schouten, E., & Dreessen, L. (2006). Dependent personality traits and information processing: assessing the interpretation of ambiguous information using the Thematic Apperception Test. *British Journal of Clinical Psychology, 45*, 273-278.

Westen, D. (1990). Towards a revised theory of borderline object relations: contributions of empirical research. *The International Journal of Psychoanalysis, 71*, 661-693.

Williams, J.M.G., Watts, F.N., MacLeod, C., & Mathews, A. (1997). *Cognitive psychology and emotional disorders* (second edition). Chichester, England: John Wiley & Sons.

Young, J.E., Klosko, J., & Weishaar, M.E. (2003). *Schema therapy: A practitioner's guide.* New York: The Guilford Press.

# 24 Validatie schemavragenlijst

M.M. Rijkeboer

De schematherapie van Jeffrey Young is relatief recent en zijn model is nog volop in ontwikkeling. In de loop van de tijd hebben diverse aanpassingen plaatsgevonden, een fenomeen dat wel vaker wordt waargenomen bij nieuwe vormen van therapie. Lag het accent in zijn model aanvankelijk op de disfunctionele schema's, gaandeweg is de rol van schemamodi prominenter geworden. Daarnaast zijn Youngs ideeën over welke schema's van belang zijn voor persoonlijkheidspathologie voortdurend in ontwikkeling (zie Young, Klosko & Weishaar, 2005). Dit alles heeft zijn beslag gekregen in de operationalisatie van zijn model in de vorm van vragenlijsten. Geleidelijk zijn verscheidene versies van de Young Schema Questionnaire (YSQ) in omloop gekomen.

De aanleiding voor de aanpassing van zijn schemamodel was onder meer gelegen dat de resultaten van de eerste psychometrische onderzoeken naar de YSQ-2, ofwel de enigszins gereviseerde oorspronkelijke vragenlijst waarin zestien schema's zijn gerepresenteerd (Young & Brown, 1994), erop lijken te wijzen dat het schema Sociaal Ongewenst niet als aparte factor kan worden onderscheiden en dat er bovendien aanwijzingen zijn voor andere, nieuwe factoren (Lee, Taylor & Dunn, 1999; Schmidt, Joiner, Young & Telch, 1995). Op basis van deze resultaten is er een verkorte versie van de YSQ-2 gekomen, waarin de schaal Sociaal Ongewenst is weggelaten, en heeft Young zijn werktheorie aangepast en een model met achttien schema's geformuleerd (zie Young et al, 2005).

Alhoewel het begrijpelijk is dat Young zijn model heeft aangepast, is het vanuit meettheoretisch opzicht wellicht prematuur geweest om dergelijke aanpassingen door te voeren. De conclusies in beide studies zijn namelijk gebaseerd op factoranalytische technieken, waaraan diverse nadelen zitten. Meer geavanceerde, theoriegestuurde technieken zijn vervolgens nodig om de gevonden structuur daadwerkelijk te toetsen.

Deze laatste analysemethode is toegepast op de Nederlandse vertaling en bewerking van de YSQ-2, ofwel de Schema-Vragenlijst (SV; Sterk & Rijkeboer, 1997). In een serie studies is de vragenlijst uitgebreid op zijn psychometrische kwaliteiten onderzocht (Rijkeboer, 2005). In dit hoofdstuk wordt verslag gedaan van deze validatiestudies. Tevens wordt ingegaan op verschillende nieuwe ontwikkelingen. Zo is de SV qua formulering minder geschikt gebleken voor bepaalde leeftijdsgroepen, zoals kinderen en adolescenten. Voorts lijkt de SV minder geschikt voor het forensische veld, waar onderrapportage van problemen de interpretatie van de vragenlijst bemoeilijkt. Er zijn daarom diverse aanpassingen van de SV ontwikkeld. Ook het onderzoek hiernaar zal de revue passeren.

## Praktijk

Voor het Nederlandse taalgebied zijn verschillende versies van de YSQ-2 voorhanden. Niet alleen bestaan er meerdere vertalingen, ook wisselt in de diverse vragenlijsten de volgorde van de items. Daarnaast wordt, ongeacht de versie, gebruik gemaakt van verschillende scoringsmethoden. Deze verscheidenheid heeft bij sommigen tot verwarring geleid. Hier volgt daarom enige toelichting.

### Vertalingen van de YSQ-2

Vele Nederlandse vertalingen van de YSQ-2 duiken in de praktijk op, waarvan twee varianten het meest worden gebruikt in Nederland: de versie achteraan in het door Pijnaker vertaalde boek van Young (1999) en de SV van Sterk en Rijkeboer (1997). Deze laatste is de enige door Young geautoriseerde versie.

De vertaling van de SV heeft diverse stadia gekend, waarbij standaardrichtlijnen zijn gevolgd (Van de Vijver & Hambleton, 1996). Na toestemming van Young hebben de auteurs en twee onafhankelijke, beëdigd vertalers, los van elkaar, de items in het Nederlands vertaald. Vervolgens hebben zij ieders vertaling in het Engels omgezet. De auteurs kozen vervolgens de best vertaalde items uit. Hierna is de Nederlandse versie doorgesproken met Arnoud Arntz en Jeffrey Young. Een voor de hand liggende vertaling van sommige items bleek niet met de oorspronkelijk bedoelde inhoud overeen te komen. Dit leidde soms tot lange discussies per betreffend item. Als vervolg hierop is in nauwe samenwerking met Young de samenstelling van de vragenlijst verder verfijnd, waarna hij zijn autorisatie verleende. Uiteindelijk is de volgorde van items gerandomiseerd. Hierover zal in de volgende paragraaf nader uitleg worden gegeven.

### Volgorde van de items

In sommige versies wordt de aanvankelijke indeling aangehouden, wat betekent dat de items per schaal gegroepeerd staan. Een veel gehoord argument van therapeuten ten gunste van deze indeling is, dat men op eenvoudige wijze de score van een patiënt op elk item kan bekijken, zonder dat men nodeloos lang hoeft te zoeken tot welke schaal het respectievelijke item behoort. Hoewel dit argument op zich begrijpelijk is, kan een dergelijke aanpak tot een verminderde validiteit van de diagnostiek leiden (zie Nunnally & Bernstein, 1994). Inspectie van afzonderlijke items levert namelijk doorgaans irrelevante informatie op, aangezien elk apart item een lage betrouwbaarheid heeft. Daarnaast werkt een groepering van items bepaalde responstendenties in de hand, zoals het consistent pogen te beantwoorden van de achtereenvolgende items en/of het trachten een gunstig dan wel ongunstig beeld te creëren op voor de patiënt belangrijk geachte schalen. Het verdient daarom de voorkeur om de volgorde van items te randomiseren, wat betekent dat de items in willekeurige volgorde worden geplaatst.

### Scoringswijze van de YSQ-2

Aanvankelijk adviseerde Young (zie Cecero & Young, 2001) slechts de meest extreme scores (5 en 6) per schaal te tellen. Waller, Shah, Ohanion en Elliot (2001) vergeleken het effect van deze manier van scoren met die, waarbij *alle* scores op items binnen een schaal worden gesommeerd en gemiddeld. Zij concluderen dat de laatste scoringswijze te verkiezen is, aangezien de telling van alleen extreme scores ertoe kan leiden dat psychopathologie gemaskeerd blijft. Dit beïnvloedt de predictieve waarde van de vragenlijst. Het is dus aan te raden om per schaal het gemiddelde van alle scores te berekenen.

## Aanpak

### Onderzoek naar de SV

De SV is op diverse psychometrische kwaliteiten onderzocht. In deze paragraaf wordt een overzicht gegeven van de resultaten van vijf validatiestudies (zie ook Rijkeboer, 2005). De resultaten worden geordend aan de hand van hypothesen die Young heeft geformuleerd over de disfunctionele schema's zoals gerepresenteerd in de lijst (Young et al., 2005).

Een van zijn aannamen is, dat de door hem onderscheiden schema's bij *alle* mensen voorkomen (Young & Klosko, 1999). Deze hypothese is het uitgangspunt voor een studie naar de factorstructuur van de SV (Rijkeboer & Van den Bergh, 2006), waarin zowel een klinische groep, bestaande uit patiënten met persoonlijkheidsproblematiek, als een niet-klinische groep van studenten is onderzocht. Wil de aanname van Young standhouden, dan moet de factorstructuur in beide groepen identiek zijn, aangezien dezelfde constructen moeten worden gemeten, terwijl de hoogte van de scores vanzelfsprekend mag verschillen. Met behulp van confirmatieve technieken is de structuur in zowel de patiënten- als studentengroep simultaan onderzocht. Resultaten wijzen uit dat de factorstructuur invariant is en dat de schalen een goede constructvaliditeit en betrouwbaarheid hebben. Dit betekent dat de SV op precieze en identieke wijze duidelijk gedefinieerde schemaconstructen meet bij zowel mensen met als zonder beduidende psychische problematiek. Daarnaast blijkt uit het onderzoek dat *alle* zestien schemafactoren kunnen worden gerepliceerd, met inbegrip van de factor Sociaal

Ongewenst. Alhoewel in eerder onderzoek naar de Engelstalige YSQ-2 deze factor niet als aparte dimensie naar voren kwam, blijkt bij gebruik van meer geavanceerde technieken Sociaal Ongewenst wel een unieke bijdrage te hebben. Er is dus geen reden gevonden deze schaal te verwijderen. Bovendien kan de schaal van nut zijn voor de diagnostiek van sociale angst (zie Pinto-Gouveia, Castilho, Galhardo & Cunha, 2006), zoals te vinden is in cluster-C-persoonlijkheidsstoornissen.

Young stelt vervolgens dat de schemaschalen diepgewortelde, langdurige overtuigingen representeren, die weinig aan verandering onderhevig zijn (Young et al., 2005). De SV moet dus constructen meten die in ieder geval over de tijd heen stabiel zijn. In een tweede studie is daarom de test-hertestbetrouwbaarheid van de SV onderzocht in een niet-klinische groep van studenten (Rijkeboer, Van den Bergh & Van den Bout, 2005). Zowel de stabiliteit van de rangorde van scores als van het gemiddelde van scores is geanalyseerd. De tijdspanne tussen beide metingen bedraagt zes weken. De test-hertestcorrelatiecoëfficiënten blijken voor alle schalen bevredigend te zijn.

In dezelfde studie is eveneens onderzocht in hoeverre de SV discrimineert tussen patiënten en studenten. Volgens de theorie zouden mensen met symptomen aanmerkelijk hoger moeten scoren op de schemaschalen dan mensen zonder noemenswaardige mentale problemen. Resultaten van de gevoerde analyses wijzen uit dat alle zestien schemaschalen in staat zijn een significant onderscheid te maken tussen de genoemde groepen. De schaal Emotionele Geremdheid blijkt het best te discrimineren. Verder tonen classificatieanalyses aan dat 88% van de participanten met behulp van de SV juist kunnen worden ingedeeld in de groep waartoe zij behoren. Alhoewel dit een hoog percentage is, moet worden vermeld dat de SV iets minder goed in staat is tot het juist indelen van patiënten in vergelijking tot studenten. Dit wordt naar alle waarschijnlijkheid veroorzaakt door de grotere variatie in scores in de klinische groep, wat betekent dat patiënten meer unieke profielen op de SV vertonen. Anders gezegd, de spreiding van scores per schaal is groot in de klinische groep, wat betekent dat binnen een patiëntenpopulatie heel wisselend op de verschillende schalen wordt gescoord en iedere patiënt een voor hem uniek patroon van scoren laat zien. Zo kan een patiënt op sommige schalen relatief laag scoren, terwijl hij op andere schalen juist hoog scoort. Het is daarom raadzaam de schaalscores in combinatie met elkaar te bestuderen om een beter zicht te krijgen op de aanwezigheid en aard van de pathologie (zie bijvoorbeeld casusbeschrijving in Rijkeboer & Boelen, 2003).

Wanneer de schaalscores geïsoleerd worden bekeken, kan uit het al eerder genoemde onderzoek van Rijkeboer, Van den Bergh, en Van den Bout (2005) worden opgemaakt dat voor de meeste schemaschalen geldt dat een gemiddelde score van 2,5 of hoger grotendeels binnen het klinische bereik valt. Voor Minderwaardigheid/Schaamte ligt deze 'cut-off' waarde al bij een gemiddelde van ongeveer 2, terwijl voor Zelfopoffering en Meedogenloze normen/overdreven kritisch de scheidslijn rond een gemiddelde score van 3 ligt.

Het (internationale) onderzoek naar de YSQ-2 is tot op heden geconcentreerd geweest op de somscores van items in elke schaal. In geen enkele studie is een mogelijke onzuiverheid van de *afzonderlijke* items onderzocht. Onzuiverheid impliceert dat een item niet hetzelfde construct meet in de onderzochte groepen (bijvoorbeeld patiënten en 'normalen'). Dit wil zeggen, dat respondenten uit verschillende groepen een andere betekenis aan de betreffende vraag hechten. Dit bemoeilijkt de interpretatie van vergelijkingen tussen deze groepen. In een derde studie is daarom de mogelijke onzuiverheid van de items van de SV aan een toets onderworpen (Rijkeboer, Van den Bergh & Van den Bout, aangeboden). Uit de resultaten komt naar voren dat er geen aanwijzing bestaat dat mannen en vrouwen de vragen op verschillende wijze interpreteren. Slechts één item vertoonde onzuiverheid voor opleidingsniveau en tien van de 205 items vertoonden een inconsistent antwoordpatroon voor patiënten in vergelijking tot 'normalen'. Deze tien items zijn echter gelijkelijk over de gehele vragenlijst verdeeld, wat betekent dat de somscores van de schalen niet wezenlijk door de onzuiverheid van bepaalde items worden beïnvloed. Samenvattend kan worden gesteld dat de items van de SV door verschillende groepen grotendeels op dezelfde wijze worden begrepen en dat daarmee een vergelijking tussen groepen op basis van de somscores van de SV-schalen goed kan worden geïnterpreteerd.

Young stelt vervolgens dat schema's de kern vormen van persoonlijkheidspathologie (Young et al., 2005). Er moeten daarom duidelijke en betekenisvolle verbanden bestaan tussen de SV en vragenlijsten die stabiele persoonlijkheidstrekken meten en tevens van belang zijn gebleken in de diagnostiek van persoonlijkheidsstoornissen. In een eerste studie naar de concurrente validiteit is de SV gerelateerd aan de NEO-PI-R (Hoekstra, Ormel & De Fruyt, 1996), een vragenlijst die ontwikkeld is binnen het zogenoemde Vijf Factoren Model van persoonlijkheid. Een tweede studie handelt over de relaties tussen de SV en de Temperament and Character Inventory (TCI; Duijsens & Spinhoven, 2000), een instrument dat veelvuldig wordt gebruikt in psychiatrische instellingen. In deze studies zijn diverse modellen getoetst, die vooraf geformuleerde hypothesen bevatten over de verbanden tussen de vragenlijsten (zie Rijkeboer, 2005). Resultaten in beide studies ondersteunen het merendeel van de hypothesen, wat betekent dat de SV over een goede convergente en divergente validiteit beschikt. Dit betekent dat de schemaschalen overeenkomen met schalen die ongeveer hetzelfde meten en duidelijk verschillen van schalen die een andere meetpretentie hebben.

Tevens blijkt dat bijna alle schemaschalen, ongeacht hun inhoud, worden gekenmerkt door een aantal specifieke persoonlijkheidsaspecten. De schemaschalen geven bijvoorbeeld een tendens weer tot hopeloosheid, eenzaamheid, pessimisme over de toekomst en demoralisatie. Bovendien worden mensen die hoog scoren op de SV gekarakteriseerd door een conventionele houding en dwangmatig gedrag. Een ander kenmerk is een gering gevoel van interne controle. Zij zijn geneigd anderen de schuld te geven voor de problemen waarmee zij zich geconfronteerd zien.

Opvallend is dat, tegengesteld aan de verwachtingen, de schemaschalen amper gerelateerd lijken aan aspecten van angst. Nader onderzoek wijst echter uit dat veel schalen zich niet zozeer lineair als wel curvelineair tot deze angstfacetten verhouden. Tot een gemiddelde score van 3,5 op vrijwel iedere schemaschaal is er sprake van een lineair verband met angst. Een stijging op de schemaschalen gaat dus gepaard met een stijging op de angstfacetten. Hogere gemiddelde scores op de schemaschalen zijn echter niet meer geassocieerd met deze facetten, aangezien er een plafondeffect is opgetreden. De angstscore is inmiddels zodanig gestegen, dat hogere scores niet meer echt mogelijk zijn. Dit betekent dat de schemaschalen wel degelijk gerelateerd zijn aan de genoemde facetten en juist een sterk gevoel van angst representeren. Bovendien blijkt hieruit dat een vragenlijst als de NEO-PI-R niet meer differentieert bij hoge angst, terwijl de SV dit duidelijk wel doet. Waar bij de NEO-PI-R dan een plafondeffect optreedt, zijn bij de SV nog steeds hogere scores mogelijk.

Tot slot dient te worden opgemerkt, dat er nauwelijks verbanden zijn gevonden tussen de schalen van de SV en facetten die te maken hebben met het zoeken van prikkels en een coöperatieve instelling. Dit kan echter veroorzaakt zijn door de samenstelling van de onderzochte groep: er hebben relatief weinig patiënten met een antisociale en schizoïde persoonlijkheidsstoornis deelgenomen. Anderzijds is het mogelijk dat de SV vooral internaliserend probleemgedrag representeert. Dit impliceert dat het schemamodel wellicht uitbreiding behoeft en wel met schalen die meer externaliserende tendensen weerspiegelen.

### Onderzoek naar de SV voor jongeren en kinderen

In zijn theorie stelt Young (1994) dat disfunctionele schema's al op jonge leeftijd worden verworven. Om zowel deze aanname als de voorspellende waarde van schema's voor psychische problemen bij kinderen en jongeren te kunnen toetsen, zijn diverse bewerkingen van de oorspronkelijke vragenlijst geleverd, door items aan te passen aan de belevingswereld en leefomstandigheden van kinderen en adolescenten. Aldus is een verkorte SV voor jongeren ontworpen (Muris, 2006; Van Vlierberghe, Rijkeboer, Hamers & Braet, 2004) en één speciaal voor kinderen (De Boo & Rijkeboer, 2004).

Onderzoek naar de 'SV voor jongeren' (Muris, 2006; Van Vlierberghe & Braet, 2007) bij adolescenten in de leeftijd van respectievelijk 12-15 jaar en 12-18 jaar wijst uit dat de geconstrueerde schemaschalen een bevredigende betrouwbaarheid hebben. Muris vindt steun voor een interpreteerbaar hogere-orde-factormodel met drie dimensies, met adequate factorladingen voor de diverse schemaschalen. Uit beide hierboven genoemde studies blijkt tevens dat de schemaschalen zijn gerelateerd aan een breed palet van psychopathologie. In de door Van Vlierberghe en Braet onderzochte groep verklaart het schemamodel ongeveer 45% van de variantie in het internaliserende en 19% in het externaliserende probleemgedrag. Dit komt overeen met wat is gevonden in onderzoek bij volwassenen.

De 'SV voor kinderen' is onderzocht in een groep basisschoolkinderen met diverse culturele achtergronden en een leeftijd variërend van 8 tot 13 jaar (De Boo, 2007; De Boo, Rijkeboer & Arntz, in voorbereiding). Resultaten verkregen met behulp van confirmatieve factoranalyse suggereren dat alle zestien factoren in deze jonge groep gerepliceerd kunnen worden. Onderzoek naar de concurrente validiteit laat zien dat de meeste schema's geassocieerd zijn met de temperamentsdimensie Negatieve affectiviteit, wat in lijn is met de eerder beschreven studies bij adolescenten en volwassenen. Een opmerkelijk verschil wordt echter gevonden voor de schalen Verstrengeling/kluwen en Zelfopoffering. Deze schalen blijken geen relatie te hebben met Negatieve affectiviteit, maar vooral verband te houden met de dimensies Positieve affectiviteit en Zelfcontrole. Alhoewel deze twee schema's bij jongeren en volwassenen een duidelijk maladaptief karakter hebben, lijken zij voor kinderen niet disfunctioneel te zijn, wellicht omdat de fase van ontwikkeling waarin zij verkeren juist een afhankelijke relatie met en gerichtheid op belangrijke anderen impliceert. Dit interessante gegeven zou in vervolgstudies nader onderzocht kunnen worden.

## Valkuilen en tips

De YSQ is een zelfrapportage-instrument. Dit type diagnosticum kent, naast voordelen, ook enkele valkuilen. Een zelfrapportage kan namelijk door diverse zaken worden beïnvloed. Dit wordt hier nader toegelicht.

Een veel gehoorde vraag van therapeuten is, in hoeverre de score van patiënten op de YSQ wordt beïnvloed door de stemming waarin zij verkeren. In feite verwijzen zij hiermee naar de aard van de constructen die worden gemeten: zijn deze meer trekgerelateerd ('trait') of meer toestandsgericht ('state')? Dit is een belangrijke vraag voor de validiteit van de YSQ. Young veronderstelt namelijk dat de schema's diep ingesleten en duurzame overtuigingen zijn, ofwel overtuigingen die niet onderhevig zijn aan situatiespecifieke veranderingen. Kan een zelfrapportage-instrument wel dergelijke trekgerelateerde constructen meten?

Uit de eerder genoemde studie van Rijkeboer, Van den Bergh en Van den Bout (2005) blijkt dat de schemaschalen een goede test-hertestbetrouwbaarheid hebben, met andere woorden: participanten vullen de lijst op verschillende meetmomenten op consistente wijze in. Dit is een eerste indicatie voor de stabiliteit. Interessant is echter om na te gaan of de scores op de YSQ eveneens consistent blijven na een verandering van stemming of nadat negatieve herinneringen zijn opgeroepen.

Uit onderzoek van Stopa en Waters (2005) komt naar voren dat de score op de meeste schemaschalen onveranderd blijft na een stemmingsinductie. Met behulp van muziekfragmenten werd bij de participanten een positieve of juist negatieve stemming opgeroepen. Slechts op twee schema's blijkt deze stemmingsinductie invloed te hebben: de score op Emotionele verwaarlozing nam toe na een negatieve stemmingsinductie, terwijl de score op Zich rechten toe-eigenen hoger werd als gevolg van een positieve stemmingsverandering. Daarnaast is in twee zogenoemde 'priming'-studies gekeken in hoeverre het oproepen van negatieve herinneringen de invulling van de YSQ beïnvloedt (Brandon, 2000; Jacquin, 1998). In beide onderzoeken is geen bewijs gevonden dat deze 'priming' effect heeft op de schaalscores. Samenvattend kan worden gesteld dat tot nu toe weinig reden is gevonden te veronderstellen dat situatiespecifieke factoren van invloed zijn op de wijze waarop de YSQ ingevuld wordt. Er is echter meer onderzoek nodig, met wellicht krachtiger interventies, om uit te zoeken of de schema's, zoals gerepresenteerd door de YSQ, inderdaad een voornamelijk trekgerelateerd karakter hebben.

Een ander issue dat wordt gemeld door therapeuten is dat, vanwege de zelfrapportage, patiënten relatief gemakkelijk een gunstig of juist ongunstig beeld van zichzelf kunnen scheppen op de YSQ. Met name in de forensische setting compliceert dit aspect het gebruik van de lijst, zeker als schalen met een voor die setting 'ongewenste' inhoud in ogenschouw worden genomen. Om dit probleem te ondervangen, is voor één van de meest saillante schema's in het forensische veld, Gebrek aan zelfbeheersing/zelfdiscipline, een impliciete maat gemaakt (Rijkeboer & Huntjens, 2007). Hiermee wordt indirect gemeten in hoeverre mensen de karaktereigenschappen, vervat in dit schema, met zichzelf associëren. Daartoe is een computertaak ontwikkeld, waarin op het scherm schemacongruente en -incongruente woorden verschijnen in hoofdletters of kleine letters. Men krijgt de opdracht om zo snel mogelijk te reageren op de schrijfwijze – het voor de taak relevante kenmerk – van de woorden (bijvoorbeeld met 'ja' indien het woord in hoofdletters is geschreven en met 'nee' bij kleine letters), terwijl de betekenis van deze woorden – het irrelevante kenmerk – moet worden genegeerd. Studies met dit 'irrelevante kenmerk-paradigma' tonen aan dat participanten, ook al volgen ze de instructies strikt, toch onopzettelijk informatie over de betekenis van de woorden verwerken. Dit is van invloed op de snelheid waarmee zij reageren. Deze reactietijd kan vervolgens worden gebruikt als maat voor de impliciete, persoonlijke associatie met de in de taak gebruikte karaktereigenschappen. De eerste en nog voorlopige resultaten van een experimentele studie (Rijkeboer & Huntjens, 2007) geven aan dat de gebruikte stimuluswoorden representatief zijn voor de corresponderende YSQ-schaal. Voorts blijkt deze impliciete maat spontaan (dus niet controleerbaar) schemarelevant gedrag te voorspellen, terwijl er geen verband lijkt te bestaan tussen de zelfrapportage en dit gedrag. Meer onderzoek is vanzelfsprekend nodig, maar deze eerste resultaten geven een hoopvol beeld, namelijk dat de impliciete maat mogelijk een bruikbaar alternatief is voor het meten van het schema Gebrek aan zelfbeheersing/zelfdiscipline in de forensische setting.

## Toekomst

De YSQ-2 is een lange lijst, die van sommige patiënten een aanzienlijke inspanning vergt. Er is daarom voor het Engelstalige gebied een verkorte versie van de vragenlijst ontwikkeld, bestaande uit 75 items, verdeeld over vijftien schalen. De schaal Sociale Ongewenstheid ontbreekt in deze versie. De verkorte YSQ-2 is inmiddels redelijk onderzocht en de resultaten lijken erop te wijzen dat ook deze versie goede psychometrische kwaliteiten heeft (zie bijvoorbeeld Stopa, Thorne, Waters & Preston, 2001). Momenteel wordt tevens een Nederlandse verkorte versie, nu echter met inbegrip van Sociaal Ongewenst, onderzocht, alsmede een verkorte versie speciaal voor ouderen.

Voorts kan nog opgemerkt worden dat, zoals aan het begin van dit hoofdstuk aangegeven, het schemamodel van Young in ontwikkeling is en nieuwe schema's aan het model worden toegevoegd. Er circuleert daarom sinds enige tijd de YSQ-3, waarin achttien schema's zijn vervat. Dit zijn de schema's uit de YSQ-2 (zonder Sociale Ongewenstheid) en drie nieuwe schema's te weten Goedkeuring en erkenning zoeken, Negativiteit en pessimisme en Bestraffende houding (zie ook hoofdstuk 3 in dit boek). De YSQ-3 verkeert in een zeer experimenteel stadium. Er is tot op heden amper onderzoek naar de waarde van deze uitbreiding van de YSQ gedaan; wel zijn al in diverse landen studies opgezet. Het is daarom aan te bevelen om, tot er meer bekend is, alleen de gevalideerde versie voor klinische doeleinden te gebruiken.

Opvallend is dat de hierboven beschreven uitbreiding van het schemamodel wederom betrekking heeft op internaliserende problematiek als angst, depressie en afhankelijkheid. In de diverse onderzoeken naar de YSQ, zowel bij volwassenen als jongeren en kinderen, komt naar voren dat met name dit type pathologie wordt gemeten. Thematiek die betrekking heeft op haat, woede, vijandigheid en agressiviteit is veel minder vertegenwoordigd in de YSQ. Het zou daarom wenselijk zijn om in de nabije toekomst een meer gebalanceerde verdeling in het model te creëren van internaliserende én externaliserende thematiek.

## Literatuur


Boo, G.M. de (2007). *Maladaptive cognitive schemas originate in childhood, but unlike in adults they do not all indicate psychological malfunctioning*. Paper presented at the World Congress of Behavioural & Cognitive Therapies, Barcelona, July 12-14, 2007.

Boo, G.M. de, Rijkeboer, M.M., & Arntz, A. (in voorbereiding). Reliability and validity of the schema questionnaire for children.

Boo, G.M. de, & Rijkeboer, M.M. (2004). *Schema-Vragenlijst voor kinderen*. Amsterdam: Universiteit van Amsterdam, Departement Klinische Psychologie.

Brandon, R.A. (2000). Early recollections as a trigger technique for identifying early maladaptive schemas. *Dissertation Abstracts International, 61* (03), 1626B.

Cecero, J.J., & Young, J.E. (2001). Case of Silvia: A schema-focused approach. *Journal of Psychotherapy Integration, 11*, 217-229.

Duijsens, I.J., & Spinhoven, Ph. (2000). *TCI. Handleiding van de Nederlandse temperament- en karaktervragenlijst*. Leiderdorp: Datec.

Hoekstra, H.A., Ormel, J., & Fruyt, F. de (1996). *NEO PI-R – NEO FFI, big five persoonlijkheidsvragenlijsten. Handleiding*. Lisse: Swets Test Services.

Jacquin, K.M. (1998). The effects of maladaptive schemata on information processing. *Dissertation Abstracts International, 59* (01), 435B.

Lee, C.W., Taylor, G., & Dunn, J. (1999). Factor structure of the Schema-Questionnaire in a large clinical sample. *Cognitive Therapy and Research, 23*, 441-451.

Muris, P. (2006). Maladaptive schemas in non-clinical adolescents: relations to perceived parental rearing behaviours, big five personality factors, and psychopathological symptoms. *Clinical Psychology and Psychotherapy, 13*, 405-413.

Nunnally, J.C., & Bernstein, I.H. (1994). *Psychometric theory* (third edition). New York: McGraw-Hill.

Pinto-Gouveia, J., Castilho, P., Galhardo, A., & Cunha, M. (2006). Early maladaptive schemas and social phobia. *Cognitive Therapy and Research, 30*, 571-584.

Rijkeboer, M.M. (2005). *Assessment of early maladaptive schemas. On the validity of the Dutch Young Schema-Questionnaire*. Academisch proefschrift. Universiteit Utrecht.

Rijkeboer, M.M., & Bergh, H. van den (2006). Multiple group confirmatory factor of the Young Schema-Questionnaire in a Dutch clinical versus non-clinical sample. *Cognitive Therapy and Research, 30*, 263-278.

Rijkeboer, M.M., Bergh, H. van den, & Bout, J. van de (2005). Stability and discriminative power of the Young Schema-Questionnaire in a Dutch clinical versus non-clinical sample. *Journal of Behavior Therapy and Experimental Psychiatry, 36*, 129-144.

Rijkeboer, M.M., Bergh, H. van den & Bout, J. van de (aangeboden voor publicatie). Item bias analysis of the Young Schema-Questionnaire for psychopathology, gender, and educational level.

Rijkeboer, M.M., & Boelen, P.A. (2003). Diagnostiek van cognities en schema's. In: E.H.M. Eurelings-Bontekoe & W.M. Snellen (red.), *Dynamische persoonlijkheidsdiagnostiek* (p. 381-422). Lisse: Swets & Zeitlinger.

Rijkeboer, M.M., & Huntjens, R.J.C. (2007). *EMS's in forensic settings: An implicit measure of insufficiënt self-control/self-discipline. A pilot study.* Paper presented at the World Congress of Behavioural & Cognitive Therapies, Barcelona, July 12-14, 2007.

Schmidt, N.B., Joiner, T.E., Young, J.E., & Telch, M.J. (1995). The Schema-Questionnaire: Investigation of psychometric properties and the hierarchical structure of a measure of maladaptive schemas. *Cognitive Therapy and Research, 19*, 295-231.

Sterk, F., & Rijkeboer, M.M. (1997). Schema-Vragenlijst. Utrecht: Ambulatorium Universiteit Utrecht.

Stopa, L., Thorne, P., Waters, A., & Preston, J. (2001). Are the short and long forms of the Young Schema-Questionnaire comparable and how well does each version predict psychopathology scores? *Journal of Cognitive Psychotherapy, 15*, 253-272.

Stopa, L., & Waters, A. (2005). The effect of mood on responses to the Young Schema Questionnaire: Short form. *Psychology and Psychotherapy: Theory, Research and Practice, 78*, 45-57.

Vlierberghe, L. van, & Braet, C. (2007). Dysfunctional schemas and psychopathology in referred obese adolescents. *Clinical Psychology and Psychotherapy, 14*, 342-351.

Vlierberghe, L. van, Rijkeboer, M.M., Hamers, P., & Braet, C. (2004). *Schema-Vragenlijst voor jongeren*. Gent: Universiteit van Gent; Departement Ontwikkeling van de Persoonlijkheid en Sociale Psychologie.

Vijver, F.J.R. van de, & Hambleton, R.K. (1996). Translating tests: Some practical guidelines. *European Psychologist, 1*, 89-99.

Waller, G., Shah, R., Ohanian, V., & Elliott, P. (2001). Core beliefs in bulimia nervosa and depression: The discriminant validity of Young's Schema-Questionnaire. *Behavior Therapy, 32*, 139-153.

Young, J.E. (1994). *Cognitive therapy for personality disorders: A schema-focused approach* (rev. edition). Sarasota, FL: Professional Resource Press.

Young, J.E., & Brown, G. (1994). Young Schema Questionnaire (second edition). In: J.E. Young, *Cognitive therapy for personality disorders: A schema-focused approach* (rev. edition) (p. 63-76). Sarasota, FL: Professional Resource Press.

Young, J.E., & Klosko, J.S. (1999). *Leven in je leven*. Lisse: Swets & Zeitlinger.

Young, J.E., Klosko, J.S., & Weishaar, M.E. (2005). *Schemagerichte therapie. Handboek voor therapeuten*. Houten: Bohn Stafleu van Loghum.

Young, J.E., & (Ned. vertaling) Pijnaker, H. (1999). *Cognitieve therapie voor persoonlijkheidsstoornissen: een schemagerichte benadering*. Houten: Bohn Stafleu van Loghum.

# 25 Validatie van de Schema Mode Inventory (SMI)

J. Lobbestael

De aanwezigheid van schemamodi kan op drie verschillende manieren worden bepaald. Ten eerste door problematische situaties in kaart te brengen waarin patiënten terechtkomen en het gedrag dat zij daarin vertonen te vertalen naar schemamodi. Ten tweede kunnen modi worden getraceerd door experiëntiële technieken te gebruiken waarmee de patiënten terug worden geleid naar het verleden. De derde en meest rechtlijnige methode om modi op te sporen is door middel van zelfrapportagevragenlijsten. Terwijl de eerste twee methoden met name in therapiesessies worden gebruikt, is het gebruik van vragenlijsten zowel geschikt voor therapie- als voor onderzoeksdoeleinden. In de praktijk is het aan te raden deze drie methoden te combineren.

In dit hoofdstuk wordt een nieuwe vragenlijst geïntroduceerd om de aanwezigheid van modi te bepalen: de Schema Mode Inventory (SMI, Young et al., 2007). Daarnaast worden de voorlopers van deze lijst besproken, alsook de verschillende manieren om modi te meten. Ook de vertalingsprocedure, opzet, interpretatie en psychometrische eigenschappen van de SMI komen aan bod. Ten slotte wordt een aantal valkuilen en tips aangehaald in het gebruik van de SMI en volgen er aanbevelingen over toekomstig onderzoek naar modusvragenlijsten.

## Praktijk

### Waarom werd de SMI ontwikkeld?

De tot nu toe beschikbare instrumenten voor het vaststellen van de aanwezigheid van schemamodi (bijvoorbeeld de Young Atkinson Mode Inventory, YAMI, van Young, Atkinson, Arntz & Weishaar, 2004, en de Schema Mode Questionnaire, van Klokman, Arntz & Sieswerda, 2001) zijn om drie redenen ontoereikend. Ten eerste kan met deze vragenlijsten enkel de aanwezigheid van de maximaal tien centrale modi worden gemeten. Bijgevolg kan er vaak geen uitspraak worden gedaan over stoornisspecifieke modi. Ten tweede is er van de YAMI geen officiële Nederlandse vertaling voorhanden. Ten derde is informatie over de betrouwbaarheid en validiteit van de bestaande modus-vragenlijsten beperkt. Deze beperkingen stonden een adequate vaststelling van modi door middel van zelfrapportagevragenlijsten in de weg, terwijl dit een van de belangrijkste stappen is in de modusconceptualisatie bij aanvang van de therapie.

### Manieren om modi te meten

Bij het meten van modi door middel van zelfrapportagevragenlijsten moet het volgende worden overwogen met betrekking tot de scoringsinstructie van de items. Ten eerste kan de disfunctionaliteit van modi op twee manieren worden bepaald: door het vaststellen van hun frequentie en intensiteit. Mensen kunnen namelijk gehinderd worden door hun maladaptieve modi wanneer deze vaak voorkomen, maar ook wanneer deze modi niet vaak op de voorgrond treden maar wel erg intensief. Omdat beide gradaties van belang kunnen zijn in de therapeutische setting, werd in een pilotstudie getest of het mogelijk was elk item van de SMI te scoren op zowel frequentie ('Hoe vaak komt dit voor?') als op intensiteit ('Hoe intens was deze gedachte, emotie of dit gedrag voor u?'). Uit deze pilotstudie bleek echter dat het voor patiënten erg moeilijk was om de twee dimensies van elkaar te onderscheiden. Daarom is er besloten in de SMI elk item enkel op de frequentie dimensie te scoren. Dit neemt echter niet weg dat het voor therapeutische doeleinden belangrijk is om ook de intensiteit van de aanwezige modi in kaart te brengen.

De tweede overweging die van belang is bij het schrijven van modusitems is onderscheid te maken tussen de zogenoemde 'state'- en 'trait'-conceptualisatie van modi. Omdat schemamodi het huidige toestandsbeeld van een patiënt weergeven, zijn modi per definitie 'state'-concepten. Toch zijn er twee manieren waarop de modi in kaart kunnen worden gebracht. Door te vragen welke modi *op het moment van afname* van de vragenlijst aanwezig zijn, zullen enkel die modus of modi worden aangegeven waarin de patiënt zich op dát moment bevindt. Omdat de kans relatief groot is dat een patiënt zich tijdens de testafname van de vragenlijst in een relatief neutrale of gezonde modus zal bevinden, bestaat echter de mogelijkheid dat dit geen adequate weergave is van de ernst van de pathologie van de patiënt. Voor zowel therapeutische als onderzoeksdoeleinden is het veel informatiever een overzicht te hebben van de modi die de patiënt in kwestie het vaakst vertoont, onafhankelijk van de modus waarin de patiënt zich op het moment van het invullen van de vragenlijst bevindt. Daarom wordt in de inleiding van de SMI gevraagd aan te geven *hoe vaak* de patiënt vindt dat de stelling *over het algemeen* voor hem of haar van toepassing is.

## Aanpak

### De voorlopers van de SMI

Tot nu toe waren twee vragenlijsten beschikbaar om de aanwezigheid van schemamodi te bepalen. De eerste is de Schema Mode Questionnaire (SMQ) die werd ontwikkeld door Klokman, Arntz en Sieswerda (2001). De SMQ bestaat uit 119 items die de aanwezigheid van zeven schemamodi in kaart brengen: het Verlaten en misbruikte kind, het Woedende kind, de Onthechte beschermer, de Straffende ouder, de Willoze inschikkelijke, de Overcompenseerder en de Gezonde volwassene. Per modus zijn er telkens zeventien items: zeven items die een gedachte weergeven, vijf items die gevoelens weergeven en vijf items die gedragingen weergeven. De items worden gescoord op een continue schaal (de zogenoemde Visuele Analoge Schaal of VAS-schaal) van 100 mm lang die loopt van 'ik geloof dit helemaal niet' tot 'ik geloof dit helemaal' voor gedachten, van 'ik voel me nooit zo' tot 'ik voel me altijd zo' voor gevoelens, en van 'ik doe dit nooit' tot 'ik doe dit altijd' voor gedragingen. Deze SMQ werd gebruikt in de studie van Arntz, Klokman, en Sieswerda (2005). Voor het onderzoek van Lobbestael en collega's (2005) werd de SMQ aangevuld met de Pest en aanval-modus, omdat verwacht werd dat deze modus kenmerkend zou zijn voor patiënten met een antisociale persoonlijkheidsstoornis, een van de centrale groepen in deze studie. Beide studies toonden aan dat de samenhang tussen de items van de modusschalen goed is: de Cronbach's alfa-waarden varieerden over de twee studies heen van 0,80 tot 0,94, met een gemiddelde van 0,91.

De tweede bestaande moduslijst is de Young-Atkinson Mode Inventory (YAMI) die in 2004 ontwikkeld werd door Young en collega's. Deze Amerikaanse lijst bevat 186 items, die de aanwezigheid van tien modi meet: naast de zeven modi uit de SMQ zijn dit het Impulsieve kind, de Veeleisende ouder en het Blije kind. Een ander verschil met de SMQ is dat het Verlaten en misbruikte kind in de YAMI het Kwetsbare kind wordt genoemd, wat een iets bredere definitie heeft. Verder worden de items van de YAMI niet gerandomiseerd aangeboden of opgedeeld in gedachten, gevoelens en gedragingen, maar geclusterd per modus. De items van de YAMI moeten worden gescoord op frequentie op een 6-puntsschaal die gaat van 'nooit of bijna nooit' naar 'bijna altijd'. Tot nu toe zijn er geen gegevens beschikbaar over de validiteit of betrouwbaarheid van de YAMI.

### De ontwikkeling van de SMI

Recent werd door Young en collega's (2007) de Schema Mode Inventory (SMI) uitgebracht. De lijst werd ontwikkeld omdat er behoefte was aan een modusvragenlijst die geschikt zou zijn om de aanwezigheid van alle tot nu toe geïdentificeerde schemamodi te meten. Volgens het model van Young (Young, Klosko & Weishaar, 2003) is er bij de narcistische persoonlijkheidsstoornis sprake van een Zelfverheerlijker-modus. Deze modus kan echter niet gemeten worden met de SMQ of de YAMI, aangezien deze enkel de overkoepelende modus van de Overcompenseerder bevatten. Met deze eerdere versies kan dus niet gekeken worden of een bepaalde patiënt of patiëntengroep gekenmerkt wordt door deze specifieke Zelfverheerlijker-modus. De SMI levert echter meer informatie op over de stoornisspecifieke modi, hetgeen de klinische relevantie van de lijst verhoogt. De SMI is een uitbreiding van de SMQ en de YAMI en bevat dan ook alle items uit de SMQ en YAMI (met uitzondering van een paar items die onvoldoende samenhang vertoonden met hun modusschaal). Daarnaast werd de SMI aangevuld met items gebaseerd op suggesties door Beck, Freeman en Davis (2004) en Young en collega's (2003) en klinische observatie.

### De vertalingsprocedure van de YAMI-items

De items uit de Amerikaanse YAMI werden vertaald met toestemming van Jeffrey Young. De vertaling van deze YAMI-items vond als volgt plaats: eerst werden de items uit het Engels naar het Nederlands vertaald door de Nederlandstalige SMI-auteurs, daarna werden deze Nederlandse items terugvertaald naar het Engels door een tweetalige, onafhankelijke vertaler. Daarna werd deze vertaalde Engelstalige versie vergeleken met de oorspronkelijke YAMI-items door een onafhankelijke onderzoeksassistente. De gevonden (vaak erg subtiele) taalkundige verschillen tussen deze beide versies werden aangepast door een Amerikaan. Vervolgens werd door de Nederlandse auteurs van de SMI in overleg met Jeffrey Young bepaald hoe de oorspronkelijke YAMI-items geïnterpreteerd moeten worden, en werd door de Nederlandse auteurs van de SMI bepaald welke Nederlandse termen het meest overeenkomen met de termen van de YAMI.

### De opzet van de SMI

Oorspronkelijk bestond de SMI uit 269 items, waarmee de aanwezigheid van zestien modi werd gemeten. Aangezien de afname van deze vragenlijst erg tijds- en arbeidsintensief was voor de patiënten (afnameduur 30 tot 45 minuten), maar ook voor de therapeuten die de lijst moesten scoren en interpreteren, werd een nieuwe en definitieve versie van de SMI uitgebracht (Young et al., 2007). Voor het samenstellen van deze SMI werden per modus die items geselecteerd die statistisch gezien het best pasten bij deze bepaalde modus en inhoudelijk zo min mogelijk overlap vertoonden met andere schalen; met andere woorden, items die een zo hoog mogelijke unieke lading vertoonden. In de zoektocht naar deze uniek ladende items bleken de items van het Eenzame kind en van het Verlaten en misbruikte kind telkens op beide schalen te laden: er konden voor deze items dus onvoldoende uniek ladende items worden geselecteerd. Daarom werd ervoor gekozen de items van deze twee schalen samen te voegen tot een schaal die hernoemd werd tot het Kwetsbare kind. Tevens bleek dat de items van de Overcompenseerder telkens hoger laadden op andere schalen, en er dus ook voor deze schaal geen uniek ladende items te definiëren waren. Bijgevolg werd deze schaal uit de SMI verwijderd. De SMI bestond daarom uiteindelijk uit veertien schalen:

1 *Kwetsbare kind*: voelt zich als een eenzaam kind dat enkel gewaardeerd wordt in de mate van verheerlijking van de ouders. Omdat er niet voldaan is aan de belangrijkste emotionele behoeften van het kind, ontstaat er een gevoel van leegte en eenzaamheid. Voelt de enorme emotionele pijn en verlatingsangst die in direct verband staat met het misbruikverleden.
2 *Woedende kind*: voelt zich intens kwaad, woedend, razend of ongeduldig omdat niet wordt voldaan aan de basale emotionele (of fysieke) behoeften van het kind.
3 *Razende kind*: intense kwaadheid die zich uit in kwetsende of beschadigende acties ten opzichte van mensen of voorwerpen. De woedegevoelens kunnen niet meer onder controle worden gehouden.
4 *Impulsieve kind*: handelt op basis van niet-basale verlangens of impulsen op een egoïstische of ongecontroleerde manier om zijn/haar eigen zin te krijgen, en heeft vaak moeite kortetermijnbevrediging uit te stellen.
5 *Ongedisciplineerde kind*: kan zich niet dwingen routine- of vervelende taken af te maken, raakt snel gefrustreerd en geeft snel op.
6 *Blije kind*: voelt zich geliefd, tevreden, verbonden, voldaan, vervuld, beschermd, aanvaard, geprezen, waardevol, gevoed, begeleid, begrepen, gevalideerd, vol zelfvertrouwen, competent, voldoende autonoom of onafhankelijk, veilig, veerkrachtig, sterk, in controle, buigzaam, betrokken, optimistisch en spontaan.
7 *Willoze inschikkelijke*: gedraagt zich op een passieve, dienende, onderdanige, goedkeuring-zoekende, zelfkritische manier in de buurt van anderen als gevolg van angst, conflict of afwijzing. Tolereert misbruik en/of slechte behandeling.
8 *Onthechte beschermer*: snijdt gevoelens en behoeften af. Onthecht zich emotioneel van anderen en verwerpt hun hulp. Voelt zich teruggetrokken, verdwaasd, afgeleid, afgesneden, gedepersonaliseerd, leeg of verveeld.
9 *Onthechte zelfsusser*: streeft afleiding, zelfsussende, of zelfstimulerende activiteiten na (bijvoorbeeld middelenmisbruik, werken, slapen, internetten, chatten, sporten of seksuele activiteiten) op een compulsieve of overmatige manier, om zichzelf af te leiden van vervelende gevoelens of om deze te vermijden.
10 *Zelfverheerlijker*: gedraagt zich op een egocentrische of eigenbelangnastrevende manier om zijn of haar zin te krijgen, zonder rekening te houden met de gevoelens van anderen. Vertoont superieur of neerbuigend gedrag tegenover anderen. Kan zich speciaal voelen, of vinden dat hij/zij een betere behandeling verdient dan anderen.
11 *Pest en aanval*: kwetst, beheerst, misleidt anderen of gedraagt zich passief-agressief jegens anderen om te overcompenseren voor of om om te gaan met misbruik, wantrouwen, deprivatie of tekortkomingen.
12 *Straffende ouder*: vindt dat hij- of zijzelf straf of schuld verdient, en handelt vaak naar deze gevoelens door zichzelf of anderen te beschuldigen, bestraffen of misbruiken (bijvoorbeeld automutilatie).
13 *Veeleisende ouder*: vindt dat de 'juiste' manier van 'zijn' gekenmerkt wordt door perfectie, eigen doel bereiken op zeer hoog niveau, streven naar een

hoge status, bescheiden zijn, andermans behoeften boven die van zichzelf plaatsen of efficiënt zijn en verspilling van tijd vermijden.

14 *Gezonde volwassene*: voedt, valideert en bevestigt de Kwetsbare kind-modus. Stelt limieten voor de Woedende, Razende en Impulsieve kind-modi. Promoot en ondersteunt de Blije kind-modus. Verslaat en verplaatst eventueel de maladaptieve coping-modi (zoals de modi Onthechte beschermer, Onthechte zelfsusser en Pest en aanval). Neutraliseert of modereert de maladaptieve ouder-modi (Straffende ouder en Veeleisende ouder).

In totaal bevat de SMI 125 items. Het aantal items per modus varieert van 5 tot 10, met een gemiddelde van 8,9 items. De afnametijd van de SMI bedraagt ongeveer twintig minuten. Alle items worden gerandomiseerd aangeboden om responstendenties te vermijden. De items moeten gescoord worden op frequentie door middel van een 6-puntsschaal die varieert van 'nooit of bijna nooit' naar 'altijd'. Het nadeel van het gebruik van een 6-puntsschaal ten opzichte van een continue VAS-schaal is dat met een 6-puntsschaal een minder genuanceerd antwoord kan worden gegeven dan met een VAS-schaal die veel meer antwoordopties heeft. Omdat een VAS-schaal weer het nadeel heeft dat de scoring ervan veel tijd in beslag neemt, is er voor de SMI toch geopteerd voor een 6-puntsscoring.

### Interpretatie van de SMI

De uitkomstscores van de verschillende modi van de SMI worden bepaald door het gemiddelde te berekenen van alle items van die schaal. Tot nu toe zijn er nog geen normtabellen beschikbaar voor het interpreteren van de uitkomsten van de SMI. Daarom moeten de uitkomsten op de SMI voorlopig relatief geïnterpreteerd worden, en heeft de SMI vooral tot doel om die modi op te sporen die het sterkst aanwezig zijn bij de patiënt.

### Psychometrische eigenschappen van de SMI

#### *Steekproef*

De SMI is de eerste modusvragenlijst die uitgebreid werd onderzocht op betrouwbaarheid en validiteit (Lobbestael, Van Vreeswijk, Arntz & Spinhoven, aangeboden voor publicatie). Dit gebeurde in een steekproef van 863 proefpersonen. Omdat er voor validatie van vragenlijsten van deze omvang een grote onderzoekspopulatie nodig is, is het verleidelijk deze steekproef op een relatief eenvoudige manier te vullen met gezonde mensen. Het probleem is echter dat scores op modi van een populatie die grotendeels bestaat uit mensen met weinig pathologie scheef verdeeld zijn omdat zij relatief laag scoren op pathologische modi. Daarom is het belangrijk een steekproef te selecteren met een variërende mate aan pathologie. De populatie van het SMI-validatieonderzoek bestond uit 319 niet-patiënten, 136 as-I-patiënten en 236 as-II-patiënten. Deze patiënten waren afkomstig uit ggz-instellingen voor klinische zowel als ambulante behandeling, penitentiaire instellingen en tbs-klinieken uit Nederland en België. Van 88% van deze deelnemers werden de as-I- en as-II-diagnosen bepaald door middel van de gestructureerde en klinische interviews voor DSM-IV as-I- en as-II-stoornissen (First, Spitzer, Gibbon & Williams, 1996; SCID I en II, First, Spitzer, Gibbon, Williams & Benjamin, 1997; Weertman, Arntz & Kerkhofs, 2000).

*Factorstructuur*

Om te beginnen werd van de SMI de factorstructuur bepaald. Dit is belangrijk om te testen of de items van de SMI nu inderdaad het beste zijn in te delen in de veertien schalen, of dat sommige schalen zo erg op elkaar lijken dat het beter is een aantal schalen samen in één factor onder te brengen. Zo kan bijvoorbeeld getest worden of de schalen van de Straffende ouder en de Veeleisende ouder gekenmerkt worden door aparte items, of dat het beter is deze modi onder een schaal van maladaptieve oudermodi te plaatsen omdat de scores op de items van beide schalen te veel op elkaar lijken. Voor het bepalen van de factorstructuur van een vragenlijst wordt veelal standaard explorerende factoranalyse gebruikt in SPSS. Explorerende factoranalyse is echter enkel geschikt wanneer er niet a priori een assumptie is over de factorstructuur van de lijst in kwestie. Zodra er wel een theoretisch kader is, moet getoetst worden of de verkregen data overeenkomen met de vooropgestelde theorie door middel van confirmerende factoranalyses, die kunnen worden uitgevoerd met behulp van de statistische programma's Lisrell (Jöreskog & Sörbom, 2001) of Amos (Arbuckle, 2005). Omdat de indeling van de SMI in veertien schalen gebaseerd is op de modusindeling van Young, werd in deze studie gebruik gemaakt van confirmerende factoranalyses.

De resultaten van deze factoranalyses toonden aan dat het bij de SMI het beste was aparte factoren aan te houden voor elk van de veertien schalen. Dit betekent dat het alvast op een statistisch niveau nuttig is al deze schalen van elkaar te onderscheiden omdat zij wel degelijk andere constructen meten. Dit komt overeen met de klinische observatie dat veel therapeuten en patiënten aangeven dat hoewel verschillende van de modi onderling veel gelijkenissen vertonen, ze fundamenteel toch andere constructen weergeven die ook onderscheidbaar zijn. De grote onderlinge samenhang tussen de verschillende modi bleek ook uit het feit dat de modi vaak onderling hoog correleerden, met name modi die tot dezelfde categorie behoorden, bijvoorbeeld het Woedende en het Razende kind die beide tot woedegerelateerde kindmodi behoren, en het Blije kind en de Gezonde volwassene die beide de gezonde modi binnen de modustheorie weergeven. Parallel daaraan lieten verdere Cronbach's alfa-analyses zien dat de interne samenhang van alle items van de veertien modischalen voldoende tot uitstekend is. Dit betekent dat de scorepatronen op de items van de verschillende schalen voldoende gelijkenissen vertonen om dezelfde schaal te meten.

*Modiscores in subgroepen*

Het concept van de modus is in het leven geroepen om de persoonlijkheidsstoornispathologie te verklaren. Dit in het bijzonder vanwege de grote variatie aan problemen die mensen met ernstige persoonlijkheidsproblematiek vertonen, en om de snelle wisselingen in hun toestandsbeeld te verklaren. Vanuit deze redenering zou men verwachten dat modi het minst sterk aanwezig zijn bij gezonde personen, respectievelijk gevolgd door patiënten met as-I-problematiek en ten slotte door as-II-patiënten. Ook deze hypothese werd in de validatiestudie naar de SMI getest. Resultaten toonden aan dat de hoogte van de maladaptieve modi inderdaad toenam van de gezonden naar de as-I- en vervolgens de as-II-patiënten. Daarnaast werd de sterkte van de modi allereerst voorspeld door de ernst van de persoonlijkheidsstoornissen. Dit toont aan dat het modusconcept inderdaad specifiek is voor persoonlijkheidsstoornissen, en modi een verklaring kunnen vormen voor de pathologie van deze categorie patiënten.

*Samenhang tussen modi en schema's*

Om meer te weten te komen over de samenhang tussen schemamodi en vroege maladaptieve schema's, werden in dit onderzoek de correlaties tussen beide concepten onderzocht. De grote inhoudelijke gelijkenis tussen beide constructen kwam tot uiting in middelmatige tot hoge correlaties tussen de veertien modi en de vijftien schema's. De meeste van deze hoge correlaties konden verklaard worden door een grote inhoudelijke overeenkomst tussen die bepaalde modi en schema's, bijvoorbeeld tussen de Willoze inschikkelijke-modus en de schema's van Afhankelijkheid/onbekwaamheid, Onderwerping en Zelfopoffering. Verder bleek dat de modi die meer extreme gedragingen weergeven (zoals het Razende kind of de Zelfverheerlijker) minder overlap vertoonden met de schema's. Dit kan erop wijzen dat de extremere gedragingen typerend voor persoonlijkheidsproblematiek meer tot uiting komen in modi dan in schema's. Dit sluit aan bij Youngs rationale achter de ontwikkeling van het modusconcept.

*Constructvaliditeit*

Om te toetsen of men er met de conceptualisatie van een modus wel echt in geslaagd is de beoogde inhoud te meten (bijvoorbeeld of de modus van het Woedende kind inderdaad woede meet), is het van belang de samenhang te bekijken tussen modi en andere (subschalen van) vragenlijsten waarvan reeds bewezen is dat zij op een betrouwbare en valide manier het beoogde construct meten. Dit noemt men constructvaliditeit. Hoewel de resultaten van de constructvaliditeit van de SMI in de goede richting wezen, waren de verwachte correlaties tussen de modi en hun inhoudelijk geassocieerde andere vragenlijsten over het algemeen wat lager dan verwacht. Een verklaring hiervoor zou kunnen zijn dat de constructen die gemeten worden met deze theoretisch gelinkte vragenlijsten vaak eenduidiger zijn dan de modi, die meestal een combinatie van verschillende opvattingen, emoties en gedragingen weergeven.

*Test-hertestbetrouwbaarheid*

Ten slotte werd in dit onderzoek de test-hertestbetrouwbaarheid gemeten. Hoewel modi dus tijdelijke toestandsbeelden weergeven, is het toch van belang dat de combinatie van modi die patiënten aangeven vaak te ervaren, stabiel blijft over de tijd. Resultaten toonden aan dat dit wel degelijk het geval was.

*Conclusie*

Gesteld kan worden dat de SMI een goede betrouwbaarheid en validiteit laat zien, waarmee het een waardevol instrument is zowel voor gebruik in de klinische praktijk als voor onderzoeksdoeleinden.

## Valkuilen en tips

Een therapeute die werkzaam is in een tbs-kliniek overweegt schematherapie voor een van haar patiënten. Deze patiënt vertoont veel plotselinge wisselingen in zijn gedrag, gevoelens en denkpatronen en de therapeute vermoedt een sterke aanwezigheid van de Razende kind-modus maar ook een Straffende ouder en Kwetsbare kind. De therapeute laat de patiënt de SMI invullen, maar vindt een heel ander patroon dan ze verwacht had: een hoge score op de Gezonde volwassene-modus en lage scores op alle maladaptieve modi. De therapeute twijfelt; heeft ze deze patiënt dan zo verkeerd beoordeeld? Betekent dit dat schematherapie niet zinvol zou zijn voor deze patiënt? Heeft de patiënt de SMI wel eerlijk ingevuld?

Over het algemeen wordt aangenomen dat patiënten met een antisociale persoonlijkheidsstoornis de neiging hebben om negatieve aspecten van zichzelf te ontkennen. Deze aanname werd bevestigd in een van de studies waarin de zelfrapportage van de modi vergeleken werd met de rapportage van de modi van de patiënt door een behandelaar (Lobbestael et al., aangeboden voor publicatie). Patiënten met een antisociale persoonlijkheidsstoornis bleken een significant lagere aanwezigheid van de meeste pathologische modi aan te geven dan hun behandelaren. Daarom moet er bij patiënten met een antisociaal profiel rekening worden gehouden met mogelijke onderrapportage van de maladaptieve modi. Onderrapportage van maladaptieve modi kan echter ook het gevolg zijn van een gebrek aan zelfinzicht bij patiënten. Wanneer de scores op de verschillende modi opvallend lager zijn dan verwacht op basis van het klinische beeld dat de therapeut van de patiënt in kwestie heeft, is het belangrijk dit niet zonder meer als waarheid te aanvaarden. Het is aan te raden met deze patiënten ook altijd bij derden te informeren naar de aanwezigheid van de modi bij deze persoon, bijvoorbeeld door hen ook een SMI te laten invullen over deze patiënt. Een andere optie is bij deze patiënt op een indirecte manier de aanwezigheid van modi te meten, bijvoorbeeld door middel van 'Impliciete associatietaken' (zie bijvoorbeeld Greenwald, McGhee & Schwartz, 1998).

## Toekomst

In de toekomst zou moeten worden bepaald of er specifiekere items kunnen worden opgesteld voor de modi van het Verlaten en misbruikte kind en de Overcontroleerder. In het huidige onderzoek bleken deze items namelijk te aspecifiek omdat ze te hoog op andere modusschalen laadden. Bovendien is het van belang normgroepen aan te maken opdat de ruwe scores van de SMI adequaat geïnterpreteerd kunnen worden.

Ongetwijfeld zullen er in de toekomst nog meer modi gespecificeerd worden die centraal staan bij bepaalde persoonlijkheidsstoornissen. Om te vermijden dat een onuitputtelijke lijst van modi wordt samengesteld, zou kritisch moeten worden overwogen wat de unieke waarde van deze modi is. Vanzelfsprekend zal ieder individu net een iets andere variant van een bepaalde modus laten zien. Het is pas zinvol extra modi toe te voegen wanneer deze het idiosyncratische niveau overschrijden, en voldoende specifiek zijn voor een bepaalde subgroep van persoonlijkheidsproblematiek. Indien verondersteld wordt dat bepaalde modi voldoende additionele waarde hebben voor een betere en vollediger conceptualisatie van het modusmodel, zouden de items van de betreffende modi toegevoegd moeten worden aan de huidige SMI. Daarna zouden opnieuw alle stappen van de psychometrische toetsing doorlopen moeten worden.

## Literatuur

Arbuckle, J.L. (2005). *Amos 5 for Windows*. Chicago: Small Waters.

Arntz, A., Klokman, J., & Sieswerda, S. (2005). An experimental test of the schema mode model of borderline personality disorder. *Journal of Behaviour Therapy and Experimental Psychiatry, 36*, 226-239.

Beck, A., Freeman, A., & Davis, D. (2004). *Cognitive Therapy of Personality Disorders* (second edition). New York: The Guilford Press.

First, M.B., Spitzer, R.L., Gibbon, M., Williams, J.B.W. (1996). *Structured Clinical Interview for DSM-IV Axis I disorders (SCID-I)*, Patient Edition (SCID-I/P, Version 2.0). New York: Biometric Research Department.

First, M.B., Spitzer, R.L., Gibbon, M., Williams, J.B.W., & Benjamin, L. (1997). *Structured Clinical Interview for DSM-IV Personality Disorders (SCID-II)*. Washington, DC: American Psychiatric Press.

Greenwald, A., McGhee, D., & Schwartz, J. (1998). Measuring individual differences in implicit cognition: the implicit association task. *Journal of Personality and Social Psychology, 74*, 1464-1480.

Jöreskog, K.G., & Sörbom, D. (2001). *LISREL 8.54*. Chicago: Scientific Software International.

Klokman, J., Arntz, A., & Sieswerda, S. (2001). *The schema mode questionnaire (state and trait version), intern document*. Maastricht: Universiteit Maastricht.

Lobbestael, J., Arntz, A., & Sieswerda, S. (2005). Schema modes and childhood abuse in borderline and antisocial personality disorders. *Journal of Behaviour Therapy and Experimental Psychiatry, 36*, 240-253.

Lobbestael, J., Vreeswijk, M.F. van, Arntz, A., & Spinhoven, Ph. (aangeboden voor publicatie). Reliability and validity of the Schema Mode Inventory (SMI).

Lobbestael, J., Vreeswijk, M.F. van, Arntz, A., Spinhoven, Ph., & 't Hoen, T. (2005). *The Schema Mode Inventory-revised*. Maastricht: Universiteit Maastricht.

Lobbestael, J., Vreeswijk, M.F. van, & Arntz, A. (in voorbereiding). Schema modes in axis I and axis II patients and normal controls.

Weertman, A., Arntz, A., & Kerkhofs, M.L.M. (2000). *Gestructureerd diagnostisch interview voor DSM-IV persoonlijkheidsstoornissen (SCID II). (Oorspronkelijke titel Structural and clinical interview for DSM-IV personality disorders, SCID II).* Lisse: Swets Test Publisher.

Young, J., Arntz, A., Atkinson, T., Lobbestael, J., Weishaar, M., Vreeswijk, M.F. van, & Klokman, J. (2007). *Schema Mode Inventory (SMI version 1)*. New York: Schema Therapy Institute.

Young, J.E., Atkinson, T., Engels, A.A., & Weishaar, M.E. (2004). *The Young Atkinson Mode Inventory*. New York: Cognitive Therapy Centre.

Young, J.E., Klosko, J., & Weishaar, M.E. (2003). *Schema therapy: A practitioner's guide*. New York: The Guilford Press.

# Deel 6
# Organisatie en management

# 26 Implementatie van schematherapie in ggz-instellingen

M. Nadort

In dit hoofdstuk wordt allereerst kort beschreven wat implementatie inhoudt. Dan volgt een overzicht van de huidige stand van zaken wat betreft de implementatie van schematherapie (ST) in de reguliere geestelijke gezondheidszorg in Nederland. Een onderzoek naar implementatie van ST wordt uitgebreid beschreven: de implementatie van ST voor de borderline persoonlijkheidsstoornis binnen de reguliere ggz.

Implementatie kan worden omschreven als 'een procesmatige en planmatige invoering van vernieuwingen en/of verbeteringen (van bewezen waarde) met als doel dat deze een structurele plaats krijgen in het (beroepsmatig) handelen, in het functioneren van organisatie(s) of in de structuur van de gezondheidszorg' (Hulscher, 2000).

Deze definitie kent verschillende belangrijke elementen:

- Procesmatige en planmatige invoering: er worden op beredeneerde wijze strategieën en activiteiten gekozen en uitgevoerd om de toepassing van een bepaalde vernieuwing of verandering te bereiken. Dergelijke strategieën kunnen zich richten op hulpverleners, patiënten of organisatorische of structurele aspecten van de zorg.
- Vernieuwingen en/of verbeteringen (van bewezen waarde): het gaat om het invoeren van werkwijzen, technieken of organisatievormen die nieuw, beter of anders zijn dan wat gangbaar is in een bepaalde setting. Dit kunnen nieuwe therapieën of diagnostische procedures zijn die in een goed opgezet patiëntgebonden onderzoek hun waarde hebben bewezen.
- Een structurele plaats krijgen: implementatie moet leiden tot blijvende verandering.
- In het (beroepsmatig) handelen, het functioneren van organisatie(s) of de structuur van de gezondheidszorg: veranderingen kunnen op verschillende niveaus plaatsvinden. Implementatie houdt in dat veranderingen in de organisatie of structuur van de zorg consequenties voor de patiënt en het primaire proces van de zorg moeten hebben. Het gaat meestal om het vergroten van de effectiviteit, de doelmatigheid of patiëntgerichtheid van de zorg, met directe effecten voor patiënten (Grol & Wensing, 2006).

Op grond van onderzoeksliteratuur wordt aanbevolen om bij implementatie met de volgende aandachtspunten rekening te houden (Grol & Wensing, 2006):

- een systematische aanpak en een goede planning van de implementatie-activiteiten;
- aandacht voor praktische maatregelen en voor het creëren van een context voor verandering;
- implementeren betekent voor de doelgroep het doorlopen van een stapsgewijs proces;
- aandacht voor de innovatie: is het een 'goed product'?
- in kaart brengen van feitelijke zorg en afwijkingen van de beoogde werkwijze;
- diagnostische analyse van doelgroep en setting vóór de start van de implementatie;
- subgroepen uit de doelgroep kunnen in verschillende fasen van het veranderingsproces zitten en verschillende behoeften hebben: houd rekening met segmenten in de doelgroep;
- de doelgroep betrekken bij zowel de ontwikkeling en aanpassing van de innovatie als bij het plannen van de implementatie;
- keuze van implementatieactiviteiten koppelen aan bevindingen van de diagnostische analyse;
- meestal is een enkelvoudige methode of maatregel onvoldoende; zoeken naar een kosteneffectieve mix van methoden;
- onderscheid maken in fasen van implementatie (verspreiden, implementeren, integreren): verschillende maatregelen en strategieën zijn effectief in verschillende fasen;
- de juiste maatregelen nemen op verschillende niveaus: landelijk, lokaal, team, praktijk, professional;
- continue evaluatie van het implementatieproces en het resultaat ervan; feedback aan doelgroep;
- implementatie inbouwen in bestaande structuren en streven naar langetermijneffecten.

## Praktijk

Als we de huidige stand van zaken wat betreft de implementatie van schematherapie bekijken valt op dat ST op allerlei manieren wordt gegeven: in individuele therapie, in groepstherapie, bij partnerrelatietherapie, als zelfstandige therapievorm of als deeltherapie binnen een (dag-)klinische setting. Daarnaast is er een enorm verschil in de duur van de aangeboden ST: deze kan variëren van 240 zittingen individuele ambulante psychotherapie (Giesen-Bloo et al., 2006), waarbij patiënten gedurende drie jaar twee zittingen schematherapie per week krijgen, tot twintig zittingen schemagroepstherapie (Van Vreeswijk & Broersen, 2006).

Niet alleen de wijze waarop ST wordt gegeven verschilt, ook het aanbod binnen de reguliere gezondheidszorg is divers: zo wordt ST gegeven binnen verschillende instellingen uit de reguliere ggz (poliklinieken en Riagg), maar ook in gespecialiseerde centra voor persoonlijkheidsproblematiek. Ook wordt ST toegepast in instellingen in het forensische veld (zie hoofdstuk 11 en hoofdstuk 27 in dit boek) en instellingen voor verslavingsproblematiek (zie hoofdstuk 10). Daarnaast wordt ST gegeven in praktijken van vrijgevestigde psychologen of psychotherapeuten.

## Literatuuronderzoek naar langerdurende psychotherapie

ST wordt vaak gegeven aan patiënten met persoonlijkheidsproblematiek. ST in een ambulante setting is dan ook dikwijls langdurige psychotherapie. Het implementeren van deze vorm van langdurige psychotherapie, onderzoeksstudies uitgezonderd, was tot voor kort zeer problematisch gezien de overheidsmaatregel van maximaal vijftig zittingen psychotherapie voor patiënten met diagnose persoonlijkheidsstoornis.

Op grond van hun literatuurstudie naar langerdurende psychotherapie (LPT) concluderen Daenen en collega's (2005) dat langerdurende psychotherapie een effectieve behandelmethode is bij verschillende patiëntengroepen en niet mag ontbreken in het totale aanbod aan psychotherapeutische behandelingen. Langerdurende psychotherapie vormt een logische stap tussen kortdurende psychotherapie en (dag)klinische behandelprogramma's.

In een ander artikel (Daenen & Van Reekum, 2006) waarin zij verschillende onderzoeken naar ambulante langerdurende psychotherapie bij patiënten met een persoonlijkheidsstoornis naast elkaar hebben gelegd, concluderen zij dat 'bij een maximale duur van vijftig zittingen een groot deel van de patiënten met persoonlijkheidsstoornissen onderbehandeld zal blijven. Dit geldt vooral voor patiënten met een borderline persoonlijkheidsstoornis maar ook voor patiënten met comorbide psychiatrische stoornissen'. Inmiddels is de overheidsmaatregel van maximaal vijftig zittingen psychotherapie opgeheven en kunnen patiënten binnen een DBC ('Diagnose Behandeling Combinatie') langer behandeld worden. Dit biedt meer mogelijkheden tot het implementeren van langdurige ST.

## Effectonderzoek

De (kosten)effectiviteit van ST bij de borderline persoonlijkheidsstoornis is onderzocht in de randomized controlled trial (RCT) *Outpatient psychotherapy for borderline personality disorder, randomized trial of schema-focused therapy vs transference focused psychotherapy* (Giesen-Bloo et al., 2006). Er wordt een aantal gecontroleerde studies uitgevoerd waarin de effectiviteit en de kosteneffectiviteit van ST worden onderzocht. Dit zijn het implementatieonderzoek naar ST bij de borderline persoonlijkheidsstoornis binnen de reguliere ggz (Nadort ongoing study) en het onderzoek naar ST in vijftig zittingen (Bamelis et al., 2006-2010). Ook wordt een onderzoek naar ST in een forensische setting uitgevoerd (Bernstein, Arntz & Vos, 2007).

### Implementatieonderzoek binnen de reguliere ggz

Op grond van de resultaten van de zojuist genoemde RCT (Giesen-Bloo et al., 2006) waarin schematherapie als beste methode naar voren kwam werd besloten dat schematherapie geïmplementeerd moest worden.

Bij het verlenen van de subsidie voor de RCT had het college van Zorgverzekeraars, dat de subsidie verleende, als voorwaarde gesteld dat een (klein) gedeelte van de subsidie gebruikt zou worden voor het implementeren van de meest (kosten)effectieve behandeling. Met behulp van deze subsidie werd de eerste stap gezet voor het implementeren van ST voor de borderline persoonlijkheidsstoornis.

De implementatierichtlijnen van Grol en Wensing (2006) volgend, werden twee stappen gezet: er werd een diagnostische analyse uigevoerd waarin de bevorderende en belemmerende factoren in kaart werden gebracht (Arntz, Dircksen & Bleecke, 2005) en er werd een proefimplementatie uitgevoerd (Nadort & Giesen-Bloo, 2005). De diagnostische analyse bestond uit het afnemen van een schriftelijke vragenlijst bij behandelaren en managers en het houden van mondelinge interviews. Op grond van de uitkomsten van de diagnostische analyse leek er behoefte te bestaan aan een 'nieuwe, bewezen effectieve' therapie voor de behandeling van borderline patiënten.

### Proefimplementatie

Voor de proefimplementatie werden de volgende elementen ontwikkeld:
- Een ST-trainingsprogramma voor therapeuten in de vorm van een cursus van 50 uur, specifiek gericht op het behandelen van borderline patiënten. Om kwaliteit te waarborgen en implementatie van het trainingsprogramma in de toekomst ook aantrekkelijk te maken voor therapeuten werd de cursus opgezet volgens de richtlijnen van de Vereniging voor Gedragstherapie en Cognitieve Therapie (VGCt) als speciële vervolgcursus.
- Een serie therapietechnieken op dvd (Nadort, 2005). Deze dvd-box bestaat uit 34 fragmenten van tien minuten, in totaal zes uur film op zeven dvd's.
- Een website waarop informatie werd gegeven over schematherapie en de handleiding voor het gebruik van de dvd-box werd geplaatst: www.schematherapie.nl.

Vervolgens werd de cursus uitgevoerd en geëvalueerd. De cursus werd gegeven door twee ervaren trainers, mevrouw drs. H. van Genderen en mevrouw drs. M. Nadort, beiden werkzaam in het borderline-onderzoek. Acht behandelaren uit de reguliere ggz en de forensische psychologie namen deel aan de training. De training werd na afloop schriftelijk geëvalueerd door de deelnemers en de trainers. De training werd door de deelnemers op een 5-punts Likertschaal beoordeeld met 5 (zeer goed). De vaardigheden van de therapeuten na afloop werden gemeten door middel van een drietal korte rollenspelen met acteurs. Deze rollenspelen werden op video opgenomen en beoordeeld door drie onafhankelijke beoordelaren met behulp van de Young

Therapy Adherence and Competence Scale (Young, Arntz & Giesen-Bloo, 2005). Het gemiddelde van de beoordeling door de onafhankelijke beoordelaren gaf aan dat de training voldoende tot goed was om therapie te kunnen doen na een cursus van 50 uur. Op grond van de schriftelijke evaluaties door de deelnemers, de beoordeling van de rollenspelen door de onafhankelijke beoordelaren en de algemene beoordeling door de twee trainers werd vastgesteld dat de training gebruikt kon worden voor implementatie op grotere schaal.

Om ST breder te kunnen implementeren dan alleen in de reguliere ggz werd in 2005 een subsidieaanvraag geschreven voor het programma Doelmatigheid van ZonMw: 'Implementation of out-patient schema-focused therapy for borderline personality disorder in three settings: general psychiatry, forensic psychiatry and addiction treatment' (Nadort et al., 2005). Om de aanvraag te kunnen indienen was het noodzakelijk dat een aantal instellingen uit de reguliere ggz, de verslavingszorg en de forensische psychiatrie een toezegging tot deelname zou doen. Hiertoe werd een groot aantal instellingen in Nederland benaderd. Uiteindelijk kwam van vijf instellingen een toezegging tot deelname aan het implementatieonderzoek. In elk van deze vijf instellingen zouden minimaal zes behandelaren getraind worden. Elke behandelaar zou twee patiënten behandelen, zodat het totale aantal patiënten op minimaal zestig uit zou komen.

Begin 2006 werd echter duidelijk dat vier van de vijf instellingen, hoofdzakelijk uit de verslavingszorg en de forensische psychiatrie, om allerlei redenen (die later zullen worden beschreven, onder Praktijk) afzagen van deelname. Slechts één instelling uit de reguliere ggz wilde nog steeds meedoen met het implementatieonderzoek.

Hierop werd, in overleg met ZonMw, de subsidieaanvraag herschreven tot: 'Implementation of schema-focused therapy for borderline personality disorder in regular psychiatry'. Wel stelde ZonMw als voorwaarde dat een meer diepgaande analyse uitgevoerd zou worden om de belemmerende en bevorderende factoren voor implementatie te onderzoeken.

Vervolgens werden opnieuw instellingen benaderd binnen de reguliere ggz. Acht instellingen verklaarden zich nu bereid tot deelname.

## Implementatieonderzoek

Na de afronding van de proefimplementatie in 2005, kon in 2006 het daadwerkelijke implementatieonderzoek starten.

### *Onderzoeksvragen*

De hoofdvraag van de studie luidt: *is implementatie van ST voor de borderline persoonlijkheidsstoornis binnen de reguliere ggz mogelijk?* En als implementatie al mogelijk is, wat zijn dan de gevolgen voor de effectiviteit van de behandeling en de kosteneffectiviteit? In de RCT werd ST voornamelijk uitgevoerd binnen een academische setting en werd de langdurige psychotherapie gefinancierd met behulp van subsidiegelden. De behandeling bestond uit twee zittingen per week gedurende een periode van drie jaar. Tevens werden de therapeuten getraind door buitenlandse experts (J. Young, C. Newman en A.T. Beck). In de implementatiestudie worden de behandelingen grotendeels uitgevoerd binnen de reguliere ggz (poliklinieken en Riagg's) en worden de behandelingen betaald volgens de regeling AWBZ. De behandeling is minder intensief: het eerste jaar twee zittingen per week, het tweede jaar één zitting per week en het derde jaar één zitting per week of per twee weken. De therapeuten krijgen een minder intensieve training door Nederlandse experts.

Als tweede onderzoeksvraag wordt het belang van de telefonische bereikbaarheid buiten kantoortijd onderzocht. Deze telefonische bereikbaarheid wordt in de RCT (Giesen-Bloo et al., 2006), door Young en collega's (Young, Klosko & Weishaar, 2005) en door Van Genderen en Arntz (2005) als belangrijk element van ST voor borderline cliënten beschreven. Of dat terecht is, is echter niet systematisch onderzocht en telefonische bereikbaarheid bleek in de RCT voor een aantal therapeuten een belemmerende factor te zijn bij het uitvoeren van de behandeling. Voor implementatie van ST is het daarom belangrijk om deze factor goed te onderzoeken.

Dit gebeurt als volgt: aan alle benaderde therapeuten is vóór deelname aan de studie gevraagd of zij bereid zouden zijn tot het deelnemen aan telefonische bereikbaarheid. Therapeuten die hiertoe niet bereid waren konden niet deelnemen aan de studie. Daarna is aan de helft van de therapeuten via gestratificeerde randomisatie telefonische bereikbaarheid toegewezen. Dit houdt in dat per locatie de helft van de therapeuten wel en de helft van de therapeuten niet telefonisch bereikbaar is. Iedere therapeut behandelt twee patiënten, beiden met of zonder telefonische bereikbaarheid. Therapeuten met en zonder telefonische bereikbaarheid zitten in dezelfde intervisiegroep, hebben dezelfde training gehad en krijgen dezelfde supervisie.

De therapeuten houden het aantal telefonische contacten binnen en buiten kantoortijd bij op speciaal daarvoor ontworpen formulieren. Zij kunnen aangeven of het een crisiscontact, een administratief contact of een therapeutisch contact betreft.

Het doel van de implementatiestudie is te onderzoeken of er verschil in effect kan worden aangetoond tussen de conditie met en de conditie zonder telefonische bereikbaarheid buiten kantoortijd. Tevens wordt onderzocht welke conditie het meest kosteneffectief is.

### *Onderzoeksopzet*

Het onderzoek is opgezet als een 'multi center trial' verdeeld over acht instellingen in Nederland. Dit zijn de volgende instellingen: GGZ Friesland (locaties Heerenveen en Leeuwarden), BAVO RNO Groep (locaties Brainpark en Capelle a/d IJssel), GGZ Dijk en Duin (locaties Purmerend en Zaandam), GGZ Buitenamstel (locaties A.J. Ernststraat en Hogguerstraat), AMC/de Meren (locaties Domselaerstraat en Nienoord), Altrecht (locatie Zeist), Riagg

Amersfoort en de Bascule (locatie Lauriergracht). Zie het kaartje (figuur 26.1) voor een geografisch overzicht.

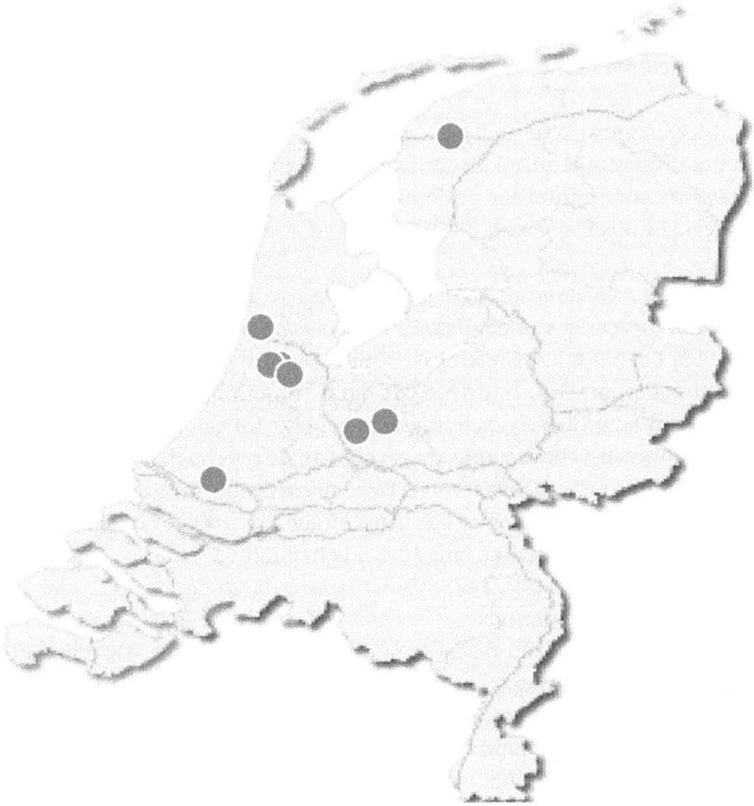

*Figuur 26.1*
Locaties van de instellingen die meedoen aan het ST-implementatieonderzoek.

### *Training therapeuten, behandeling en metingen patiënten*

In het voorjaar van 2006 zijn 31 therapeuten getraind gedurende acht dagen door drie ervaren trainers. Iedere therapeut kreeg twee patiënten toegewezen, zodat in totaal 62 patiënten worden behandeld. Dit is het aantal patiënten dat, volgens de powerberekening, minimaal nodig is om de twee condities met elkaar te kunnen vergelijken.

De crisisvoorzieningen via de huisarts en via crisisdiensten zijn voor alle patiënten vanzelfsprekend beschikbaar.

Per locatie nemen alle therapeuten deel aan een intervisiegroep gedurende een uur per week. Iedere intervisiegroep krijgt één keer per maand drie uur supervisie van de onderzoeker. Alle patiënten krijgen na inclusie een voormeting, een meting na een half jaar, een jaar en anderhalf jaar. Ook zal na drie jaar een eindmeting worden afgenomen.

## Aanpak

Implementeren van langdurige psychotherapie in een ambulante setting kent vele haken en ogen. Voorafgaand aan de proefimplementatie was de al genoemde diagnostische analyse uitgevoerd naar bevorderende en belemmerende factoren (Arntz et al., 2005) zoals omschreven in Grol en Wensing (2006).

Uit deze diagnostische analyse kwam een positief beeld naar voren: cognitief-gedragstherapeutisch Nederland wilde een nieuwe 'evidence-based' behandeling voor borderline patiënten. De weerbarstige praktijk bleek echter anders. Er bleek een aantal knelpunten te zijn.

*Maximumgrens aan aantal zittingen psychotherapie*
Tijdens het uitvoeren van de diagnostische analyse was er nog geen grens gesteld aan het aantal zittingen psychotherapie. Dit werd dus ook niet als knelpunt gerapporteerd. In de periode dat de proefimplementatie werd uitgevoerd werd langdurige psychotherapie beperkt tot een maximum van vijftig zittingen psychotherapie als gevolg van de overheidsmaatregel, afgekondigd door minister Hoogervorst. Deze maatregel is inmiddels teruggedraaid maar zorgde er wel voor dat instellingen vraagtekens hadden bij de uitvoering van een dergelijke langdurige behandeling.

*Eigen bijdrage voor psychotherapie*
Een ander probleem vormt de eigen bijdrage psychotherapie. De populatie die langdurige psychotherapie nodig heeft (de borderline cliënten) is geen financiële draagkrachtige groep. De eigen bijdrage per zitting psychotherapie bedraagt € 15. Per maand dus € 120 bij een therapie van twee zittingen per week. Nu is gelukkig het wettelijke maximumbedrag dat geheven kan worden per jaar € 684, maar ook dit vormt voor veel patiënten een onoverkomelijk probleem.

Via allerlei instanties kan ontheffing worden aangevraagd via de zogenoemde 'bijzondere bijstand', maar dit is een lange lijdensweg zowel voor de therapeut als voor de patiënt. Bovendien wordt de ontheffing ook niet altijd verleend. Per instelling kan ook afgezien worden van de heffing eigen bijdrage. Niet alle instellingen zijn hiertoe bereid omdat dit een derving van inkomsten betekent. In de implementatiestudie is voor een aantal patiënten bijzondere bijstand aangevraagd en verleend, een aantal instellingen heeft afgezien van de eigen bijdrage, een aantal instellingen niet en in die gevallen moest de patiënt de eigen bijdrage zelf te betalen. Als ST in de toekomst landelijk geïmplementeerd zou worden, zal er een oplossing gevonden moeten worden voor dit probleem.

*Implementatie in verslavingszorg en forensische psychiatrie*
Hoewel een aantal instellingen had toegezegd deel te nemen aan het implementatieonderzoek bleken in bovengenoemde settings toch problemen te rijzen die men niet bijtijds had voorzien: er bleken weinig patiënten met hoofddiagnose borderline persoonlijkheidsstoornis te zijn binnen de ambu-

lante forensische setting, veel meer met antisociale persoonlijkheidsproblematiek; er was geen bereidheid binnen de forensische psychiatrie om telefonisch bereikbaar te zijn buiten kantoortijd; in de verslavingszorg was het hoofddoel van de behandeling werken aan de verslavingsproblematiek en niet aan de persoonlijkheidsproblematiek, en er waren te weinig cognitief gedragstherapeuten in de verslavingszorg.

*Telefonische bereikbaarheid buiten kantoortijd*
Een aantal therapeuten zag af van deelname aan de studie omdat zij bang waren voor overbelasting in verband met de telefonische bereikbaarheid. Een instelling uit de reguliere ggz formuleerde het als volgt:

*'Binnen het team van psychotherapeuten, psychiaters en gz-psychologen met ervaring en affiniteit met de behandeling van patiënten met een borderline persoonlijkheidsstoornis zijn geen behandelaren bereid tot extra telefonische bereikbaarheid.'*

Een therapeute uit een andere instelling motiveerde haar weigering tot deelname als volgt:

*'Ik ben ambivalent ten aanzien van de telefonische bereikbaarheid. Ik vind een eventuele crisisinterventie in privétijd, met zorg voor twee kleine kinderen, toch te veel gevraagd.'*

*Commitment voor drie jaar*
Een aantal therapeuten had andere redenen om niet deel te nemen. Het was moeilijk om zich voor drie jaar te verbinden aan de studie in verband met naderend pensioen of in verband met privéomstandigheden:

*'Ik zou graag mee willen doen met het project, maar mijn partner zoekt momenteel werk in Amerika, het kan dus zijn dat ik het komende jaar verhuis. Helaas moet ik daarom afzien van deelname.'*

*'Ik ben zeer geïnteresseerd in dit project, maar ik heb geen vaste aanstelling bij mijn huidige werkgever. Het kan dus zijn dat ik elders in het land binnenkort een baan ga zoeken en kan me dan niet committeren voor de duur van drie jaar.'*

*Intervisiebijeenkomsten voor therapeuten die werkzaam zijn op verschillende locaties*
In de implementatiestudie zijn veel therapeuten werkzaam op verschillende locaties. Sommigen zijn voor intervisie van een uur per week meerdere uren aan het reizen. Dit levert op het gebied van productie en kosteneffectiviteit vanzelfsprekend problemen op.

Alle factoren (zowel belemmerende als bevorderende) zullen zo goed mogelijk in kaart worden gebracht en beschreven. Ook tussentijdse oplossingen en veranderingen worden beschreven. Aan het eind van het implementatieonderzoek zal evaluatie plaatsvinden en zullen aanbevelingen voor de toekomst worden gedaan. Ook wordt in het implementatieonderzoek door middel van vragenlijstonderzoek en interviews met behandelaren, managers en zorgverzekeraars onderzocht wat mogelijkheden zijn voor toekomstige implementatie.

De screening van het implementatieonderzoek is uitgevoerd door getrainde screeners op verschillende locaties. Zij werden getraind op locatie om de volgende meetinstrumenten te kunnen afnemen: MINI, SCID II, gedeelte borderline persoonlijkheidsstoornis, BPDSI-IV en Ziektekosteninterview. Daarnaast kregen zij informatie over de schriftelijke vragenlijsten die de patiënten zelf moesten invullen.

Voor het diagnosticeren van de as-I-problematiek is gebruik gemaakt van de MINI. In het onderzoek is uit implementatieoogpunt gekozen voor het afnemen van de MINI omdat deze gemakkelijker in te trainen was en omdat deze minder tijd kost om af te nemen bij de patiënten.

*Inclusiecriteria*: hoofddiagnose borderline persoonlijkheidsstoornis volgens de SCID II, leeftijd tussen 18-60 jaar, een BPDSI-score boven 20 en het voldoende machtig zijn van de Nederlandse taal.

*Exclusiecriteria*: BPS geen hoofddiagnose, een BPDSI-score beneden 20, het hebben van een psychotische stoornis, een bipolaire stoornis, ADHD of DIS. Verder middelenmisbruik van een zodanige ernst dat klinische detoxificatie eerst noodzakelijk is, of het onvoldoende machtig zijn van de Nederlandse taal.

De patiënten worden gezien voor een screening/voormeting, meting na een half jaar, een jaar, anderhalf jaar en ten slotte drie jaar. De behandelperiode voor het onderzoek is 1,5 jaar.

Er wordt gebruik gemaakt van de volgende meetinstrumenten: BPDSI, BPD-47 klachtenlijst, ziektekosteninterview, EuroQol, WHOQol, Young Schemavragenlijst en SCL-90. Tevens worden voor de therapeutische alliantie de WAI therapeut en WAI cliënt afgenomen. Verder ook de DDPQR. Voor verwijzingen over de meetinstrumenten zie hoofdstuk 21 (beschrijving van de RCT).

Vanuit de verschillende instellingen zijn 92 patiënten verwezen. Hiervan werden 28 personen geëxcludeerd op grond van de volgende redenen:

- BPS < 5 n = 14
- BPDSI < 20 n = 16
- psychotische stoornis n = 9
- ADHD n = 1
- bipolaire stoornis n = 1.

Er bleven 64 personen over. Hiervan werden er twee niet geïncludeerd vanwege logistieke problemen in verband met de wachtlijst en in verband met verhuizing.

De groep respondenten bestaat uit 62 patiënten, 60 vrouwen en 2 mannen. De gemiddelde leeftijd is 31,97 jaar (SD 9.06). Het percentage van deze groep dat psychotrope medicijnen gebruikt is 58,1 (n = 36). Het gemiddelde aantal diagnosen op as I is 2,27 (SD 1,42). Het gemiddelde op de BPDSI-baseline is 30.91 (SD 20,22-52,55).

Van deze 62 patiënten werden er 32 toegewezen aan de conditie met telefonische bereikbaarheid buiten kantoortijd; 30 werden toegewezen aan de conditie zonder telefonische bereikbaarheid. Met de eerste behandelingen werd begonnen in juli 2006.

Omdat de studie nog niet is afgerond kan er alleen voorlopig gerapporteerd worden over resultaten. De eerste bevindingen die zijn gepresenteerd op het Wereldcongres Gedragstherapie te Barcelona (WCBCT) in 2007 en het Europese congres Gedragstherapie (EABCT) te Helsinki in 2008 laten gunstige resultaten zien (Nadort, WCBCT 2007; Nadort, EABCT, 2008).

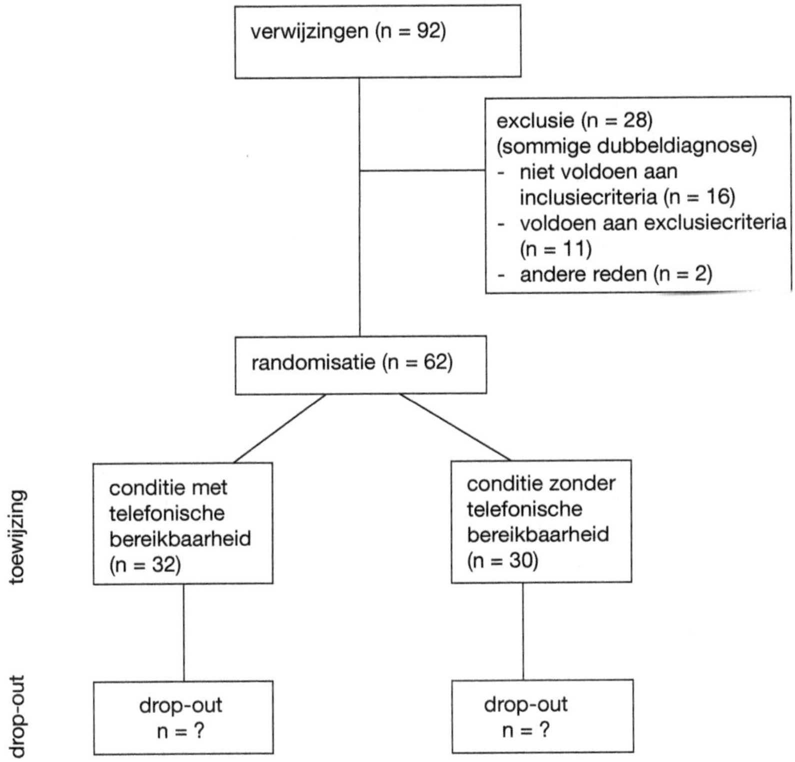


*Figuur 26.2*
Consortdiagram.

## Valkuilen en tips

*Telefonische bereikbaarheid*
De behandelingen in het kader van het implementatieonderzoek zijn nu twee jaar bezig.

Zoals vermeld heeft de ene helft van de therapeuten en patiënten de telefonische bereikbaarheid buiten kantoortijd wel en de andere helft niet. De wijze waarop en de mate waarin er door de patiënten gebruik van wordt gemaakt is verschillend. Er zijn patiënten die veel bellen, ook 's avonds en gedurende het weekend. Er zijn patiënten die gemiddeld bellen (één keer per week of per twee weken) en er zijn patiënten die ondanks het feit dat ze in deze conditie zijn ingeloot, nooit bellen. Nog niet is onderzocht of het gebruik van de telefonische bereikbaarheid mogelijk samenhangt met factoren als de ernst van de klachten op de BPDSI, comorbide klachten op as I, de tijdsduur van de problematiek of de mate waarin iemand al eerdere behandeling heeft gehad om zelf iets aan de klachten te doen als zich een crisis voordoet (Linehan-training of VERS-training).

De manier waarop de telefonische bereikbaarheid door de therapeuten wordt ervaren is ook verschillend: er zijn therapeuten die blij zijn met het feit dat ze zijn ingeloot in deze conditie en die vinden dat zij juist door de telefonische bereikbaarheid een goede behandeling kunnen bieden, er zijn therapeuten die dat ook vinden, maar die zich er tegelijkertijd soms (te) zwaar belast door voelen, en er zijn therapeuten die het ronduit problematisch en te zwaar vinden. Verder geven therapeuten aan dat zij ondersteuning door middel van de wekelijkse intervisiebijeenkomsten een noodzakelijke voorwaarde vinden om de behandeling en ook de telefonische bereikbaarheid vol te kunnen houden.

Alle telefonische contacten worden met behulp van speciale registratieformulieren bijgehouden. Zo kan precies in kaart worden gebracht hoe er door iedere patiënt gebruik van is gemaakt. Aan het eind van de behandeltermijn van drie jaar zal door middel van vragenlijsten aan alle therapeuten worden voorgelegd hoe zij de telefonische bereikbaarheid hebben ervaren. Aan het eind van het project zal gekeken worden of er verschil in effect aangetoond kan worden tussen de beide condities. Ook zal berekend worden of er verschil in kosteneffectiviteit is tussen beide condities. Naar aanleiding van de uitkomsten van het onderzoek zal duidelijk worden welke conditie het meest (kosten)effectief is. Indien dit de conditie met de telefonische bereikbaarheid is zullen maatregelen genomen moeten worden om therapeuten in tijd en in geld te compenseren. Dit gebeurt nu niet omdat het een implementatieonderzoek is en geïnventariseerd wordt hoeveel gebruik ervan wordt gemaakt. Uit de berekeningen van het onderzoek kunnen aanbevelingen voor de toekomst worden gedaan wat betreft de hoeveelheid te compenseren tijd en kosten.

*Intervisie en supervisie*

Uit alle evaluaties van de therapeuten komt duidelijk naar voren dat wekelijkse intervisie een absoluut noodzakelijke voorwaarde vormt om deze behandeling te kunnen uitvoeren.

Ook supervisie is een noodzakelijke voorwaarde. In het implementatieonderzoek is de frequentie van de supervisie in het eerste jaar een keer per maand. De supervisietijd is drie uur per instelling/intervisiegroep. In het tweede jaar zal deze frequentie verlaagd worden naar eens per twee of drie maanden. Afhankelijk van de evaluaties van de therapeuten en de supervisor zal deze frequentie worden gehandhaafd of worden bijgesteld.

De algemene bevinding is echter dat zowel intervisie als supervisie een noodzakelijke voorwaarde vormen voor het goed uitvoeren van de behandelingen en voor het goed kunnen implementeren van deze therapievorm. Deze voorwaarde zal dan ook duidelijk uitgedragen moeten worden tegenover beleidsmakers en afdelingsmanagers.

*Minimum aantal schematherapeuten per locatie binnen een instelling*

In het implementatieonderzoek is het aantal therapeuten per instelling verschillend. Het minimum aantal therapeuten per instelling bedraagt twee (de Bascule), het maximum aantal acht (GGZ Buitenamstel). Per instelling werken therapeuten echter op verschillende locaties. In deze studie zijn sommige locaties waar de ST-therapeuten alleen werken.

Hun ervaringen geven aan dat het lastig is om solitair te werken met deze methode doordat er weinig intercollegiale ondersteuning en feedback mogelijk is en ook de crisisopvang niet altijd goed geregeld is voor hun patiënten. Bij een groter aantal schematherapeuten op één locatie is ondersteuning en opvang gemakkelijker realiseerbaar.

*Ondersteuning door management en crisisdienst*

Op grond van de aanbevelingen van Grol en Wensing (2006) over effectieve implementatie is tijdens de proefimplementatie en bij de voorbereidingen van de implementatie in alle instellingen overleg geweest met managers en afdelingsmanagers. In een aantal instellingen zijn ook presentaties geweest over het implementatieproject.

Desalniettemin blijkt tijdens de uitvoering van de studie dat op de werkvloer behandelaren niet altijd gesteund worden door hun (afdeling-)managers. Zo wordt er, onder invloed van de grote werkdruk binnen de ggz welke vooral gericht is op het maken van productie, onvoldoende rekening gehouden met de uren die van tevoren waren begroot voor het project. Behandelaren hebben moeite om de tijd vrij te maken voor de behandeluren, voor de telefonische bereikbaarheid binnen kantoortijd en uren voor intervisie en supervisie.

Mogelijk zijn de uren die van tevoren waren begroot voor het onderzoek ook aan de lage kant, gezien de hoeveelheid werk: patiënten terugbellen, het regelen van crisisopvang, het voorbereiden van de zittingen, het lezen van de literatuur, sessieverslagen invullen, zittingen op audiocassettes opnemen en vragenlijsten invullen kosten de therapeuten veel tijd. Aan het eind van het project zal door middel van vragenlijsten aan de therapeuten voorgelegd worden wat zij een realistische tijdsbegroting vinden. Op grond hiervan zullen aanbevelingen worden gedaan voor de toekomst.

Verder valt op dat bij sommige instellingen de samenwerking met de crisisdienst uitstekend verloopt, in andere instellingen echter moeizaam doordat bij sommige crisisdiensten men het idee van de 'limited reparenting' en de beschikbaarheid van de therapeut onduidelijk of overdreven vindt. Mogelijk is hier tijdens de voorbereidingen te weinig aandacht aan gegeven. Op de locaties waar de samenwerking met de crisisdienst moeizaam verloopt, zullen voorlichtingsbijeenkomsten over ST en het implementatieproject worden gehouden.

*Indicaties voor verwijzingen/predictoren*

De eerste bevindingen van het onderzoek geven aan dat het voor patiënten die naar tevredenheid werden behandeld door een eerdere behandelaar (geen ST) moeilijk is om de overstap te maken naar een nieuwe therapeut voor een ST-behandeling. Onze aanbeveling is dan ook om goedlopende behandelingen niet te onderbreken, maar patiënten te verwijzen voor ST wanneer zij nog geen behandeling hebben of een behandeling niet naar wens verloopt.

Een andere eerste bevinding is dat de groep jongvolwassenen (18-23 jaar) die deelneemt aan de studie moeite heeft om zich aan de therapiefrequentie te houden van twee keer per week in het eerste jaar. Mogelijk is de lijdensdruk niet hoog genoeg of vindt men twee keer per week te zwaar. Daarnaast kenmerkt deze groep zich door veelvuldig afzeggen of helemaal niet komen. Deze bevindingen komen overeen met de bevindingen zoals beschreven in hoofdstuk 9 (Schematherapie bij adolescenten) en passen wellicht bij de levensfase. In het project proberen de behandelaren de jongvolwassenen zo goed mogelijk te motiveren om toch te komen en wordt toegestaan dat zij niet twee keer per week, maar minder vaak komen. Het is echter nog te vroeg om hier conclusies aan te verbinden en/of aanbevelingen te doen.

## Toekomst

Op grond van de uitkomsten van het implementatieonderzoek na anderhalf jaar behandeling (eind 2008) zal duidelijk worden of ST voor de borderline persoonlijkheidsstoornis implementeerbaar is in de reguliere gezondheidszorg. Ook is dan duidelijk of de telefonische bereikbaarheid buiten kantoortijd een noodzakelijke voorwaarde is voor de effectiviteit van de behandeling en of deze interventie kosteneffectief is. Indien dit laatste het geval blijkt zullen aanbevelingen worden gedaan over de vergoedingen in tijd en geld.

Afhankelijk van de uitkomsten van het implementatieonderzoek zullen aanbevelingen worden gedaan voor landelijke implementatie. Een goede indicatiestelling zal dan een aandachtspunt moeten zijn.

Voorlopige bevindingen geven aan dat het noodzakelijk is om vóór implementatie gedegen te overleggen met afdelingsmanagers en crisiscentra.

Verder is van belang voor de implementatie van ST voor borderline patiënten óf en op welke wijze vanaf 2008 de financiering van langdurige psychotherapie door de Zorgverzekeraars wordt vergoed.

Er is nog niet precies in kaart gebracht hoe en in welke instellingen ST wordt aangeboden. Na invoering van het register voor ST zal duidelijk worden in welke instellingen in Nederland en op welke wijze ST plaatsvindt.

## Literatuur


Arntz, A., Dirksen, C., & Bleecke, J. (2005). *Promoting and interfering factors related to implementation of schema focused therapy for borderline personality disorder in Dutch mental health care institutes.* Eindrapportage college voor Zorgverzekeraars.

Bamelis, L., Bernstein, D., Widdershoven, G., Spinhoven, Ph., Evers, S., Severens, H., Speckens, A., Roefs, A., Abma, T., & Arntz, A. (2006-2010). *Psychological treatment of personality disorders: A multicentered randomized controlled trial on the (cost-)effectiveness of Schema-Focused Therapy.* Promotietraject Universiteit Maastricht.

Bernstein, D.P., Arntz, A., & Vos, M.E. de (2007). Schemagerichte therapie in de forensische setting, theoretisch model en voorstellen voor best clinical practice. *Tijdschrift voor Psychotherapie, 33*, 120-133.

Daenen, E.W.P.M., & Reekum, A.C. van (2006). Ambulante langerdurende psychotherapie bij patiënten met een persoonlijkheidsstoornis. *Tijdschrift voor Psychotherapie, 32*, 20-32.

Daenen, E.W.P.M., Reekum, A.C. van, Knapen, P.M.F.J.J., & Verheul, R. (2005). Langerdurende ambulante psychotherapie is effectief. Een kritisch literatuuroverzicht per stoornis. *Tijdschrift voor Psychiatrie 47*, 603-612.

Genderen, H. van, & Arntz, A. (2005). *Schemagerichte cognitieve therapie bij borderline persoonlijkheidsstoornis.* Amsterdam, Uitgeverij Nieuwezijds.

Giesen-Bloo, J., Dyck, R. van, Spinhoven, Ph., Tilburg, W. van, Dirksen, C., Asselt, T. van, Kremers, I., Nadort, M., & Arntz, A. (2006). Outpatient Psychotherapy for Borderline Personality Disorder, Randomized Trial of Schema-Focused Therapy vs Transference Focused Psychotherapy. *Archives of General Psychiatry, 63*, 649-658.

Grol, R., & Wensing, M. (2006). *Implementatie: effectieve verbetering van de patiëntenzorg.* Maarssen: Elsevier Gezondheidszorg.

Hulscher, M., Wensing, M., Grol, R. (2000). *Effectieve implementatie: Theorieën en strategieën.* Den Haag: ZON.

Nadort, M. (2005). *Schematherapie voor de borderline persoonlijkheidsstoornis. Therapietechnieken.* dvd-box.

Nadort, M., & Giesen-Bloo, J. (2005). *Pilot implementation study of SFT for borderline patients.* Eindrapportage college voor Zorgverzekeraars.

Nadort, M., Dyck, R. van, Smit, J. H., Arntz, A., Spinhoven, Ph., Wensing, M., Giesen-Bloo, J., & Asselt, T. van (2005). *Implementation of out-patient schema-focused therapy for borderline personality disorder in three settings: general psychiatry, forensic psychiatry and addiction treatment.* Subsidieaanvraag voor het programma Doelmatigheid/deelprogramma Implementatie van ZonMw, aanvraagnummer 4197, 2005.

Nadort, M., Dyck, R. van, Smit, J. H., Arntz, A., Spinhoven, Ph., Wensing, M., Giesen-Bloo, J., & Asselt, T., van (2006). *Implementation of out-patient schema-focused therapy for borderline personality disorder in general psychiatry.* Subsidieaanvraag voor het programma Doelmatigheid/deelprogramma Implementatie van ZonMw, aanvraagnummer 945-16-313, 2006.

Nadort, M., Dyck, R. van, Smit, J.H., Arntz, A., Spinhoven, Ph., Wensing, M., Giesen-Bloo, J., & Asselt, T. van (ongoing study). Implementation of out-patient schema-focused therapy for borderline personality disorder in general psychiatry.

Nadort, M. (2007). *Implementation of out-patient schema-focused therapy for borderline personality disorder in general psychiatry.* Conference presentation on the V World Congress of Behavioural & Cognitive Therapies (WCBCT), Barcelona.

Nadort, M. (2008). *Implementation of out-patient schema-focused therapy for borderline personality disorder in general psychiatry.* Conference presentation on the European Congress of Behavioural & Cognitive Therapies (ECBCT), Helsinki.

Vreeswijk, M.F. van, & Broersen, J. (2006). *Schemagerichte therapie in groepen. Cognitieve groepspsychotherapie bij persoonlijkheidsproblematiek. Handleiding voor therapeuten.* Houten: Bohn Stafleu van Loghum.

Young, J.E., Arntz, A., & Giesen-Bloo, J. (2005). *Young Therapy Adherence and Competence Scale,* aangepaste versie.

Young, J.E., & Klosko, J.S. (1999). *Leven in je leven. Leer de valkuilen in je leven kennen.* Lisse: Swets & Zeitlinger.

Young, J.E., Klosko, J.S., & Weishaar, M.E. (2005). *Schemagerichte therapie: Handboek voor therapeuten.* Houten: Bohn Stafleu van Loghum.

*Website*

www.schematherapie.nl

# 27 Implementatie van schematherapie in Forensisch Psychiatrisch Centrum de Rooyse Wissel

T. Kersten en L. van de Vis

In tbs-klinieken kampt 75-80% van de patiënten met een of meer persoonlijkheidsstoornissen, veelal cluster B (Van Emmerik & Brouwers, 2001). De meeste tijd en aandacht van behandelaren gaat dan ook uit naar deze patiënten. Het implementeren van een effectieve behandelvorm voor persoonlijkheidsstoornissen heeft in deze sector de laatste jaren prioriteit gekregen. Twee behandelmodellen zijn inmiddels aangepast voor de forensische sector en worden momenteel actief geïmplementeerd: Dialectische Gedragstherapie (DGT) in Forensisch Psychiatrisch Centrum Oldenkotte (Blondelle, Williams & Van den Bosch, 2007) en Schematherapie (Bernstein, Arntz & De Vos, 2007) in onder meer de Rooyse Wissel, de Oostvaarderskliniek en de Van der Hoevenkliniek.

In dit hoofdstuk wordt het implementatietraject van schematherapie beschreven dat in de Rooyse Wissel is uitgezet. De gekozen werkwijze en knelpunten daarin worden toegelicht. De focus ligt hierbij op invoering van schematherapie (ST) op de behandelafdelingen, vooral in het sociotherapeutisch handelen.

## Praktijk

De Rooyse Wissel bestaat uit een tbs-kliniek en een polikliniek gevestigd op twee locaties. De kliniek bestaat uit dertien afdelingen, waar in totaal 229 mannelijke patiënten zijn opgenomen: 140 patiënten met persoonlijkheidsstoornissen (veelal cluster B), 65 patiënten met primair psychotische stoornissen en 24 patiënten met een verstandelijke handicap. Iedere afdeling heeft een qua problematiek gemengde patiëntenpopulatie. Wel zijn er aparte afdelingen voor opname en resocialisatie, voor de meer (psychotisch) kwetsbare patiënten en voor de licht verstandelijk gehandicapten. De behandeling krijgt gestalte in drie zorgprogramma's: voor persoonlijkheidsstoornissen, psychotische stoornissen en licht verstandelijk gehandicapten. Op iedere afdeling werken een hoofd Behandeling, hoofd Sociotherapeutisch Milieu, een afdelingspsycholoog en een team sociotherapeuten. De afdelingspsycholoog speelt een belangrijke rol in de behandelinhoudelijke ondersteuning van sociotherapeuten. De afdelingen maken gebruik van de Therapeutische Dienst, bestaande uit intakers, diagnostici, gezondheidszorgpsychologen, psychotherapeuten, vaktherapeuten, psychiaters, trainers behandelmodulen en maatschappelijk werkenden. Deze professionals voeren onder meer diagnostiek, delictanalyses en behandelingen uit, aangestuurd door de hoofden Behandeling van de diverse afdelingen. Ze maken deel uit van de multidisciplinaire teams die rondom patiënten zijn gevormd.

In 2003 heeft de Rooyse Wissel besloten schematherapie te gaan invoeren als sturend behandelmodel binnen het Zorgprogramma Persoonlijkheidsstoornissen en tevens als gemeenschappelijke taal binnen de hele instelling. In datzelfde jaar is een pilotimplementatie gehouden, waarin sociotherapeuten geschoold zijn in de basisprincipes van ST.

Daarna is een grootschaliger opleidingstraject opgezet. Dit begon met een basiscursus van twee dagen voor de hoofden Behandeling en hoofden Sociotherapeutisch Milieu. De medewerkers van de Therapeutische Dienst kregen eveneens deze basiscursus. De gz-psychologen, psychotherapeuten en vaktherapeuten zijn verder getraind in ST-cursussen en workshops. Alle sociotherapeuten en afdelingspsychologen hebben in 2005-2006 een cursus ST van zes dagdelen gevolgd, verzorgd door daarin getrainde gz-psychologen en vaktherapeuten van de Rooyse Wissel. Het opleidingstraject wordt om de twee jaar herhaald voor nieuwe medewerkers.

## Aanpak

Binnen de Therapeutische Dienst wordt schematherapie momenteel naar tevredenheid toegepast in de individuele behandeling door vijf gz-psychologen die deelnemen aan het onderzoek van Bernstein (zie hoofdstuk 11 van dit boek). Parallel aan de schema(psycho)therapie volgen patiënten ook individuele vaktherapie waarin principes van schematherapie zijn geïntegreerd. De gz-psychologen hebben wekelijks afwisselend supervisie- en intervisiebijeenkomsten.

De casusconceptualisatie is opgenomen in de delictanalyse. In de Rooyse Wissel wordt deze analyse verder uitgewerkt in de zogenoemde delictketengroepen die worden geleid door gz-psychologen en psychotherapeuten. De methode die hierin gebruikt wordt is de delictscenarioprocedure. Deze bestaat uit een reeks semigestructureerde gesprekken om cognitieve, emotionele, gedragsmatige en situationele factoren voor, tijdens en na het delict in kaart te brengen (Van Beek, 1999). De schemamodi die een rol speelden bij een delict ('risicoschemamodi') worden opgenomen in de delictketen.

Op de behandelafdelingen is de implementatie van schematherapie echter gestagneerd. De bedoeling was dat de afdelingen de borging van ST verder vorm zouden geven, maar dat is onvoldoende van de grond gekomen. Enkele hoofden Behandeling stellen wel de sociotherapeutische behandeldoelen op in termen van schema's en modi, maar dat gebeurt nog niet systematisch en er is onvoldoende afstemming tussen verschillende disciplines. De enige manier waarop sociotherapeuten nu in aanraking komen met schematherapie is via behandelverslagen van psychotherapie en vaktherapie van patiënten die ST volgen.

Vanwege de stagnatie is een nieuwe implementatieplan geschreven (Kersten, 2007), mede gebaseerd op literatuur over effectieve implementatie (Grol & Wensing, 2006). Eind 2007 is de implementatie opnieuw gestart op één behandelafdeling.

Het implementatieplan besteedt allereerst aandacht aan de vraag *wat* precies geïmplementeerd dient te worden bij welke disciplines. De taken van sociotherapeuten zijn daarin als volgt omschreven: het signaleren van probleemgedrag van een patiënt op de afdeling, het in kaart brengen van dit probleemgedrag met behulp van G-schema's (functionele analyses), het herkennen van de betreffende schemamodus en het bespreken van gezondere gedragsalternatieven.

Daarnaast wordt aandacht besteed aan de vraag *hoe* de onderdelen van de gemeenschappelijke taal en de behandeling geïmplementeerd kunnen worden. Een belangrijk uitgangspunt daarbij is dat de gz-psychologen en vaktherapeuten die opgeleid zijn in de schematherapie en de afdelingspsychologen een trekkersrol gaan vervullen. Zij hebben de meeste expertise op het gebied van ST en krijgen naast hun taken als behandelaar implementatietaken. Een tweede uitgangspunt is dat 'implementatie' opgevat wordt als een proces van doelen stellen, ontwikkeling, implementatie, borging en evaluatie, conform het model van Grol en Wensing (2006) (zie het vorige hoofdstuk). Ontwikkeling en implementatie vindt in eerste instantie steeds in een kleine pilot plaats. Dan volgt evaluatie en bijstelling en implementatie op bredere schaal. Het ontwikkelen van methoden, workshopmateriaal, formats en richtlijnen vindt plaats door middel van een interactief proces met de betrokkenen: hoofd Behandeling, hoofd Sociotherapeutisch Milieu, afdelingspsycholoog en sociotherapeuten. ST-principes kunnen zo maximaal worden geïntegreerd in bestaande methoden.

Het implementatieplan beoogt twee implementatietrajecten.

Het eerste is het *casuïstiektraject*. Dit wordt doorlopen door patiënten met persoonlijkheidsstoornissen die schematherapie krijgen door een gz-psycholoog en vaktherapeut (deze patiënten verblijven dus op verschillende afdelingen). De gz-psychologen die opgeleid zijn in schematherapie worden de trekkers van dit traject voor hun eigen patiënten. Zodra zij met patiënten de casusconceptualisatie en schemamodi hebben opgesteld (eerste therapiefase) start het traject. Dan worden er halfjaarlijkse ST-bijeenkomsten georganiseerd voor het multidisciplinaire en sociotherapeutische team, geïnitieerd vanuit en gekoppeld aan de behandelplanbespreking. Doelen van deze bijeenkomsten zijn: *1* consensus en eenduidigheid bereiken over schemamodi en benamingen ervoor, *2* behandeldoelen binnen verschillende disciplines vertalen in termen van schemamodi, 3 samenwerking en een taakverdeling realiseren met betrekking tot de aanpak van verschillende schemamodi en 4 het schematherapie-denken op de afdeling verder invoeren én bevorderen. Psychotherapie en vaktherapie brengen hier hun ST-expertise in en adviseren het hoofd Behandeling bij de vertaling van ST-principes naar de sociotherapeutische behandeling van de betrokken patiënt. Drie typen bijeenkomsten zijn uitgewerkt: multidisciplinaire bijeenkomsten, schemamodipresentatie door patiënten aan het hele sociotherapeutische team en schemamodi-evaluatiebijeenkomsten.

Het tweede traject heeft de vorm van een *afdelingspilot*. Eén afdeling fungeert als pilotafdeling bij de implementatie van schematherapie. Doel is een methode te ontwikkelen voor deze implementatie die later ook overgedragen kan worden aan andere afdelingen. De pilotafdeling krijgt een intensief traject aangeboden dat bestaat uit drie elementen: deskundigheidsbevordering, coaching en aansturing via disciplinedeelplannen sociotherapie. Bij de keuze van de afdeling is een aantal voorwaarden gesteld: een voltallig team (geen vacatures of personeelswisselingen op komst), enthousiasme voor deelname en bereidheid tot investering van extra tijd, en prioriteit willen geven aan de implementatie van schematherapie. Dit geldt voor alle disciplines verbonden aan een afdeling: afdelingsleiding, sociotherapie en afdelingspsycholoog.

Uiteindelijk zullen deze twee trajecten geïntegreerd worden in de reguliere behandelorganisatie.

Eind 2007 is een projectgroep implementatie schematherapie ingesteld en is de beschreven pilot gestart op afdeling de Nijl, een afdeling met tien patiënten. Er zijn dertien sociotherapeuten werkzaam. In vier maandelijkse dagdelen vindt deskundigheidsbevordering plaats in de vorm van workshops, waarin toepassing van het G-schema en het herkennen van en omgaan met schemamodi centraal staan. Daarna volgen maandelijkse coachingsbijeenkomsten rondom individuele patiënten. De bijeenkomsten worden geleid door de eerste auteur van dit hoofdstuk en de afdelingspsycholoog die tussentijds begeleidt bij het maken van huiswerkopdrachten (sociotherapie). Hierin wordt ook aandacht besteed aan de implementatie van kennis en vaardigheden met betrekking tot verslaving, omdat sociotherapeuten daar ook in zijn getraind in 2007. Daarnaast worden de doelen en interventies van disciplinedeelplannen sociotherapie door het hoofd Behandeling in samenwerking met de eerste auteur in ST-termen geformuleerd. Sociotherapeuten worden gecoacht in het uitvoeren van de interventies. Uiteindelijk zal de afdelingspsycholoog deze coaching stuctureel op zich nemen.

Na evaluatie en bijstelling van de deskundigheidsbevordering op afdeling de Nijl zal overdracht en training van andere gz-psychologen (en eventueel vaktherapeuten) en afdelingspsychologen plaatsvinden, zodat zij op andere afdelingen een soortgelijk traject kunnen verzorgen.

## Valkuilen en tips

Het implementatieproces in de Rooyse Wissel heeft een aantal valkuilen blootgelegd. De drie belangrijkste worden hieronder besproken:

1 Te veel ineens willen. Het plan schematherapie in één keer in de hele instelling te implementeren op alle dertien afdelingen is te ambitieus gebleken. De Rooyse Wissel is een dynamische instelling die de afgelopen jaren flink heeft uitgebreid. Organisatorische uitbreiding en inhoudelijke verdieping gingen niet goed samen. Daarnaast kampt de instelling met een chronisch personeelsgebrek en veel personeelswisselingen.
   Tip: start met een kleine pilot op één afdeling die stabiel is en toe is aan inhoudelijke verdieping.

2 Onvoldoende gebruik maken van ST-expertise van professionals. Gz-psychologen en vaktherapeuten worden uitvoerig getraind en gesuperviseerd in schematherapie. Zij gebruiken hun expertise echter alleen voor de behandeling van hun eigen patiënten en niet of nauwelijks voor de implementatie in de instelling.
   Tip: zorg ervoor dat de professionals met ST-expertise een actieve rol krijgen in de implementatie en dat bovendien steeds meer professionals (met name hoofden Behandeling, afdelingspsychologen) hier een actieve rol in krijgen.

3 Alleen een cursus geven aan sociotherapeuten is onvoldoende. De ST-kennis die sociotherapeuten hadden opgedaan is weggevloeid, onder meer omdat er geen borging plaatsvond. Uit onderzoek blijkt dat meerdere implementatiestrategieën noodzakelijk zijn om gedragsverandering te bewerkstelligen (Grol & Wensing, 2006).
   Tip: zorg ervoor dat na een cursus de ST-principes worden geborgd in de behandelplannen en bestaande methoden en geef supervisie en coaching over iedere individuele patiënt aan het hele sociotherapieteam.

## Toekomst

Eind 2008 zullen een implementatiemethode en evaluatiegegevens van de pilotafdeling beschikbaar zijn. Daarna kan de implementatie op bredere schaal plaatsvinden, onder leiding van getrainde gz-psychologen en vaktherapeuten. De afdelingspsychologen zullen de sociotherapeuten blijven coachen onder supervisie van een schematherapeut. Ook het casuïstiektraject zal in 2008 opgezet worden.

## Literatuur

Beek, D.J. van (1999). *De delictscenarioprocedure bij seksueel agressieve delinquenten*. Gouda: Gouda Quint.

Bernstein, D.P., Arntz, A., & Vos, M.E. de (2007). Schemagerichte therapie in de forensische setting. Theoretisch model en voorstellen voor best clinical practice. *Tijdschrift voor Psychotherapie, 33*, 120-139.

Blondelle, G., Williams, G., & Bosch, W. van den (2007). 'Operant milieu' in een tbs-kliniek. *Maandblad Geestelijke Volksgezondheid, 62*, 634-639.

Emmerik, J.L. van, & Brouwers, M. (2001). De terbeschikkingstelling in maat en getal: een beschrijving van de tbs-populatie in de periode 1995-2000. Den Haag: Ministerie van Justitie.

Grol, R., & Wensing, M. (2006). *Implementatie: Effectieve verbetering van patiëntenzorg.* Maarssen: Elsevier Gezondheidszorg.

Kersten, G.C.M. (2007). Implementatieplan schemagerichte cognitieve therapie ten behoeve van de Rooyse Wissel. Interne notitie.

# 28 Kosteneffectiviteit van schematherapie

A.D.I. van Asselt en J.H. Giesen-Bloo

Het onderzoek naar de kosten van psychotherapie is een relatief onontgonnen gebied. Intuïtief lijken de kosten van psychotherapie misschien minder relevant dan bijvoorbeeld die van een grote chirurgische ingreep, waarmee dure apparatuur en veel personeel gemoeid zijn. Maar behalve aan de kosten van de interventie zelf, moet ook gedacht worden aan de kosten van de ziekte die ermee 'genezen' kan worden. Die zijn in de meeste gevallen aanzienlijk. In een studie van Smit en collega's (Smit et al., 2006) werden de kosten van negen veel voorkomende psychische ziekten, namelijk van alcoholmisbruik en -afhankelijkheid en een aantal stemmings- en angststoornissen met elkaar vergeleken voor de Nederlandse situatie. De gemiddelde jaarlijkse extra kosten (dat wil zeggen: buiten de 'basisconsumptie' voor niet gerelateerde, kleine gezondheidsproblemen) voor de gemiddelde psychiatrische patiënt waren € 3.200. Dat was iets meer dan de gemiddelde kosten voor een somatische ziekte, die op € 3.020 geschat werden. Vooral de kosten van dysthymie en paniekstoornis waren behoorlijk hoog, respectievelijk € 10.322 en € 8.390. De kosten van patiënten met een borderline persoonlijkheidsstoornis waren niet berekend in deze studie. Een recente 'cost-of-illness' studie in Nederland (Van Asselt, Dirksen, Arntz & Severens, 2007) heeft deze kosten echter geschat op € 16.852. Afgezien van het feit dat deze cijfers waarschijnlijk niet goed te vergelijken zijn vanwege het gebruik van verschillende onderzoeksmethoden, mag aangenomen worden dat de kosten van borderline persoonlijkheidsstoornis voor de maatschappij relatief hoog zijn vergeleken met andere psychische stoornissen, en zeker met somatische stoornissen. Wat daarbij opgemerkt moet worden is dat een heel groot deel van de kosten van een borderline persoonlijkheidsstoornis niet gelegen zijn binnen de gezondheidszorg, maar voor bijna 80% daarbuiten, met name in zogenoemde productieverliezen en belasting van de omgeving. Iemand lijdt productieverlies als hij niet, of niet volledig, in staat is om betaald (of onbetaald) werk te verrichten. Aangezien een groot deel van de borderline patiënten in de WAO of in de bijstand zit, zijn de productieverliezen binnen deze groep heel hoog. De belasting van de omgeving verwijst naar de mate waarin een borderline patiënt beslag legt op de tijd van een familielid, buurvrouw of vriend omdat hij niet alleen kan zijn of omdat hij zijn huishouden niet zelf kan regelen. Deze tijd wordt in een kosteneffectiviteitsanalyse gewaardeerd in geld, omdat deze persoon op zo'n moment niet in de gelegenheid is om andere activiteiten uit te voeren. Hieruit volgend kan dus gesteld worden dat als een therapie een patiënt kan helpen om beter te functioneren, veel kosten bespaard kunnen worden zowel binnen als buiten de gezondheidszorg.

## Praktijk

### Kosteneffectiviteitsanalyse

In het huidige, door budgetten beperkte, gezondheidszorgsysteem speelt kosteneffectiviteit een steeds grotere rol. Het berekenen van de kosteneffectiviteit van een therapie komt in feite neer op het bekijken van die therapie op: biedt deze waar voor het geld? Immers, als er een andere therapie is die hetzelfde biedt voor een lagere prijs, of iets beters voor dezelfde prijs, dan moeten we overstappen op die andere therapie. Dit vanuit de eenvoudige gedachte dat met één euro een zo groot mogelijk aantal mensen geholpen moet worden. In de praktijk ligt het meestal niet zo simpel. Vaak is de ene therapie iets beter maar ook iets duurder dan de andere therapie. Dan is het de vraag of dat extra beetje effect de extra investering waard is. Een kosteneffectiviteitsanalyse is een van de vier vormen van een economische evaluatie (Drummond, O'Brien, Stoddart & Torrance, 1997) en levert informatie om een dergelijke beslissing te ondersteunen. De uitkomst wordt gesteld in termen van extra kosten per eenheid effect, bijvoorbeeld: therapie A geneest één patiënt meer dan therapie B en kost tien euro meer. Dit getal van tien euro per eenheid effect noemen we een incrementele-kosteneffectiviteitsratio (hierna aangeduid als ICER, naar het Engels), en deze wordt berekend op de volgende manier:

$$\frac{\text{kosten experimentele behandeling} - \text{kosten standaardbehandeling}}{\text{effecten experimentele behandeling} - \text{effecten standaardbehandeling}}$$

Op zichzelf zegt het getal van de ICER niet alles, een experimentele behandeling die beter en duurder is dan de standaardbehandeling kan op dezelfde ratio uitkomen als een behandeling die minder effectief en goedkoper is dan de standaardbehandeling. De ratio van twee negatieve getallen is immers ook positief. Om de ICER dus correct te kunnen interpreteren, is het belangrijk om de incrementele kosten en effecten (de teller en noemer van de ICER) ook apart te bekijken. Bij het vergelijken van incrementele kosten en effecten zijn vier combinaties mogelijk. Deze zijn weergegeven in tabel 28.1.

**Tabel 28.1 De combinaties van incrementele kosten en effecten in een vergelijking tussen twee behandelingen.**

| | *minder effect* | *meer effect* |
|---|---|---|
| hogere kosten | inferieur | ICER beoordelen |
| lagere kosten | ICER beoordelen? | dominant |

Wanneer de experimentele behandeling goedkoper is en een beter effect heeft dan de standaardbehandeling (rechts onder in de tabel), dan is de keuze gemakkelijk: de experimentele behandeling is zogezegd dominant en de standaardbehandeling zou zonder meer vervangen moeten worden door de experimentele behandeling. Is de situatie andersom (links boven in de tabel), dan is de keuze ook gemakkelijk: als de experimentele behandeling minder effect genereert en ook nog eens duurder is, dan is uiteraard de standaardbehandeling een betere keus. De experimentele behandeling is dan inferieur. In de overige twee gevallen ligt het gecompliceerder. Als de experimentele behandeling duurder is en beter (rechts boven in de tabel), een situatie die in de praktijk veel voorkomt, dan komt de ICER in beeld, want nu wordt de verhouding van incrementele kosten ten opzichte van incrementele effecten relevant, of om in de termen van het rekenvoorbeeld hierboven te spreken: mag het tien euro kosten om één extra patiënt te genezen? Deze vraag moet in principe beantwoord worden door beleidsmakers en het antwoord is afhankelijk van een aantal factoren, waaronder de ernst van de aandoening. Ten slotte is er nog de situatie waarin de experimentele behandeling weliswaar goedkoper is, maar ook tot minder goede effecten leidt dan de standaardbehandeling (links onder in de tabel). Theoretisch gezien is deze situatie gelijk aan de vorige, en zou de vraag zijn of het effectverlies en de kostenbesparing in een acceptabele verhouding tot elkaar staan. Maar is het überhaupt acceptabel dat er effectverlies optreedt? En zo ja, is dan de acceptabel geachte ratio van kosten en effecten dezelfde als in de rechterbovenhoek van het kwadrant? Met andere woorden: als tien euro of meer per genezen patiënt als kosteneffectief bestempeld wordt, is dan een besparing van tien euro of meer genoeg compensatie voor het feit dat één patiënt minder wordt genezen? Dit is een gevoelig onderwerp en binnen de kosteneffectiviteitsliteratuur is er nog geen consensus over bereikt (Dowie, 2005; Severens, Brunenberg, Fenwick, O'Brien & Joore, 2005).

Samengevat houdt een kosteneffectiviteitsanalyse dus in dat de incrementele kosten van een nieuwe interventie worden beoordeeld in samenhang met de incrementele effecten van die interventie, meestal ten opzichte van de huidige praktijk. Dit principe is schematisch weergegeven in figuur 28.1. Voor een zeer uitgebreide en heldere uitleg over economische evaluaties wordt het boek van Drummond en collega's (1997) aanbevolen.

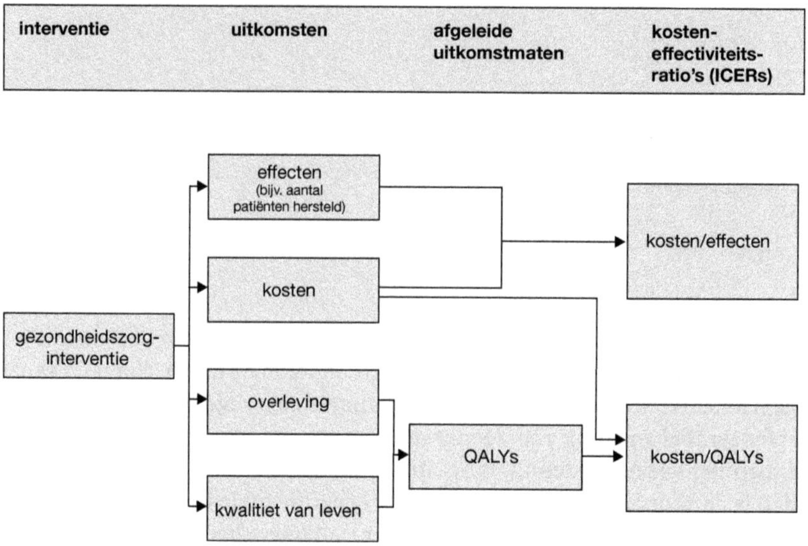


*Figuur 28.1*
Schematische weergave van de bestanddelen van een ICER.

## Quality Adjusted Life Years

Vanuit een maatschappelijk oogpunt moeten de kosten en effecten van een therapie afgezet worden tegen de kosten en effecten van interventies binnen de gehele medische wereld. Een voorbeeld is een vergelijking van psychotherapie versus een blindedarmoperatie. In het algemeen wordt bij een kosteneffectiviteitsanalyse, zoals al in de introductie aangegeven, een uitkomst berekend in termen van extra kosten (of besparingen) per eenheid effect. Het effect kan uitgedrukt worden in natuurlijke eenheden, bijvoorbeeld gewichtsverlies in kilo's, aantal voorkómen infecties, of aantal 'genezen' patiënten. Deze zijn alle ziektespecifiek en uitermate geschikt om de relatieve kosteneffectiviteit van een interventie ten opzichte van een andere interventie voor dezelfde ziekte weer te geven. Effect kan echter ook uitgedrukt worden in zogenoemde voor kwaliteit gecorrigeerde levensjaren, de 'Quality Adjusted Life Years' (QALY). Omdat een QALY niet ziektespecifiek is, maar feitelijk slechts een waardering inhoudt van de gezondheidstoestand die een ziekte met zich meebrengt, laat kosteneffectiviteit in termen van QALY's zich goed vergelijken over ziekten heen. De officiële term voor een kosteneffectiviteitsanalyse waarbij de QALY de effectmaat is, is een *kostenutiliteitsanalyse*. Hoe wordt nu een QALY berekend? Een QALY betekent feitelijk dat de levensduur van een patiënt wordt gecorrigeerd voor de gezondheidsgerelateerde kwaliteit van leven die de patiënt ervaart. De kwaliteit van leven wordt weergegeven met een zogenoemde utiliteit, een getal tussen 0 en 1, waarbij 0 de slechtst voorstelbare gezondheidstoestand is en 1 de allerbest mogelijke gezondheid. Deze utiliteit wordt vervolgens vermenigvuldigd met de periode waarin de patiënt in deze kwaliteit van leven verkeerd heeft, en dat resulteert in de QALY over deze periode. Over één jaar is het maximale aantal QALY's dus 1 (1*1) en het minimale aantal nul (1*0). De utiliteit kan gemeten worden met een aantal instrumenten, waarvan de meest wijdverbreide de EuroQoL-5D (EQ-5D) is (EuroQol group, 1990). De EQ-5D bestaat uit vijf vragen over mobiliteit, zelfzorg, dagelijkse activiteiten, pijn/ongemak, en angst/depressie. Op alle vragen zijn drie antwoorden mogelijk, die steeds in de vorm van geen problemen/wat problemen/ernstige problemen gesteld zijn.

## Praktijk

Wat betreft de kosteneffectiviteit van psychotherapie in het algemeen is er al wel enige literatuur beschikbaar, al staat die in geen verhouding met de hoeveelheid kostenstudies die in de somatische gezondheidszorg zijn uitgevoerd. In 2006 is een literatuuroverzicht verschenen van Myhr en Payne over de kosteneffectiviteit van cognitieve gedragstherapie (CGT). Zij vonden 22 studies die betrekking hadden op stemmings-, angst-, psychotische en somatoforme stoornissen. De bevindingen waren dat CGT over het algemeen kosteneffectief is. Voor angst en depressie is CGT goedkoper dan medicatie. Verder blijkt uit populatiestudies die depressie en angst modelleren, dat interventies (waaronder CGT) in het algemeen goedkoper zijn dan de huidige zorg en het maatschappelijk welzijn verbeteren. De algemene conclusie was dat (voor de Canadese situatie) veel kosten bespaard zouden kunnen worden door CGT meer toegankelijk te maken. Hoewel er dus redelijk wat aanwijzingen zijn dat psychotherapie kosteneffectief is, is er voor schematherapie (ST) nog weinig concreet bewijs. De kosteneffectiviteitsanalyse die gekoppeld was aan de borderline behandelstudie (Giesen-Bloo et al., 2006) concludeerde dat ST voor borderline persoonlijkheidsstoornis zeker kosteneffectief is wat betreft het aantal herstelde patiënten maar dat vanuit het oogpunt van QALY's de situatie min of meer onbeslist blijft (zie voor details verderop in dit hoofdstuk). De implementatiestudie van Nadort en collega's (Nadort et al., ongoing study) onderzoekt de effectiviteit en kosteneffectiviteit van ST in de reguliere ggz op acht locaties. De resultaten worden in de loop van 2009 verwacht. Vanuit de Universiteit Maastricht loopt er ook nog een gerandomiseerde multi-center study (Bamelis et al., 2006-2010) naar de effectiviteit en kosteneffectiviteit van ST bij zes verschillende persoonlijkheidsstoornissen (paranoïde, theatraal, narcistisch, vermijdend, afhankelijk en obsessief-compulsief). Hopelijk is er in de nabije toekomst een bredere wetenschappelijke basis ter beschikking wat betreft de kosteneffectiviteit van ST.

In dit hoofdstuk wordt beschreven welke kostenposten, en daarmee welk onderliggend gedrag, relevant zijn voor het bepalen van kosteneffectiviteit. In de literatuur wordt aanbevolen om uit te gaan van een maatschappelijk perspectief (Drummond et al., 1997). In het geval van borderline persoonlijkheidsstoornis houdt dat in dat alle kosten die te maken hebben met borderline persoonlijkheidsstoornis meegenomen dienen te worden in de analyse. Dat zijn naast kosten van de behandeling zelf en kosten voor de overige gezondheidszorg, ook de al eerder genoemde productieverliezen en belasting van de omgeving. Daarbij komen ook nog de kosten die de patiënt zelf maakt. Deze kostenposten zullen hieronder apart besproken worden.

### Therapie

Bij het onderzoeken van de kosteneffectiviteit van een bepaalde vorm van psychotherapie dienen uiteraard de kosten van de therapie zelf in kaart gebracht te worden. In theorie zou het enkel een kwestie kunnen zijn van het bepalen van een kostprijs per sessie, en dat bedrag vermenigvuldigen met het aantal sessies dat volgens protocol plaats had moeten vinden in de periode van onderzoek. In de praktijk komt het echter regelmatig voor dat een patiënt een sessie afzegt, of niet op komt dagen. Als een patiënt op tijd afzegt en de therapeut heeft nog tijd om een andere sessie in te plannen op het betreffende tijdstip, dan zijn er in principe geen kosten gemaakt. Zegt de patiënt niet op tijd af, of komt hij niet opdagen op het afgesproken tijdstip, dan kan de therapeut in dat uur geen therapie geven en telt deze gemiste sessie toch mee in de kosten. Bij een vergelijking tussen verschillende vormen van psychotherapie kan het dus gevolgen hebben voor de kosteneffectiviteit als patiënten bij de ene therapie gemakkelijker verzuimen dan bij de andere. Zelfs de kwaliteit van de relatie tussen patiënt en therapeut kan op deze manier doorwerken in de kosten. Als deze relatie slecht is zou een patiënt immers minder trouw kunnen zijn in presentie.

Een belangrijk aspect van ST is de telefonische bereikbaarheid van de therapeut. De bereikbaarheid op zich wordt (nog) niet altijd doorberekend bij de verschillende instellingen. Voor een goede schatting van de gemaakte kosten is het vereist dat de registratie van de telefonische gesprekken die plaatsvinden nauwgezet plaatsvindt. Daarbij moet gelet worden op de duur van het gesprek, de aard van het gesprek, en daarnaast de dag van de week en het tijdstip waarop het gesprek wordt gevoerd. Als de aard van het gesprek administratief is dan wordt het gesprek, afhankelijk van het aantal minuten, niet altijd meegerekend in de kosten. Dit is immers niet de essentie van de telefonische bereikbaarheid van ST, en dit deel zal niet anders zijn dan bij een therapie zonder telefonische bereikbaarheid van de therapeut. Betreft het een crisis- of een therapeutisch gesprek, dan telt het wel mee. De hoogte van de gesprekskosten is afhankelijk van dag en tijdstip. De implementatiestudie van Nadort en collega's (Nadort et al., ongoing study) waarin het gaat om de vraag of ST kosteneffectief is in de reguliere ggz, neemt de kosten van de telefonische bereikbaarheid expliciet mee in een vergelijking. Omdat het tijdens de kosteneffectiviteitsanalyse van de behandelstudie erg lastig bleek om de telefonische contacten goed in kaart te brengen, is bij de implementatiestudie van tevoren een formulier ontworpen om de contacten op bij te houden. In dit formulier zijn aard, duur, dag en tijdstip van de contacten zo goed mogelijk gespecificeerd.

## Zorgconsumptie

Behalve van psychotherapie maakt een borderline patiënt vaak nog gebruik van een heel scala aan gezondheidszorgvoorzieningen, waarbij gezondheidszorg gelezen moet worden in de breedste zin van het woord. Een deel van de patiënten maakt met enige regelmaat gebruik van de crisisdienst, crisisopvang en/of van voorzieningen als Bed op Recept. Soms heeft een patiënt regelmatig een 'controle' bij de huisarts, wat enkel dient om de situatie van de patiënt te kunnen blijven volgen. Ook kan er sprake van zijn van polikliniekbezoek, dagbehandeling, EHBO-bezoek of opname bij zowel psychiatrische als algemene ziekenhuizen. Daarnaast zijn er vaak nog contacten met maatschappelijk werk, een CAD, en eventueel gezinshulp en jeugdzorg. Al deze kosten zijn relevant vanuit maatschappelijk perspectief en zullen in kaart gebracht moeten worden. Er wordt soms van uitgegaan dat dergelijke gegevens per individu beschikbaar zijn in databases van verzekeraars, of in landelijke zorgregistraties, maar dat blijkt helaas een utopie. Zorg die onder de AWBZ valt (zoals de meeste van deze items) wordt niet per consult, en vaak ook niet herleidbaar tot het individu, geregistreerd. Navragen bij de patiënt zelf, periodiek via een zogenoemd kostendagboek of kosteninterview, lijkt de beste optie. Zolang de perioden tussen de interviews niet te lang zijn (maximaal drie maanden) zal er geen sprake zijn van structurele 'recall bias' (Severens, Mulder, Laheij & Verbeek, 2000; Van den Brink et al., 2005), wat wil zeggen dat de patiënt onbetrouwbare antwoorden geeft omdat hij het zich niet meer goed herinnert. Uiteraard zal er bij een borderline populatie wel extra aandacht besteed moeten worden aan de betrouwbaarheid. Het wordt aangeraden om de patiënten de dagboeken/interviews niet zelf te laten invullen (zoals wel gebeurt in andere onderzoekspopulaties), maar deze te laten afnemen en invullen door getrainde onderzoeksassistenten. Het bovenstaande geldt voor alle kostenposten die hieronder nog besproken zullen worden (met uitzondering van de justitiële kosten).

## Medicatie

De meerderheid van de borderline patiënten die behandeling ontvangen krijgt ook medicatie voorgeschreven. Om de kosten van deze medicatie te kunnen bepalen is het nodig dat deze goed geregistreerd wordt, dat wil zeggen dat naam van middel, periode waarover dit genomen is, aantal malen per dag en gebruikte dosis bekend moeten zijn. Aangezien een centrale registratie van medicatie meestal niet voorhanden is (omdat het nogal eens voorkomt dat een patiënt van apotheek wisselt) is het raadzaam deze gegevens door de patiënt zelf te laten verstrekken.

## Productieverliezen

Zoals eerder in dit hoofdstuk al naar voren is gebracht, zijn productieverliezen een belangrijk onderdeel van de totale kosten van borderline persoonlijkheidsstoornis. Productieverlies treedt op wanneer een patiënt door zijn stoornis niet of niet volledig in staat is om betaald werk te verrichten. Ook voor onbetaald werk (huishoudelijke activiteiten, vrijwilligerswerk, studie) kunnen productieverliezen berekend worden. In de borderline behandelstudie van Giesen-Bloo en collega's (2006) was 43% van de patiënten bij aanvang van de studie arbeidsongeschikt. Nog eens bijna 13% zat al dermate lang in de Ziektewet dat ze zeer binnenkort arbeidsongeschikt zouden worden. Een deel van de arbeidsongeschikte patiënten had zelfs nooit een betaalde baan gehad, zij werden al arbeidsongeschikt verklaard voordat ze überhaupt op de arbeidsmarkt kwamen. Het WAO-percentage in de algemene bevolking (15-64 jaar) lag in het eerste jaar van de studie (2000) op 8,8% (CBS, 2004), waarmee duidelijk mag zijn dat borderline patiënten wat betreft productiviteit ernstig gehinderd worden door hun stoornis. Er zijn uiteraard ook borderline patiënten die wel een betaalde baan hebben. Sommigen kunnen goed functioneren in een fulltime baan, maar bij de meeste patiënten is er regelmatig sprake van verzuim, of ze zitten vrijwel continu (al dan niet gedeeltelijk) in de Ziektewet, wat ook weer telt als productieverlies. Ook wat betreft niet-betaalde productie vormt borderline problematiek een enorm obstakel. Patiënten hebben veel moeite om hun huishouden te organiseren en om hun administratie op orde te houden, met alle gevolgen van dien. Ook kunnen veel patiënten de discipline niet opbrengen om een studie af te maken, of om een vrijwilligersbaan vol te houden, al is het voor slechts een paar uur per week.

De productieverliezen bij een borderline persoonlijkheidsstoornis zijn dus, samengevat, dat patiënten er moeite mee hebben een opleiding af te maken, en, als ze niet arbeidsongeschikt worden verklaard, veel verzuimen van hun werk, terwijl zij ook in huishoudelijke taken en vrijwilligerswerk veel verzuim vertonen.

Naast productieverliezen door morbiditeit treden in het geval van borderline persoonlijkheidsstoornis (en andere psychiatrische stoornissen) ook productieverliezen op door mortaliteit, en wel vanwege de kans op suïcide. Als een patiënt overlijdt wordt de toekomstige productiecapaciteit gereduceerd tot nul.

### Belasting van de omgeving

Een van de allergrootste kostenposten van de in de introductie genoemde 'cost-of-illness' studie naar borderline persoonlijkheidsstoornis (Van Asselt et al., 2007) was, na productieverlies door WAO, de informele zorg, oftewel de belasting die de patiënt legt op zijn omgeving. Deze belasting houdt in dat patiënten een beroep doen op mensen in hun directe omgeving omdat ze niet alleen kunnen of durven zijn, omdat ze niet alleen naar een afspraak durven, niet alleen boodschappen durven doen, of omdat ze hulp nodig hebben bij hun dagelijkse routinetaken of de verzorging en opvoeding van de kinderen.

### Justitiële kosten

Borderline patiënten kunnen door hun stoornis in aanraking komen met justitie. Persoonlijkheidsstoornissen zijn zeer prevalent in tbs-klinieken en gevangenissen. Hoewel de uitkomsten van een behandelstudie vaak geen goed beeld geven van de justitiële kosten die geassocieerd zijn met borderline persoonlijkheidsstoornis, omdat er over het algemeen geen geïnstitutionaliseerde patiënten in de onderzoeksgroep zitten, is het wel mogelijk om via een 'top-down' berekening (vermenigvuldigen van kosten van het justitiële apparaat met de prevalentie van borderline problematiek onder de betreffende populatie) een schatting van de totale kosten te maken. Timmerman en Emmelkamp (2001) vonden dat 23,1% van de gevangenen en 21,6% van de patiënten in tbs-klinieken een borderline persoonlijkheidsstoornis had. De prevalentie van borderline problematiek in gevangenissen en tbs-klinieken is dus fors, en gaat gepaard met substantiële kosten.

### Overige kosten

Naast alle al genoemde kosten zijn er ook nog de kosten die een patiënt zelf, rechtstreeks, maakt als gevolg van zijn stoornis. Daaronder vallen bijvoorbeeld medicijnen die zonder recept verkrijgbaar zijn (zoals pijnstillers), een bezoek aan een alternatief genezer die niet vergoed wordt door de verzekeraar, overmatig gebruik van alcohol en drugs (boven op iemands reguliere gebruik), het kopen van verbandmiddelen vanwege automutilatie, inkopen voor eetbuien en kosten van extreem veel bellen en roken. Hoewel het vaak heel moeilijk is om deze kostenposten te kwantificeren en om het borderlinegerelateerde deel te scheiden van het niet-borderlinegerelateerde deel, zijn deze kosten wel een wezenlijk onderdeel van de maatschappelijke kosten, en daarom mogen ze niet buiten beschouwing gelaten worden.

## Aanpak

De huidige aanpak wordt hier geïllustreerd aan de hand van de kosteneffectiviteitsanalyse (Van Asselt et al., 2008) die uitgevoerd is bij de borderline behandelstudie van Giesen-Bloo en collega's (2006). In deze behandelstudie werd ST vergeleken met Transference Focused Psychotherapy (TFP). De studie duurde vier jaar; behandeling vond plaats gedurende drie jaar met een frequentie van tweemaal per week. Tijdens deze drie jaar werd elke drie maanden een meting gedaan met diverse onderzoeksinstrumenten. Een jaar na het eind van de behandeling vond de laatste meting plaats, de followupmeting. De ICER's die berekend zijn in de kosteneffectiviteitsanalyse waren (figuur 28.2): de kosten per 'herstelde' patiënt, waarbij hersteld gedefinieerd was als een score op de Borderline Personality Disorder Severity Index-IV (BPDSI-IV) (Arntz et al, 2003) van minder dan vijftien bij follow-up, en de kosten per QALY.

## Berekening van kosten

De kosten werden berekend met een gestandaardiseerd kosteninterview, dat werd afgenomen door de onderzoeksassistenten. Dit interview bevatte de items die hierboven aan de orde zijn gekomen; dat wil zeggen: betaald en onbetaald werk en verzuim (inclusief huishoudelijke activiteiten), gebruik van gezondheidszorgvoorzieningen (onder meer huisarts, Riagg, ziekenhuis, crisisdienst), gebruik van medicijnen, gebruik van alcohol en drugs, belasting van de omgeving, en overige kosten zoals door de patiënt aangegeven. Tbs en suïcide waren uiteraard niet opgenomen in het interview. In figuur 28.2 zijn de driemaandelijkse kosten (die dus betrekking hebben op één meting) van de twee groepen op baseline en follow-up weergegeven. Het kostenpeil is voor beide groepen aanzienlijk gedaald. Wat ook opvalt, is dat er een verschil is tussen ST en TFP zowel op baseline als bij follow-up. Dit verschil is niet significant, maar wel substantieel en blijft min of meer in stand gedurende de hele trial. De totale kosten (exclusief de baseline) over de hele vier jaar waren € 37.994 voor ST en € 47.009 voor TFP.

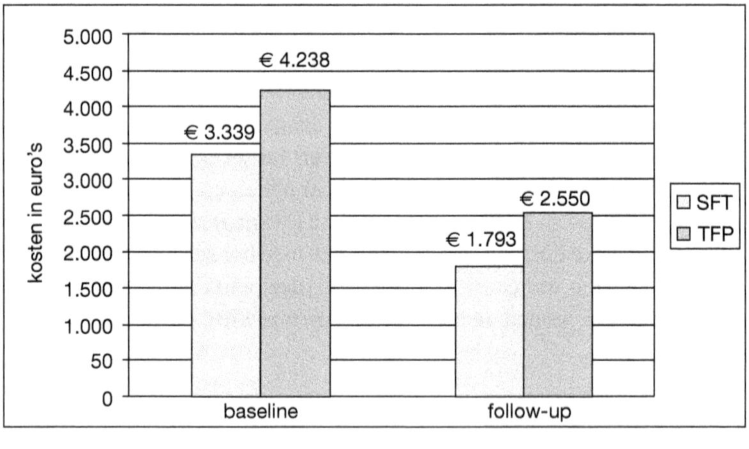


*Figuur 28.2*
Kosten op baseline en follow-up.

Patiënte, 49 jaar, heeft een baan voor twintig uur per week. Voor aanvang van de studie is er sprake van veel ziekteverzuim. Ze heeft eenmaal per week therapie bij psychiater/psychotherapeut, en bezoekt daarnaast af en toe een psycholoog van het CAD in verband met haar alcoholgebruik, dat behoorlijk ruim is, 25 glazen per week. Verder gebruikt ze een antidepressivum en een anxiolyticum. Al deze dingen bij elkaar opgeteld maakt deze patiënte voor circa 1.770 euro kosten in de drie maanden voordat de therapie begint. Na aanvang van ST stopt de patiënte met haar baan, en de reguliere therapieën komen te vervallen. Wel maakt zij nog af en toe gebruik van hulpverlening in verband met haar onverwerkte verleden. Haar alcoholgebruik blijft onverminderd hoog, maar de medicatie stopt geleidelijk. Na ruim twee jaar behandeling stopt de patiënte met de therapie (drop-out). Op dat moment heeft zij al enige tijd een nieuwe baan, waarbij weinig tot geen borderlinegerelateerd verzuim meer optreedt. De driemaandelijkse kosten na twee jaar liggen rond de 1000 euro.

## Berekening QALY's

De berekening van de QALY's vond plaats zoals al eerder in dit hoofdstuk beschreven: met behulp van de EQ-5D werden utiliteiten bepaald, die vervolgens vermenigvuldigd werden met de periode waarin de patiënte in deze toestand had verkeerd.

In figuur 28.3 zijn de utiliteiten van de twee groepen op baseline (vóór behandeling) en bij follow-up weergegeven. Het is duidelijk dat de kwaliteit van leven na aanvang van behandeling behoorlijk toeneemt. Het totale aantal QALY's was 2.15 voor ST en 2.27 voor TFP. Het kleine (niet significante) verschil wordt veroorzaakt doordat de patiënten in de TFP-groep vlak na het begin van de studie een snelle stijging op de EQ-5D laten zien, die later afvlakt, terwijl de patiënten in de ST-groep langzamer stijgen (maar uiteindelijk op hetzelfde niveau uitkomen).

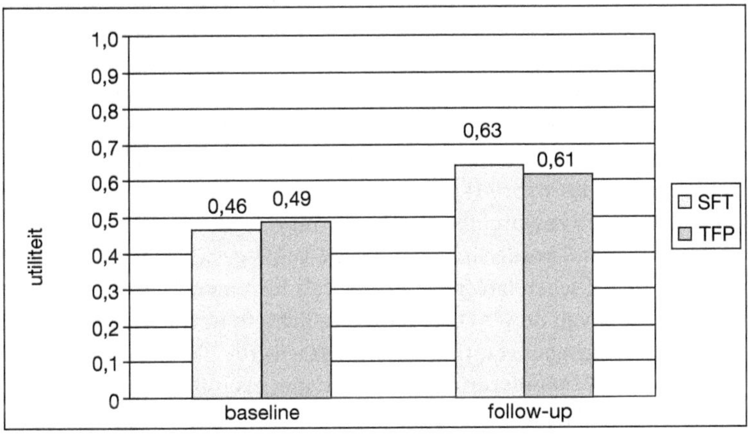


*Figuur 28.3*
EQ-5D scores op baseline en follow-up.

### Berekening ICER's

Voor de berekening van de ICER's worden de totale kosten, de totale QALY's en het percentage genezen patiënten volgens de BPDSI-IV (zoals berekend in de behandelstudie) gebruikt; dat was 29% voor TFP en 52% voor ST. Aangezien er voor de kosten per genezen patiënt sprake is van dominantie (ST is namelijk goedkoper én effectiever dan TFP, rechts onder in tabel 28.1) wordt er hier geen ICER uitgerekend. Dat is ook niet nodig, want er hoeft geen afweging te worden gemaakt. Voor de kosten per QALY ligt het gecompliceerder. ST leverde iets minder QALY's op dan TFP, dus bevinden we ons hier links onder in de tabel. De ICER wordt € 90.457, wat betekent dat voor elke QALY die ST minder oplevert, er een bedrag van € 90.457 bespaard wordt.[1]

## Valkuilen en tips

In de hiervoor besproken studie naar de kosteneffectiviteit van ST versus TFP was de onbetrouwbare registratie van zorgconsumptie een van de grootste struikelblokken bij het verzamelen en verifiëren van gegevens. Zoals al eerder gezegd is het heel lastig om de door patiënten verstrekte gegevens omtrent zorgconsumptie, dus contacten met huisartsen, specialisten, psychiaters en psychotherapeuten, opnamen en polikliniekbezoeken, te controleren op waarheidsgehalte. Dat komt door de manier van registreren. Alle zorg die onder de AWBZ valt wordt geregistreerd bij zogenoemde zorgkantoren, maar het is bij deze zorgkantoren niet na te vragen wat voor een bepaalde patiënt de exacte zorgconsumptie is geweest over een bepaalde periode. Het is natuurlijk ook mogelijk om bij een ziekenhuis na te vragen of de betrokken patiënt in een bepaalde periode opgenomen is geweest, of polikliniekbezoeken heeft afgelegd, maar de patiënt kan in die periode net zo goed bij een ander ziekenhuis zijn geweest, of zelfs in het buitenland opgenomen zijn geweest. Het is onmogelijk om voor elke patiënt alle mogelijke instanties waar hij geweest zou kunnen zijn te controleren, nog afgezien van privacyproblemen die daarbij een rol zouden spelen.

Ook het aantal borderlinegerelateerde WAO-gevallen, of bijvoorbeeld het aantal borderlinegerelateerde suïcides valt heel moeilijk te achterhalen. Om het voorbeeld van de WAO verder toe te lichten: navraag bij het toenmalige LISV (de uitkeringsinstantie voor de WAO) leerde dat er in 1999 in totaal 717 personen een WAO-uitkering ontvingen met als officiële oorzaak borderline persoonlijkheidsstoornis. Als we dat naast onze studie leggen, waarbij bijna 50% van de patiënten arbeidsongeschikt was ten gevolge van borderline problematiek, dan zou het aantal borderlinegerelateerde WAO'ers in heel

1 *Het bedrag van € 90.457 is als volgt berekend: (€ 47.009,92 – € 36.629,95)/(2,2663 – 2,1516). De kosten van ST zijn hier lager dan eerder uiteengezet, omdat voor de berekening van de kosten per QALY één patiënt uit de analyse is verwijderd wegens volledig ontbreken van alle EQ-5D-gegevens. Het bedrag van € 37.994 voor ST zoals eerder genoemd is wel gebruikt voor de berekening van de kosten per herstelde patiënt.*

Nederland 43% van 131.900 personen (berekend met een volwassen bevolking van 11.990.942 en een prevalentie van 1,1%) zijn, dus ruim 56.000. Dit getal is waarschijnlijk een behoorlijke overschatting van de werkelijkheid, mede doordat de populatie in onze trial niet direct representatief is voor de gehele borderline populatie in Nederland, maar het is ook overduidelijk dat de registratie niet volledig is. De verschillen die werden gevonden tussen gegevens op basis van de behandelstudie en gegevens op basis van nationale registraties lagen op bijna alle vlakken, dat wil zeggen voor psychiatrische ziekenhuizen, algemene ziekenhuizen, de Riagg's, huisartsen en medicatie, in dezelfde orde van grootte. Dan is er ook nog een aantal kostencategorieën dat niet via een centrale registratie bijgehouden wordt, zoals belasting van de familie, alcohol- en drugsmisbruik, gebruik van medicijnen die zonder recept verkrijgbaar zijn, en overige kosten die door de patiënt uit eigen zak betaald worden. Samengevat is het dus bij kostenonderzoek onder borderline patiënten heel moeilijk om de gegevens die binnenkomen te verifiëren. En alhoewel de methode zeker bekritiseerd kan worden, is de patiënt toch de enige persoon die van alle relevante gebeurtenissen op de hoogte is, en daardoor de meest complete betrouwbare bron voor kostenonderzoek. In onze studie is aan de patiënten gevraagd of ze, na de voormeting, zelf bij wilden houden hoe vaak ze bij de huisarts kwamen, of er contact was geweest met een crisiscentrum en of er veranderingen waren opgetreden in het medicijngebruik. Door op deze manier de verzameling van gegevens enigszins te structuren, en voornamelijk doordat de onderzoeksassistenten de interviews persoonlijk afnamen, is de betrouwbaarheid van de gegevens zeker acceptabel.

## Toekomst

De Raad voor de Volksgezondheid en Zorg heeft in 2006 een rapport uitgebracht onder de titel 'Zinnige en duurzame zorg'. In dit rapport wordt onder andere uiteengezet waarom economische evaluaties in de toekomst van nog groter belang zullen zijn. Aan de ene kant rijzen de kosten de pan uit door de dubbele vergrijzing en de voortschrijdende technologie: er kán meer, dus er wordt meer gedaan, en dat voor een steeds grotere groep. Aan de andere kant is er, zoals in bijna alle landen, een grens aan de collectieve middelen die aan gezondheidszorg besteed kunnen worden. Deze twee punten leiden ertoe dat op een bepaald moment grenzen gesteld zullen moeten worden aan het uit collectieve middelen betalen van zorg. Er zal selectie plaats moeten vinden. De criteria waar tot op heden op geselecteerd wordt zijn over het algemeen weinig transparant en te weinig gebaseerd op 'harde' gegevens zoals kosteneffectiviteit. De Raad adviseert om tot een eenduidig en transparant systeem van criteria te komen voor de beoordeling van vergoeding van behandelingen. De Raad geeft ook aan dat grenzen hiervoor democratisch bepaald dienen te worden, maar stelt voor om voor ziekten met een ziektelast van minder dan 0,1 geen behandeling meer te vergoeden. De ziektelast wordt daarbij bepaald als de relatieve hoeveelheid gezondheid die een persoon verliest gedurende zijn normaal verwachte levensduur wanneer de ziekte niet behandeld wordt. Kalknagels hebben bijvoorbeeld een ziektelast van 0,02, osteoporose 0,08, een hoog cholesterolgehalte 0,28 en pulmonale hypertensie 0,96 (Brouwer & Rutten, 2006). Ook noemt de Raad een plafond van € 80.000 per QALY als maximum bij een ziektelast van 1,0 voor de kosten van een interventie. De tot nu toe in de literatuur genoemde grenzen voor de maximale 'prijs' van een QALY, lagen een stuk lager, zo rond de € 20.000 à € 30.000 (Gyrd-Hansen, 2003; King, Tsevat, Lave & Roberts, 2005; Laupacis, Feeny, Detsky & Tugwell, 1992). In de kosteneffectiviteitsanalyse van de borderline behandelstudie was de besparing per verloren QALY voor ST versus TFP € 90.457, wat dus zou inhouden dat de ST vanuit QALY oogpunt kosteneffectief is. Maar, zoals al eerder gesteld in dit hoofdstuk, het is de vraag of een verlies van effectiviteit überhaupt acceptabel is en zo ja, of de gangbare drempels ook hier gelden. Meestal wordt bij het bepalen van een dergelijk getal uitgegaan van het duurdere en effectievere scenario (rechts boven in tabel 28.1).

Uiteraard is dit nog niet de huidige praktijk, maar dit rapport geeft een goede indicatie welke kant het opgaat in de gezondheidszorg. Naarmate aandoeningen en behandelingen met elkaar zullen gaan moeten 'concurreren' om opgenomen te worden in het vergoedingenpakket, wordt het ook meer en meer van belang dat er betrouwbare cijfers beschikbaar zijn omtrent ziektelast en de kosteneffectiviteit van een behandeling. Het is dus de verwachting dat economische evaluaties een steeds prominentere plaats gaan innemen naast het klinisch onderzoek. Vooral voor de psychiatrie, waar nog maar weinig gedegen economische evaluaties zijn uitgevoerd, moet er heel wat inhaalwerk worden gedaan.

## Literatuur

Arntz, A., Hoorn, M. van den, Cornelis, J., Verheul, R., Bosch, W.M. van den, & Bie, A.J. de (2003). Reliability and validity of the borderline personality disorder severity index. *Journal of Personality Disorders, 17*, 45-59.

Asselt, A.D.I. van, Dirksen, C.D., Arntz, A., & Severens, J.L. (2007). The cost of borderline personality disorder: societal cost of illness in BPD-patients. *European Psychiatry, 22*, 354-361.

Asselt, A.D.I. van, Dirksen, C.D., Arntz, A., Giesen-Bloo, J.H., Dyck, R. van, Spinhoven, Ph., Tilburg, W. van, Kremers, I.P., Nadort, M., & Severens, J.L. (2008). Outpatient psychotherapy for borderline personality disorder: cost-effectiveness of schema-focused therapy versus transference focused psychotherapy. *British Journal of Psychiatry, 192*, 450-457.

Bamelis, L., Arntz, A., Bernstein, D., Widdershoven, G., Spinhoven, Ph., Evers, S., Severens, H., Speckens, A., Roefs, A., Abma, T. (2006-2010). *Psychological treatment of personality disorders: A multicentered randomized controlled trial on the (cost-)effectiveness of Schema-Focused Therapy.* Promotietraject Universiteit Maastricht.

Brouwer, W.B.F., & Rutten, F.F.H. (2006). Afbakening van het basispakket. In: *Zicht op zinnige en duurzame zorg.* Zoetermeer: Raad voor de Volksgezondheid en Zorg.

Brink, M. van den, Hout, W.B. van den, Stiggelbout, A.M., Putter, H., Velde, C.J. van de, & Kievit, J. (2005). Self-reports of health-care utilization: diary or questionnaire? *International Journal for Technology Assessment in Health Care, 21*, 298-304.

Dowie, J. (2005). No room for kinkiness in a public healthcare system. *Pharmacoeconomics, 23*, 1203-1205.

Drummond, M.F., O' Brien, B., Stoddart, G., & Torrance, G.W. (1997). *Methods for the Economic Evaluation of Health Care Programmes* (second edition). Oxford: Oxford University Press.

EuroQoL Group (1990). EuroQol-a new facility for the measurement of health-related quality of life. *Health Policy, 16*, 199-208.

Giesen-Bloo, J., Dyck, R. van, Spinhoven, Ph., Tilburg, W. van, Dirksen, C., Asselt, T. van, Kremers, I., Nadort, M., & Arntz, A. (2006). Outpatient psychotherapy for borderline personality disorder: randomized trial of schema-focused therapy vs transference-focused psychotherapy. *Archives of General Psychiatry, 63*, 649-658.

Gyrd-Hansen, D. (2003). Willingness to pay for a QALY. *Health Economics, 12*, 1049-1060.

King, J.T. Jr, Tsevat, J., Lave, J.R., & Roberts, M.S. (2005). Willingness to pay for a quality-adjusted life year: implications for societal health care resource allocation. *Medical Decision Making, 25*, 667-677.

Laupacis, A., Feeny, D., Detsky, A.S., & Tugwell, P.X. (1992). How attractive does a new technology have to be to warrant adoption and utilization? Tentative guidelines for using clinical and economic evaluations. *Canadian Medical Association Journal, 146*, 473-481.

Myhr, G., & Payne, K. (2006). Cost-effectiveness of cognitive-behavioural therapy for mental disorders: implications for public health care funding policy in Canada. *Canadian Journal of Psychiatry, 51*, 662-670.

Nadort, M., Dyck, R. van, Smit, J.H., Arntz, A., Spinhoven, Ph., Wensing, M., Giesen-Bloo, J., & Asselt, T. van (ongoing study). Implementation of out-patient schema-focused therapy for borderline personality disorder in general psychiatry.

Raad voor de Volksgezondheid en Zorg (2006). *Zinnige en duurzame zorg*. Den Haag.

Severens, J.L., Mulder, J., Laheij, R.J., & Verbeek, A.L. (2000). Precision and accuracy in measuring absence from work as a basis for calculating productivity costs in The Netherlands. *Social Science and Medicine, 51*, 243-249.

Severens, J.L., Brunenberg, D.E., Fenwick, E.A., O'Brien, B., & Joore, M.A. (2005). Cost-effectiveness acceptability curves and a reluctance to lose. *Pharmacoeconomics, 23*, 1207-1214.

Smit, F., Cuijpers, P., Oostenbrink, J., Batelaan, N., Graaf, R. de, & Beekman, A. (2006). Costs of nine common mental disorders: implications for curative and preventive psychiatry. *Journal of Mental Health Policy and Economics, 9*, 193-200.

Timmerman, I.G., & Emmelkamp, P.M. (2001). The relationship between traumatic experiences, dissociation, and borderline personality pathology among male forensic patients and prisoners. *Journal of Personality Disorders, 15*, 136-149.

### *Website*

Centraal Bureau voor de Statistiek, www.cbs.nl, statline. Geraadpleegd in 2004.

# 29 Voorlichting over schematherapie

M.F. van Vreeswijk, M. Nadort en J. Broersen

De belangstelling voor schematherapie (ST) groeit. De afgelopen jaren zijn zowel op nationaal als op internationaal niveau verschillende boeken over schematherapie verschenen voor therapeuten. Deze boeken hebben al dan niet de behandeling van een specifieke patiëntenpopulatie of manier van werken zoals individuele versus groepstherapie als thema (zie in het Nederlandse taalgebied Young & Pijnaker, 1999; Schacht & Peeters, 2000; Arntz & Bögels, 2000; Young, Klosko & Weishaar, 2005; Van Genderen & Arntz, 2005; Van Vreeswijk & Broersen, 2006). Ook zijn schematherapie-zelfhulpboeken en een werkboek voor patiënten uitgebracht (Young & Klosko, 1999; Nauth & Teeuwen, 2005; Broersen & Van Vreeswijk, 2006). Onder wetenschappers en in onderzoek geïnteresseerde clinici neemt de belangstelling eveneens toe (zie bijvoorbeeld hoofdstuk 21). Tegelijk met het verschijnen van het artikel over de gerandomiseerde studie over ST bij borderline patiënten (Giesen-Bloo et al., 2006) is er een aantal publicaties geweest in landelijke dagbladen en is er op de televisie veel aandacht besteed aan ST. De website www.schematherapie.nl heeft in de periode april 2007 tot en met februari 2008 17.000 unieke bezoekers gehad. De publieksdag ggz in 2006 met als thema 'Borderline, samen in balans' heeft de aandacht voor schematherapie verder vergroot. In dit hoofdstuk wordt ingegaan op de wijze waarop schematherapie onder de aandacht gebracht kan worden van behandelaren/niet-ggz-gespecialiseerde verwijzers, patiënten en patiëntenverenigingen, managers van ggz-instellingen, zorgverzekeraars en de maatschappij in het algemeen (familieleden en werkgevers, uitkeringsinstanties en de overheid).

## Praktijk

Onder meer als gevolg van de publiciteit die er tot op heden is geweest neemt het aantal therapeuten dat schematherapie wil toepassen toe. Toch heeft nog niet in elke ggz-instelling ST een plaats en zijn er anderzijds ook instellingen waar een wachtlijst is voor schematherapie. Regelmatig wordt aan docenten of via de website www.schematherapie.nl de vraag gesteld waar en wanneer er een cursus is over ST of naar de mogelijkheid van een incompanycursus ST binnen een ggz-instelling. Ook patiënten en verwijzers gaan op zoek naar therapeuten die ST geven. Deze groeiende vraag naar ST heeft geleid tot de oprichting van het register schematherapie. Therapeuten die zich hierbij aansluiten dienen aan bepaalde ST-opleidingseisen te voldoen (zie hoofdstuk 18). Het register schematherapie en www.schematherapie.nl zijn twee wegen om aan meer informatie over schematherapie te komen. Maar voor wie en op welke manier wordt nog meer voorlichting over schematherapie gegeven?

### Voorlichting over opleiding tot schematherapeut

Op de website van het RINO, de beroepsverenigingen en www.schematherapie.nl worden cursussen aangekondigd; dit gebeurt ook via de opleidingsfolders en nieuwsbrieven die deze organisaties naar hun leden sturen. Als informatie wordt veelal verstrekt: naam van de docent, doelgroep, voorkennis, doelstelling, inhoud van de cursus, werkwijze, literatuur, accreditatie, data en kosten. De mate waarin deze gegevens zijn uitgewerkt in het voorlichtingsmateriaal wisselt. In sommige cursusbeschrijvingen staat dat de cursus bestemd is voor hulpverleners die werken met persoonlijkheidsproblematiek en/of hardnekkige stemmings-/angststoornissen, terwijl in andere cursusbeschrijvingen expliciet staat vermeld dat de cursus bestemd is voor psychologen. De uiteindelijke doelstelling van de cursus dient in dit geval aangepast te zijn aan de doelgroep, rekening houdend met de richtlijnen gesteld door het register schematherapie. Ook de mate waarin voorkennis aanwezig moet zijn is lang niet altijd even duidelijk voor cursisten, zeker wanneer het gaat om een vervolgcursus. Is het lezen van een handboek over ST al voldoende om deel te nemen aan een cursus ST? Deze vraag kan leven bij een potentiële cursist. Of wanneer het gaat om een cursus schematherapie in groepen, 'betekent dan het ooit eens hebben gedaan van een RET-groep of assertiviteitscursus voldoende voorkennis en ervaring met groepstherapeutisch werken?'

### Verwijzers

Vaak wordt gedacht dat collega's, huisartsen, psychologen, psychiaters, sociaal-psychiatrisch verpleegkundigen wel zullen weten wat het behandelaanbod is voor een bepaalde stoornis. Gezien alle publiciteit omtrent ST kan dan ook onterecht het beeld ontstaan dat verwijzers weten wanneer ze een patiënt kunnen aanmelden voor ST. Hierbij moeten grote vraagtekens worden gezet. Zelfs binnen een zorgprogramma persoonlijkheidsstoornissen komt het voor dat onduidelijk is welke verschillende behandelmogelijkheden beschikbaar zijn en op basis van welke criteria besloten wordt welke patiënt naar welk aanbod te verwijzen. De 'couleur locale' lijkt dan soms het behandelaanbod waar de patiënt naar wordt verwezen te bepalen. Specifieke informatie zowel voor interne als externe verwijzers ontbreekt vaak. Interne verwijzers in een ggz-instelling horen soms over ST in een referaat, in een behandelplanbespreking of intervisie. In sommige gevallen kunnen schematherapeuten hun een patiëntenfolder meegeven of verwijzen naar de website schematherapie.

Alexandra heeft al langere tijd last van woedeaanvallen, problemen met haar studie en met haar ouders. Wanneer haar vriendje het heeft uitgemaakt krast ze op haar armen en drinkt ze drie flessen wijn leeg. Alexandra wordt de volgende dag door haar moeder naar de huisarts gestuurd. Die vraagt zich af wat hij met haar aanmoet. Ze heeft al eerder een kortdurende behandeling gehad voor stemmingswisselingen en hij realiseert zich dat een andere behandeling, meer gericht op de persoonlijkheid, nodig is. Maar waar kan hij haar naar toe sturen? De lokale ggz-instelling heeft een wachttijd aan de voordeur en hij weet ook niet of en zo ja op welke manier ze daar persoonlijkheidsproblematiek behandelen. Ook is hij niet bekend met het behandelaanbod van andere instellingen in de buurt.

### Management van een (ggz-)instelling

De veranderingen in het zorgverzekeringenstelsel brengen een uitdaging voor ST met zich mee. Langdurige behandelingen worden voor ggz-instellingen minder aantrekkelijk omdat de kosten (salaris van de therapeut, overhead) naarmate een behandeling langer duurt niet meer opwegen tegen de verkregen opbrengsten uit de DBC ('Diagnose Behandeling Combinatie'). Er kan bij instellingen een neiging ontstaan om langdurige (schema)therapieën te weigeren. Patiënten die meerdere keren niet op afspraken komen, zullen eerder horen dat hun behandeling wordt beëindigd. Ook zullen ggz-instellingen in de concurrentiestrijd willen en moeten aantonen aan zorgverzekeraars dat ze een goede kwaliteit van zorg aanbieden. Een middel is het aanleveren van prestatie-indicatoren (PI's), maar wie bedenkt die? Wie analyseert ze? Aan wie en hoe worden de gegevens gepresenteerd? Alleen aan de zorgverzekeraar of ook aan de patiënt en de behandelaar en eventueel geanonimiseerd aan een groter publiek? Ook hier is een belangrijke taak voor schematherapeuten weggelegd. Het management zal immers voorgelicht moeten worden over de onderzoeksresultaten van ST en wat de behandeling precies omvat. Wanneer de schematherapeut de manager niet goed voorlicht kan er niet verbaasd worden gereageerd als deze alleen maar kortdurende DBC's met een zorgverzekeraar afsluit en zich bij de prestatie-indicatoren laat leiden door wat er op dat moment voor handen is, oftewel door wat in de praktijk het goedkoopste is.

### Zorgverzekeraars

De veranderingen in het zorgverzekeringenstelsel brengen mee dat zorgverzekeraars kritischer worden ten aanzien van wie de behandeling levert en wat de kosten zijn. Ze zullen daarnaast meer moeten gaan letten op wat hun klanten, de patiënten, willen omdat het voor deze laatsten vanzelfsprekender kan gaan worden om over te stappen naar een andere zorgverzekeraar indien de huidige niet levert wat zij willen. Dit betekent dat zorgverzekeraars eisen gaan stellen aan zorgverleners. Zo hechten zij in toenemende mate aan een kwaliteitscontrole van behandelingen door middel van prestatie-indicatoren als patiëntentevredenheid, verandering in GAF-score en andere maten die zorgverleners aanleveren. De invoering van 'preferred partnership' doet hiermee intrede. Zorgverleners die aan bepaalde kwaliteitseisen voldoen krijgen een hogere vergoeding en meer doorverwijzingen dan zorgverleners die niet aan deze criteria voldoen. Ook zullen zorgverzekeraars hun klanten, de patiënten, moeten gaan voorlichten over de ingekochte behandelingen en bij welke zorgverleners zij hiervoor terecht kunnen. Zorgbemiddeling voor patiënten die bijvoorbeeld ST zoeken maar overal tegen een wachtlijst aanlopen is niet ondenkbaar. Uit een onderzoek naar de website van de in Nederland vijf grootste zorgverzekeraars blijkt dat er nog geen informatie over ST te vinden is. De auteurs van dit hoofdstuk hebben bovendien vijftien zorgverzekeraars en de overkoepelende organisatie voor zorgverzekeraars, Zorgverzekeraar Nederland, per e-mail aangeschreven met de volgende vragen:

1 Wat voor informatie heeft u nodig van een instelling om een bepaald product zoals schematherapie in te kopen (dit is een voorbeeld van een therapie waarvan de duur lang kan zijn)?
2 Wat zou voor u de keuze bepalen wanneer u moet kiezen uit het inkopen van schematherapie bij twee instellingen in dezelfde regio?
3 Hoe kijkt u naar kwaliteit? Wat verwacht u als instelling aan informatie om te kunnen bepalen of de kwaliteit van het product goed is?
4 Wat zijn voorwaarden voor een 'preferred contract'?

Van de zestien geadresseerden reageerden dertien zorgverzekeraars (81%) met een vaak automatische gegeneerd bericht dat zij spoedig zouden reageren op de vragen (31% geeft daarbij aan binnen drie tot zeven dagen antwoord te geven op de gestelde vragen). Van de aangeschreven zorgverzekeraars reageerde 19% inhoudelijk op de eerste mailing. Naar voren kwam dat zorgverzekeraars niet bekend zijn met ST en ook niet altijd weten of het onder een eerstelijnsbehandeling valt of onder een DBC; 30% van de zorgverzekeraars die gereageerd hebben gaf expliciet aan dat bij hun keuze in het inkopen van zorg de behoefte van patiënten voorop staat. Allen gaven aan dat 'evidence-based' of eventueel 'best practice' ook een afweging in hun keuze is. Daarnaast worden landelijke PI's evenals PI's specifiek gericht op de klachten en de vorm van de behandeling genoemd als maten op basis waarvan zorgverzekeraars zorg zullen inkopen. Instellingen die hoger scoren op de PI's zullen een betere onderhandelingspositie krijgen dan instellingen waarvoor dit niet geldt. En er zal ook steeds vaker gekeken gaan worden naar goedkopere alternatieve behandelingen met vergelijkbare uitkomsten.

Een medewerker van een zorgverzekeraar belt naar een ggz-instelling. Hij is op zoek naar ST voor een patiënte. Deze patiënte heeft al meerdere zorgverleners benaderd en gehoord dat er overal een wachttijd is voor ST. Zij heeft vervolgens haar zorgverzekeraar ingeschakeld om te kijken naar instellingen waar ST wordt gegeven en of er een mogelijkheid is voor wachtlijstbemiddeling. De secretaresse van de ggz-instelling geeft de verzekeraarsmedewerker informatie over de wachttijd voor ST bij haar instelling en geeft uitleg over de manier van werken en biedt aan zo nodig een van de schematherapeuten aan de telefoon te laten komen voor verdere voorlichting.

## Patiënten en patiëntenverenigingen

En waar blijft de patiënt en diens directe omgeving in dit geheel? Steeds vaker wordt gezegd dat er vanuit de instelling vraaggestuurd gewerkt moet worden in plaats van aanbodgestuurd. Maar wat wil de patiënt en wat weet de patiënt?

Kirsten worstelt al langere tijd met het aangaan van relaties. Meestal verbreekt ze de relatie al na een paar weken, omdat ze de ander saai vindt of omdat hij niet voor haar is zoals zij dat wil. Ook in haar studie ondervindt zij problemen, ze is inmiddels 8$^{e}$-jaars rechtenstudent en doet al drie jaar over haar afstudeerproject. In een gesprek met de decaan van de faculteit krijgt ze de overweging mee om psychologische hulp te gaan zoeken. Ze gaat op het internet op zoek naar de therapievorm die voor haar klachten het meest geschikt is en waar ze die therapie kan krijgen. Een wirwar van informatie komt op haar af.

Uit verschillende interviews met patiënten die ST volgen komt naar voren dat veel patiënten behoefte hebben aan gegevens over de behandeling in de vorm van informatie op een website en in de vorm van een patiëntenfolder. Zij vinden dat de informatie over deze behandelvorm nog te weinig en moeilijk te vinden is op het internet. Ook wordt opgemerkt dat veel verwijzers nog niet of onvoldoende op de hoogte zijn van ST, waardoor sommigen het gevoel hebben dat de verwijzing een kwestie was van puur geluk. Patiënten geven aan dat zij graag over de volgende informatie willen beschikken:

1 Voor welke klachten is schematherapie geschikt?
2 Hoe verloopt een schematherapie binnen een individuele behandeling en binnen een groepsbehandeling (therapieregels, verloop van een therapieproces)?
3 Wat zijn ervaringen van patiënten die schematherapie hebben afgerond?
4 Wat is de rol van de therapeut in het therapieproces en wat wordt verwacht van de patiënt?

5 Welke therapietechnieken worden gebruikt?
6 Wat is het (gemiddelde) te verwachten eindresultaat?

Wij hebben op het internet een steekproef (N = 33) genomen bij bekende landelijke en regionale ggz-instellingen door heel Nederland. Hierbij is bekeken of ST binnen de instelling wordt gegeven en zo ja of de zojuist genoemde vragen ook beantwoord worden. Hiertoe is de zoekmachine Google gebruikt, maar ook is via de website http://www.ggzbeleid.nl/cijfers/aanbieders gekeken naar ggz-instellingen. Per provincie zijn de websites van minimaal twee ggz-instellingen bekeken. De volgende trefwoorden zijn gebruikt: ST, schemagerichte therapie, schemagerichte cognitieve therapie en zorgprogramma persoonlijkheidsstoornissen. Omdat niet alle ggz-instellingen een aparte zoekfunctie hebben op hun internetpagina, maar bijvoorbeeld wel hun verschillende locaties noemen, is ook per locatie naar informatie gezocht. Ook hebben sommige ggz-instellingen een link als zorgaanbod of behandelaanbod. Deze links zijn tevens gebruikt om te kijken of er informatie te vinden is over ST.

Van de 33 ggz-instellingen in dit onderzoek schrijft 33% iets over ST, variërend van de opmerking dat ST in het behandelaanbod aanwezig is tot een korte uitleg over wat ST is. Slechts één instelling geeft in enige mate antwoord op de eerder genoemde zes punten, maar beschrijft geen patiëntenervaringen. Verder valt op dat het merendeel van de instellingen waarbij een omschrijving van ST beschikbaar is, de therapie alleen beschrijft in het kader van de behandeling van de borderline persoonlijkheidsstoornis. Vooral deze stoornis wordt belicht op de websites en er is minder aandacht voor de andere persoonlijkheidsstoornissen. Op 18% van de websites ontbreekt een zoekfunctie, wat het zoeken naar de aanwezigheid van ST een stuk lastiger maakt, vooral wanneer er geen aparte link is voor het behandelaanbod. Bij het zoeken op de verschillende sites worden geen alternatieve suggesties gedaan voor zoekwoorden voor ST. De bevindingen zijn opvallend gezien de groeiende belangstelling voor ST. Zeker bij de instellingen waarvan bekend is dat er schematherapeuten werkzaam zijn, was de verwachting dat er meer informatie over ST op de website beschikbaar zou zijn.

Uit interviews met patiënten komt naar voren dat het voor hen belangrijk is hoe ze worden bejegend tijdens een intake- of indicatiegesprek. Herhaling van een intakegesprek, dat wil zeggen een gesprek dat sterk lijkt op intakes die sommige patiënten al vaker en bij meerdere instellingen hebben gehad, wordt niet door hen gewaardeerd. Dat een hulpverlener de (dossier)gegevens gebruikt uit eerdere behandelingen en op basis daarvan aanvullende vragen stelt kunnen patiënten begrijpen. Patiënten merken op dat deze gesprekken ook verhelderend gevonden kunnen worden. Daarnaast vinden patiënten het prettig wanneer de intaker/indicatiesteller, passend in het ST-model, een houding aanneemt waarmee de patiënt als gelijkwaardige wordt behandeld. Ook wanneer tijdens het gesprek de problemen vertaald worden in schema's en modi en wordt uitgelegd dat iedereen zo zijn eigen schema's en modi heeft maar dat de ernst en rigiditeit van manier van waarnemen en reageren het onderscheid kan bepalen tussen wie hiervoor behandeling nodig heeft en wie op een adequate manier met de gevoelige snaren om kan gaan. Het theoretische model van ST wordt door veel patiënten als zeer begrijpelijk ervaren en vaak zijn ze goed in staat om het model aan de hand van de uitleg die ze er zelf over hebben gehad uit te leggen aan vrienden en familie.

Zoals een patiënte zei: 'Aan mensen die minder dicht bij mij staan leg ik wel eens uit dat ik een cursus persoonlijke ontwikkeling volg om beter om te kunnen gaan met mijn gevoelige snaren. Ik vertel er dan ook bij dat meer mensen hier baat bij zouden kunnen hebben.'

Wanneer aan patiënten gevraagd wordt of zij op de hoogte zijn van de veranderingen in het zorgverzekeringenstelsel en wat voor consequenties dit voor de behandeling kan hebben in de toekomst, komt naar voren dat slechts heel weinig patiënten iets weten van alle veranderingen. Voor de meesten is het zo dat ze premie betalen en verwachten dat ze daarvoor net zo veel therapie kunnen krijgen als geïndiceerd is. Dat de behandelduur en 'no show' een steeds grotere rol gaan spelen in de behandeling is hun niet bekend. En hoewel ze erop tegen zijn dat zorgverzekeraars en managers van ggz-instellingen wellicht gaan korten op geïndiceerde behandelduur, lijken patiënten wel voor een strenger beleid te zijn ten aanzien van 'no show'.

## Aanpak

Tot op heden vindt voorlichting voornamelijk plaats voor patiënten en collega's die geïnteresseerd zijn in ST. Collega's worden geïnformeerd door middel van vakliteratuur, workshops op congressen, referaten binnen instellingen en door middel van websites en mailings van beroepsverenigingen en postdoctorale opleidingsinstituten als het RINO. Zij kunnen daarnaast de dvd-box *Schematherapie voor de borderline persoonlijkheidsstoornis* (Nadort, 2005) bestellen via www.schematherapie.nl. Delen van de behandeling worden hierop weergegeven in de vorm van rollenspelen. Ook zijn via deze site vragenlijsten te downloaden, is er een overzicht van cursussen en publicaties en is er de mogelijkheid om via het register schematherapie te zoeken naar collega-schematherapeuten.

Voor patiënten is er (summiere) informatie te vinden op het internet en wordt er door instellingen vaak een patiëntenfolder uitgedeeld waarin een korte uitleg staat over wat schema's en modi zijn. In de patiëntenfolder wordt soms een fictief geval beschreven van een patiënt die bepaalde schema's en modi heeft en hoe het in diens leven dan uitpakt, al dan niet aangevuld met een casusconceptualisatie voor deze gefingeerde patiënt. In de patiëntenfolder wordt nogal eens verteld over de opzet van ST in termen van frequentie, setting en te verwachten duur van de behandeling. In sommige gevallen wordt een patiënt aangeraden om ST-zelfhulpboeken te lezen. Uitgebreidere patiënteninformatie over de precieze technieken bij ST, wat de te verwachten behandelresultaten zijn, over patiëntentevredenheid met de behandeling en ervaringen van patiënten die ST hebben gevolgd wordt niet gegeven.

Specifieke informatie voor verwijzers, zorgverzekeraars, UWV/werkgevers, management van ggz-instellingen en partner/familie is er niet of nauwelijks. Zodra er vragen komen uit deze doelgroepen kan hun een patiëntenfolder worden gegeven of kunnen zij worden verwezen naar schematherapieboeken en wetenschappelijke artikelen. Hoewel het aangeboden materiaal voor deze doelgroepen relevant is, is het niet op maat voor hen gemaakt en is het dus ook maar de vraag of het gelezen wordt. Meestal wordt door een schematherapeut dan ook nog aanvullende mondelinge informatie gegeven op eventuele vragen als:

- Voor welke doelgroep is schematherapie geïndiceerd? (verwijzer)
- Wat zijn inclusie- en exclusiecriteria? (verwijzer)
- Is deze schematherapie 'evidence-based' en efficiënt? (zorgverzekeraar)
- Is er een wachtlijst voor schematherapie en zo ja, hoe lang is die wachtlijst? (zorgverzekeraar)
- Wat is de invloed van schematherapie op de mate waarin iemand als werknemer kan worden belast? (UWV/werkgever)
- Kan een werknemer na schematherapie weer volledig arbeidsgeschikt worden verklaard? (UWV/werkgever)
- In hoeverre is er een (dure) klinisch psycholoog/psychotherapeut nodig voor het uitvoeren van schematherapie? (management ggz-instellingen)
- Hoe wordt schematherapie kosteneffectief (verhouding tijd, kosten en kwaliteit)? (management ggz-instellingen)
- Wat kan ik van mijn partner/familielid verwachten en wat is mijn rol in de therapie? (partner/familie van patiënt)
- Hoe moet ik omgaan met de veranderingen die ik als gevolg van schematherapie opmerk en waar ik ook door geraakt word? (familie/partner van patiënt).

Deze vragen illustreren dat ook bij anderen dan alleen de patiënt behoefte is aan informatie over ST.

## Valkuilen en tips

Voorlichting geven, anders dan mondeling, lijkt vooralsnog te gebeuren door schematherapeuten die geneigd zijn zich vooral te richten op patiënten. Informatie op de website van ggz-instellingen is zeer beperkt en incompleet, waardoor patiënten onnodig lang moeten zoeken naar een passend aanbod. Bij het ontwikkelen van voorlichting over ST is het belangrijk onder andere de volgende vragen te stellen.

1 Wat is het doel van de voorlichting?
2 Wat is de doelgroep?
3 Wat zou de doelgroep aan informatie willen hebben en op welke manier?
4 Hoe kan ik de doelgroep bij het ontwikkelen van voorlichtingsmateriaal betrekken?
5 Met welk middel wil/kan ik de doelgroep het best bereiken?

Behalve implementeren is voor de borging ook belangrijk, en wel met een vaste frequentie, het evalueren of de voorlichting voldoet aan de vooraf ge-

stelde voorwaarden. Van belang is evenzeer dat men hierbij de doelgroep waarvoor de informatie wordt ontwikkeld actief betrekt. Te vaak wordt de voorlichting ontwikkeld zonder dat daarbij actief de hulp van de doelgroep wordt ingeschakeld en wordt ervan uitgegaan dat het voor de doelgroep wel begrijpelijk is. En dat de informatie voldoende is.

Voor zorgverzekeraars dient het onderwerp voorlichting over bijvoorbeeld ST ook een aandachtsgebied te worden. Sommige zorgverzekeraars geven nu te kennen niet geïnteresseerd te zijn in de therapievorm zelf, wel in de kosteneffectiviteit van de behandeling. Maar als de klant er wel in geïnteresseerd is en bijvoorbeeld om zorgbemiddeling vraagt bij de zorgverzekeraar?

Schematherapeuten en onderzoekers zullen proactief aandacht moeten besteden aan effectmetingen, patiëntentevredenheid en kosteneffectiviteit. Ervan uitgaan dat alles vanzelf wel goed komt of dat één onderzoek naar ST voldoende is, is een instelling die niet meer past in de huidige ontwikkelingen binnen het zorgverzekeringenstelsel. Therapeuten kunnen met de eerder in dit boek beschreven metingen naar het management toestappen en hun van informatie voorzien over de kwaliteit en (kosten)effectiviteit van de behandeling. Zij zullen ook meer moeten aandringen op het aanwezig mogen zijn bij gesprekken met zorgverzekeraars wanneer het gaat over inkoop van producten als ST, een ontwikkeling die in de somatische gezondheidszorg al zijn intrede heeft gedaan.

Bij het ontwikkelen van een website over het aanbod aan ST binnen een ggz-instelling dient een zoekfunctie op de site aanwezig te zijn waarmee verschillende zoektermen als alternatief worden aangeboden. Uit het onderzoek onder de websites van 33 ggz-instellingen (zie eerder in dit hoofdstuk) komt naar voren dat sommige websites geen zoekfunctie hebben, of niet altijd relevante zoektermen. Een andere valkuil bij de ontwikkeling van websites is dat veel instellingen behandelinformatie geven vanuit de problematiek, ervan uitgaande dat de patiënt weet wat zijn diagnose is en ook weet onder welk zorgprogramma die valt. Verwijzingen naar andere relevante websites over ST van bijvoorbeeld andere zorgaanbieders of patiëntenverenigingen kan de doolhof waarin de bezoeker op sommige websites belandt doorzichtiger maken.

## Toekomst

In de toekomst zal het register schematherapie zowel aan therapeuten en patiënten als aan zorgverzekeraars en managers van ggz-instellingen een geografische verdeling laten zien van de locaties waar ST wordt gegeven. Websites als www.schematherapie.nl en die van ggz-instellingen kunnen daarna hun voorlichting verbeteren door voor de verschillende doelgroepen (verwijzers, zorgverzekeraars, UWV/werkgevers, familieleden/partners, patiënten) specifieke, op maat gemaakte informatie aan te bieden. Voor de patiëntengroep valt hier bijvoorbeeld te denken aan geanonimiseerde verhalen van patiënten die ST hebben gevolgd, maar ook het ter beschikking stellen van een weblog of beveiligde chatsite waarop patiënten hun ST-ervaringen kunnen delen. De resultaten van onderzoek naar ST (en eventuele ST-resultaten per instelling) dienen voor de verschillende doelgroepen toegankelijk te worden gemaakt. De ggz zal ook qua voorlichting meer klant- en vraaggericht moeten gaan werken.

## Literatuur

Arntz, A., & Bögels, S. (2000). *Schemagerichte cognitieve therapie voor persoonlijkheidsstoornissen.* Houten: Bohn Stafleu van Loghum.

Broersen, J., & Vreeswijk, M.F. van (2006). *Schemagerichte therapie in groepen (Werkboek).* Houten: Bohn Stafleu van Loghum.

Genderen, H. van, & Arntz, A. (2005). *Schemagerichte cognitieve therapie bij borderline persoonlijkheidsstoornis.* Amsterdam: Nieuwezijds.

Giesen-Bloo, J., Dyck, R. van, Spinhoven, Ph., Tilburg, W. van, Dirksen, C., Asselt, T. van, Kremers, I., Nadort, M., & Arntz, A. (2006). Outpatient Psychotherapy for Borderline Personality Disorder, Randomized Trial of Schema-Focused Therapy vs Transference Focused Psychotherapy. *Archives of General Psychiatry, 63,* 649-658.

Nadort, M. (2005). *Schematherapie voor de borderline persoonlijkheidsstoornis. Therapietechnieken.* dvd-box.

Nauth, L., & Teeuwen, H. (2005). *Trap niet in je eigen valkuil: zelfhulpboek voor inzicht en verandering.* Houten: Bohn Stafleu van Loghum.

Schacht, R., & Peters, R. (2000). *Schemagerichte therapie voor moeilijke mensen; een nieuwe uitdaging voor de cognitieve gedragstherapie.* Leuven: Garant.

Vreeswijk, M.F. van, & Broersen, J. (2006). *Schemagerichte therapie in groepen. Cognitieve groepspsychotherapie bij persoonlijkheidsproblematiek. Handleiding voor therapeuten.* Houten: Bohn Stafleu van Loghum.

Young, J.E., & (Nederlandse vertaling) Pijnaker, H. (1999). *Cognitieve therapie voor persoonlijkheidsstoornissen. Een schemagerichte benadering.* Houten: Bohn Stafleu van Loghum.

Young, J.E., Klosko, J.S., & Weishaar, M.E. (2005). *Schemagerichte therapie, handboek voor therapeuten.* Houten: Bohn Stafleu van Loghum.

Young, J.E., & Klosko, J.S. (1999). *Leven in je leven. Leer de valkuilen in je leven herkennen.* Lisse: Swets & Zeitlinger.

# De auteurs

Drs. H.C.W.M. Aalders, klinisch psycholoog/psychotherapeut, is werkzaam bij Altrecht (locatie Utrecht) en in eigen praktijk te Zeist.

Prof. Dr. A. Arntz, klinisch psycholoog/psychotherapeut, is hoogleraar Klinische psychologie en Experimentele psychopathologie aan de Universiteit Maastricht.

Dr. A.D.I. van Asselt, econoom, is onderzoeker bij de afdeling Klinische epidemiologie en Medical Technology Assessment (KEMTA) van het academisch ziekenhuis in Maastricht.

T.W.A. Atkinson, MSW, licensed clinical social worker en gecertificeerd schematherapeut, is directeur van het centrum voor cognitieve therapie in New York en docent en supervisor aan het instituut voor schematherapie in New York.

Drs. L.L.M. Bamelis, gedragswetenschapper, is promovenda bij de vakgroep Clinical Psychological Science van de Universiteit Maastricht.

Dr. D.P. Bernstein, klinisch psycholoog, is werkzaam als universitair hoofddocent (UHD) aan de Universiteit Maastricht en bij Forensisch Psychiatrisch Centrum de Rooyse Wissel in Venray.

Drs. J. Broersen, gz-psycholoog/psychotherapeut/gedragstherapeut en docent, is verbonden aan GGZ Delfland te Delft.

Drs. A.R. Boerwinkel, (psychoanalytisch) psychotherapeut, werkt in Psychotherapiepraktijk Maliebaan te Utrecht.

Drs. A. van Dijk, gz-psycholoog/psychotherapeut/systeemtherapeut, is werkzaam bij instelling voor geestelijke gezondheidszorg Altrecht (locatie Utrecht) en in eigen praktijk te Utrecht.

Drs. M.T. Geerdink, gz-psycholoog, is verbonden aan forensische polikliniek De Waag in Amsterdam.

Drs. H. van Genderen, klinisch psycholoog en psychotherapeut, is verbonden aan Riagg Maastricht als teamleider team angst-, eet-, somatoforme en seksuologische stoornissen, coördinator academisering en opleider schematherapie.

Dr. J.H. Giesen-Bloo, geestelijk gezondheidskundige, is verbonden aan vakgroep Clinical Psychological Science, LavOri Maastricht en Universiteit Maastricht

S.W. Haeyen, beeldend therapeut, is voorzitter Leerkring Vaktherapie bij GGNet, docent methodiek en beeldende ontwikkeling bij de Hogeschool Arnhem Nijmegen (HAN), GGNet en Scelta, expertisecentrum voor persoonlijkheidsstoornissen van de HAN, afdeling Creatieve Therapie.

Drs. E.J. Jongman, psychotherapeut/docent, is teamhoofd in forensische polikliniek De Bascule (Amsterdam).

Drs. D.J.L. Jonker, klinisch psycholoog/psychotherapeut, is leertherapeut NVRG en supervisor NVRG/VKJP/Nvvh. Hij is tevens docent en supervisor schemagerichte therapie, onder meer bij de RINO en in de gz-opleiding Rivierduinen (als P-opleider) en bij de GGZ Zoetermeer, ambulante Volwassenenzorg.

Dr. G.C.M. Kersten, psychotherapeut, is zelfstandig gevestigd onderzoeker/adviseur, werkzaam onder meer voor Forensisch Psychiatrisch Centrum de Rooyse Wissel in Venray.

N.A. van den Kieboom, gedragstherapeut, is supervisor en leertherapeut VGCt, docent, supervisor en leertherapeut schematherapie, onder meer bij de RINO en in gz-opleidingen, en trainer in MBCT en MBSR. Zij is verbonden aan 'Rivierduinen', afdeling GGZ Leiden en omstreken, ambulante volwassenenzorg.

Dr. J. Lobbestael, psycholoog, is universitair docent aan de Universiteit Maastricht en therapeut bij de Riagg Maastricht.

Drs. E. H. Muste, klinisch psycholoog en psychotherapeut, is werkzaam bij Psychotherapeutisch Centrum de Viersprong in Halsteren, programma Ik-opbouwende Psychotherapie (IOP).

Drs. M. Nadort, psychotherapeut/gedragstherapeut, is supervisor en leertherapeut VGCt, schematherapeut en internationaal schematherapeut (ISST), opleider schematherapie en onderzoeker promotieproject ZonMw bij GGZ Buitenamstel/de Geestgronden.

Dr. M. Rijkeboer, klinisch psycholoog/psychotherapeut, is universitair docent Klinische en Gezondheidspsychologie aan de Universiteit Utrecht, inhoudelijk directeur bij het Ambulatorium, algemene polikliniek van de Faculteit Sociale Wetenschappen van de Universiteit Utrecht en Altrecht, en coördinator onderzoek bij het Academisch Angstcentrum Altrecht.

Drs. H. de Saeger, klinisch psycholoog/psychotherapeut, is teamvoorzitter diagnostiek-intake bij Psychotherapeutisch Centrum de Viersprong in Halsteren.

Dr. H. A. Scholing, klinisch psycholoog, is vestigingshoofd bij forensische polikliniek De Waag in Amsterdam en universitair hoofddocent bij de afdeling klinische psychologie van de Universiteit van Amsterdam.

Dr. A. Sheffield, PsychD, klinisch psycholoog, is gespecialiseerd in eetstoornissen. Zij is onderzoeker aan The Central and North West London NHS Foundation Trust.

Dr. S.H. Sieswerda, psychotherapeut, is als onderzoeker verbonden aan Verhaltenstherapie-Ambulanz für Forschung und Lehre, Frankfurt am Main.

Prof. dr. Ph. Spinhoven, klinisch psycholoog en BIG-geregistreerd psychotherapeut, is hoogleraar Klinische psychologie aan de Universiteit Leiden.

Drs. A. van de Vis, gz-psycholoog, is hoofd Therapeutische Dienst in Forensisch Psychiatrisch Centrum de Rooyse Wissel in Venray.

Drs. M.E. de Vos, geestelijke-gezondheidskundige, is junior wetenschappelijk onderzoeker, promovendus schematherapie in forensische setting, werkzaam voor Forensisch Psychiatrisch Centrum De Rooyse Wissel in Venray.

Prof. G. Waller, Dphil, klinisch psycholoog, is hoogleraar psychologie, gespecialiseerd in eetstoornissen, verbonden aan The Central and North West London NHS Foundation Trust.

Drs. M.F. van Vreeswijk, gz-psycholoog, klinisch psycholoog en docent GGZ Delfland te Delft, en medeoprichter van G-kracht Psychomedisch Centrum.

Dr. A. Weertman, gz-psycholoog/psychotherapeut, is werkzaam bij Psychotherapeutisch Centrum de Viersprong in Halsteren.

# Register

GPSR Compliance
The European Union's (EU) General Product Safety Regulation (GPSR) is a set of rules that requires consumer products to be safe and our obligations to ensure this.

If you have any concerns about our products, you can contact us on

ProductSafety@springernature.com

In case Publisher is established outside the EU, the EU authorized representative is:

Springer Nature Customer Service Center GmbH
Europaplatz 3
69115 Heidelberg, Germany

www.ingramcontent.com/pod-product-compliance
Ingram Content Group UK Ltd.
Pitfield, Milton Keynes, MK11 3LW, UK
UKHW051541110825
7336UKWH00012B/89
* 9 7 8 9 0 3 1 3 5 3 0 4 0 *